§ 24c KWG und das Recht auf informationelle Selbstbestimmung

STUDIEN UND MATERIALIEN ZUM ÖFFENTLICHEN RECHT

Herausgegeben von Herbert Bethge

Band 26

Frankfurt am Main · Berlin · Bern · Bruxelles · New York · Oxford · Wien

Oliver Glück

§ 24c KWG und das Recht auf informationelle Selbstbestimmung

Eine Untersuchung der Verfassungsmäßigkeit des automatisierten Abrufs von Kontoinformationen

PETER LANG
Europäischer Verlag der Wissenschaften

Bibliografische Information Der Deutschen Bibliothek
Die Deutsche Bibliothek verzeichnet diese Publikation in der Deutschen Nationalbibliografie; detaillierte bibliografische Daten sind im Internet über <http://dnb.ddb.de> abrufbar.

Zugl.: Passau, Univ., Diss., 2005

D 739
ISSN 1433-1500
ISBN 3-631-53780-8

© Peter Lang GmbH
Europäischer Verlag der Wissenschaften
Frankfurt am Main 2005
Alle Rechte vorbehalten.

Das Werk einschließlich aller seiner Teile ist urheberrechtlich geschützt. Jede Verwertung außerhalb der engen Grenzen des Urheberrechtsgesetzes ist ohne Zustimmung des Verlages unzulässig und strafbar. Das gilt insbesondere für Vervielfältigungen, Übersetzungen, Mikroverfilmungen und die Einspeicherung und Verarbeitung in elektronischen Systemen.

www.peterlang.de

Vorwort

Diese Arbeit lag im Wintersemester 2004/2005 der Juristischen Fakultät der Universität Passau als Dissertation vor.

Mein besonderer Dank gilt meinem Doktorvater Prof. Dr. Herbert Bethge für die stets wohlwollende, hilfreiche und dennoch kritische Betreuung der Arbeit sowie Herrn Privatdozenten Dr. Christian v. Coelln für die zügige Erstellung des Zweitgutachtens. Herrn Rechtsanwalt Dr. Markus Escher sei an dieser Stelle herzlich für die wertvolle Hilfe bei der Themenfindung und Literaturrecherche gedankt. Ohne ihn wären mir viele praxisrelevante Quellen verschlossen geblieben. Schließlich möchte ich meiner Frau und meinem Vater, die sehr umsichtig Korrektur gelesen haben, für die Unterstützung über die komplette Entstehungszeit hinweg besonders danken.

Germering, den 14. Februar 2005   Oliver Glück

Inhaltsverzeichnis

Abkürzungsverzeichnis 15

Teil 1: Einleitung 21

A. Einführung 21
    I. Rechtliche Maßnahmen vor dem Hintergrund der Terrorismusbekämpfung .. 21
    II. Grundrechtsrelevanz der aktuellen Sicherheitsgesetze 22
    III. Staatliche Informationsvorsorge versus Schutz der informationellen
        Selbstbestimmung 22

B. Gegenstand der Untersuchung 23

C. Gang der Untersuchung 25
    I. Zwei Schwerpunkte der Arbeit 25
    II. Verfassungsrechtliche Grundlagen des Rechts auf informationelle Selbstbestimmung 25
        1. Klärung grundsätzlicher Fragen 25
        2. Orientierung an der Rechtsprechung des Bundesverfassungsgerichts 25
        3. Zusammenfassung der verfassungsgerichtlich vorgegebenen Datenschutzgrundsätze 26
    III. Die Verfassungsmäßigkeit des § 24c KWG 26
        1. Einordnung des § 24c KWG in die Terrorismusgesetzgebung 27
        2. Vereinbarkeit des § 24c KWG mit dem Recht auf informationelle Selbstbestimmung 27
            a) Eröffnung des grundrechtlichen Schutzbereichs 27
            b) Eingriff in den Schutzbereich 27
            c) Verfassungsrechtliche Rechtfertigung 27

**Teil 2: Verfassungsrechtliche Grundlagen des Rechts auf informationelle
Selbstbestimmung** 29

**A. Das Volkszählungsurteil als Quelle verfassungsrechtlicher Maßstäbe für
das informationelle Selbstbestimmungsrecht** 29
    I. Hintergrund der Volkszählungsentscheidung 29
    II. Datenschutzrechtliche Relevanz des Urteils 29

B. Das allgemeine Persönlichkeitsrecht als verfassungsrechtliche Grundlage
des Rechts auf informationelle Selbstbestimmung 31

I. Lokalisierung des allgemeinen Persönlichkeitsrechts im Grundgesetz und
noch zu klärende Grundsatzfragen 33
1. Die Mehrschichtigkeit des Art. 2 Abs. 1 GG 33
2. Klärung noch offener dogmatischer Fragen 34
   a) Verhältnis von Art. 1 Abs. 1 GG zu Art. 2 Abs. 1 GG 34
   b) Schrankenfragen des allgemeinen Persönlichkeitsrechts 35

II. Die Zweischichtigkeit des Art. 2 Abs. 1 GG 35
1. Art. 2 Abs. 1 GG als Grundrecht der allgemeinen Handlungsfreiheit 35
   a) Schutz einer umfassenden Handlungsfreiheit im Rahmen der verfassungsgemäßen Rechtsordnung 36
   b) Grundrechtliche Schutzfunktion im Sinne einer Auffangfunktion 36
   c) Einwände in der Literatur gegen eine umfassende grundrechtliche Schutzfunktion 37
      aa) Ablehnung des grenzenlosen Schutzumfangs der allgemeinen Handlungsfreiheit 38
      bb) Rein verfahrensrechtliche Funktion als Konsequenz 38
   d) Stellungnahme 39
      aa) Umfassende Freiheit der Person als Tatbestandsinhalt 39
      bb) Die allgemeine Handlungsfreiheit als Kern des Persönlichkeitsschutzes 40
      cc) Auffangcharakter als Wesensmerkmal 40
   e) Zwischenergebnis 41
2. Art. 2 Abs. 1 GG als Grundrecht des allgemeinen Persönlichkeitsrechts 41
   a) Einflüsse der zivilgerichtlichen Rechtsprechung 42
      aa) Die Festschreibung der Allgemeinheit des Persönlichkeitsrechts ... 42
      bb) Der Sphärengedanke 42
      cc) Der Selbstbestimmungsgedanke 42
      dd) Fazit 43
   b) Die Anerkennung des allgemeinen Persönlichkeitsrechts durch das Bundesverfassungsgericht 43
   c) Grundrechtliche Schutzfunktion 44
   d) Auffangfunktion des allgemeinen Persönlichkeitsrechts 44
3. Die tatbestandliche Abschichtung des allgemeinen Persönlichkeitsrechts von der allgemeinen Handlungsfreiheit 45
   a) Grundsätzliche Verengung des Tatbestandes des allgemeinen Persönlichkeitsrechts gegenüber der allgemeinen Handlungsfreiheit 45
   b) Spezialitätsverhältnis und unterschiedliches Schutzniveau 46
4. Ergebnis 46

III. Die dogmatischen Grundlagen des allgemeinen Persönlichkeitsrechts 47

1. Die Bedeutung des Art. 2 Abs. 1 GG für das allgemeine Persönlichkeitsrecht 47
   a) Wortlaut des Art. 2 Abs. 1 GG 48
   b) Schutzbereich des allgemeinen Persönlichkeitsrechts 48
      aa) Notwendige Einheit von aktiver und passiver Komponente des Persönlichkeitsschutzes im Rahmen des Art. 2 Abs. 1 GG 48
      bb) Vereinbarkeit des Schutzbereichskonzepts mit der thematischen Nähe zu Art. 1 Abs. 1 Satz 1 GG 50
   c) Beschränkbarkeit des allgemeinen Persönlichkeitsrechts 50
      aa) Die Beschränkbarkeit des allgemeinen Persönlichkeitsrechts als Konsequenz des grundgesetzlichen Menschenbildes 50
      bb) Eingriffsresistenz eines persönlichkeitsrechtlichen Kernbereichs als Ausfluß der Menschenwürdegarantie 51
      cc) Schluß von der grundsätzlichen Beschränkbarkeit auf Art. 2 Abs. 1 GG als Hauptgrundrecht 53
   d) Stellungnahme und Ergebnis 55

2. Die Bedeutung des Art. 1 Abs. 1 Satz 1 GG für das allgemeine Persönlichkeitsrecht 55
   a) Die Doppelfunktion des Art. 1 Abs. 1 Satz 1 GG 55
      aa) Die objektivrechtliche Funktion des Art. 1 Abs. 1 GG 56
      bb) Die subjektivrechtliche Funktion des Art. 1 Abs. 1 GG 56
   b) Die objektivrechtliche Funktion des Menschenwürdesatzes im Rahmen des allgemeinen Persönlichkeitsrechts 57
      aa) Kein Zwillingsgrundrecht als Prüfungsmaßstab 57
      bb) Inhalts- und Abgrenzungsfunktion des Art. 1 Abs. 1 GG 58
   c) Die besondere Bedeutung des Art. 1 Abs. 1 GG bei der Gewährleistung des absolut geschützten Persönlichkeitskerns 60
      aa) Art. 1 Abs. 1 Satz 1 GG als lex specialis hinsichtlich des persönlichkeitsrechtlichen Kernbereichsschutzes? 60
      bb) Die Rechtsprechung des Bundesverfassungsgerichts 61
      cc) Stellungnahme 61
      dd) Zwischenergebnis 63
   d) Stellungnahme und Ergebnis 64

   IV. Zusammenfassung 64

C. Schutzbereich, Eingriff, verfassungsrechtliche Rechtfertigung - Das informationelle Selbstbestimmungsrecht als Prüfungsmaßstab für staatliche Eingriffe 67

   I. Erkenntnisse anhand der Rechtsprechungsentwicklung 67
   1. Zentrale Bedeutung des Volkszählungsurteils 67
   2. Interdependenzen zur Persönlichkeitsrechtsprechung 68
   3. Fortentwicklung der Datenschutzrechtsprechung 68

II. Der Schutzbereich des informationellen Selbstbestimmungsrechts 68
1. Versuch einer positiven Umgrenzung des Schutzbereichs des allgemeinen Persönlichkeitsrechts 68
   a) Das Sphärenmodell 69
   b) Die Theorie der autonomen Selbstdarstellung 70
   c) Undefinierbarkeit des allgemeinen Persönlichkeitsrechts 70
      aa) Regelungsfeindlichkeit des Schutzgegenstandes 71
      bb) Lückenlosigkeit und Entwicklungsoffenheit des Grundrechtsschutzes .. 71
2. Für das informationelle Selbstbestimmungsrecht maßgebliche Schutzbereichskonkretisierungen 71
   a) Uneinheitlichkeit der Systematisierung 72
   b) Für das informationelle Selbstbestimmungsrecht maßgebliche Schutzrichtungen 72
      aa) Der Schutz des Persönlichkeitskerns 73
      bb) Die Betonung des Selbstbestimmungsgedankens 74
      cc) Die Entwicklung eines umfassenden Selbstbestimmungs- und Selbstdarstellungsrechts 75
   c) Zwischenergebnis 77
3. Der Schutzbereich des Rechts auf informationelle Selbstbestimmung 78
   a) (Hinter)Gründe für die Anerkennung des informationellen Selbstbestimmungsrechts in der Volkszählungsentscheidung 79
      aa) Gesellschaftliche Motive 80
      bb) Lückenhaftigkeit der verfassungsgerichtlichen Rechtsprechung ... 81
      cc) Reaktion des Bundesverfassungsgerichts im Volkszählungsurteil ... 82
   b) Die personenbezogene Information als Schutzgut 83
      aa) Der Personenbezug der geschützten Informationen 83
      bb) Überlegungen zur Beschränkung des Schutzbereichs auf bestimmte personenbezogene Daten 84
      cc) Die Relativierung der Sphärentheorie 90
      dd) Zwischenergebnis 92
   c) Geschütztes Verhalten 93
   d) Persönlicher Schutzbereich 94
      aa) Versuche einer partiellen Anwendung des allgemeinen Persönlichkeitsrechts auf juristische Personen 95
      bb) Keine Schutzlücken im Bereich informationeller Selbstbestimmung ... 95
      cc) Fazit 96
   e) Konkurrenzen 96
      aa) Einordnung in die dogmatischen Strukturen des allgemeinen Persönlichkeitsrechts 97
      bb) Verhältnis zu Spezialfreiheitsrechten 97
      cc) Verhältnis des Bankgeheimnisses zum informationellen Selbstbestimmungsrecht 99
4. Ergebnis 101

III. Der staatliche Eingriff in den Schutzbereich des informationellen Selbstbestimmungsrechts 103
1. Grundverständnis des klassischen Grundrechtseingriffs 103
   a) Begriff 103
   b) Beispiele für klassische Grundrechtseingriffe 103
2. Die generelle Notwendigkeit eines moderneren Eingriffsverständnisses 104
   a) Der moderne Eingriffsbegriff 105
   b) Beispiel für eine faktische staatliche Beeinträchtigung des allgemeinen Persönlichkeitsrechts 105
3. Der „Informationseingriff" 106
   a) Der Informationseingriff als Konsequenz aus der technischen Entwicklung 106
   b) Die Kriterien des Informationseingriffs 106
      aa) Der Inhalt des informationellen Selbstbestimmungsrechts als Ausgangspunkt für die Bestimmung der Eingriffsqualität 107
      bb) Die „öffentlichen Stellen" als datenverarbeitende Stellen 107
      cc) Die relevanten Datenverarbeitungsphasen 109
      dd) Die Form der Datenerhebung 112
4. Ergebnis 113

IV. Kriterien der verfassungsrechtlichen Rechtfertigung eines Eingriffs in das Recht auf informationelle Selbstbestimmung 114

1. Die Schranken des informationellen Selbstbestimmungsrechts 114
   a) Der Inhalt der „Schrankentrias" des Art. 2 Abs. 1 GG 115
      aa) Die verfassungsmäßige Ordnung 115
      bb) Rechte anderer 115
      cc) Sittengesetz 116
   b) Unsicherheiten hinsichtlich der Übertragung der Schranken auf das informationelle Selbstbestimmungsrecht 116
      aa) Fehlen klarer Vorgaben durch das Bundesverfassungsgericht 117
      bb) Unklarheit über die Ausgestaltung der Schranken im Hinblick auf die spezifischen Anforderungen des Selbstbestimmungsrechts 117
   c) Zweifel an der Tauglichkeit der Schrankentrias als Beschränkungskonzept für das informationelle Selbstbestimmungsrecht 118
      aa) Falsche Prämissen im Denkansatz Tiedemanns 119
      bb) Keine Deckungsgleichheit des Kernbereichsmodells der Elfes-Entscheidung mit dem allgemeinen Persönlichkeitsrecht der späteren Verfassungsrechtsprechung 119
      cc) Zwischenergebnis 120
   d) Überlegungen zu Schrankenmodifikationen gegenüber der allgemeinen Handlungsfreiheit 120
      aa) Gründe für eine restriktive Interpretation der Schrankentrias 121

bb) Vorschläge für eine restriktive Interpretation der Schrankentrias,
   insbesondere der Schranke der verfassungsmäßigen Ordnung 122
cc) Stellungnahme zu einer restriktiven Auslegung der Schrankentrias 126
dd) Zwischenergebnis 127
e) Konsequenz: Geltung eines umfassenden Gesetzesvorbehalts 127
   aa) Begriff 128
   bb) Erforderlichkeit eines umfassenden Gesetzesvorbehalts 129
   cc) Zwischenergebnis 132
2. Die Schranken-Schranken des informationellen Selbstbestimmungsrechts ... 132
   a) Erfordernis der formellen und materiellen Verfassungsmäßigkeit des
      eingreifenden Gesetzes 133
      aa) Die formelle Verfassungsmäßigkeit des eingreifenden Gesetzes 133
      bb) Die materielle Verfassungsmäßigkeit des eingreifenden Gesetzes 133
   b) Unterscheidung hinsichtlich der Art der Datenerhebung 134
   c) Kriterien für die Eingriffsintensität 135
      aa) Die Schutzwirkungen des Rechts auf informationelle Selbstbestim-
          mung als entscheidende Parameter für die Eingriffskriterien 136
      bb) Form der Datenerhebung 136
      cc) Weitere Verarbeitungskriterien 137
   d) Die spezifischen Schranken-Schranken 139
      aa) Parlamentsvorbehalt 139
      bb) Normenklarheit 142
      cc) Übermaßverbot 145
      dd) Organisatorische und verfahrensrechtliche Schutzvorkehrungen 149
3. Ergebnis zur verfassungsrechtlichen Rechtfertigung 151

**Teil 3: Die Vereinbarkeit des § 24c KWG mit dem Recht auf informationelle
Selbstbestimmung 153**

A. Grundlagen 153

I. Überblick 153
   1. Verpflichtete und Zugriffsberechtigte des Abrufverfahrens 154
   2. Gegenstand des automatisierten Abrufs/Betroffene 155
   3. Auskunftsberechtigte 155
   4. Besondere Umstände des Abrufverfahrens nach § 24c KWG 156
II. Normzusammenhänge und Normzwecke des § 24c KWG 158
   1. § 24c KWG im Kontext der Terrorismusgesetzgebung des Jahres 2002 159
      a) Das "Terrorismusbekämpfungsgesetz" vom 09.01.2002 159
         aa) Befugnisse des Bundeskriminalamtes 160
         bb) Befugnisse der Geheimdienste 161
      b) Das "Vierte Finanzmarktförderungsgesetz" vom 21.06.2002 161

aa) Die Sicherungssysteme gegen die Geldwäsche nach § 25a Abs. 1 Nr. 4 KWG 162
bb) Ergänzung bestehender Rechte und Pflichten 164
c) Das "Geldwäschebekämpfungsgesetz" vom 08.08.2002 166
aa) Die Zentralstellenfunktion des Bundeskriminalamtes 166
bb) Erweiterung des Katalogs der Bedarfsträger nach § 24c Abs. 3 KWG 167
d) Zwischenergebnis 167
aa) Präventive Ausrichtung der Eingriffsbefugnisse 167
bb) Verstärkte Einbeziehung von Privaten in die staatliche Informationsbeschaffung 168
cc) Heimlichkeit des Informationszugriffs 170
dd) Unübersichtlichkeit und Uneinheitlichkeit der Regelungstechnik 171
2. Die Normzwecke des § 24c KWG vor dem Hintergrund des Gesetzgebungskontextes 173
a) Abruf zu Zwecken der Institutsaufsicht 173
b) Abruf zu Zwecken der Strafverfolgung und der Geldwäsche- und Terrorismusbekämpfung 174

III. Ein- und Abgrenzung der zu untersuchenden Problematik 175

1. Von § 24c KWG betroffene (Grund-)Rechte der Banken 176
a) Rechtliche Einordnung der staatlichen Inpflichtnahme 176
b) Betroffene Grundrechte der Banken 177
2. Zulässigkeit der Auslagerung der nach § 24c KWG vorzuhaltenden Kontodateien 179
3. Keine Untersuchung der auf § 24c KWG gestützten Einzelmaßnahmen der Kreditinstitute und der Verwaltung 180
4. Abgrenzung zu ausschließlichen Eingriffen in Art. 19 Abs. 4 GG 181
5. Die Geldwäsche- und Terrorismusbekämpfung als "additiver" Eingriff 181

B. Die Vereinbarkeit des staatlichen Datenabrufs nach § 24c KWG mit dem Recht der Bankkunden auf informationelle Selbstbestimmung 183

I. Anwendbarkeit des informationellen Selbstbestimmungsrechts aus Art. 2 Abs. 1 GG i. V. m. Art. 1 Abs. 1 GG 183

II. Eröffnung des Schutzbereichs 184

1. Sachlicher Schutzbereich 184
a) Personenbezogene Daten als Schutzgut 184
aa) Einzelangaben 184
bb) Persönliche oder sachliche Verhältnisse 185
cc) Personenbezogenheit der Informationen 186
b) Selbstbestimmung über die Kontoinformationen als geschütztes Verhalten 187
c) Zwischenergebnis 187

2. Persönlicher Schutzbereich 187
   a) Ausschluß juristischer Personen 187
   b) Differenzierung bei natürlichen Personen - Begrenzung auf Konto-
      oder Depotinhaber 188
   c) Zwischenergebnis 188
3. Ergebnis 188

III. Eingriff 188
1. Die Regelungen des § 24c KWG als Informationseingriffe 189
   a) Die Einrichtung des automatisierten Abrufverfahrens, § 24c Abs. 1
      KWG 189
   b) Der Datenabruf nach § 24c Abs. 2 KWG 189
   c) Abruf und Übermittlung der abgerufenen Daten in den Fällen des Aus-
      kunftsersuchens 190
   d) Unerheblichkeit der Eingriffsintensität 191
   e) Fehlen einer eingriffsausschließenden Einwilligung 191

IV. Verfassungsrechtliche Rechtfertigung der durch § 24c KWG
    ermöglichten Informationseingriffe 192
1. § 24c KWG als Schranke des Rechts auf informationelle Selbstbestim-
   mung 192
2. Die Verfassungsmäßigkeit des § 24c KWG 192
   a) Formelle Verfassungsmäßigkeit des § 24c KWG 193
      aa) Gesetzgebungskompetenz des Bundesgesetzgebers 193
      bb) Gesetzgebungsverfahren 197
      cc) Ergebnis 198
   b) Materielle Verfassungsmäßigkeit des § 24c KWG 198
      aa) Ermittlung der Intensität der Informationseingriffe 199
      bb) Besondere Anforderungen an die materielle Verfassungsmäßigkeit
          der Einrichtung des automatisierten Abrufverfahrens, § 24c Abs. 1
          KWG 207
      cc) Besondere Anforderungen an die materielle Verfassungsmäßigkeit
          des § 24 c Abs. 2 KWG 220
      dd) Besondere Anforderungen an die materielle Verfassungsmäßigkeit
          des § 24c Abs. 3 KWG 228
      ee) Sonstige, allgemeine Anforderungen an die materielle Verfassungs-
          mäßigkeit der Informationseingriffe des § 24c KWG 241
   c) Zwischenergebnis 243
3. Ergebnis 243

Teil 4: Zusammenfassung der Ergebnisse 245

Literaturverzeichnis 251

Abkürzungsverzeichnis

Abkürzung	Erläuterung
a. A.	anderer Ansicht
a. E.	am Ende
a. F.	alte Fassung
aaO	am angegebenen Ort
ABl. EG	Amtsblatt der Europäischen Gemeinschaft
Abs.	Absatz
AcP	Archiv für civilistische Praxis
AGB-Banken	Allgemeine Geschäftsbedingungen der Banken
AK-GG	Kommentar zum Grundgesetz für die Bundesrepublik Deutschland (Reihe Alternativkommentare)
Anm.	Anmerkung
AO	Abgabenordnung
AöR	Archiv des öffentlichen Rechts
Art.	Artikel
Aufl.	Auflage
AWG	Außenwirtschaftsgesetz
BaFin	Bundesanstalt für Finanzdienstleistungsaufsicht
BayVBl.	Bayerische Verwaltungsblätter
BB	Betriebs-Berater
Bd.	Band
BDSG	Bundesdatenschutzgesetz
BGB	Bürgerliches Gesetzbuch
BGBl.	Bundesgesetzblatt
BGH	Bundesgerichtshof
BGHZ	Entscheidungen des Bundesgerichtshofs in Zivilsachen
BKA	Bundeskriminalamt
BKAG	Bundeskriminalamtsgesetz
BKR	Zeitschrift für Bank- und Kapitalmarktrecht
BNDG	Bundesnachrichtendienstgesetz
BT-Drucks.	Bundestagsdrucksache
BVerfG	Bundesverfassungsgericht
BVerfGE	Entscheidungen des Bundesverfassungsgerichts
BVerfSchG	Bundesverfassungsschutzgesetz
BVerwG	Bundesverwaltungsgericht
BVerwGE	Entscheidungen des Bundesverwaltungsgerichts
bzw.	beziehungsweise

Abkürzung	Erläuterung
ca.	circa
CR	Computer und Recht
d. h.	das heißt
DDR	Deutsche Demokratische Republik
ders.	derselbe
dies.	dieselbe, dieselben
DNA	Desoxyribonukleinacetat
DÖV	Die öffentliche Verwaltung
DRiZ	Deutsche Richter-Zeitung
Drucks.	Drucksache
DuD	Datenschutz und Datensicherheit
DVBl.	Deutsches Verwaltungsblatt
DVR	Datenverarbeitung im Recht
e. V.	eingetragener Verein
ebda	ebenda
EDV	Elektronische Datenverarbeitung
EG	Europäische Gemeinschaft
EuGRZ	Europäische Grundrechte-Zeitschrift
f.	folgende
FAZ	Frankfurter Allgemeine Zeitung
ff.	fortfolgende
FG	Festgabe
FinDAG	Gesetz über die Bundesanstalt für Finanzdienstleistungsaufsicht
FMFG	Finanzmarktförderungsgesetz
Fn.	Fußnote
FS	Festschrift
G 10-Gesetz	Gesetz zur Beschränkung des Brief-, Post- und Fernmeldegeheimnisses (Artikel 10-Gesetz)
gem.	gemäß
GG	Grundgesetz
GGK	Kommentar zum Grundgesetz
grds.	grundsätzlich
GWG	Geldwäschegesetz
Gz.	Geschäftszeichen
h. M.	herrschende Meinung
HdbStR	Handbuch des Staatsrechts
Hrsg.	Herausgeber

Abkürzung	Erläuterung
i. d. R.	in der Regel
i. E.	im Ergebnis
i. e. S.	im engeren Sinne
i. S.	im Sinne
i. S. v.	im Sinne von
i. V. m.	in Verbindung mit
insbes.	insbesondere
JR	Juristische Rundschau
Jura	Juristische Ausbildung
JuS	Juristische Schulung
JZ	Juristenzeitung
K&R	Kommunikation und Recht
KFZ	Kraftfahrzeug
KJ	Kritische Justiz
KritV	Kritische Vierteljahresschrift für Gesetzgebung und Rechtswissenschaft
KWG	Kreditwesengesetz
m. E.	meines Erachtens
m. w. N.	mit weiteren Nachweisen
MADG	Militärischer Abschirmdienst-Gesetz
n. F.	neue Fassung
NJ	Neue Justiz
NJW	Neue Juristische Wochenschrift
Nr.	Nummer
NStZ	Neue Zeitschrift für Strafrecht
NVwZ	Neue Zeitschrift für Verwaltungsrecht
OLG	Oberlandesgericht
OVG	Oberverwaltungsgericht
RDV	Recht der Datenverarbeitung
RGZ	Entscheidungen des Reichsgerichts in Zivilsachen
RiStBV	Richtlinien für das Strafverfahren und das Bußgeldverfahren
Rz.	Randziffer
S.	Seite
SächsVerfGH	Sächsischer Verfassungsgerichtshof
s. o.	siehe oben
SED	Sozialistische Einheitspartei Deutschlands
sog.	sogenannte/r/s

Abkürzung	Erläuterung
st. Rspr.	ständige Rechtsprechung
StGB	Strafgesetzbuch
StPO	Strafprozeßordnung
StV	Strafverteidiger
TDG	Telekommunikationsdienstleistungsgesetz
TerrBekG	Terrorbekämpfungsgesetz
TKG	Telekommunikationsgesetz
u.a.	unter anderen/m
U.S.A.	United States of America
Ufita	Archiv für Urheber-, Film-, Funk- und Theaterrecht
v. a.	vor allem
Var.	Variante
VerwArch	Verwaltungsarchiv
VG	Verwaltungsgericht
vgl.	vergleiche
Vorb.	Vorbemerkung
VVDStRL	Veröffentlichungen der Vereinigung der Deutschen Staatsrechtslehrer
Web-Dok.	Dokument im World Wide Web
WM	Wertpapiermitteilungen
z. B.	zum Beispiel
z. T.	zum Teil
ZBB	Zeitschrift für Bankrecht und Bankwirtschaft
ZG	Zeitschrift für Gesetzgebung
ZKA	Zentraler Kreditausschuß
ZRP	Zeitschrift für Rechtspolitik
ZStW	Zeitschrift für die gesamte Strafrechtswissenschaft
ZUM	Zeitschrift für Urheber- und Medienrecht

Nichts zu sehr

(Solon)

Teil 1: Einleitung

A. Einführung

Der 11. September 2001 ist als Datum der Attentate auf das World Trade Center in New York und auf das Pentagon in Washington in der Erinnerung fest verhaftet. Die Ereignisse haben vor allem der westlichen Welt neue Dimensionen von Gewalt vor Augen geführt, auf die man in unterschiedlicher Weise zu reagieren begonnen hat. Die politischen Reaktionen sind bekannt. Der Afghanistaneinsatz der U. S. A. im Winter 2001/2002 war die unmittelbare Reaktion. Auch der Irakkrieg im Jahr 2003 wurde mit der Terrorbekämpfung gerechtfertigt.

I. Rechtliche Maßnahmen vor dem Hintergrund der Terrorismusbekämpfung

Neben den politischen Maßnahmen waren und sind auch die rechtlichen Konsequenzen aus den Terroranschlägen des 11. September 2001 umfangreich. Im Unterschied zu den politischen Gegenmaßnahmen sind sie für den einzelnen auf Grund der geringeren Medienberichterstattung nicht gut zu überblicken. Auch die deutsche Legislative hat vor dem Hintergrund der Terrorakte des 11. September 2001 eine ganze Reihe von Gesetzen verabschiedet. Zu nennen sind hier das Terrorismusbekämpfungsgesetz[1], das Geldwäschebekämpfungsgesetz[2] oder das Vierte Finanzmarktförderungsgesetz[3]. Die Rechtswissenschaft nimmt sich des Themas an.[4] Beiträge zu aktuellen Regelungen der sog. „Rasterfahndung" stellen dabei nur einen Ausschnitt der Aufsatzthemen dar.[5] Diese Vielzahl an sicherheitsrechtlich motivierter Gesetzgebungstätigkeit läßt sich sehr unterschiedlich beurteilen:

Einerseits kann man die Reaktionen der deutschen Legislative mit dem Schlagwort übertriebener Sicherheitshysterie kritisieren. Andererseits liegt in der Reaktion auf die terroristische Bedrohung auch die Erfüllung gesetzgeberischer Schutzpflichten, wenn man die Sicherheitsgewährleistung und die Garantie der Unverletzlichkeit als staatliche Schutzaufgaben begreift.

---

[1] Gesetz zur Bekämpfung des internationalen Terrorismus (Terrorismusbekämpfungsgesetz) v. 09.01.2002, BGBl. I, S. 361 ff.
[2] Gesetz zur Verbesserung der Bekämpfung der Geldwäsche und der Bekämpfung der Finanzierung des Terrorismus v. 08.08.2002, BGBl. I, 3105 ff.
[3] Gesetz zur weiteren Fortentwicklung des Finanzplatzes Deutschland (Viertes Finanzmarktförderungsgesetz) v. 21.06.2002, BGBl. I, S. 2010 ff.
[4] Vgl. *Denninger*, StV 2002, 96 ff.; *Escher*, BKR 2002, 652 ff.; *Jahn*, ZRP 2002, 109 ff.; *F. Herzog/Christmann*, WM 2003, 6 ff.; *Hetzer*, ZRP 2002, 407 ff.; *Höche*, Die Bank 2002, 196 ff.; *Jacob*, WM 2002, 278 f.; *Nolte*, DVBl. 2002, 573 ff.; *Rublack*, DuD 2002, 202 ff.; *Scherp*, WM 2003, 1254 ff.
[5] Vgl. zu den Neuerungen im Bereich der Rasterfahndung *Achelpöhler/Niehaus*, DÖV 2003, 49 ff.; *Bergles/Eul*, BKR 2002, 556 ff.; *Bizer*, DuD 2002, 743; *Horn*, DÖV 2003, 746 ff.; *Rublack*, DuD 2002, 202 ff.; *Weichert*, DuD 2002, 427.

II. Grundrechtsrelevanz der aktuellen Sicherheitsgesetze

Wie auch immer man dieser Gesetzgebungstätigkeit gegenübersteht, gilt doch folgendes: Bei all diesen Gesetzen handelt es sich nicht etwa nur um eine „symbolische Gesetzgebung" zur Bekämpfung des Terrors, sondern um real einschneidende Freiheitsbeschränkungen. Die angesprochenen Maßnahmen des einfachen Gesetzgebers besitzen besondere verfassungsrechtliche Relevanz: Bei der Beschränkung von Freiheiten geht es primär um die Frage, inwieweit Grundrechte beschränkt und möglicherweise sogar verletzt werden. Das Spektrum der möglichen Grundrechtsverletzungen ist groß: Das Grundrecht auf Glaubens- und Gewissensfreiheit steht in Rede bei neuen Vorkehrungen gegen Ausländer;[6] das Telefongeheimnis des Art. 10 GG wird durch neue Abhörmöglichkeiten tangiert;[7] die Banken werden mit neuen Pflichten belegt und damit in ihren Rechten aus Art. 12 Abs. 1 GG - soweit dieser über Art. 19 Abs. 3 GG greift - beeinträchtigt.[8]

III. Staatliche Informationsvorsorge versus Schutz der informationellen Selbstbestimmung

Einen Aspekt bei der Untersuchung des Spannungsverhältnisses Freiheit des einzelnen versus Sicherheit des Staates betrifft die Frage nach der möglichen Verletzung des vom Bundesverfassungsgericht sogenannten (Grund)Rechts auf informationelle Selbstbestimmung. Denn die Gewährung staatlicher Sicherheit setzt auf seiten des Staates eine entsprechende „Informationsvorsorge" voraus.[9] Konsequenz einer solchen Informationsgewinnung ist ein möglichst ungehinderter Fluß von möglichst vielen - auch von der vom informationellen Selbstbestimmungsrecht geschützten personenbezogenen - Informationen. Der Schutz der personenbezogenen Daten hat vor diesem Hintergrund in den letzten Jahren wieder an Aktualität gewonnen.

---

[6] Zu den umfangreichen Gesetzesänderungen im Ausländerrecht mit Auswirkungen auch auf Art. 4 Abs. 1, 2 GG vgl. *Bizer*, aaO; *Nolte*, DVBl. 2002, 573, 575 ff.; *Rublack*, aaO, 202; *Weichert*, aaO, 423 ff.

[7] Zu den Änderungen im Bereich der Telekommunikationsüberwachung vgl. *Bizer*, DuD 2002, 741 f.

[8] Zu den Belastungen der Kreditinstitute durch die neuen Regelungen zur Terrorismus- und Geldwäschebekämpfung vgl. *Höche*, Die Bank 2002, 196 ff.; *Scherp*, WM 2003, 1254 ff. Generell zur Grundrechtsbetroffenheit der Banken infolge staatlich verordneter Auskunftspflichten vgl. *Ehmer*, in: Büchner/Ehmer u. a. (Hrsg.), Telekommunikationsgesetz, § 88 Rz. 41 ff., 44 ff., 63 f., 65 f.

[9] Zum Verhältnis staatlicher Informationsvorsorge versus Grundrechtsschutz eingehend *Denninger*, KJ 2002, 467 ff., 473 f. Vgl. im Kontext staatlichen Sicherheitsdenkens die Vorstellung *Isensees* von einem „Grundrecht auf Sicherheit", *Isensee*, Das Grundrecht auf Sicherheit.

B. Gegenstand der Untersuchung

Die vorliegende Untersuchung widmet sich einem Bereich der Informationsgewinnung, der für die Terrorbekämpfung entscheidend ist: der Kontrolle der Finanzströme in Deutschland. Hierzu hat der Gesetzgeber im Kreditwesengesetz (KWG) eine Regelung geschaffen, mit der automatisiert und zentral Kontoinformationen der meisten deutschen Konten abgerufen werden können. Im Rahmen einer KWG-Novelle, welche Bestandteil des Vierten Finanzmarktförderungsgesetzes ist[10], wurde mit der Implementierung des § 24c KWG staatlichen Institutionen ein erweiterter Zugriff auf Kundendaten der Banken eingeräumt. Auch hier wird möglicherweise staatliche Informationsvorsorge zu Lasten grundrechtlich geschützter Freiheiten betrieben. Die neue Vorschrift des § 24c KWG, die zum 01.04.2003 in Kraft getreten ist[11], besitzt in doppelter Hinsicht Praxisrelevanz:

Sie belastet zum ersten die Banken mit den gesamten Kosten der Implementierung des automatisierten Abrufsystems, das den Datentransfer von den Banken zu staatlichen Behörden ermöglichen soll.[12] Zum zweiten sind von der potentiellen Möglichkeit des Abrufs ca. 60 Millionen Bankkunden betroffen, die bundesweit Kontoinhaber bei Kreditinstituten sind.[13] Gerade die enorme Breitenwirkung dieser Rechtsnorm macht das neue Abrufsystem auch verfassungsrechtlich interessant. Denn bereits auf den ersten Blick erscheint es fraglich, ob eine zentrale Abrufmöglichkeit von Kreditdaten ohne weiteres mit den Grundlagen des informationellen Selbstbestimmungsrechts vereinbar ist. Genährt werden diese Zweifel, wenn man sich den Werdegang dieser Norm im Gesetzgebungsverfahren ansieht: In relativ kurzer Zeit passierte § 24c KWG unter dem Eindruck der Terroranschläge vom 11.09.2001 Bundestag und Bundesrat.[14] Schaut man sich die konkrete Ausgestaltung des § 24c KWG näher an, die unter anderem vorsieht, daß die Aufsichtsbehörden ohne Wissen des betroffenen Kunden und der betroffenen Bank berechtigt sind, Kreditdaten abzurufen[15], dann ist endgültig die Frage gerechtfertigt, ob § 24c KWG mit dem Grundrecht auf informationelle Selbstbestimmung aus Art. 2 I i. V. m. Art. 1 I GG vereinbar ist. Die wenigen bisher dazu ergangenen Stellungnahmen kommen zu unterschiedlichen Ergebnissen.[16] Eine eingehende verfassungsrechtliche Untersuchung dieser Frage steht noch aus. Auch eine Ent-

---

[10] Vgl. zu diesem Gesetz bereits Fn. 3.
[11] Vgl. § 64f Abs. 6 KWG.
[12] Die Kosten, die den Banken beim Vollzug des § 24c KWG entstehen, werden gem. § 16 des Gesetzes über die Bundesanstalt für Finanzdienstleistungsaufsicht (FinDAG) zu 100 % auf die Banken umgelegt.
[13] Vgl. zu dieser Zahl *Escher*, BKR 2002, 658 Fn. 49, der sich dort auf eine Stellungnahme des Zentralen Kreditausschusses (ZKA) im Rahmen des Gesetzgebungsverfahrens beruft.
[14] Nachdem das Gesetz am 22.03.2002 im Bundestag beschlossen wurde, stimmte der Bundesrat der Vorlage am 31.05.2002 zu. Am 26.06.2002 wurde das Gesetz im Bundesgesetzblatt verkündet, vgl. BGBl. 2002 I, S. 2010 ff. Vgl. dazu auch den Beitrag „Reform mit Beigeschmack" von *Kuhr* in der Süddeutschen Zeitung vom 17.05.2002, S. 21.
[15] Vgl. § 24c Abs. 1 Satz 6 KWG.
[16] Für eine Verletzung des informationellen Selbstbestimmungsrechts durch § 24c KWG sprechen sich etwa aus *F. Herzog/Christmann*, WM 2003, 10, 12 f.; *Zubrod*, WM 2003, 1215 f. Für eine verfassungsmäße Ausgestaltung des § 24c KWG plädieren hingegen *Kokemoor*, BKR 2004, 135 ff.; *Müller*, DuD 2002, 601 ff.

scheidung des Bundesverfassungsgerichts ist trotz zweier von einer Bank und von einem Notar gegen § 24c KWG erhobenen Verfassungsbeschwerden noch nicht ergangen.[17]

---

[17] Mit Pressemeldungen vom 03.11.2004 wurde bekannt, daß eine kleine Volksbank und ein Notar gegen § 24c KWG Verfassungsbeschwerden unter Berufung auf das Recht auf informationelle Selbstbestimmung erhoben haben. Vgl. dazu folgende Beiträge: „Ausspähen von Konten wird zum Fall für das Bundesverfassungsgericht", in: Börsenzeitung vom 03.11.2004, S. 1; „Furcht vor staatlichen Schnüfflern", in: Süddeutsche Zeitung vom 03.11.2004, S. 18.

C. Gang der Untersuchung

Ziel der Untersuchung ist es, die Vereinbarkeit des § 24c KWG mit dem (Grund)Recht auf informationelle Selbstbestimmung gem. Art. 2 Abs. 1 GG i. V. m. Art. 1 Abs. 1 GG zu überprüfen.

I. Zwei Schwerpunkte der Arbeit

Ein Hauptaugenmerk gilt der Klärung der Frage, inwieweit Grundrechte der Bankkunden durch die Vorgaben des § 24c KWG verletzt werden.[18]

Neben der verfassungsrechtlichen Untersuchung des § 24c KWG liegt ein zweiter, der Untersuchung des § 24c KWG notwendig vorgelagerter, Schwerpunkt der Arbeit auf der Ermittlung der verfassungsrechtlichen Grundlagen des Rechts auf informationelle Selbstbestimmung. Die Kriterien des späteren Prüfungsmaßstabs sollen herausgearbeitet werden.

II. Verfassungsrechtliche Grundlagen des Rechts auf informationelle Selbstbestimmung

Dogmatischer Ausgangspunkt der Untersuchung ist in einem ersten Hauptteil also die Bestimmung der verfassungsrechtlichen Grundlagen des Rechts auf informationelle Selbstbestimmung.

1. Klärung grundsätzlicher Fragen

Einige grundsätzliche Fragen der Grundrechtsdogmatik in diesem Bereich wie z. B. das Verhältnis der Art. 1 Abs. 1 GG und Art. 2 Abs. 1 GG zueinander oder die Art und der Umfang der Schranken des Rechts auf informationelle Selbstbestimmung sind bis heute nicht befriedigend geklärt.[19] Hierzu sollen im Hinblick auf die anstehende Untersuchung des § 24c KWG praktikable Antworten formuliert werden.

Darüber hinaus wird das Recht auf informationelle Selbstbestimmung in die verschiedenen Normebenen des Art. 2 Abs. 1 GG eingeordnet. Vor allem die Abschichtung des allgemeinen Persönlichkeitsrechts - als dogmatischer Wurzel des informationellen Selbstbestimmungsrechts - zur allgemeinen Handlungsfreiheit trägt zu einem besseren Verständnis der hier interessierenden informationsrechtlichen Maßstäbe bei.

2. Orientierung an der Rechtsprechung des Bundesverfassungsgerichts

Entscheidend für die Ermittlung des Prüfungsmaßstabs wird eine genaue Analyse des grundlegenden Urteils des Bundesverfassungsgerichts zur Volkszählung aus dem Jahr

---

[18] Davon zu trennen ist die ebenfalls interessante Überlegung, welche Rechte der Kreditinstitute, die gem. § 24c KWG gesetzlich verpflichtet worden sind, die notwendigen Daten vorzuhalten, eventuell verletzt worden sind. Die umfassende Aufbereitung dieser Problematik würde den Rahmen dieser Arbeit sprengen.

[19] Vgl. zur Schrankenproblematik z. B. jüngst *Tiedemann*, DÖV 2003, 74 ff.

1983 sein.[20] Die Auseinandersetzung mit der verfassungsgerichtlichen Judikatur wird daneben schon zeitlich vor dem Volkszählungsurteil ansetzen müssen, um die Entwicklungslinien in der Karlsruher Judikatur von der Interpretation des Art. 2 Abs. 1 GG als allgemeiner Handlungsfreiheit über die Anerkennung des allgemeinen Persönlichkeitsrechts des Art. 2 Abs. 1 GG i. V. m. Art. 1 Abs. 1 GG bis hin zum spezifischen Schutz personenbezogener Daten aufzeigen zu können.

Darüber hinaus werden gerichtliche Aussagen in die Untersuchung einfließen, die seit dem Volkszählungsurteil die verfassungsgerichtlichen Datenschutzgrundsätze bis heute verfestigt, aber auch fortentwickelt haben. Zu diesen Judikaten gehören auch Entscheidungen zu Freiheiten, die gegenüber dem informationellen Selbstbestimmungsrecht als Spezialgewährleistungen anzusehen sind, wie z. B. Art. 10 GG.[21] Die zu diesen Spezialfreiheiten entwickelten Maßstäbe besitzen auch für das informationelle Selbstbestimmungsrecht gem. Art. 2 Abs. 1 GG i. V. m. Art. 1 Abs. 1 GG Relevanz. Inhaltlich ist der Frage nachzugehen, inwieweit die im Volkszählungsurteil entwickelten Parameter durch die Gerichte auf Fallkonstellationen ausgedehnt wurden, die über den 1983 behandelten konkreten Sachverhalt hinausgehen. Kurz: Es interessiert der aktuelle Anwendungsbereich der Grundsätze des informationellen Selbstbestimmungsrechts. Erst mit Hilfe dieser Rechtsprechungszusammenhänge können die wesentlichen Kriterien für den späteren Prüfungsmaßstab gewonnen werden.

3. Zusammenfassung der verfassungsgerichtlich vorgegebenen Datenschutzgrundsätze

Nach der dogmatischen Verortung des Rechts auf informationelle Selbstbestimmung im Grundgesetz und der Klärung der dort auftauchenden grundsätzlichen Fragen sollen am Ende die Spezifika des Rechts auf informationelle Selbstbestimmung zusammengefaßt werden. Der für die spätere Untersuchung des § 24c KWG notwendige Prüfungsmaßstab wird anhand der gefestigten grundrechtlichen Dogmatik gewonnen, die zwischen Schutzbereich, Eingriff und verfassungsrechtlicher Rechtfertigung differenziert. Die Besonderheiten des Rechts auf informationelle Selbstbestimmung werden auf der jeweiligen Prüfungsebene erläutert.

III. Die Verfassungsmäßigkeit des § 24c KWG

Aufbauend auf den dogmatischen Überlegungen zu den verfassungsrechtlichen Vorgaben für das Recht auf informationelle Selbstbestimmung, d. h. nach der Ermittlung des aktuellen Prüfungsmaßstabs, wird im letzten Hauptteil der Arbeit die Verfassungsmäßigkeit des § 24c KWG im Hinblick auf das Recht auf informationelle Selbstbestimmung der Bankkunden untersucht.

---

[20] BVerfGE 65, 1 ff. - Volkszählungsurteil.
[21] Z. B. BVerfGE 100, 313 ff.; 107, 299 ff.

1. Einordnung des § 24c KWG in die Terrorismusgesetzgebung

Zunächst wird § 24c KWG in die Normzusammenhänge der Terrorismusgesetzgebung seit 2002 eingeordnet. Die unterschiedlichen Normzwecke werden aus dem gesetzgeberischen Gesamtkontext besser verständlich. Gerade für das Recht auf informationelle Selbstbestimmung kommt es auf eine genaue Festlegung der jeweiligen Verarbeitungszwecke an. Diese sollen vor der eigentlichen verfassungsrechtlichen Prüfung herausgearbeitet werden.

2. Vereinbarkeit des § 24c KWG mit dem Recht auf informationelle Selbstbestimmung

Im Anschluß wird die verfassungsrechtliche Vereinbarkeit dieser Norm mit Art. 2 Abs. 1 GG i. V. m. Art. 1 Abs. 1 GG erörtert.

a) Eröffnung des grundrechtlichen Schutzbereichs

Vorangestellt wird die Untersuchung der Frage, ob die von § 24c KWG erfaßten Daten dem im ersten Hauptteil festgelegten Schutzbereich des Rechts auf informationelle Selbstbestimmung unterfallen.

b) Eingriff in den Schutzbereich

Beim Thema des Grundrechtseingriffs wird zwischen verschiedenen Phasen der mit dem Datenabruf nach § 24c KWG verbundenen Datenverarbeitung unterschieden werden müssen. Dabei gibt bereits die typische Abfolge der verschiedenen Datenverarbeitungsphasen die denkbaren Eingriffskonstellationen vor: Als potentielle Eingriffe kommen neben der Datenerhebung[22] die Datennutzung und die Datenübermittlung in Betracht. Auf alle Eingriffsstufen sind die im ersten Hauptteil entwickelten Kriterien des Informationseingriffs anzuwenden. Bei § 24c KWG ist darüber hinaus einer Besonderheit auf der Eingriffsebene Rechnung zu tragen: Es handelt sich bei dieser Regelung um ein sogenanntes automatisiertes Abrufverfahren i. S. v. § 10 BDSG, dessen Einrichtung als solche bereits einen Eingriff darstellen kann.

c) Verfassungsrechtliche Rechtfertigung

Die für die Beantwortung der in dieser Arbeit gestellten Frage letztlich entscheidende Passage stellt der Abschnitt über die verfassungsrechtliche Rechtfertigung der möglichen Eingriffe dar. Daß auch das Recht auf informationelle Selbstbestimmung einschränkbar ist, stellt nicht die eigentliche Erkenntnis dieser Untersuchung dar. Entscheidend ist vielmehr, wie diese Schranken vom Gesetzgeber im Fall des § 24c KWG ausgestaltet sind. Es ist eine grundlegende Untersuchung vonnöten, in welchem Umfang die im zweiten Teil dieser Arbeit gewonnenen Datenschutzvorgaben des Bundesverfassungsgerichts umgesetzt worden sind. Es ist sowohl auf die Umsetzung generell

---

[22] Gemeint ist damit die Beschaffung von Informationen, vgl. § 3 Abs. 3 BDSG.

rechtsstaatlich gebotener Schranken-Schranken - wie beispielsweise des Verhältnismäßigkeitsgrundsatzes - zu achten als auch auf die Realisierung spezifisch datenschutzrechtlicher Eingriffskautelen organisatorischer und verfahrensrechtlicher Art Rücksicht zu nehmen. Defizite gegenüber herkömmlichen Datenschutzstandards müssen auf ihre verfassungsrechtliche Rechtfertigung hin genau überprüft werden.

Die Untersuchung dieses Teils soll sich allein auf rechtliche Fragen beschränken. Auf die mit der Thematik dieser Untersuchung eng verbundenen Probleme des Datenschutzes durch Technik wird nur am Rande eingegangen. Damit soll aber nicht bestritten werden, daß das Risiko der Technik durchaus konkrete rechtliche Folgen - zum Beispiel die Unverhältnismäßigkeit einer Maßnahme - nach sich ziehen kann.

Teil 2: Verfassungsrechtliche Grundlagen des Rechts auf informationelle Selbstbestimmung

Als Prüfungsmaßstab für die Untersuchung der Verfassungsmäßigkeit des § 24c KWG soll das Recht auf informationelle Selbstbestimmung dienen. Um Klarheit über die Reichweite und den Inhalt dieser Schutznorm zu gewinnen, werden zunächst deren verfassungsrechtliche Grundlagen geklärt.

A. Das Volkszählungsurteil als Quelle verfassungsrechtlicher Maßstäbe für das informationelle Selbstbestimmungsrecht

I. Hintergrund der Volkszählungsentscheidung

Den eigentlichen Nährboden für die Festlegung der verfassungsrechtlichen Grundlagen des Rechts auf informationelle Selbstbestimmung bildet das Volkszählungsurteil des Bundesverfassungsgerichts aus dem Jahr 1983.[23]
In dieser Entscheidung vom 15.12.1983 mußte das Bundesverfassungsgericht über mehrere Verfassungsbeschwerden gegen das Volkszählungsgesetz vom 25.03.1982 entscheiden.[24] Dieses Gesetz sah nach den Jahren 1950, 1961 und 1970 eine vierte, neue Volkszählung für den 27.04.1983 vor. Die stetig gewachsene kritische Einstellung der Bevölkerung gegenüber der staatlicherseits angestrebten, umfassenden Verarbeitung personenbezogener Daten mittels moderner Informationstechnologien führte gleichsam zu einer „Atmosphäre eines Plebiszits".[25] Diese Stimmung in der Bevölkerung beeinflußte nachhaltig die Entscheidung des Bundesverfassungsgerichts.

II. Datenschutzrechtliche Relevanz des Urteils

Das eigentlich Neue an dem verfassungsgerichtlichen Judikat war nicht die Bezeichnung des Schutzes personenbezogener Daten als Recht auf informationelle Selbstbestimmung.[26]

Entscheidend für die heutige Einordnung des Volkszählungsurteils als „'Allgemeiner Teil' des grundrechtlich verbürgten Datenschutzes"[27] sind die verfassungsrechtlichen Inhalte, mit denen das Gericht den Begriff des Rechts auf informationelle Selbstbe-

---

[23] BVerfGE 65, 1 ff.
[24] BGBl. 1982 I, 369 ff.
[25] *Schlink*, Der Staat Bd. 25 (1986), S. 234.
[26] Der Begriff wurde vielmehr schon zeitlich vorher als Beschreibung des Selbstbestimmungsrechts des einzelnen über die ihn betreffenden Individualinformationen kreiert, vgl. *Eberle*, DÖV 1977, 307, 310; *C. Mallmann*, Datenschutz in Verwaltungs-Informationssystemen, S. 47 ff. (56); *Podlech*, in: Hoffmann/Tietze/Podlech (Hrsg.), Numerierte Bürger, S. 29; *ders.*, DVR 1 (1972/1973), 156 f.; *Schwan*, VerwArch Bd. 66 (1975), S. 121, 131; *Steinmüller/Lutterbeck/C. Mallmann u. a.*, Grundfragen des Datenschutzes, BT-Drucks. VI/3826, S. 88; *Vogelgesang*, Grundrecht auf informationelle Selbstbestimmung?, S. 18.
[27] *Busch*, DVBl. 1984, 386.

stimmung angereichert hat. Selbst gesetztes Ziel des Bundesverfassungsgerichts war es, mit dem Volkszählungsurteil „die verfassungsrechtlichen Grundlagen des Datenschutzes umfassender zu prüfen".[28] Es hat den Grundstein für den gesamten Datenschutz in Deutschland gelegt. Bei der Klärung der verfassungsrechtlichen Grundlagen des Rechts auf informationelle Selbstbestimmung ist das Volkszählungsurteil die entscheidende Quelle.

---

[28] BVerfGE 65, 1 (4).

B. Das allgemeine Persönlichkeitsrecht als verfassungsrechtliche Grundlage des Rechts auf informationelle Selbstbestimmung

Einigkeit in Literatur und Rechtsprechung besteht auf Grund der klaren Aussagen des Bundesverfassungsgerichts hinsichtlich der Existenz eines verfassungsrechtlich fundierten Rechts auf informationelle Selbstbestimmung.[29]

Dabei wurde entgegen anderslautenden Medienberichten[30] in den ersten Stellungnahmen zum Volkszählungsurteil auch mehrfach zutreffend hervorgehoben, daß es sich beim Recht auf informationelle Selbstbestimmung nicht um die Erfindung eines neuen Grundrechts handele[31]. Könnte es das Bundesverfassungsgericht unternehmen, Verfassungsrecht zu erfinden, würde es aus seiner Rolle als Interpret der Verfassung heraustreten und die Rolle des pouvoir constituant usurpieren.[32] Eine solche Position über der Verfassung kommt dem Bundesverfassungsgericht nicht zu. Schließlich ergibt sich auch aus dem klaren Wortlaut der Entscheidungsgründe des Volkszählungsurteils, daß das Gericht das Recht auf informationelle Selbstbestimmung als Konkretisierung des allgemeinen Persönlichkeitsrechts ansieht.[33] Damit ist das Gericht lediglich seiner ihm zugewiesenen Aufgabe nachgekommen, Verfassungsrecht auszulegen und auf den konkreten Fall anzuwenden.

Heute gilt das allgemeine Persönlichkeitsrecht sowohl in der Rechtsprechung als auch in der Literatur nahezu unbestritten als Heimstatt des Rechts auf informationelle Selbstbestimmung.[34] Dies kann freilich nur gelten, soweit das allgemeine Persönlichkeitsrecht auch anwendbar ist und nicht gegenüber spezielleren Freiheiten des Grundgesetzes zurücktritt.[35] Insoweit wird das informationelle Selbstbestimmungsrecht auch

---

[29] *Wanckel*, Persönlichkeitsschutz in der Informationsgesellschaft, S. 128 Fn. 460 m. w. N.

[30] *Fromme*, FAZ vom 17.12.1983, S. 12.

[31] So bereits in den ersten Stellungnahmen zum Volkszählungsurteil klarstellend *Hufen*, JZ 1984, 1073; *Krause*, JuS 1984, 268; *Simitis*, NJW 1984, 399. Geradezu anachronistisch mutet vor diesem Hintergrund das Festhalten an der Formulierung der Erfindung eines Grundrechts auch in jüngerer Zeit an, vgl. *Diederichsen*, Jura 1997, 59.

[32] *Krause*, aaO.

[33] BVerfGE 65, 1 (41).

[34] Seit BVerfGE 65, 1 (41 ff.) st. Rspr. Vgl. BVerfGE 78, 77 (84); 84, 192 (194); 96, 171 (181); 101, 106 (121); 103, 21 (32); BVerfG, NJW 2001, 503 (505); BVerfG NVwZ 2001, 185; BVerfG NJW 2001, 879; BVerfG EuGRZ 2001, 249 (252).
Aus der Literatur: *Aulehner*, CR 1993, 447, 455; *Busch*, DVBl. 1984, 386; *Degenhart*, JuS 1992, 363; *Di Fabio*, in: Maunz/Dürig, Grundgesetz, Bd. I, Art. 2 Abs. 1 Rz. 173 a. E.; *Gallwas*, NJW 1992, 2789; *Groß*, AöR Bd. 113 (1988), S. 163, 167 f.; *Gola/Schomerus*, Bundesdatenschutzgesetz, § 1 Rz. 10; *Hillgruber*, in: Umbach/Clemens (Hrsg.), Grundgesetz, Bd. I, Art. 2 Rz. 52; *Hufen*, JZ 1984, 1074; *ders.*, in: Badura/Dreier (Hrsg.), FS 50 Jahre Bundesverfassungsgericht, Bd. II, S. 117; *Jarass*, NJW 1989, 858; *ders.*, in: Jarass/Pieroth, Grundgesetz, Art. 2 Rz. 32; *Murswiek*, in: Sachs (Hrsg.), Grundgesetz, Art. 2 Rz. 72 f.; *Podlech*, in: Denninger/Hoffmann-Riem/H.-P. Schneider/E. Stein (Hrsg.), AK-GG, Art. 2 Abs. 1 Rz. 78; *Schmitt Glaeser*, in: Isensee/Kirchhof (Hrsg.), HdbStR VI, § 129 Rz. 85; *Simitis*, NJW 1984; 399; *ders.*, in: Simitis (Hrsg.), Bundesdatenschutzgesetz, § 1 Rz. 34; *Starck*, in: v. Mangoldt/Klein/Starck, GG I, Art. 2 Abs. 1 Rz. 108. *Kunig*, in: v. Münch/Kunig (Hrsg.), GGK I, Art. 2 Rz. 38, spricht lediglich von einer terminologischen Verselbständigung des informationellen Selbstbestimmungsrechts, ohne jedoch die dogmatische Herleitung aus dem allgemeinen Persönlichkeitsrecht in Frage zu stellen.

[35] Zur Auffangfunktion des allgemeinen Persönlichkeitsrechts vgl. unten S. 44 f.

durch die speziellen Freiheiten gewährleistet.[36] Das allgemeine Persönlichkeitsrecht ist für das informationelle Selbstbestimmungsrecht in der Verfassungspraxis zwar bisher der häufigste, nie aber der einzige Referenzpunkt gewesen.[37] Da aber für die Herausarbeitung der verfassungsrechtlichen Grundsätze zum Recht auf informationelle Selbstbestimmung in „erster Linie" das allgemeine Persönlichkeitsrecht als Bezugspunkt diente[38] und weil diese Maßstäbe auf spezielle Freiheiten vom Bundesverfassungsgericht bisher fast vollständig übertragen worden sind[39], soll hier nur das allgemeine Persönlichkeitsrecht als die wichtigste Quelle untersucht werden.[40] Dabei werden zu Beginn der Untersuchung neben der Auseinandersetzung mit der dogmatischen Wurzel des allgemeinen Persönlichkeitsrechts zugleich noch offene grundrechtsdogmatische Fragen zu klären sein (dazu näher sub I., II. und III.).[41]

Im Anschluß daran wird die Arbeit unter Orientierung an den Kategorien von Schutzbereich, Eingriff und verfassungsrechtlicher Rechtfertigung den Prüfungsmaßstab des informationellen Selbstbestimmungsrechts herausarbeiten (vgl. dazu sub C.). In diesem Zusammenhang wird das Volkszählungsurteil jeweils in die Reihe der zahlreichen Judikate des Bundesverfassungsgerichts zum allgemeinen Persönlichkeitsrecht[42] eingeordnet.[43] Ziel ist es, die relevanten Eckpunkte in der Entwicklung der Rechtsprechung zum allgemeinen Persönlichkeitsrecht aufzuzeigen. Aus diesen Entwicklungslinien lassen sich wichtige Erkenntnisse für den Gehalt des Rechts auf informationelle Selbstbestimmung gewinnen. Das liegt vor allem daran, daß kaum ein anderes Rechtsgebiet so stark von der Karlsruher Verfassungsrechtsprechung geprägt ist wie der dem Recht auf informationelle Selbstbestimmung zugrundeliegende Persönlichkeitsschutz.[44]

---

[36] Zur Spezialität des Art. 10 GG vgl. z. B. BVerfGE 100, 313 (358); 107, 299 (312).

[37] *Aulehner*, CR 1993, 454 f.; *Simitis*, in: Simitis (Hrsg.), Bundesdatenschutzgesetz, § 1 Rz. 34.

[38] BVerfGE 65, 1 (41).

[39] Zur Übertragung der Maßstäbe auf Art. 10 GG, vgl. BVerfGE 100, 313 (359); 107, 299 (312). Zuletzt auch BVerfG NJW 2004, 2213 (2215 ff.).

[40] Vereinzelt wird die Erforderlichkeit eines Rekurses auf das allgemeine Persönlichkeitsrecht verneint und statt dessen der Schutz durch die allgemeine Handlungsfreiheit der Vorrang eingeräumt, vgl. *Krause*, JuS 1984, 269; *Tiedemann*, DÖV 2003, 77. *Aulehner* und *Langer* verweisen sogar darauf, daß das Recht auf informationelle Selbstbestimmung „richtigerweise" als Schranken-Schranke der allgemeinen Handlungsfreiheit zu verstehen sei, vgl. *Aulehner*, Polizeiliche Gefahren- und Informationsvorsorge, S. 390; *Langer*, Informationsfreiheit als Grenze der informationellen Selbstbestimmung, S. 184.

[41] Hierbei ist vor allem die bis heute nicht endgültig geklärte Problematik des Schrankenkonzepts des allgemeinen Persönlichkeitsrechts zu entwirren. Zur Aktualität der Schrankendiskussion vgl. *Kunig*, in: v. Münch/Kunig (Hrsg.), GGK I, Art. 2 Rz. 25, 30, 41; *Lücke*, DÖV 2002, 93 ff.; *Tiedemann*, DÖV 2003, 74 ff.

[42] BVerfGE 27, 1 (6 ff.); 27, 344 (350 ff.); 32, 373 (378 ff.); 33, 367 (374 ff.); 34, 205 (208 ff.); 34, 238 (245 ff.); 34, 269 (282 ff.); 35, 35 (39 f.); 35, 202 (219 ff.); 42, 234 (236 f.); 44, 353 (372 ff.); 47, 46 (78 ff.); 49, 286 (297 ff.); 54, 148 (153 ff.); 54, 208 (217 ff.); 56, 37 (41 ff.); 57, 170 (178 ff.); 60, 123 (134); 63, 131 (142 ff.); 64, 261 (280 ff.).

[43] Vgl. S. 24 ff., 52 ff.

[44] *Wanckel*, Persönlichkeitsschutz in der Informationsgesellschaft, S. 86.

I. Lokalisierung des allgemeinen Persönlichkeitsrechts im Grundgesetz und noch zu klärende Grundsatzfragen

Die Figur des allgemeinen Persönlichkeitsrechts ist von der Rechtsprechung des Bundesverfassungsgerichts im Wege der richterlichen Rechtsfortbildung hergeleitet worden.[45] Das allgemeine Persönlichkeitsrecht ist im Grundgesetz nicht explizit genannt, auch wenn der Wortlaut des Art. 2 Abs. 1 GG mit seiner Formulierung „freie Entfaltung" der „Persönlichkeit" in eine solche Richtung weist.[46] Zahlreiche Darstellungen haben sich mit dieser Herleitung - sei es historisch, sei es mit besonderem Blick auf die dogmatische Konstruktion - befaßt.[47] Dabei hat man hinsichtlich einer ganzen Reihe von Grundaussagen zum allgemeinen Persönlichkeitsrecht gemeinsame Standpunkte gefunden: Der grundrechtliche Charakter des allgemeinen Persönlichkeitsrechts[48] und seine Existenz als „sonstiges Recht" i. S. v. § 823 Abs. 1 BGB[49] werden heute ebensowenig bestritten wie die Verankerung dieses Instituts in den Art. 2 Abs. 1 GG i. V. m. Art. 1 Abs. 1 GG[50]. Von einer Wiederholung solcher bereits geklärter Rechtsfragen soll an dieser Stelle abgesehen werden.

1. Die Mehrschichtigkeit des Art. 2 Abs. 1 GG

Klarheit kann man über die Ausgestaltung des allgemeinen Persönlichkeitsrechts jedoch nur gewinnen, wenn man zunächst die Mehrschichtigkeit des Art. 2 Abs. 1 GG berücksichtigt (vgl. dazu sogleich sub II.).[51] In der Rechtsprechungsgenese des Bundesverfassungsgerichts wurde Art. 2 Abs. 1 GG nämlich keineswegs von vorneherein der Schutzgehalt des allgemeinen Persönlichkeitsrechts zugewiesen. Am Anfang stand vielmehr ein Verständnis des Art. 2 Abs. 1 GG als „allgemeine Handlungsfreiheit".[52]

Eine Auseinandersetzung mit der allgemeinen Handlungsfreiheit im Rahmen dieser Untersuchung erleichtert nicht nur die tatbestandliche Abschichtung der Schutzgehalte

---

[45] Vgl. unter vielen anderen *Di Fabio*, in: Maunz/Dürig, Grundgesetz, Bd. I, Art. 2 Abs. 1 Rz. 128; *H. Dreier*, in: Dreier (Hrsg.), Grundgesetz-Kommentar, Bd. I, Art. 2 I Rz. 68; *Kunig*, in: v. Münch/Kunig (Hrsg.), GGK I, Art. 2 Rz. 30; *Wanckel*, Persönlichkeitsschutz in der Informationsgesellschaft, S. 86.
[46] *Di Fabio*, in: Maunz/Dürig, Grundgesetz, Bd. I, Art. 2 Abs. 1 Rz. 128; *Kunig*, in: v. Münch/Kunig (Hrsg.), GGK I, Art. 2 Rz. 14.
[47] *Brandner*, JZ 1983, 689 ff.; *Degenhart*, JuS 1992, 361 ff.; *H. Ehmann*, JuS 1997, 193 ff.; *Jarass*, NJW 1989, 857 ff.; *Merten*, JuS 1976, 345 ff.; *U. Müller*, Die Verletzung des Persönlichkeitsrechts durch Bildnisveröffentlichungen, S. 17 ff.; *Schmitt Glaeser*, in: Isensee/Kirchhof (Hrsg.), HdbStR VI, § 129 Rz. 7 ff.; *Vogelgesang*, Grundrecht auf informationelle Selbstbestimmung?, S. 39 ff.
[48] *Di Fabio*, in: Maunz/Dürig, Grundgesetz, Bd. I, Art. 2 Abs. 1 Rz. 132 ff.; *Kunig*, in: v. Münch/Kunig (Hrsg.), GGK I, Art. 2 Rz. 30; *Jarass*, in Jarass/Pieroth, Grundgesetz, Art. 2 Rz. 28; *H. Dreier*, in: Dreier (Hrsg.). Grundgesetz-Kommentar, Bd. I, Art. 2 I Rz. 68; *Pieroth/Schlink*, Grundrechte Staatsrecht II, Rz. 367, 378. Offen geblieben ist lediglich die Frage, ob das allgemeine Persönlichkeitsrecht neben der allgemeinen Handlungsfreiheit als eigenständiges Grundrecht existiert oder vielmehr nur eine Teilausformung des Art. 2 Abs. 1 GG darstellt.
[49] *Sprau*, in: Palandt, BGB, § 823 Rz. 19, 83 ff.; *Musielak*, Grundkurs BGB, Rz. 753.
[50] St. Rspr. des Bundesverfassungsgerichts seit BVerfGE 27, 1 ff. Vgl. hierzu auch *Di Fabio*, in: Maunz/Dürig, Grundgesetz, Bd. I, Art. 2 Abs. 1 Rz. 128 Fn. 1 m. w. N.
[51] Vgl. dazu *Schmitt Glaeser*, in: Isensee/Kirchhof (Hrsg.), HdbStR VI, § 129 Rz. 18 ff.
[52] Grundlegend in diesem Sinne BVerfGE 6, 32 ff.

des allgemeinen Persönlichkeitsrechts. Vielmehr lassen sich der zeitlich früheren Rechtsprechung zur allgemeinen Handlungsfreiheit wichtige dogmatische Standards entnehmen, die auch für das allgemeine Persönlichkeitsrecht relevant sind.[53] Kurz: Die Rechtsprechung zur allgemeinen Handlungsfreiheit stellt eine Grundlage dar, ohne die das Konzept des allgemeinen Persönlichkeitsrechts nicht verstanden werden kann.

2. Klärung noch offener dogmatischer Fragen

Daneben befinden sich bis heute immer noch elementare Fragen zum Inhalt des allgemeinen Persönlichkeitsrechts in der juristischen Diskussion. Diese Unsicherheiten sollen an dieser Stelle ausgeräumt werden.

a) Verhältnis von Art. 1 Abs. 1 GG zu Art. 2 Abs. 1 GG

In Rede steht zum einen das Verhältnis von Art. 1 Abs. 1 GG zu Art. 2 Abs. 1 GG. Es ist zu klären, welche Wirkung Art. 1 Abs. 1 GG im Verbund mit Art. 2 Abs. 1 GG zukommt.[54] Die Bandbreite der Meinungen reicht von der Ansicht, Art. 1 Abs. 1 GG diene als bloße Auslegungsrichtlinie für die Ermittlung von Inhalt und Reichweite des Schutzumfangs[55] bis hin zu der Überzeugung, daß mit jeder Beschränkung des allgemeinen Persönlichkeitsrechts eine Verletzung der Menschenwürde verbunden sei[56]. Bei der letzten Auffassung wird man auf Grund der „Unantastbarkeit" der Menschenwürde klären müssen, inwieweit man überhaupt von Beschränkungsmöglichkeiten reden kann.[57] Trotz dieses Meinungsspektrums steht eine hinreichende Analyse zum Verhältnis der beiden Grundrechtsnormen zueinander noch aus.[58] Eine differenzierte Betrachtung der Verknüpfung von Art. 2 Abs. 1 GG mit Art. 1 Abs. 1 GG ist aber notwendig, um praktikable Ergebnisse für Inhalt und Schranken des allgemeinen Persönlichkeitsrechts zu finden (vgl. dazu sub III.).[59]

---

[53] Neben der weiten Interpretation der Schranke der verfassungsmäßigen Ordnung als verfassungsmäßiger Rechtsordnung ist vor allem die Einordnung des Art. 2 Abs. 1 GG als subsidiäres Auffanggrundrecht richtungsweisend.

[54] So zu Recht fragend *Lücke*, DÖV 2002, 95. Im Ergebnis bei der Schrankendeterminierung ebenso explizit die Wirkung des Art. 1 Abs. 1 GG berücksichtigend *Di Fabio*, in: Maunz/Dürig, Grundgesetz, Bd. I, Art. 2 Abs. 1 Rz. 133; *Murswiek*, in: Sachs (Hrsg.), Grundgesetz, Art. 2 Rz. 103.

[55] *Di Fabio*, in: Maunz/Dürig, Grundgesetz, Bd. I, Art. 2 Abs. 1 Rz. 128; *H. Dreier*, in: Dreier (Hrsg.), Grundgesetz-Kommentar, Bd. I, Art. 2 I Rz. 68; *Starck*, in: v. Mangoldt/Klein/Starck, GG I, Art. 2 Abs. 1 Rz. 15, 55, 85.

[56] So im Rahmen seiner Schlußbemerkung *Tiedemann*, DÖV 2003, 78.

[57] Insoweit konsequent *Tiedemann*, DÖV 2003, 78, der von der grundsätzlichen Uneinschränkbarkeit des allgemeinen Persönlichkeitsrechts ausgeht.

[58] *Schmitt Glaeser*, in: Isensee/Kirchhof (Hrsg.), HdbStR VI, § 129 Rz. 15, der aber dort in Fn. 41 immerhin Fundstellen nennt, die sich mit dieser Frage auseinandersetzen.

[59] *V. Arnauld*, ZUM 1996, 286, spricht ganz allgemein von einem „besseren Verständnis dieses Grundrechts", das durch eine Klärung der Beziehung des allgemeinen Persönlichkeitsrechts zu Art. 1 Abs. 1 GG und zu Art. 2 Abs. 1 GG vermittelt werde.

b) Schrankenfragen des allgemeinen Persönlichkeitsrechts

Zum zweiten herrscht bis heute keine Klarheit über die Möglichkeiten der Beschränkung des allgemeinen Persönlichkeitsrechts und im speziellen des Rechts auf informationelle Selbstbestimmung.[60] Auf die Klärung der Schrankenfragen soll jedoch erst bei der Erarbeitung des Prüfungsmaßstabs an passender Stelle eingegangen werden (sub C. IV.).

II. Die Zweischichtigkeit des Art. 2 Abs. 1 GG[61]

Ein grundlegendes Gesamtverständnis des Rechts auf freie Entfaltung der Persönlichkeit gem. Art. 2 Abs. 1 GG offenbarte das Bundesverfassungsgericht in der sog. „Eppler-Entscheidung".[62] Danach enthält Art. 2 Abs. 1 GG zwei Schutzgegenstände:[63] Ein aktives Element sieht das Gericht durch die Gewährleistungen der früh konzipierten allgemeinen Handlungsfreiheit geschützt[64]; daneben gehöre zur freien Entfaltung der Persönlichkeit auch das Recht auf Respektierung eines geschützten (Privat-)Bereichs.[65] Diese passive Komponente gewähre das allgemeine Persönlichkeitsrecht, das im Ergebnis damit nur als *ein* Element des in Art. 2 Abs. 1 GG verankerten Rechts auf freie Entfaltung der Persönlichkeit fungiert. Art. 2 Abs. 1 GG wird heute als „Doppelgrundrecht" bezeichnet.[66] Dieses Verständnis setzt freilich voraus, daß beiden Freiheiten auch grundrechtliche Funktionen zukommen.

1. Art. 2 Abs. 1 GG als Grundrecht der allgemeinen Handlungsfreiheit

Das Recht auf freie Entfaltung der Persönlichkeit wurde im sog. „Elfes-Urteil" schon früh als selbständiges Grundrecht interpretiert, „das die allgemeine menschliche Handlungsfreiheit gewährleistet".[67]

---

[60] Zur Aktualität der Schrankendebatte vgl. *Kunig*, in: v. Münch/Kunig (Hrsg.), GGK I, Art. 2 Rz. 25, 30, 41; *Lücke*, DÖV 2002, 93 ff.; *Tiedemann*, DÖV 2003, 74 ff.

[61] Gegen eine Bezeichnung der verschiedenen Dimensionen des Art. 2 Abs. 1 GG als „Zweischichtigkeit" wehrt sich *Aulehner*, Polizeiliche Gefahren- und Informationsvorsorge, S. 380 ff. Das Konzept *Aulehners*, wonach dem allgemeinen Persönlichkeitsrecht keine Abwehrdimension eignen soll, kann jedoch nicht überzeugen, vgl. *ders.*, ebda, S. 383 ff.

[62] BVerfGE 54, 148 ff.

[63] BVerfGE 54, 148 (153). Diese Sichtweise wird heute überwiegend auch in der Literatur geteilt, z. B. von *Böckenförde*, Der Staat Bd. 42 (2003), S. 190; *Hillgruber*, in: Umbach/Clemens (Hrsg.), Grundgesetz, Bd. I, Art. 2 I Rz. 45; *Pieroth/Schlink*, Grundrechte Staatsrecht II, Rz. 367 ff.

[64] Seit BVerfGE 6, 32 ff. st. Rspr.

[65] BVerfGE 54, 148 (153).

[66] *Höfling*, in: Friauf/Höfling (Hrsg.), Berliner Kommentar, Bd. 1, Art. 2 Rz. 17. Vgl. dazu auch das Phänomen der „Grundrechtskumulation" i. S. der Steigerung des Grundrechts-schutzes bei Betroffenheit mehrerer Grundrechte vgl. *H. Dreier*, in: Dreier (Hrsg.), Grundgesetz-Kommentar, Bd. I, Vorb. Rz. 159 m. w. N.

[67] BVerfGE 6, 32 (36).

a) Schutz einer umfassenden Handlungsfreiheit im Rahmen der verfassungsgemäßen Rechtsordnung

Der Schutz der freien Entfaltung der Persönlichkeit ist im Sinne einer umfassenden Gewährleistung der Handlungsfreiheit zu verstehen.[68] Sein Regelungsgegenstand ist jedes menschliche Tun und Unterlassen.[69]

Diese Freiheiten sind allerdings im Lichte der Beschränkungsmöglichkeiten zu sehen, die Art. 2 Abs. 1 GG dem Staat bietet. Konsequent hat das Bundesverfassungsgericht dem weiten Konzept des Schutzbereichs ein ebenfalls weites Schrankenverständnis gegenübergestellt. Dabei hat in der Rechtsprechung des Bundesverfassungsgerichts vor allem die Schranke der verfassungsmäßigen Ordnung eine überragende Bedeutung erlangt, die die beiden anderen Schrankenelemente des Art. 2 Abs. 1 GG in der Verfassungspraxis weitgehend überlagert. Unter der verfassungsmäßigen Ordnung wird seit dem „Elfes-Urteil" die „verfassungsgemäße" Rechtsordnung verstanden. Die allgemeine Handlungsfreiheit kann damit durch formell und materiell mit der Verfassung übereinstimmende Rechtsnormen eingeschränkt werden.

Ob der allgemeinen Handlungsfreiheit jedoch in vollem Umfang spezifisch grundrechtlicher Schutz eignet, ist bis heute umstritten.[70]

b) Grundrechtliche Schutzfunktion im Sinne einer Auffangfunktion

Nicht nur vom Bundesverfassungsgericht, sondern auch von einer deutlichen Mehrheit im Schrifttum wird mit der allgemeinen Handlungsfreiheit sehr wohl eine grundrechtliche Schutzfunktion assoziiert. Die allgemeine Handlungsfreiheit wird als Grundrecht in den Kanon der anderen Freiheitsrechte eingeordnet.[71] Zum Teil geleitet von der

---

[68] *Erichsen*, in: Isensee/Kirchhof (Hrsg.), HdbStR VI, § 152 Rz. 13; *Hillgruber*, in: Umbach/Clemens (Hrsg.), Grundgesetz, Bd. I, Art. 2 I Rz. 17; *Jarass*, in: Jarass/Pieroth, Grundgesetz, Art. 2 Rz. 3.

[69] *Jarass*, in: Jarass/Pieroth, Grundgesetz, Art. 2 Rz. 3; *Sachs*, Verfassungsrecht II Grundrechte, B 2 Rz. 5.

[70] Davon zu trennen ist die Frage, ob Art. 2 Abs. 1 GG insgesamt ein Grundrecht darstellt. Das steht seit Beginn der Verfassungsrechtsprechung außer Streit, vgl. BVerfGE 1, 7 (8).

[71] Seit BVerfGE 6, 32 ff. st. Rspr. In der Literatur sprechen sich für die vom Bundesverfassungsgericht weit verstandene Grundrechtsfunktion des Art. 2 Abs.1 GG z. B. aus: *Alexy*, Theorie der Grundrechte, S. 312 f.; *Antoni*, in: Seifert/Hömig (Hrsg.), Grundgesetz, Art. 2 Rz. 2; *Degenhart*, JuS 1990, 164; *Erichsen*, in: Isensee/Kirchhof (Hrsg.), HdbStR VI, § 152 Rz. 21; *Di Fabio*, in: Maunz/Dürig, Grundgesetz, Bd. I, Art. 2 Abs. 1 Rz. 12 ff.; *Grabitz*, Freiheit und Verfassungsrecht, S. 125; *E. Hesse*, Die Bindung des Gesetzgebers an das Grundrecht des Art. 2 I GG bei der Verwirklichung einer „verfassungsmäßigen Ordnung", S. 49 m. w. N.; *Hillgruber*, in: Umbach/Clemens (Hrsg.), Grundgesetz, Bd. I, Art. 2 I Rz. 35; *Jarass*, in: Jarass/Pieroth, Grundgesetz, Art. 2 Rz. 2; *Kunig*, in: v. Münch/Kunig, GGK I, Art. 2 Rz. 12 f.; *Pieroth/Schlink*, Grundrechte Staatsrecht II, Rz. 368; *Sachs*, Verfassungsrecht II Grundrechte, B 2 Rz. 12; *Schmitt Glaeser*, in: Isensee/Kirchhof (Hrsg.), HdbStR VI, § 129 Rz. 20-22; *G. Scholz*, Grundgesetz I, S. 125; *R. Scholz*, AöR Bd. 100 (1975), S. 91, 113 mit Fn. 176, 177; *Starck*, in: v. Mangoldt/Klein/Starck, GG I, Art. 2 Abs. 1 Rz. 8 ff. Kritisch gegen die grenzenlose Ausweitung des Schutzbereichs und der Beschränkungsmöglichkeiten sprechen sich dagegen aus: *Duttge*, NJW 1997, 3355; Abweichende Meinung des Richters *Grimm* in BVerfGE 80, 137 (165); *K. Hesse*, Grundzüge des Verfassungsrechts der Bundesrepublik Deutschland, Rz. 427; *Lerche*, Übermaß und Verfassungsrecht, S. 299;

Vorstellung eines lückenlosen Grundrechtsschutzes[72] erfolgt die Einbindung der allgemeinen Handlungsfreiheit in die Phalanx der anderen Freiheitsrechte aber nicht gleichberechtigt. Die allgemeine Handlungsfreiheit wird nicht auf eine Stufe mit den anderen Grundrechtsgewährleistungen gestellt. Vielmehr kommt sie nachrangig erst zur Geltung, wenn die anderen - speziellen - Freiheiten tatbestandlich nicht einschlägig sind.[73] Ihre grundrechtliche Schutzfunktion besteht in einer Auffangfunktion.[74]

c) Einwände in der Literatur gegen eine umfassende grundrechtliche Schutzfunktion

Zum Teil wird Art. 2 Abs. 1 GG in seiner Funktion als allgemeine Handlungsfreiheit ein spezifisch grundrechtlicher Schutz aber abgesprochen. Grundrechtlicher Charakter wird von dieser Seite allein dem konkreten persönlichkeitsrechtlichen Strang des Rechts auf freie Entfaltung der Persönlichkeit zugebilligt.[75]

H. Peters, BayVBl. 1965, 40; *Rupp*, NJW 1965, 994; *W. Schmidt*, AöR Bd. 91 (1966), S. 46 f., 71 ff.

[72] Von der Vorstellung der Grundrechte als einem auf der Tatbestandsebene lückenlosen Wertesystem war vor allem *Dürig* geleitet, vgl. *Dürig*, in: Maunz/Dürig, Grundgesetz, Stand 1958, Art. 2 Abs. 1 Rz. 3 ff.; *ders.*, in: Schmitt Glaeser/Häberle (Hrsg.), Gesammelte Schriften, S. 132. Einen lückenlosen Schutz fordern ebenso: *Bethge*, Der Staat Bd. 24 (1985), S. 360 ff.; *Hochhuth*, JZ 2002, 752; *Schmitt Glaeser*, in: Isensee/Kirchhof (Hrsg.), HdbStR VI, § 129 Rz. 6; *G. Scholz*, Grundgesetz I, S. 126.
Inkonsequent sind in diesem Zusammenhang Tendenzen, die einen lückenlosen Freiheitsschutz dem Grunde nach zunächst verneinen und vom Grundgesetz als bloßer „Rahmenordnung" sprechen, im Ergebnis aber über Art. 2 Abs. 1 GG in seiner Funktion als Auffanggrundrecht sämtliche Freiheitslücken schließen wollen, vgl. *Böckenförde*, Der Staat Bd. 42 (2003), S. 186 ff. m. w. N. in Fn. 86.

[73] Die Auffassung von der allgemeinen Handlungsfreiheit, welche im Sinne eines totalen Auffangrechts auch dann zum Zuge kommt, wenn ein spezielles Freiheitsrecht zwar thematisch einschlägig ist, aber im konkreten Fall keinen Schutz gewähren kann, ist zu Beginn der Verfassungsrechtsprechung (vgl. in diese Richtung BVerfGE 4, 7 [15 ff.]; 8, 274 [327 ff.]; 10, 354 [362 ff.]) diskutiert worden, vgl. *E. Hesse*, Die Bindung des Gesetzgebers an das Grundrecht des Art. 2 I GG bei der Verwirklichung einer „verfassungsmäßigen Ordnung", S. 56 Fn. 38. Klar gegen solche Überlegungen hingegen schon gleich im Anschluß an das sog. „Elfes-Urteil" *Dürig*, JZ 1957, 170.
Heute herrscht Einigkeit darüber, daß nur ein Verständnis der besonderen Freiheitsrechte als *tatbestandlich* abschließend geltender Normen den grundgesetzlichen Differenzierungen der Freiheitsrechte gerecht werden kann, vgl. *Erichsen*, in: Isensee/Kirchhof (Hrsg.), HdbStR VI, § 152 Rz. 26; *Hillgruber*, in: Umbach/Clemens (Hrsg.), Grundgesetz, Bd. I, Art. 2 I Rz 249; *Krebs*, Vorbehalt des Gesetzes und Grundrechte, S. 38 f.; *Pieroth/Schlink*, Grundrechte Staatsrecht II, Rz. 369, 371; BVerfGE 51, 97 (105); 59, 128 (163); 68, 193 (223 f. m. w. N.).

[74] In diesem Sinne BVerfGE 6, 32 (37); 21, 227 (234); 30, 292 (335 f.); 67, 157 (171); 70, 1 (32); 77, 84 (118); 83, 182 (194); st. Rspr. Vgl. auch *Degenhart*, JuS 1990, 163; *Erichsen*, in: Isensee/Kirchhof (Hrsg.), HdbStR VI, § 152 Rz. 25; *Hillgruber*, aaO; *Hufen*, in: Badura/Dreier (Hrsg.), FS 50 Jahre Bundesverfassungsgericht, Bd. II, S. 122; *Kunig*, in: v. Münch/Kunig (Hrsg.), GGK I, Art. 2 Rz. 12; *Lege*, Jura 2002, 754; *Pieroth/Schlink*, aaO, Rz. 369; *W. Schmidt*, in: Faber/Frank (Hrsg.), FS für Ekkehart Stein, S. 103.

[75] So *Grimm* in seinem Sondervotum zu BVerfGE 80, 137 (167); *W. Schmidt*, aaO, S. 97. Dabei betont *Grimm*, daß das persönlichkeitsrelevante Anwendungsfeld des Art. 2 Abs. 1 GG durchaus zwischen dem weiten Konzept der allgemeinen Handlungsfreiheit und dem unantastbaren Persönlichkeitskern liegen kann, vgl. *Grimm*, ebda, 137 (166).

aa) Ablehnung des grenzenlosen Schutzumfangs der allgemeinen Handlungsfreiheit

Dem liegt die Auffassung zugrunde, daß es nicht Aufgabe der Grundrechte sein könne, jedes erdenkliche menschliche Verhalten zu schützen.[76] Vielmehr müsse ein grundrechtlich geschütztes Verhalten eine gesteigerte Relevanz aufweisen, die ein den im Grundgesetz positivierten Freiheiten vergleichbares Gewicht hat. Wie diese zeigten, schützten die Grundrechte den einzelnen nur in seinen grundlegenden Bezügen, nicht in jedem beliebigen Verhalten.[77] Es sei weder historisch noch funktional Sinn der Grundrechte, jedes erdenkliche menschliche Verhalten unter den besonderen Schutz des Staates zu stellen.[78]

Ein solches Plädoyer für eine Schutzbereichsreduktion des Art. 2 Abs. 1 GG ist nicht neu. Es knüpft - wenn auch mit modifizierten Maßstäben[79] - an die Aussagen der sog. Persönlichkeitskerntheorie[80] an, welche bereits ganz am Anfang als extreme Interpretationsalternative des Art. 2 Abs. 1 GG mit der Annahme einer allgemeinen Handlungsfreiheit konkurrierte.[81]

bb) Rein verfahrensrechtliche Funktion als Konsequenz

Soweit es noch nicht um den Schutz spezifischer Handlungen gehe, erfülle Art. 2 Abs. 1 GG in seiner ihm durch das Bundesverfassungsgericht zugewiesenen Funktion der allgemeinen Handlungsfreiheit nur noch die Aufgabe einer „allgemeinen Eingriffsfreiheit".[82] Diese Freiheit schütze ein subjektiviertes Recht auf die Verfassungsmäßigkeit

---

[76] Abweichende Meinung des Richters *Grimm* in BVerfGE 80, 137 (164).

[77] *Duttge*, NJW 1997, 3354; *Grimm*, aaO, 165; *K. Hesse*, Grundzüge des Verfassungsrechts der Bundesrepublik Deutschland, Rz. 427; *Lerche*, Übermaß und Verfassungsrecht, S. 299; *W. Schmidt*, AöR Bd. 91 (1966), S. 71 ff., insbes. S. 77 f.

[78] Abweichende Meinung des Richters *Grimm* in BVerfGE 80, 137 (164).

[79] So will beispielsweise *K. Hesse*, Grundzüge des Verfassungsrechts der Bundesrepublik Deutschland, Rz. 428, den Schutzbereich nicht auf die „rein geistige und sittliche Entfaltung" beschränken. Ebenso sieht *Grimm*, aaO, 166, das Anwendungsfeld des Art. 2 Abs. 1 GG zwischen der eng konzipierten, auf den ideellen und kulturellen Bereich beschränkten Persönlichkeitskerntheorie und der vom Bundesverfassungsgericht mehrheitlich anerkannten umfassenden Handlungsfreiheit.

[80] Die Persönlichkeitskerntheorie weist dem Freiheitsrecht des Art. 2 Abs. 1 GG nur den Schutz des für die geistige und sittliche Entfaltung notwendigen Kernbereichs der Persönlichkeit zu. Sie ist vor allem von *Hans Peters* begründet worden, vgl. *H. Peters*, in: Constantopoulos/Wehberg (Hrsg.), FS für Rudolf Laun, S. 669 ff.

[81] *Kunig*, in: v. Münch/Kunig (Hrsg.), GGK I, Art. 2 Rz. 14; Vgl. insoweit auch die Bezugnahmen des Bundesverfassungsgerichts auf die Persönlichkeitskerntheorie in BVerfGE 4, 7 (15 f.); 6, 32 (36).

[82] Der Begriff der „allgemeinen Eingriffsfreiheit" taucht in Verbindung mit Art. 2 Abs. 1 GG vielerorts auf. Er ist zu verstehen als Freiheit *von* Eingriffen der Staatsgewalt, vgl. *Duttge*, Der Staat Bd. 36 (1997), S. 286; abweichende Meinung des Richters *Grimm* in BVerfGE 80, 137 (168); *Pieroth*, AöR Bd. 115 (1990), S. 33; *W. Schmidt*, in: Faber/Frank (Hrsg.), FS für Ekkehart Stein, S. 94 ff.; *ders.*, AöR Bd. 91 (1966), S. 49 Fn. 33; *ders.*, AöR Bd. 106 (1981), S. 500 ff. *Alexy*, Theorie der Grundrechte, S. 311, spricht von einem er-schöpfenden Recht auf allgemeine Eingriffsfreiheit aber erst dann, wenn das allgemeine Freiheitsrecht des Art. 2 Abs. 1 GG über den Schutz von Handlungen hinaus auch auf den Schutz von Zuständen und Rechtspositionen erstreckt wird.

der Gesetzgebung außerhalb des eigentlichen Grundrechtsschutzes.[83] Das ergebe sich bereits aus der Formel des Elfes-Urteils, wonach verfassungsmäßige staatliche Eingriffe formell und inhaltlich mit der Verfassung voll vereinbar sein müssen.[84] In diesem Sinne werden dann auch Aussagen des Bundesverfassungsgerichts gelesen, nach denen „Eingriffe der Staatsgewalt, die nicht rechtsstaatlich sind" verboten sind[85] bzw. ein „grundrechtlicher Anspruch" des Bürgers bestehe, nicht durch die Staatsgewalt „mit einem Nachteil belastet zu werden, der nicht in der verfassungsmäßigen Ordnung begründet ist"[86]. Über Art. 2 Abs. 1 GG werde so eine Verfassungsbeschwerde auch zulässig, selbst wenn es um eine spezifische Grundrechtsverletzung gar nicht gehe. Insoweit handle es sich bei Art. 2 Abs. 1 GG nicht um spezifisch grundrechtlichen Schutz.[87]

d) Stellungnahme

Auch von den Kritikern der bundesverfassungsgerichtlichen Konzeption der allgemeinen Handlungsfreiheit wird die Auffangfunktion des Art. 2 Abs. 1 GG insgesamt nicht bestritten.[88] Sie wird jedoch auf persönlichkeitsrelevante Bereiche beschränkt.[89] Dies kann nicht überzeugen.

aa) Umfassende Freiheit der Person als Tatbestandsinhalt

Die Tatbestandsoffenheit des Art. 2 Abs. 1 GG muß nicht zwingend zu dem Schluß führen, daß es sich bei der allgemeinen Handlungsfreiheit um ein „Freiheitsrecht ohne Freiheitstatbestand" handelt.[90]

Das Recht, sich so zu verhalten, wie man will, ist kein unzulässiger Inhalt eines Grundrechts, wenn man Art. 2 Abs. 1 GG als allgemeines Freiheitsrecht betrachtet.[91] Es ist auch nicht historisch singulär, die menschliche Verhaltensfreiheit umfassend zu schützen.[92] Vielmehr entspringt die Idee eines allgemeinen Freiheitsrechts dem grund-

---

[83] *Ehmke*, VVDStRL Bd. 20 (1963), S. 84; abweichende Meinung des Richters *Grimm* in BVerfGE 80, 137 (167 f.); *W. Schmidt*, in: Faber/Frank (Hrsg.), FS für Ekkehart Stein, S. 94 ff.
[84] *Grimm*, aaO, 168; *W. Schmidt*, aaO, S. 95 unter Bezugnahme auf BVerfGE 17, 306 (309, 313).
[85] BVerfGE 19, 206 (215); 19, 253 (257).
[86] BVerfGE 9, 83 (88). Ähnlich BVerfGE 29, 402 (408).
[87] *Ehmke*, VVDStRL Bd. 20 (1963), S. 84. Im Ergebnis so auch *W. Schmidt*, in: Faber/Frank (Hrsg.), FS für Ekkehart Stein, S. 96 f., wenn er die Zulässigkeit der Verfassungsbeschwerde als eigentlichen Hintergrund der Eingriffsfunktion des Art. 2 Abs. 1 GG betrachtet und von einem Mißverständnis spricht, wenn das Bundesverfassungsgericht das Taubenfüttern (BVerfGE 54, 143 [144]), das Kraftradfahren ohne Schutzhelm (BVerfGE 59, 275 [278 f.]) oder das Reiten im Walde (BVerfGE 80, 137 [154 ff.]) als grundrechtsspezifische Handlungen einstuft.
[88] *W. Schmidt*, AöR Bd. 91 (1966), S. 48, 85; *ders.*, AöR Bd. 106 (1981), S. 500.
[89] Abweichende Meinung des Richters *Grimm* in BVerfGE 80, 137 (167); *W. Schmidt*, in: Faber/Frank (Hrsg.), FS für Ekkehart Stein, S. 103.
[90] *Grabitz*, Freiheit und Verfassungsrecht, S. 120; *W. Schmidt*, AöR Bd. 91 (1966), S. 48.
[91] Zur „Zweischichtigkeit" des Art. 2 Abs. 1 GG vgl. oben S. 15 ff.
[92] *Hillgruber*, in: Umbach/Clemens (Hrsg.), Grundgesetz, Bd. I, Art. 2 I Rz. 29, verweist hier zutreffend auf die westeuropäische Verfassungstradition.

legenden Freiheitsverständnis des Grundgesetzes.[93] Die Freiheit des einzelnen ist der Grundsatz, seine Beschränkung die Ausnahme.[94] Legt man dieses Verständnis zugrunde, dann entpuppt sich die Freiheit jedweden Verhaltens als „Wert an sich", der das Wesen des Menschen als einer grundsätzlich freien Person markiert.[95] Dieser Wert ist dann sehr wohl den speziellen Freiheiten vergleichbar, weil er genau wie diese die Handlungsgrundlage eines jeden einzelnen darstellt.[96]

bb) Die allgemeine Handlungsfreiheit als Kern des Persönlichkeitsschutzes

Nur mit einem umfassenden Freiheitsverständnis kann auch den Spezifika der verschiedenen persönlichen Befindlichkeiten Rechnung getragen werden. Nur so kann der einzelne selbst entscheiden, was er für seine Persönlichkeit als bedeutsam erachtet. Maßstab für die Festlegung, welche Betätigungen „persönlichkeitsrelevant" sind, ist der Grundrechtsträger selbst.[97] Die in diesem Zusammenhang getroffene Aussage, die Persönlichkeitsentfaltung des einzelnen hänge nicht von der Möglichkeit ab, im Walde zu reiten, geht daher in seiner Pauschalität fehl.[98] Sie ist stets für den konkreten Einzelfall zu relativieren, mit dem denkbaren Ergebnis, daß für manche Grundrechtsträger das Reiten im Walde oder das Taubenfüttern als wichtiges Naturerlebnis eine durchaus persönlichkeitsrelevante Freiheitsentfaltung darstellt.[99] Die allgemeine Handlungsfreiheit macht gerade den besonderen Kern des Grundrechts aus Art. 2 Abs. 1 GG aus.[100]

cc) Auffangcharakter als Wesensmerkmal

Zuletzt wirkt bei der grundsätzlichen Akzeptanz des Charakters des Art. 2 Abs. 1 GG als „Auffanggrundrecht" eine gleichzeitige Beschränkung auf spezifische Verhaltensweisen auf der Ebene des am allgemeinsten formulierten Grundrechts nicht überzeugend.[101] Vielmehr besteht gerade in der nicht näher spezifizierten Weite des Schutzbe-

---

[93] *Schmitt Glaeser*, in: Isensee/Kirchhof (Hrsg.), HdbStR VI, § 129 Rz. 22.
[94] *Hillgruber*, in: Umbach/Clemens (Hrsg.), Grundgesetz, Bd. I, Art. 2 I Rz. 39; *Hufen*, in: Badura/Dreier (Hrsg.), FS 50 Jahre Bundesverfassungsgericht, Bd. II, S. 123. Daß auch das Bundesverfassungsgericht von diesem Grundsatz geleitet wird, zeigen nicht nur die von *Hufen* angeführten Beispiele der sexuellen Entfaltungsfreiheit (BVerfGE 47, 46 [73]), der Freiheit zum Taubenfüttern (BVerfGE 54, 143 [146]) und der Freiheit zum Reiten im Walde (BVerfGE 80, 137 [154]). In BVerfGE 20, 150 (154 ff.) machte das Gericht deutlich, daß ein repressives Verbot mit Befreiungsvorbehalt mit diesem Grundsatz nicht zu vereinbaren ist.
[95] *Alexy*, Theorie der Grundrechte, S. 325.
[96] Von der grundsätzlichen Freiheitsvermutung des Art. 2 Abs. 1 GG spricht das Bundesverfassungsgericht bereits in BVerfGE 6, 32 (42).
[97] *Degenhart*, JuS 1990, 163; *Hufen*, in: Badura/Dreier (Hrsg.), FS 50 Jahre Bundesverfassungsgericht, Bd. II, S. 123; *Lege*, Jura 2002, 755; *Schnapp*, NJW 1998, 960.
[98] Vgl. die abweichende Meinung des Richters *Grimm* in BVerfGE 80, 137 (170). Die Ansicht *Grimms* wird insoweit zu Recht als richterlicher Dezisionismus disqualifiziert, vgl. *Hillgruber*, in: Umbach/Clemens (Hrsg.), Grundgesetz, Bd. I, Art. 2 I Rz. 31.
[99] *Alexy*, Theorie der Grundrechte, S. 325 Fn. 67; *Hufen*, in: Badura/Dreier (Hrsg.), FS 50 Jahre Bundesverfassungsgericht, Bd. II, S. 123; *G. Scholz*, Grundgesetz I, S. 125.
[100] *Hillgruber*, in: Umbach/Clemens (Hrsg.), Grundgesetz, Bd. I, Art. 2 I Rz. 31; *Hufen*, aaO.
[101] So die abweichende Meinung des Richters *Grimm* in BVerfGE 80, 137 (167).

reichs das eigentliche Wesen des Art. 2 Abs. 1 GG als Auffang(grund)recht. Diese Auffangfunktion wird konterkariert, wenn man das in Betracht kommende Verhalten detailliert und differenziert beschreiben will und auf eine den grundrechtlichen Spezialgewährleistungen vergleichbare Schutzebene hochzont.[102] Eine bloß punktuelle Freiheitsgewährleistung bietet nicht nur erhebliche Abgrenzungsschwierigkeiten[103], sie verträgt sich auch nicht mit der Auffangfunktion eines umfassend zu verstehenden Freiheitsrechts.[104]

e) **Zwischenergebnis**

Art. 2 Abs. 1 GG enthält ein selbständiges Grundrecht der allgemeinen Handlungsfreiheit. Dieser anerkannte Teil des Art. 2 Abs. 1 GG fungiert nicht *nur* als „Eingriffsfreiheit", der lediglich eine verfahrensrechtliche Funktion zukommt.[105] Vielmehr erschöpft sich die freie Entfaltung der Persönlichkeit nicht in der allgemeinen Handlungsfreiheit, sondern umfaßt daneben auch den grundrechtlichen Anspruch, durch die Staatsgewalt nicht mit einem Nachteil belastet zu werden, der nicht in der verfassungsmäßigen Ordnung begründet ist.[106] Die Eingriffsfreiheit ist in der allgemeinen Handlungsfreiheit enthalten.[107] Letztere ist Grundrecht in einem umfassenden Sinne.

2. Art. 2 Abs. 1 GG als Grundrecht des allgemeinen Persönlichkeitsrechts

Dem Bundesverfassungsgericht diente von Anfang an Art. 2 Abs. 1 GG auch als Grundlage zur Bestimmung des Inhalts des allgemeinen Persönlichkeitsrechts.[108] Die Zitierweise „Art. 2 Abs. 1 GG i. V. m. Art. 1 Abs. 1 GG" zeigt, daß das allgemeine Persönlichkeitsrecht jedenfalls auch in Art. 2 Abs. 1 GG verankert ist. Die Persönlichkeitsrechtsprechung des Bundesverfassungsgerichts wurde dabei von den Vorgaben des Bundesgerichtshofs beeinflußt.

---

[102] So aber *Duttge*, NJW 1997, 3354; *Grimm*, aaO, 165; *K. Hesse*, Grundzüge des Verfassungsrechts der Bundesrepublik Deutschland, Rz. 427.
[103] BVerfGE 80, 137 (154).
[104] *Schmitt Glaeser*, in: Isensee/Kirchhof (Hrsg.), HdbStR VI, § 129 Rz. 21.
[105] *R. Scholz* hat mit seinem Hinweis Recht, daß eine formelle Eingriffsfreiheit nicht an die Stelle des materiellen Freiheitsrechts gerückt worden ist, vgl. *R. Scholz*, AöR Bd. 100 (1975), S. 101 ff.
[106] BVerfGE 9, 83 (88); 29, 402 (408); 33, 44 (48); 38, 312 (319 f.); 42, 20 (27 f.); 44, 59 (68 f.); 51, 77 (95); BVerfG NJW 1996, 3146.
[107] BVerfGE 9, 83 (88); 38, 312 (319 f.). Den Autoren, die Art. 2 Abs. 1 GG neben dem materiellrechtlichen Inhalt als allgemeine Handlungsfreiheit *zugleich* die Funktion einer allgemeinen Eingriffsfreiheit zuschreiben, ist Recht zu geben, vgl. *Hillgruber*, in: Umbach/Clemens (Hrsg.), Grundgesetz, Bd. I, Art. 2 I Rz. 20 f.; *Lepa*, Der Inhalt der Grundrechte, Art. 2 Rz. 7; *Pieroth*, AöR Bd. 115 (1990), S. 33; *Starck*, in: v. Mangoldt/Klein/Starck, GG I, Art. 2 Abs. 1 Rz. 24, 26.
[108] BVerfGE 54, 148 (153).

a) Einflüsse der zivilgerichtlichen Rechtsprechung

Das allgemeine Persönlichkeitsrecht hat seine Wurzeln in der Rechtsprechung des Bundesgerichtshofs.[109]

aa) Die Festschreibung der Allgemeinheit des Persönlichkeitsrechts

Als verfassungsmäßig gewährleistetes Grundrecht wurde das allgemeine Persönlichkeitsrecht aus Art. 2 Abs. 1 GG i. V. m. Art. 1 Abs. 1 GG erstmals durch den BGH in der sog. Leserbrief-Entscheidung anerkannt.[110] Das eigentlich Neue an dieser BGH-Entscheidung war neben der ausdrücklichen verfassungsrechtlichen Verankerung die Allgemeinheit, in der das Persönlichkeitsrecht gesehen wurde.[111] Insoweit ging der BGH über die Rechtsprechung des Reichsgerichts hinaus, welches bis dahin nur den enumerativen Schutz besonderer Persönlichkeitsrechte akzeptierte.[112]

bb) Der Sphärengedanke

Maßgeblich inspiriert wurden die Richter des höchsten deutschen Zivilgerichts von der Habilitationsschrift *Hubmanns*, welcher schon 1953 ein allgemeines Persönlichkeitsrecht gefordert hatte.[113] Dessen Überlegungen zu verschiedenen Schutzkreisen des Indiskretionsschutzes[114] beeinflussen bis heute die mit dem Sphärengedanken eng verbundene Rechtsprechung des BGH[115]. Danach sollen verschiedene Sphären der Persönlichkeit gemeinsam einen stufenlosen Schutz der geheimsten Vorgänge eines jeden einzelnen bis hin zu öffentlichkeitsbezogenen Tatsachen gewähren.[116]

cc) Der Selbstbestimmungsgedanke

Schon mit dem ersten Urteil zum allgemeinen Persönlichkeitsrecht hat der BGH festgestellt, daß es dem Verfasser eines Leserbriefes allein zustehe, darüber zu entscheiden, ob und in welcher Form seine Aufzeichnungen der Öffentlichkeit zugänglich gemacht würden. Eine veränderte Wiedergabe stelle ein falsches Persönlichkeitsbild in der Öffentlichkeit dar und verletze so das allgemeine Persönlichkeitsrecht.[117] Damit legte der BGH ganz am Anfang den Grundstein für ein erst später vor allem durch das Bundesverfassungsgericht entwickeltes Verständnis des Persönlichkeitsrechts als Selbstbestimmungs- und Selbstdarstellungsrecht.[118]

---

[109] Erstmals angewandt wurde das allgemeine Persönlichkeitsrecht in BGHZ 13, 334 ff.
[110] BGH, aaO.
[111] *Schmitt Glaeser*, in: Isensee/Kirchhof (Hrsg.), HdbStR VI, § 129 Rz. 7.
[112] St. Rspr. des Reichsgerichts, vgl. RGZ 69, 401 (403 f.); 79, 397 (398); 102, 134 (140); 113, 413 (414 f.); 123, 312 (320).
[113] *Hubmann*, Das Persönlichkeitsrecht, 1953.
[114] *Hubmann*, Das Persönlichkeitsrecht, 1953, S. 217; ders., Das Persönlichkeitsrecht, 2. Aufl. 1967, S. 269.
[115] Vgl. BGH NJW 1996, 1128 (1129 ff.) - Caroline von Monaco.
[116] *Wanckel*, Persönlichkeitsschutz in der Informationsgesellschaft, S. 120.
[117] BGHZ 13, 334 (338 f.).
[118] *Wanckel*, Persönlichkeitsschutz in der Informationsgesellschaft, S. 89.

dd) Fazit

Der BGH hat mit der Anerkennung eines allgemeinen privatrechtlichen Persönlichkeitsschutzes über den Tatbestand des sonstigen Rechts i. S. v. § 823 Abs. 1 BGB hinaus maßgeblich die Konturen des verfassungsrechtlichen allgemeinen Persönlichkeitsrechts vorgezeichnet. Sowohl der generelle Ansatz des Persönlichkeitsschutzes als auch die Methodik der Sphärentheorie und der Selbstbestimmungsgedanke entwickelten sich zu den prägenden Elementen auch des später vom Bundesverfassungsgericht akzeptierten und weiterentwickelten allgemeinen Persönlichkeitsrechts.[119]

b) Die Anerkennung des allgemeinen Persönlichkeitsrechts durch das Bundesverfassungsgericht

Die vom BGH entwickelte Konstruktion des allgemeinen Persönlichkeitsrechts wurde vom Ersten Senat des Bundesverfassungsgerichts explizit im Rahmen der sog. „Soraya-Entscheidung" anerkannt.[120]

Der Sache nach billigte der Erste Senat des Bundesverfassungsgerichts die Herleitung des allgemeinen Persönlichkeitsrechts aus Art. 2 Abs. 1 GG i. V. m. Art. 1 Abs. 1 GG in den Urteilsgründen bereits im Jahr 1957[121], spätestens jedoch - diesmal auch im Leitsatz seines Beschlusses - im Jahre 1970[122]. Der Zweite Senat folgte der Ansicht des Ersten Senats zwei Wochen vor der Verkündung der Soraya-Entscheidung[123]. In allen der Soraya-Entscheidung zeitlich vorangehenden Judikaten hatten beide Senate allerdings den Begriff des „allgemeinen Persönlichkeitsrechts" sowie eine Bezugnahme auf die BGH-Rechtsprechung vermieden.[124] In der Folge sprach das Bundesverfassungsgericht hingegen regelmäßig vom allgemeinen Persönlichkeitsrecht, wenn es um

---

[119] Dabei besteht aus mehreren Gründen (v. a. handelt es sich beim Persönlichkeitsrecht des Zivilrechts nur um ein Institut des einfachen Rechts) keine Identität zwischen dem durch § 823 BGB geschützten Persönlichkeitsrecht und dem vom Bundesverfassungsgericht entwickelten allgemeinen Persönlichkeitsrecht. Eine gute Übersicht dazu findet sich bei *Jarass*, NJW 1989, 858.
[120] BVerfGE 34, 269 (280 ff.).
[121] BVerfGE 6, 389 (432 f.). Hier stützte das Bundesverfassungsgericht in den Gründen den Schutz des 'engsten Bereichs der menschlichen Freiheit' erstmals auf Art. 2 Abs. 1 GG in Verbindung mit Art. 1 Abs. 1 GG, wenngleich es als Prüfungsmaßstab zunächst Art. 2 Abs. 1 GG alleine heranzog, vgl. hierzu auch den 2. Leitsatz der Entscheidung, BVerfGE 6, 389.
[122] Vgl. BVerfGE 27, 344 (350 f.), wo der Erste Senat vom „Schutz des Grundrechts aus Art. 2 Abs. 1 in Verbindung mit Art. 1 Abs. 1 (...) GG" spricht. Angedeutet hat das Bundesverfassungsgericht seine Hinwendung zum allgemeinen Persönlichkeitsrecht auch schon im sog. Mikrozensus-Beschluß vom 16. Juli 1969: Hier zog der Erste Senat Art. 1 Abs. 1 GG und Art. 2 Abs. 1 GG als Prüfungsmaßstab heran, sprach aber noch nicht vom Grundrecht aus Art. 2 Abs. 1 GG i. V. m. Art. 1 Abs. 1 GG, sondern rekurrierte noch gesondert auf die Verletzung der „Persönlichkeit in ihrer Würde" oder auf die Verletzung des „Selbstbestimmungsrecht(s) im innersten Lebensbereich", vgl. BVerfGE 27, 1 (5 ff.).
[123] BVerfGE 34, 238 (245ff.).
[124] Vgl. dazu beispielsweise die sog. Mephisto-Entscheidung, BVerfGE 30, 173 ff., in der nur vom „verfassungsrechtlich geschützten Persönlichkeitsbereich" die Rede ist.

das Grundrecht aus Art. 2 Abs. 1 GG i. V. m. Art. 1 Abs. 1 GG als Prüfungsmaßstab ging.[125]

c) Grundrechtliche Schutzfunktion

Auch dem allgemeinen Persönlichkeitsrecht eignet genauso wie der allgemeinen Handlungsfreiheit Grundrechtscharakter. Das ist heute unbestritten.[126] Uneinigkeit herrscht noch hinsichtlich der in diesem Zusammenhang oft diskutierten Frage, ob es sich beim allgemeinen Persönlichkeitsrecht um ein „eigenständiges Grundrecht" handelt.[127] Wie noch zu zeigen sein wird, bestehen signifikante Unterschiede sowohl auf der Ebene des Schutzbereichs als auch auf der Ebene der Schranken, die es gebieten, allgemeine Handlungsfreiheit und allgemeines Persönlichkeitsrecht ausreichend zu trennen.[128] Damit gewährt Art. 2 Abs. 1 GG neben der allgemeinen Handlungsfreiheit ein zweites, eigenständiges Element des Grundrechtsschutzes.

d) Auffangfunktion des allgemeinen Persönlichkeitsrechts

Parallel zur allgemeinen Handlungsfreiheit ist darüber hinaus auch der Schutz des allgemeinen Persönlichkeitsrechts als Auffanggrundrecht konzipiert.[129] Als „unbenanntes Freiheitsrecht" ergänzt es die benannten und insoweit gegenüber dem allgemeinen Persönlichkeitsrecht speziellen Freiheitsrechte.[130] Als eindeutige Spezialregelungen im Bereich des persönlichkeitsrelevanten Privatsphärenschutzes wurden vom Bundesver-

---

[125] So z. B. in BVerfGE 35, 202 (224); 54, 148 (153); 65, 1 (41); 77, 121 (122); BVerfG NJW 1988, 3010; BVerfGE 79, 256 (268); 97, 228 (268); 99, 185 (193); 109, 279 (325 ff.).

[126] Der Sache nach seit BVerfGE 27, 1 ff. st. Rspr. des Bundesverfassungsgerichts. Aus der Literatur: *V. Arnauld*, ZUM 1996, 286; *Brandner*, JZ 1983, 689 f.; *Degenhart*, JuS 1992, 361; *H. Ehmann*, JuS 1997, 197; *Di Fabio*, in: Maunz/Dürig, Grundgesetz, Bd. I, Art. 2 Abs. 1 Rz. 132 ff.; *H. Dreier*, in: Dreier (Hrsg.). Grundgesetz-Kommentar, Bd. I, Art. 2 I Rz. 68; *Erichsen*, in: Isensee/Kirchhof (Hrsg.), HdbStR VI, § 152 Rz. 52; *v. Gamm*, NJW 1979, 513; *Jarass*, in: Jarass/Pieroth, Grundgesetz, Art. 2 Rz. 28; *ders.*, NJW 1989, 858; *Kunig*, in: v. Münch/Kunig (Hrsg.), GGK I, Art. 2 Rz. 30; *Murswiek*, in: Sachs (Hrsg.), Grundgesetz, Art. 2 Rz. 66; *Pieroth/Schlink*, Grundrechte - Staatsrecht II, Rz. 367, 378; *Sachs*, Verfassungsrecht II Grundrechte, B 2 Rz. 48; *Tettinger*, JZ 1983, 318; *Wanckel*, Persönlichkeitsschutz in der Informationsgesellschaft, S. 86.

[127] Für die Eigenständigkeit des allgemeinen Persönlichkeitsrechts sprechen sich z. B. aus: *Jarass*, NJW 1989, 858; *Küchenhoff*, in: Leibholz/Faller/Mikat/Reis (Hrsg.), FS für Geiger, S. 48; *Vogelgesang*, Grundrecht auf informationelle Selbstbestimmung?, S. 128. **Gegen** den eigenständigen Grundrechtscharakter: *Di Fabio*, in: Maunz/Dürig, Grundgesetz, Bd. I, Art. 2 Abs. 1 Rz. 128; *R. Scholz/Pitschas*, Informationelle Selbstbestimmung und staatliche Informationsverantwortung, S. 68.

[128] *Jarass*, aaO.

[129] Nachdem das Bundesverfassungsgericht die lückenfüllende Auffangfunktion zunächst für den Bereich des Privatrechts anerkannte, vgl. BVerfGE 34, 269 (281), betonte es den Auffangcharakter des allgemeinen Persönlichkeitsrechts als verfassungsrechtliches Grundrecht in BVerfGE 54, 148 (153). Seitdem ist der Auffangcharakter gegenüber anderen Freiheitsrechten, welche Aspekte des Persönlichkeitsschutzes betreffen, anerkannt, vgl. *Degenhart*, JuS 1992, 362; *Duttge*, Der Staat Bd. 36 (1997), S. 305 f.; *Jarass*, NJW 1989, 859; *Schmitt Glaeser*, in: Isensee/Kirchhof (Hrsg.), HdbStR VI, § 129 Rz. 41.

[130] BVerfGE 54, 148 (153); 72, 155 (170); 79, 256 (268); 95, 220 (241); 99, 185 (193); st. Rspr.

fassungsgericht bisher die Grundrechte aus Art. 10 GG und Art. 13 GG anerkannt.[131] Sofern diese Spezialfreiheiten thematisch betroffen sind, scheidet das allgemeine Persönlichkeitsrecht als Prüfungsmaßstab aus.[132]

3. Die tatbestandliche Abschichtung des allgemeinen Persönlichkeitsrechts von der allgemeinen Handlungsfreiheit

Schon die gemeinsame Verortung der beiden Freiheiten in Art. 2 Abs. 1 GG verlangt danach, deren unterschiedliche Gewährleistungsbereiche voneinander abzugrenzen. Zudem kann die Abschichtung des allgemeinen Persönlichkeitsrechts von der allgemeinen Handlungsfreiheit zu größerer Klarheit darüber führen, welche Lebensbereiche noch zum Schutzbereich des allgemeinen Persönlichkeitsrechts gehören.

a) Grundsätzliche Verengung des Tatbestandes des allgemeinen Persönlichkeitsrechts gegenüber der allgemeinen Handlungsfreiheit

Der Tatbestand des allgemeinen Persönlichkeitsrechts ist enger gezogen als bei der allgemeinen Handlungsfreiheit, was angesichts der unbegrenzten Weite der allgemeinen Handlungsfreiheit auch nicht überrascht.[133] Es geht beim allgemeinen Persönlichkeitsrecht um einen gegenüber der allgemeinen Handlungsfreiheit exponierten, weil in besonderer Weise von Art. 1 Abs. 1 GG her bestimmten, Grundrechtsschutz. Mit dem engen Bezug zu Art. 1 Abs. 1 GG wird der besonders ausgestaltete Schutz der „Privatsphäre" begründet.[134] Zielrichtung des allgemeinen Persönlichkeitsrechts ist anerkannt-

---

[131] Vgl. BVerfGE 30, 97 (105); 42, 212 (218 ff.); 67, 157 (171 ff.); 100, 313 (358 ff.); 107, 299 (312); BVerfG NJW 2004, 2213 (2215). Jüngst zur Spezialität des Art. 13 Abs. 1 GG auch BVerfGE 109, 279 (325 f.). Andere benannte Freiheitsrechte wie z. B. Art. 6 GG oder Art. 4 Abs. 1 und 2, Art. 5 Abs. 1, Art. 8 Abs. 1 und Art. 9 Abs. 1 GG sind bisher vom Bundesverfassungsgericht noch in keiner Entscheidung ausdrücklich als gegenüber dem allgemeinen Persönlichkeitsrecht speziellerer Prüfungsmaßstab herangezogen worden, vgl. BVerfGE 54, 148 (152); 65, 1 (40 f.), obwohl auch diese ebenfalls konstituierende Elemente der Persönlichkeit schützen, vgl. im Hinblick auf Art. 4 Abs. 1 und Art. 5 Abs. 1 GG *Bethge*, Verfassungsrecht, S. 131 f. *Schmitt Glaeser*, in: Isensee/Kirchhof (Hrsg.), HdbStR VI, § 129 Rz. 41, sieht dieses Phänomen darin begründet, daß die letztgenannten Grundrechte nicht schwerpunktmäßig auf den Schutz der Privatsphäre angelegt sind. Immerhin zieht das Bundesverfassungsgericht Art. 5 Abs. 1 GG sowie Art. 6 Abs. 1 GG „verstärkend" bei der Untersuchung einer Verletzung des allgemeinen Persönlichkeitsrechts heran, vgl. BVerfGE 35, 35 (39 f.); 42, 234 (236 f.); 57, 170 (178 f.); 60, 329 (339). Jüngst ging das Bundesverfassungsgericht der Sache nach jedoch bei der Erhebung von Telekommunikationsdaten auch von einer Spezialität des Art. 5 Abs. 1 Satz 2 GG gegenüber Art. 2 Abs. 1 GG i. V. m. Art. 1 Abs. 1 GG aus, vgl. BVerfGE 107, 299 (312, 329 ff.)
Insgesamt kritisch zum Phänomen der „Normamalgamierungen", insbesondere zur Funktion des Art. 2 Abs. 1 GG als „Grundrechtsschleuse" vgl. *H. Dreier*, in: Dreier (Hrsg.), Grundgesetz-Kommentar, Bd. I, Vorb. Rz. 156 und Art. 2 I Rz. 42 f.
[132] BVerfGE 100, 313 (358); 107, 299 (312).
[133] BVerfGE 54, 148 (153);79, 256 (268).
[134] Anstelle des Begriffs des allgemeinen Persönlichkeitsrechts wird in der Literatur bisweilen auch der Begriff der Privatsphäre gebraucht, vgl. *Benda*, in: Leibholz/Faller/Mikat/Reis (Hrsg.), FS für Willi Geiger, S. 23 ff.; *Dürig*, in: Schmitt Glaeser/Häberle (Hrsg.), Gesammelte Schriften, S. 139 f.; *Schmitt Glaeser*, in: Isensee/Kirchhof (Hrsg.), HdbStR VI, § 129 Rz. 26. Er ist aus der amerika-

termaßen nicht alles menschliche Handeln im Sinne aktiven Tuns, sondern insbesondere der Schutz der „engere(n) persönliche(n) Lebenssphäre und die Erhaltung ihrer Grundbedingungen" im Sinne der Respektierung eines geschützten (Privat-)Bereichs.[135] Das allgemeine Persönlichkeitsrecht sichert somit einen besonders schutzwürdigen Lebensbereich ab und ist damit materiell dichter angelegt als die allgemeine Handlungsfreiheit.

b) Spezialitätsverhältnis und unterschiedliches Schutzniveau

Die Abgrenzung der Schutzbereiche innerhalb des Art. 2 Abs. 1 GG hat jedoch nicht nur theoretische Bedeutung. Vielmehr verhält sich das allgemeine Persönlichkeitsrecht zur allgemeinen Handlungsfreiheit wie ein Spezialgrundrecht.[136] Die allgemeine Handlungsfreiheit scheidet daher als Prüfungsmaßstab aus, wenn es um die Überprüfung solcher Eingriffssituationen geht, die gerade auf Grund ihrer Nähe zu Art. 1 Abs. 1 GG durch eine besondere Eingriffstiefe charakterisiert sind.[137] An diesem durch Spezialität gekennzeichneten Konkurrenzverhältnis ändert auch der Befund nichts, daß Eingriffe in das allgemeine Persönlichkeitsrecht mittelbar auch den Schutzbereich der allgemeinen Handlungsfreiheit beeinträchtigen.[138]

4. Ergebnis

Bei Art. 2 Abs. 1 GG handelt es sich um ein mehrschichtiges Grundrecht. Es ist insoweit richtig, von Art. 2 Abs. 1 GG als einem „Doppelgrundrecht" zu sprechen.[139] Denn sowohl bei der allgemeinen Handlungsfreiheit als auch bei dem allgemeinen Persönlichkeitsrecht handelt es sich um eigenständige Grundrechte. Mit dem allgemeinen Persönlichkeitsrecht hat das Bundesverfassungsgericht einen an Art. 1 Abs. 1 GG orientierten Schutz der „konstituierende(n) Elemente der Persönlichkeit"[140] geschaffen, der thematisch enger konzipiert ist als die ebenfalls in Art. 2 Abs. 1 GG angelegte all-

---

nischen Diskussion über das „right of privacy" übernommen worden. Das Bundesverfassungsgericht selbst hat den Begriff der Privatsphäre als umfassendes Synonym für das allgemeine Persönlichkeitsrecht bisher nicht gebraucht, sondern von Privatsphäre nur im Zusammenhang mit dem relativ geschützten Bereich der Sphärenlehre gesprochen, vgl. BVerfGE 54, 148 (154). In diesem Sinne soll er auch hier verwendet werden.

[135] BVerfGE 54, 148 (153).
[136] *H. Dreier*, in: Dreier (Hrsg.), Grundgesetz-Kommentar, Bd. I, Art. 2 I Rz. 94; *Jarass*, in Jarass/Pieroth, Grundgesetz, Art. 2 Rz. 29; *Kunig*, in: v. Münch/Kunig (Hrsg.), GGK I, Art. 2 Rz. 91; *Murswiek*, in: Sachs (Hrsg.), Grundgesetz, Art. 2 Rz. 64, 137; *Siekmann/Duttge*, Staatsrecht I: Grundrechte, Rz. 821.
[137] *Di Fabio*, in: Maunz/Dürig, Grundgesetz, Bd. I, Art. 2 Abs. 1 Rz. 130.
[138] *Alexy*, Theorie der Grundrechte, S. 311 f., führt dazu das Beispiel der Beeinträchtigung des Zustands der Unbefangenheit der Kommunikation durch heimliche Tonbandaufnahmen (BVerfGE 34, 238 [246]) an. Solche Eingriffe in Rechtspositionen, die der Privatsphäre angehören, wirkten sich stets mittelbar auch auf die Handlungsmöglichkeiten des Betroffenen und damit auf seine allgemeine Handlungsfreiheit aus. Letztere sei im Ergebnis sowohl unmittelbar - über das allgemeine Persönlichkeitsrecht - als auch mittelbar geschützt.
[139] *Höfling*, in: Friauf/Höfling (Hrsg.), Berliner Kommentar, Bd. 1, Art. 2 Rz. 17.
[140] BVerfGE 54, 148 (153).

gemeine Handlungsfreiheit. Zur allgemeinen Handlungsfreiheit verhält sich das allgemeine Persönlichkeitsrecht dabei wie ein Spezialgrundrecht.
Beide Teilausformungen des Art. 2 Abs. 1 GG haben gemeinsam, daß sie jeweils für ihren Bereich als Auffangnormen subsidiär zur Anwendung kommen. Das gilt für die allgemeine Handlungsfreiheit gegenüber speziellen Verhaltensfreiheiten. Das allgemeine Persönlichkeitsrecht tritt gegenüber speziellen Freiheiten zurück, die konstituierende Elemente der Persönlichkeit in besonderer Weise schützen.

III. Die dogmatischen Grundlagen des allgemeinen Persönlichkeitsrechts

Die Erkenntnis, daß das allgemeine Persönlichkeitsrecht auf Art. 2 Abs. 1 GG i. V. m. Art. 1 Abs. 1 GG fußt, reicht alleine nicht aus, um den Inhalt des Schutzbereichs und die Beschränkungsmöglichkeiten dieses Konstrukts bestimmen zu können. Vielmehr scheint die ursprüngliche Interpretation des Art. 2 Abs. 1 GG als allgemeine Handlungsfreiheit mit einem weiten Schutzbereich und einer damit korrespondierenden umfassenden Einschränkbarkeit[141] auf den ersten Blick nicht kompatibel zu sein mit einem auf den Kernbereich der Würde des Menschen bezogenen Schutzbereich des Art. 1 Abs. 1 GG, der „unantastbar" ist.[142] Welche konkrete Bedeutung Art. 2 Abs. 1 GG im Rahmen des allgemeinen Persönlichkeitsrechts zukommt und welche Wirkung Art. 1 Abs. 1 GG entfaltet, soll daher noch vor der eigentlichen Ermittlung des Prüfungsmaßstabs festgestellt werden.

1. Die Bedeutung des Art. 2 Abs. 1 GG für das allgemeine Persönlichkeitsrecht

Heute wird überwiegend Art. 2 Abs. 1 GG als die eigentliche Grundlage des allgemeinen Persönlichkeitsrechts angesehen.[143] Dafür werden unterschiedliche Gründe ins Feld geführt.[144]

---

[141] St. Rspr. seit BVerfGE 6, 32 ff. („Elfes"). In neuerer Zeit nochmals mit eingehender Begründung des „weiten" Verständnisses von Art. 2 Abs. 1 GG BVerfGE 80, 137 (157) - „Reiten im Walde". In der Literatur fand die Rechtsprechung des Bundesverfassungsgerichts mehrheitlich Zustimmung, so z. B. bei *Degenhart*, JuS 1990, 164; *Erichsen*, in: Isensee/Kirchhof (Hrsg.), HdbStR VI, § 152 Rz. 20 f.; *Jarass*, in: Jarass/Pieroth, Grundgesetz, Art. 2 Abs. 3; *Kunig*, Jura 1990, 526; *ders.*, in: v. Münch/Kunig (Hrsg.), GGK I, Art. 2 Rz. 13 ff.; *Lege*, Jura 2002, 757 f.; *Lindner*, NJW 1998, 1208; *Pieroth*, AöR Bd. 115 (1990), S. 43 f.; *Rennert*, NJW 1989, 3262 f.; *Schnapp*, NJW 1998, 960; *Starck*, in: v. Mangoldt/Klein/Starck, GG I, Art. 2 Abs. 1 Rz. 8 ff., 23 ff. Nach wie vor wird das weite Verständnis des Art. 2 Abs. 1 GG aber auch kritisiert, vgl. *Duttge*, NJW 1997, 3353 ff.; abweichende Meinung des Richters *Grimm* in BVerfGE 80, 137 (164 ff.); *Hesse*, Grundzüge des Verfassungsrechts der Bundesrepublik Deutschland, Rz. 428. Vor allem unter Berufung auf den Gedanken der Selbstbestimmung des einzelnen - vgl. *Lege*, Jura 2002, 755 - konnten sich die Kritiker in der Verfassungswirklichkeit mit ihren Konzepten jedoch nicht durchsetzen.
[142] *Kunig*, in: v. Münch/Kunig (Hrsg.), GGK I, Art. 2 Rz. 30.
[143] BVerfGE 27, 344 (350 f.); 32, 373 (379); 33, 367 (376); 34, 238 (245); 56, 37 (41 f.); 57, 170 (177 ff.). Aus der Literatur *Degenhart*, JuS 1992, 361; *Di Fabio*, in: Maunz/Dürig, Grundgesetz, Bd. I, Art. 2 Abs. 1 Rz. 128; *Jarass*, NJW 1989, 857; *Kunig*, in: v. Münch/Kunig (Hrsg.), GGK I, Art. 2 Rz. 30; *Merten*, JuS 1976, 349; *Pieroth/Schlink*, Grundrechte Staatsrecht II, Rz. 373; *Schmitt Glae-*

a) Wortlaut des Art. 2 Abs. 1 GG

Schon der Wortlaut des Art. 2 Abs. 1 GG mit seiner Formulierung „freie Entfaltung der Persönlichkeit" legt es nahe, daß das allgemeine Persönlichkeitsrecht dort seinen eigentlichen Sitz hat.[145] Für die Vertreter der sog. „Persönlichkeitskerntheorie"[146] und für andere Stimmen, welche auch in jüngerer Zeit für eine insgesamt restriktive Interpretation[147] des Schutzbereichs des Art. 2 Abs. 1 GG auf einen wie auch immer gearteten Kern des Persönlichen plädieren[148], ist das Wortlautargument von Anfang an in der Diskussion um die Ausgestaltung des Art. 2 Abs. 1 GG ein entscheidendes Moment gewesen[149].

b) Schutzbereich des allgemeinen Persönlichkeitsrechts

Überwiegend wird auch der Schutzbereich des allgemeinen Persönlichkeitsrechts im Gewährleistungsbereich des Art. 2 Abs. 1 GG angesiedelt.[150]

aa) Notwendige Einheit von aktiver und passiver Komponente des Persönlichkeitsschutzes im Rahmen des Art. 2 Abs. 1 GG

Dem Bundesverfassungsgericht diente von Anfang an Art. 2 Abs. 1 GG als Grundlage zur Bestimmung des Inhalts des allgemeinen Persönlichkeitsrechts.[151] Betont wird vom Gericht regelmäßig die Aufgabe des allgemeinen Persönlichkeitsrechts, „die engere persönliche Lebenssphäre und die Erhaltung ihrer Grundbedingungen zu gewährleisten".[152] Damit soll im weitesten Sinne das „Person-Sein"[153] in Form des Rechts auf Respektierung eines geschützten (Privat)Bereichs ermöglicht werden. Neben dieser passiven Komponente des Persönlichkeitsschutzes enthält Art. 2 Abs. 1 GG aber eben

---

ser, in: Isensee/Kirchhof (Hrsg.), HdbStR VI, § 129 Rz. 26; *Starck*, in: v. Mangoldt/Klein/Starck, GG I, Art. 2 Abs. 1 Rz. 54, 83.

[144] Neben den im Folgenden genannten Aspekten rekurriert *Jarass*, NJW 1989, 857, auf die Zitierweise des Bundesverfassungsgerichts, das stets Art. 2 Abs. 1 GG vor Art. 1 Abs. 1 GG nennt. Interessant ist, daß in zivilgerichtlichen Entscheidungen die Berufung auf „Art. 1 Abs. 1 GG und Art. 2 Abs. 1 GG" erfolgt (vgl. BGHZ 13, 334 [338]; 128, 1 [10]; 156, 206 [207]; st. Rspr.).

[145] *v. Arnauld*, ZUM 1996, 286.

[146] Begründet von *H. Peters*, in: Constantopoulos/Wehberg (Hrsg.), FS für Rudolf Laun, S. 669 ff.; *ders.*, Das Recht auf freie Entfaltung der Persönlichkeit in der höchstrichterlichen Rechtsprechung, 1963.

[147] Die Interpretation des Art. 2 Abs. 1 GG als allgemeine Handlungsfreiheit wird von dieser Seite gänzlich abgelehnt.

[148] *Duttge*, NJW 1997, 3353 ff.; abweichende Meinung des Richters *Grimm* in BVerfGE 80, 137 (165).

[149] Abweichende Meinung des Richters *Grimm*, aaO. Gerade in der Berufung auf den Wortlaut sieht z. B. *Kunig*, Jura 1991, 526, ein tragfähiges Argument für die restriktive(re) Auslegung Grimms.

[150] So im Ergebnis *Di Fabio*, in: Maunz/Dürig, Grundgesetz, Bd. I, Art. 2 Abs. 1 Rz. 128 und 130; *Degenhart*, JuS 1992, 361; *Hufen*, in: Badura/Dreier (Hrsg.), FS 50 Jahre Bundesverfassungsgericht, Bd. II, S. 123; *Starck*, in: v. Mangoldt/Klein/Starck, GG I, Art. 2 Abs. 1 Rz. 15, 83.

[151] BVerfGE 54, 148 (153).

[152] So z. B. BVerfGE 54, 148 (153); 72, 155 (170); 79, 256 (268); 96, 56 (61).

[153] *Jarass*, NJW 1989, 859.

auch ein aktives Moment in Form der früh konzipierten allgemeinen Handlungsfreiheit.[154] Diese Janusköpfigkeit des Rechts auf freie Entfaltung der Persönlichkeit hat das Bundesverfassungsgericht vor allem in der sog. „Eppler-Entscheidung" hervorgehoben.[155]

Trotz der gedanklichen Trennung von passivem Sein einerseits und aktivem Tun andererseits[156] liegt Art. 2 Abs. 1 GG ein einheitliches Schutzbereichsverständnis zu Grunde.[157] Die aktive und die passive Komponente des Persönlichkeitsschutzes bedingen und ergänzen sich gegenseitig.[158] Der Persönlichkeitsschutz, in erster Linie verstanden als Schutz der Privatheit, ist die Basis für eine uneingeschränkte Persönlichkeitsentfaltung im Sinne der allgemeinen Handlungsfreiheit.[159] Die Bestimmung und die Ausübung der Aktivitäten, die für die eigene Persönlichkeit von Bedeutung sind, machen den Kernbereich des allgemeinen Persönlichkeitsrechts aus.[160] Aktives und passives Element des Persönlichkeitsschutzes sind untrennbar miteinander verbunden. Gegen dieses Konzept spricht auch nicht die Rechtsprechung des Bundesverfassungsgerichts, die Art. 2 Abs. 1 GG in den Fällen der allgemeinen Handlungsfreiheit sehr weit interpretiert.[161] Vielmehr stellt das Gericht schon im „Elfes-Urteil" klar, daß das „Grundgesetz mit der `freien Entfaltung der Persönlichkeit´ nicht **nur** die Entfaltung innerhalb jenes Kernbereichs der Persönlichkeit gemeint haben (kann), der das Wesen des Menschen als geistig-sittliche Person ausmacht."[162] Art. 2 Abs. 1 GG bietet neben der allgemeinen Handlungsfreiheit auch einem wie auch immer gearteten Schutz des Persönlichkeitskerns Platz.

Im Ergebnis wird das allgemeine Persönlichkeitsrecht damit als **ein** Schutzbereichselement des in Art. 2 Abs. 1 GG verankerten Rechts auf freie Entfaltung der Persönlichkeit verstanden.[163]

---

[154] Seit BVerfGE 6, 32 ff. st. Rspr. Vgl. insbesondere BVerfGE 80, 137 ff.
[155] BVerfGE 54, 148 (153).
[156] Diese in BVerfGE 54, 148 ff. aufgeworfene Unterscheidung aufgreifend: v. *Arnauld*, ZUM 1996, 287; *Hufen*, in: Badura/Dreier (Hrsg.), FS 50 Jahre Bundesverfassungsgericht, Bd. II, S. 116; *Murswiek*, in: Sachs (Hrsg.), Grundgesetz, Art. 2 Rz. 59; *Schmitt Glaeser*, in: Isensee/Kirchhof (Hrsg.), HdbStR VI, § 129 Rz. 18 f.
[157] *Di Fabio*, in: Maunz/Dürig, Grundgesetz, Bd. I, Art. 2 Abs. 1 Rz. 128. Im Ergebnis genauso *Degenhart*, JuS 1992, 361.
[158] *Aulehner*, Polizeiliche Gefahren- und Informationsvorsorge, S. 379; *Degenhart*, JuS 1992, 361.
[159] *Degenhart*, JuS 1992, 361; *Di Fabio*, in: Maunz/Dürig, Grundgesetz, Bd. I, Art. 2 Abs. 1 Rz. 129.
[160] *Degenhart*, aaO, 366; *Hufen*, in: Badura/Dreier (Hrsg.), FS 50 Jahre Bundesverfassungsgericht, Bd. II, S. 123.
[161] Vgl. vor allem BVerfGE 6, 32 ff.; 80, 137 ff.
[162] BVerfGE 6, 32 (36). Hervorhebungen und Klammern im Zitat sind vom Verfasser.
[163] *Degenhart*, JuS 1992, 361, spricht schlichtweg davon, daß ein allgemeines Persönlichkeitsrecht bereits in Art. 2 Abs. 1 GG enthalten sei. Unter Zugrundelegung des zweischichtigen Schutzbereichskonzepts ist es zudem dogmatisch korrekt, wenn das Bundesverfassungsgericht in seinen Entscheidungen vom „allgemeinen Persönlichkeitsrecht des Art. 2 Abs. 1 GG" (BVerfGE 54, 148 [153]) und von den Inhalten des „durch Art. 2 Abs. 1 GG geschützten Persönlichkeitsrechts" (BVerfGE 54, 148 [154]) spricht. Diese auf Art. 2 Abs. 1 GG beschränkte Zitierweise unterstreicht die maßgebliche Bedeutung des Art. 2 Abs. 1 GG.

bb) Vereinbarkeit des Schutzbereichskonzepts mit der thematischen Nähe zu Art. 1 Abs. 1 Satz 1 GG

Die thematische Nähe des Persönlichkeitsschutzes zum Menschenwürdesatz[164], welche das Bundesverfassungsgericht gerade auch durch die (Mit-) Zitierung des Art. 1 Abs. 1 GG zum Ausdruck bringt, steht der Annahme nicht entgegen, daß Art. 2 Abs. 1 GG primärer Standort des allgemeinen Persönlichkeitsrechts ist.[165] Art. 1 Abs. 1 Satz 1 GG beherrscht als „tragendes Konstitutionsprinzip"[166] der Verfassung alle Bestimmungen des Grundgesetzes und damit nicht nur, sondern auch Art. 2 Abs. 1 GG.[167] In seiner Funktion als oberster Wert des Grundgesetzes[168] steuert der Grundsatz der Unantastbarkeit der Menschenwürde die Exegese der grundgesetzlichen Normen, insbesondere die der Grundrechte.[169] Daß Art. 1 Abs. 1 Satz 1 GG hinsichtlich des allgemeinen Persönlichkeitsrechts eine besondere Schutzfunktion zukommt[170], soll dabei nicht bestritten werden. Zu einer solchen steht aber eine Ansiedlung des allgemeinen Persönlichkeitsrechts im Schutzbereich des Art. 2 Abs. 1 GG nicht im Widerspruch.

c) Beschränkbarkeit des allgemeinen Persönlichkeitsrechts

Hauptargument für Art. 2 Abs. 1 GG als eigentlichem Standort des allgemeinen Persönlichkeitsrechts ist dessen prinzipielle Beschränkbarkeit bzw. die Unbeschränkbarkeit der Menschenwürdegarantie.[171]

aa) Die Beschränkbarkeit des allgemeinen Persönlichkeitsrechts als Konsequenz des grundgesetzlichen Menschenbildes

In Rechtsprechung und Literatur herrscht Einigkeit darüber, daß das allgemeine Persönlichkeitsrecht grundsätzlich eingeschränkt werden kann.[172] Es ist als sogenanntes

---

[164] Dieses Näheverhältnis ist heute unbestritten, vgl. *Di Fabio*, in: Maunz/Dürig, Grundgesetz, Bd. I, Art. 2 Abs. 1 Rz. 130; *Murswiek*, in: Sachs (Hrsg.), Grundgesetz, Art. 2 Rz. 63.
[165] So aber v. *Arnauld*, ZUM 1996, 288, und *Tiedemann*, DÖV 2003, 77.
[166] BVerfGE 6, 32 (36); 87, 209 (228); 96, 375 (398).
[167] BVerfGE 27, 1 (6). *Schmitt Glaeser*, in: Isensee/Kirchhof (Hrsg.), HdbStR VI, § 129 Rz. 27, spricht in diesem Zusammenhang davon, daß der Hinweis auf die Menschenwürde allein das Verständnis des allgemeinen Persönlichkeitsrechts als Schutz der engeren persönlichen Sphäre kaum rechtfertigen kann, da auch die allgemeine Handlungsfreiheit ihre Substanz aus Art. 1 Abs. 1 GG erhalte. *R. Scholz*, AöR Bd. 100 (1975), S. 94, weist darauf hin, daß das Prinzip der Menschenwürde alle Grundfreiheiten dirigiert.
[168] BVerfGE 6, 32 (41); 109, 279 (311); st. Rspr.
[169] *Jarass*, in: Jarass/Pieroth, Grundgesetz, Art. 1 Rz. 2.
[170] Diese Schutzfunktion wird vom Bundesverfassungsgericht mit dem besonders hohen Wert gerechtfertigt, der dem Schutz der Integrität der menschlichen Person in geistig-seelischer Hinsicht zukommt, vgl. BVerfGE 27, 344 (351).
[171] *Di Fabio*, in: Maunz/Dürig, Grundgesetz, Bd. I, Art. 2 Abs. 1 Rz. 128; *H. Dreier*, in: Dreier (Hrsg.), Grundgesetz-Kommentar, Bd. I, Art. 2 Rz. 68; *Jarass*, NJW 1989, 857; *Kunig*, in: v. Münch/Kunig (Hrsg.), GGK I, Art. 2 Rz. 30; *Murswiek*, in: Sachs (Hrsg.), Grundgesetz, Art. 2 Rz. 59; *Starck*, in: v. Mangoldt/Klein/Starck, GG I, Art. 2 Abs. 1 Rz. 54.

"unbenanntes Freiheitsrecht" Teil des Kanons der anderen Freiheitsrechte, wenn es auch durch einige entscheidende tatbestandliche Besonderheiten gekennzeichnet ist, auf die im einzelnen noch einzugehen sein wird.[173] Als freiheitssicherndes Grundrecht ist es automatisch Teil eines für alle Freiheitsrechte geltenden grundgesetztypischen Konzepts, welches von der Gemeinschaftsgebundenheit des einzelnen ausgeht.[174] Der Mensch im Sinne des Grundgesetzes ist grundsätzlich ein gemeinschaftsbezogener und gemeinschaftsgebundener Bürger.[175] Das Bundesverfassungsgericht geht in seiner ständigen Rechtsprechung konsequent von einer Beschränkungsmöglichkeit aller, sogar der vorbehaltlos gewährleisteten, Grundrechte aus.[176] Die Beschränkbarkeit des allgemeinen Persönlichkeitsrechts ist dem Grundgesetz damit wesens- und systemimmanent.

bb) Eingriffsresistenz eines persönlichkeitsrechtlichen Kernbereichs als Ausfluß der Menschenwürdegarantie

Ein Bruchteil des allgemeinen Persönlichkeitsrechts bleibt hingegen eingriffsresistent.[177] Die Rede ist vom im Persönlichkeitsrecht enthaltenen absolut geschützten Grundrechtskern[178], von der „Intimsphäre"[179], vom unantastbaren innersten Lebensbe-

---

[172] Seit BVerfGE 27, 1 (7) st. Rspr. Vgl. auch *Denninger*, in: v. Schoeler (Hrsg.), Informationsgesellschaft und Überwachungsstaat, S. 116; *Di Fabio*, in: Maunz/Dürig, Grundgesetz, Bd. I, Art. 2 Abs. 1 Rz. 133; *Hillgruber*, in: Umbach/Clemens (Hrsg.), Grundgesetz, Art. 2 Rz. 48; *Hufen*, in: Badura/Dreier (Hrsg.), FS 50 Jahre Bundesverfassungsgericht, Bd. II, S. 114; *Jarass*, in: Jarass /Pieroth, Grundgesetz, Art. 2 Rz. 45; *ders.*, NJW 1989, 857; *Lege*, Jura 2002, 753; *Murswiek*, in: Sachs (Hrsg.), Grundgesetz, Art. 2 Rz. 103; *Starck*, in: v. Mangoldt/Klein/Starck, GG I, Art. 2 Abs. 1 Rz. 16. A. A. *Tiedemann*, DÖV 2003, 74 ff., der eine Beschränkbarkeit des allgemeinen Persönlichkeitsrechts grundsätzlich ablehnt.
[173] BVerfGE 54, 148 (153); *Starck*, in: v. Mangoldt/Klein/Starck, GG I, Art. 2 Abs. 1 Rz. 17, bezeichnet das allgemeine Persönlichkeitsrecht als Hauptbeispiel der auf *W. Schmidt* zurückgehenden Lehre von den unbenannten Freiheitsrechten, vgl. *W. Schmidt*, AöR Bd. 91 (1966), S. 42 ff., 75 ff.
[174] Das Bundesverfassungsgericht selbst legt der Verfassung ein dialektisches Menschenbild zugrunde, welches durch die freie Entfaltungsmöglichkeit des einzelnen einerseits und durch dessen soziale Eingebundenheit andererseits charakterisiert wird. In der Verfassung überwiegt der Gedanke der Gemeinschaftsgebundenheit, vgl. BVerfGE 4, 7 (15 f.); 35, 202 (225); st. Rspr.
[175] BVerfGE 2, 1 (12 f.); 65, 1 (44), 80, 367 (373); st. Rspr.
[176] Exemplarisch für Art. 5 Abs. 3 Satz 1 GG - Kunstfreiheit - BVerfGE 77, 240 (253). Auf die Notwendigkeit der Begrenzbarkeit aller Grundrechte weist das Gericht darüber hinaus hin in BVerfGE 6, 389 (422); 39, 263 (271).
[177] BVerfGE 27, 1 (6); 27, 344 (350); 32, 373 (379); 33, 367 (376); 34, 238 (245); 35, 35 (39); 35, 202 (220); 54, 143 (146); 80, 367 (373); 103, 21 (31); st. Rspr. *Bamberger*, Verfassungswerte als Schranken vorbehaltloser Freiheitsgrundrechte, S. 15.
[178] *Di Fabio*, in: Maunz/Dürig, Grundgesetz, Bd. I, Art. 2 Abs. 1 Rz. 130.
[179] So ausdrücklich in BVerfGE 27, 344 (350 f.). Als Ausprägung anerkannt wurde diese Sphäre nochmals explizit in BVerfGE 54, 148 (154). Auch in der Literatur hat sich der Begriff der „Intimsphäre" als Bezeichnung des unantastbaren Kernbereichs des allgemeinen Persönlichkeitsrechts durchgesetzt, vgl. *Degenhart*, JuS 1992, 363f.; *Di Fabio*, in: Maunz/Dürig, Grundgesetz, Bd. I, Art. 2 Abs. 1 Rz. 158; *Jarass*, in: Jarass/Pieroth, Grundgesetz, Art. 2 Rz. 47; *ders.*, NJW 1989, 861; *Murswiek*, in: Sachs (Hrsg.), Grundgesetz, Art. 2 Rz. 104; *Wanckel*, Persönlichkeitsschutz in der Informationsgesellschaft, S. 122.

reich[180]. Das allgemeine Persönlichkeitsrecht beinhaltet einen Kernbereich, der nicht beschränkt oder sonstwie von seiten des Staates modifiziert werden darf.[181] Verdichtet sich ein Eingriff in das allgemeine Persönlichkeitsrecht zu einer Beeinträchtigung des absolut geschützten Grundrechtskerns, so ist er unter keinen Umständen zu rechtfertigen.[182] Das persönlichkeitsrechtliche Kernbereichsverständnis ist dabei unmittelbarer Ausfluß der Menschenwürdegarantie des Art. 1 Abs. 1 GG. Diese ist nach überwiegender Ansicht ein schrankenloses[183] Grundrecht[184]. Das ergibt sich schon aus dem Wortlaut „unantastbar" des Art. 1 Abs. 1 Satz 1 GG.[185] Die Menschenwürdegarantie stellt somit als nicht einschränkbares Grundrecht eine Ausnahme vom Grundsatz der generellen Beschränkbarkeit der Grundrechte dar.[186] Jeder Eingriff in die Menschenwürde kommt einem Verstoß gegen sie gleich.[187] Im Rahmen des Persönlichkeits-

---

[180] *Bamberger*, Verfassungswerte als Schranken vorbehaltloser Freiheitsgrundrechte, S. 15.

[181] BVerfGE 6, 32 (41); 103, 21 (31); st. Rspr. Vgl. dazu im Zusammenhang mit der Kunstfreiheit auch *Bethge*, in: Sachs (Hrsg.), Grundgesetz, Art. 5 Rz. 198 b.

[182] *Di Fabio*, in: Maunz/Dürig, Grundgesetz, Bd. I, Art. 2 Abs. 1 Rz. 130; *Starck*, in: v. Mangoldt/Klein/Starck, GG I, Art. 2 Abs. 1 Rz. 54, 84 f.

[183] Der Begriff der „Schrankenlosigkeit" reicht über die Bezeichnung der „Vorbehaltlosigkeit" von Grundrechten hinaus: Schrankenlose Grundrechte sind keinem Eingriff zugänglich.

[184] Art. 1 Abs. 1 Satz 1 GG eignet nach umstrittener Ansicht auch Grundrechtsqualität. Wie hier für diese Auffassung sind *Bamberger*, Verfassungswerte als Schranken vorbehaltloser Freiheitsgrundrechte, S. 14; *Herdegen*, in: Maunz/Dürig, Grundgesetz, Bd. I, Art. 1 Abs. 1 Rz. 26; *Höfling*, in: Sachs (Hrsg.), Grundgesetz, Art. 1 Rz. 3 ff.; *J. Ipsen*, Staatsrecht II, Rz. 219; *Kunig*, in: v. Münch/Kunig (Hrsg.), GGK I, Art. 1 Rz. 29; *Pieroth/Schlink*, Grundrechte Staatsrecht II, Rz. 350; *Robbers*, in: Umbach/Clemens (Hrsg.), Grundgesetz, Bd. I, Art. 1 Rz. 33; *Starck*, in: v. Mangoldt/Klein/Starck, GG I, Art. 1 Abs. 1 Rz. 17 f.; *Zippelius*, in: Dolzer/Vogel/Graßhof (Hrsg.), Bonner Kommentar, Art. 1 Abs. 1 u. 2 Rz. 26. A. A. sind *H. Dreier*, in: Dreier (Hrsg.), Grundgesetz-Kommentar, Bd. I, Art. 1 I Rz. 124 ff., insbes. Rz. 128; *Geddert-Steinacher*, Menschenwürde als Verfassungsbegriff, S. 171 f.; *Kley/Rührmann*, in: Umbach/Clemens (Hrsg.), Bundesverfassungsgerichtsgesetz, § 90 Rz. 43. Die praktische Bedeutung dieser dogmatischen Streitfrage ist jedoch gering, da i. E. ein Betroffener jeden Verstoß gegen Art. 1 Abs. 1 Satz 1 GG im Rahmen der Verfassungsbeschwerde gem. Art. 93 Abs. 1 Nr. 4a GG geltend machen kann, vgl. *Jarass*, in: Jarass/Pieroth, Grundgesetz, Art. 1 Rz. 3; *Schmidt-Bleibtreu*, in: Maunz/Schmidt-Bleibtreu/Klein/Bethge, Bundesverfassungsgerichtsgesetz, § 90 Rz. 54.

[185] BVerfGE 93, 266 (293); BVerfG NJW 2003, 1303 (1304); *Höfling*, in: Sachs (Hrsg.), Grundgesetz, Art. 1 Rz. 9 ff.; *Hufen*, in: Badura/Dreier (Hrsg.), FS 50 Jahre Bundesverfassungsgericht, Bd. II, S. 114; *J. Ipsen*, aaO, Rz. 228; *Jarass*, in: Jarass/Pieroth, Grundgesetz, Art. 1 Rz. 12; *Kunig*, aaO, Art. 1 Rz. 4; *Lerche*, in: Däubler-Gmelin/Kinkel/Meyer/Simon (Hrsg.), FS für Ernst Gottfried Mahrenholz, S. 515 f.; *Starck*, aaO, Art. 1 Abs. 1 Rz. 30 sowie Art. 5 Abs. 3 Rz. 308. A. A. *Kloepfer*, in: Starck (Hrsg.), Bundesverfassungsgericht und Grundgesetz, Bd. II, S. 416 f.; *ders.*, in: Badura/Dreier (Hrsg.), FS 50 Jahre Bundesverfassungsgericht, Bd. II, S. 98.

[186] Zu Recht lehnt der *Bamberger*, Verfassungswerte als Schranken vorbehaltloser Freiheitsgrundrechte, S. 15, die von anderer Seite vorgeschlagene Übertragung der Schranken des Art. 2 Abs. 2 Satz 3 GG auf die Menschenwürdegarantie ab, vgl. *Kloepfer*, in: Starck (Hrsg.), Bundesverfassungsgericht und Grundgesetz, Bd. II, S. 412 f., der die Menschenwürdegarantie bloß als Ausschnitt aus dem Recht auf Leben gem. Art. 2 Abs. 2 GG begreift.

[187] *Kunig*, in: v. Münch/Kunig (Hrsg.), GGK I, Art. 1 Rz. 4. An dieser Stelle vermögen auch Stimmen, die eine Einschränkung der Menschenwürdegarantie für notwendig erachten, wenn es um den „Schutz der Menschenwürde selbst" geht (vgl. *Starck*, in: v. Mangoldt/Klein/Starck, GG I, Art. 1 Abs. 1 Rz. 31; *Tiedemann*, DÖV 2003, 78), nicht zu überzeugen. Denn einzelne Grundrechtsträger können zwar mit ihren Interessen und Aktionen in Konflikt geraten, nicht aber mit ihrer Men-

schutzes kommt Art. 1 Abs. 1 GG eine wesentliche Rolle zu: Er markiert den absolut geschützten Kernbereich des allgemeinen Persönlichkeitsrechts[188] und gewinnt als solcher eigenständige Bedeutung[189]. Insgesamt führt das Konzept des persönlichkeitsrechtlichen Kernbereichsschutzes nicht zu einer unzulässigen Abweichung vom generellen Prinzip der Gemeinschaftsgebundenheit der Grundrechte. Mit Blick auf den exponierten Stellenwert des Art. 1 Abs. 1 GG ist das Kernbereichsmodell vielmehr systemgerecht. Es ändert nichts an der im übrigen notwendigen Beschränkbarkeit des allgemeinen Persönlichkeitsrechts.

cc) Schluß von der grundsätzlichen Beschränkbarkeit auf Art. 2 Abs. 1 GG als Hauptgrundrecht

Der Schluß von der - notwendigen - Beschränkbarkeit des Persönlichkeitsrechts auf Art. 2 Abs. 1 GG als Grundnorm ist vor dem geschilderten Hintergrund konsequent. Wenn das allgemeine Persönlichkeitsrecht prinzipiell beschränkbar sein soll, kann nicht Art. 1 Abs. 1 Satz 1 GG dessen primäre Basis bilden.[190] Vielmehr ist es richtig, bei einer Verbindung von Grundrechten[191], wie sie beim allgemeinen Persönlichkeitsrecht auftritt, hinsichtlich der Schrankenfrage auf die Gewährleistung zurückzugreifen, die überhaupt Beschränkungsmöglichkeiten bietet. Da nur Art. 2 Abs. 1 GG in Gestalt der Rechte anderer, der verfassungsmäßigen Ordnung und des Sittengesetzes Begrenzungen zuläßt, kommt allein er als Grundnorm in Frage.

aaa) Schluß von den Schranken auf den Gewährleistungsbereich

Nimmt man bei den Überlegungen zur Beschränkbarkeit des Persönlichkeitsrechts bei Art. 2 Abs. 1 GG Anleihen, ist es konsequent, dort den hauptsächlichen Gewährleistungsbereich oder die Grundlagen des Schutzbereichs anzusiedeln. Denn der Grundrechtssystematik wesensimmanent ist das Zusammenspiel von Schutzbereich und Schranken eines Grundrechts. Beide sind aufeinander abgestimmt.[192] Die im Grundge-

---

schenwürde, vgl. *Pieroth/Schlink*, Grundrechte Staatsrecht II, Rz. 365; so i. E. auch *Jarass*, in: Jarass/Pieroth, Grundgesetz, Art. 1 Rz. 12.
[188] Zu den Grenzen des Kernbereichs vgl. unten S. 73 f.
[189] Eine eigenständige Bedeutung hat der Kernbereich jüngst auch in der Verfassungspraxis gewonnen, vgl. BVerfGE 109, 279 (311 ff., 325 ff.). Die Behauptung, daß das Bundesverfassungsgericht bisher noch in keinem Fall die Verletzung des Persönlichkeitskerns feststellen mußte, stimmt damit heute nicht mehr, vgl. aber noch *Schmitt Glaeser*, in: Isensee/Kirchhof (Hrsg.), HdbStR VI, § 129 Rz. 36. Die praktische Bedeutung läßt sich auch gut an der Meinung der gem. § 15 Abs. 4 Satz 3 BVerfGG unterlegenen Hälfte des Senats in der sog. „Tagebuchentscheidung" ablesen, vgl. BVerfGE 80, 367 (380 f.).
[190] *Jarass*, NJW 1989, 857.
[191] Zu den verschiedenen Formen von Normkombinationen und deren Bewertung vgl. die gelungene Darstellung von *H. Dreier*, in: Dreier (Hrsg.), Grundgesetz-Kommentar, Bd. I, Vorb. Rz. 156 ff. und Art. 2 I Rz. 42 f.
[192] *Merten*, JuS 1976, 346, sieht dabei Tatbestand und Schranken des Art. 2 Abs. 1 GG in einer intensiven Wechselbeziehung „nach Art kommunizierender Röhren". Danach sollen die Eingriffsbefugnisse um so geringer sein, je enger der Tatbestand umgrenzt wird.

setz angelegte Systematik der Schrankenklauseln[193] steht einer Schrankenübertragung entgegen.[194]

bbb) Betonung der Interdependenzen zwischen Schutzbereich und Schranken bei der allgemeinen Handlungsfreiheit

Gerade im Rahmen des Art. 2 Abs. 1 GG ist die wechselseitige Beeinflussung von Schutzbereich und Schranken schon einmal vom Bundesverfassungsgericht herausgearbeitet worden.[195] Dies erfolgte zwar nur, soweit Art. 2 Abs. 1 GG als allgemeine Handlungsfreiheit zu verstehen ist. Dennoch wurde deutlich gemacht, daß zum einen die Schrankentrias des Art. 2 Abs. 1 GG wesentlich mitgeprägt wird von dem weiten Schutzbereich der allgemeinen Handlungsfreiheit[196] und daß vice versa die in Art. 2 Abs. 1 GG vorgesehenen Begrenzungsmöglichkeiten nur sinnvoll wirken können, wenn man die Freiheit des Art. 2 Abs. 1 GG in einem umfassenden Sinne begreift[197]. Eine solche Abstimmung von Schutzbereich und Schranken des Art. 2 Abs. 1 GG steht im übrigen einer zusätzlichen Verankerung auch des allgemeinen Persönlichkeitsrechts in Art. 2 Abs. 1 GG nicht entgegen. Denn für dieses neue Recht muß zwar der Schutzumfang neu bestimmt[198] und das Verhältnis der vorhandenen Schranken dazu eigens justiert werden[199]; gerade die der allgemeinen Handlungsfreiheit zugesprochene weite Schutzfunktion läßt aber eine Neudefinition von Teilaspekten innerhalb der bereits

---

[193] Man kann jedenfalls insoweit von einer Systematik sprechen, als das Grundgesetz abgestufte grundrechtliche Gesetzesvorbehalte kennt, zu denen im Ergebnis auch der immanente Verfassungsvorbehalt als ein ungeschriebener qualifizierter Gesetzesvorbehalt rechnet, vgl. *Bamberger*, Verfassungswerte als Schranken vorbehaltloser Freiheitsgrundrechte, S. 106 f.; *Lipphart*, EuGRZ 1986, 154. Von einem „Schrankenwirrwarr" zu sprechen, geht daher zu weit, vgl. aber *Bettermann*, Grenzen der Grundrechte, S. 3.

[194] *Bamberger*, aaO, S. 106; *Bethge*, in: Sachs (Hrsg.), Grundgesetz, Art. 5 Rz. 175. In diesem Sinne - also auf der Suche nach den passenden Beschränkungen für einen grundrechtlichen Schutzbereich - werden konsequenterweise auch sog. „Schrankenanleihen" bei vorbehaltlosen Grundrechten nach heute überwiegender Auffassung abgelehnt, vgl. dazu die zahlreichen Nachweise bei *Bamberger*, Verfassungswerte als Schranken vorbehaltloser Freiheitsgrundrechte, S. 103 Fn. 538, der im Ergebnis die generelle Unzulässigkeit von Schrankenübertragungen aus der Systematik der positivierten Schrankenklauseln herleitet, S. 106. Zur Einordnung der Verweise des Bundesverfassungsgerichts auf Art. 2 Abs. 2 GG (vgl. BVerfGE 27, 344 [351]; 32, 373 [379]; 34, 238 [246]) im Rahmen der Prüfung des allgemeinen Persönlichkeitsrechts vgl. unten S. 117 Fn. 620.

[195] BVerfGE 6, 32 ff. Dazu *Merten*, JuS 1976, 346.

[196] BVerfGE 6, 32 (37 f.).

[197] BVerfGE 6, 32 (36).

[198] Laut *Starck*, in: v. Mangoldt/Klein/Starck, GG I, Art. 2 Abs. 1 Rz. 83 wurde der Tatbestand des „in Art. 2 Abs. 1 steckenden Persönlichkeitsgrundrechts (...) enger gezogen".

[199] Die Handhabung der Schrankenziehung muß beim allgemeinen Persönlichkeitsrecht eine andere sein als bei der allgemeinen Handlungsfreiheit, vgl. *H. Dreier*, in: Dreier (Hrsg.), Grundgesetz-Kommentar, Bd. I, Art. 2 I Rz. 86; *Jarass*, in: Jarass/Pieroth, Grundgesetz, Art. 2 Rz. 46; *Kunig*, in: v. Münch/Kunig (Hrsg.), GGK I, Art. 2 Rz. 25; *Lücke*, DÖV 2002, 95 f.; *Murswiek*, in: Sachs (Hrsg.), Grundgesetz, Art. 2 Rz. 62. Welche tatsächlichen Konsequenzen der engere Schutzbereich des Persönlichkeitsrechts für die Schranken des allgemeinen Persönlichkeitsrechts hat, ist dagegen bis heute umstritten und bedarf einer Klärung, vgl. zur aktuellen Schrankendiskussion *Lücke*, DÖV 2002, 93 ff.; *Tiedemann*, DÖV 2003, 74 ff.

anerkannten Gewährleistungen ohne weiteres zu[200]. Eine darauf abgestimmte Modifizierung der Schranken ist ebenso zulässig. Sie ist im Gegensatz zu sog. Schrankenanleihen systemkonform.

d) Stellungnahme und Ergebnis

Insgesamt ist die dogmatische Verankerung des allgemeinen Persönlichkeitsrechts in Art. 2 Abs. 1 GG überzeugend.[201] Allein Art. 2 Abs. 1 GG bietet einen tauglichen Fundus für Begrenzungsmöglichkeiten. Daher verwundert es nicht, daß selbst die Kritiker einer primären Ableitung aus Art. 2 Abs. 1 GG im Ergebnis die Schranken - freilich mit einigen Modifikationen - aus Art. 2 Abs. 1 GG gewinnen.[202] Mit Blick auf den genannten Zusammenhang zwischen Schutzbereich und Schranken ist es konsequent, die grundsätzlichen Gewährleistungen des persönlichkeitsrechtlichen Schutzbereichs dem Art. 2 Abs. 1 GG zu entnehmen. Daß dieser persönlichkeitsbezogene Schutzbereich eine große Nähe zur Menschenwürdegarantie aufweist, spricht dabei nicht gegen eine primäre Verankerung in Art. 2 Abs. 1 GG, sondern bestätigt vielmehr die Auffassung, daß die meisten Grundrechte in ihrem Kern Aspekte der Menschenwürde beinhalten. Im Ergebnis ist es richtig, das allgemeine Persönlichkeitsrecht primär in Art. 2 Abs. 1 GG dogmatisch zu verankern.

2. Die Bedeutung des Art. 1 Abs. 1 Satz 1 GG für das allgemeine Persönlichkeitsrecht

Weiterer Klärung bedarf die Rolle des Art. 1 Abs. 1 GG.

a) Die Doppelfunktion des Art. 1 Abs. 1 Satz 1 GG

Nach heute überwiegender Ansicht kommt Art. 1 Abs. 1 Satz 1 GG eine Doppelfunktion zu.[203] Er ist nicht nur eine Norm objektiven Rechts, sondern er enthält auch ein eigenständiges Grundrecht.[204] Damit unterscheidet er sich zunächst nicht von den anderen Grundrechten des Grundgesetzes, denen über ihren subjektiv-rechtlichen Abwehrcharakter hinaus von Anfang an vom Bundesverfassungsgericht auch objektivrechtliche Wirkungen zugewiesen wurden.[205] Doch ist die Bedeutung der Menschen-

---

[200] *Starck*, in: v. Mangoldt/Klein/Starck, GG I, Art. 2 Abs. 1 Rz. 85.

[201] Das gilt auch dann, wenn man Kritikern einer solchen Sichtweise zugesteht, daß dem Wortlaut des Art. 2 Abs. 1 GG allenfalls indizielle Wirkung mit Blick auf die anderslautenden Verfassungsentwürfe zukommen kann, vgl. *v. Arnauld*, ZUM 1996, 287.

[202] Vgl. *v. Arnauld*, ZUM 1996, 288 f.; *Kunig*, in: v. Münch/Kunig (Hrsg.), GGK I, Art. 2 Rz. 42, 43.

[203] *Antoni*, in: Seifert/Hömig (Hrsg.), Grundgesetz, Art. 1 Rz. 9; *J. Ipsen*, Staatsrecht II, Rz. 219; *Kunig*, in: v. Münch/Kunig (Hrsg.), GGK I, Art. 1 Rz. 29; *Starck*, in: v. Mangoldt/Klein/Starck, GG I, Art. 1 Abs. 1 Rz. 23 ff.; *Zippelius*, in: in: Dolzer/Vogel/Graßhof (Hrsg.), Bonner Kommentar, Art. 1 Abs. 1 u. 2 Rz. 32 f.

[204] So nun auch entgegen der früheren Ansicht von *Dürig* (vgl. *Dürig*, in: Maunz/Dürig, Grundgesetz, Stand 1973, Art. 1 Abs. 1 Rz. 4 ff.) *Herdegen*, in: Maunz/Dürig, Grundgesetz, Bd. I, Art. 1 Abs. 1 Rz. 26. Vgl. im übrigen die Nachweise auf S. 52 in Fn. 184.

[205] Seit BVerfGE 7, 198 ff. („Lüth") sieht das Bundesverfassungsgericht in st. Rspr. in den Grundrechten auch objektive Wertentscheidungen. Es begreift die Grundrechte als objektive Grundsatznor-

würdegarantie gegenüber den nachfolgenden grundrechtlichen Verbürgungen überragend.[206]

aa) Die objektivrechtliche Funktion des Art. 1 Abs. 1 GG

Als „tragendes Konstitutionsprinzip"[207] der Verfassung stellt Art. 1 Abs. 1 GG unbestritten die wichtigste Wertentscheidung des Grundgesetzes dar[208]. Die Würde des Menschen ist der oberste Wert des Grundgesetzes.[209] Demgemäß steuert der Grundsatz der Unantastbarkeit der Menschenwürde die gesamte Exegese der anderen grundgesetzlichen[210] - freilich mittelbar über den Schutzauftrag des Art. 1 Abs. 1 Satz 2 GG auch der einfachrechtlichen[211] - Normen. Insbesondere werden die anderen Grundrechte mit dem Menschenwürdegehalt angereichert.[212]

bb) Die subjektivrechtliche Funktion des Art. 1 Abs. 1 GG

Die überwiegende Meinung sieht in der Menschenwürdegarantie jedoch zugleich ein eigenständiges Grundrecht.[213] Auch das Bundesverfassungsgericht spricht ohne nähere Begründung vom „Grundrecht des Art. 1 Abs. 1 GG".[214]

Auf den ersten Blick mag dem Streit um die Grundrechtsqualität des Art. 1 Abs. 1 GG für die Praxis wenig Bedeutung zukommen.[215] Denn das Bundesverfassungsgericht

---

men, denen über ihre subjektivrechtlichen Funktionen hinaus weiterreichende Wirkungen zugeordnet werden: Das Gebot grundrechtskonformer Auslegung dürfte dabei zu den wichtigsten dieser Effekte zählen.

[206] Als oberster Wert des Grundgesetzes steuert Art. 1 Abs. 1 GG die Interpretation der Verfassung insgesamt, während die Menschenwürdegarantie selbst durch keine andere Verfassungsnorm beschränkt werden kann, vgl. *Geddert-Steinacher*, Menschenwürde als Verfassungsbegriff, S. 105; *Jarass*, in: Jarass/Pieroth, Grundgesetz, Art. 1 Rz. 2.

[207] BVerfGE 6, 32 (36); 87, 209 (228).

[208] *Jarass*, in: Jarass/Pieroth, Grundgesetz, Art. 1 Rz. 2.

[209] BVerfGE 6, 32 (41); 27, 1 (6); 30, 173 (193); 32, 98 (108); 45, 187 (227); 50, 166 (175); 72, 105 (115); 109, 279 (311 f.). Daß Art. 1 Abs. 1 GG den obersten Wert des Grundgesetzes enthält, wird nicht nur durch den Standort dieser Garantie am Anfang des Verfassungstextes deutlich. Auch die Regelung des Art. 79 Abs. 3 GG unterstreicht die beherrschende Rolle des Art. 1 Abs. 1 GG, wenn sie eine Einschränkung der Norm auch im Wege der Verfassungsänderung verbietet, vgl. dazu *Starck*, in: v. Mangoldt/Klein/Starck, GG I, Art. 1 Abs. 1 Rz. 27.

[210] Auf diese „dirigierende Funktion für die Verfassungsinterpretation" explizit hinweisend *Geddert-Steinacher*, Menschenwürde als Verfassungsbegriff, S. 171; *Jarass*, in: Jarass/Pieroth, Grundgesetz, Art. 1 Rz. 2.

[211] *Zippelius*, in: Dolzer/Vogel/Graßhof (Hrsg.), Bonner Kommentar, Art. 1 Abs. 1 u. 2 Rz. 30 ff.

[212] Einen guten Überblick über die Praxis des Bundesverfassungsgerichts, das immer wieder verschiedenen Grundrechten Aspekte des Art. 1 Abs. 1 zuordnet, gibt *Kunig*, in: v. Münch/Kunig (Hrsg.), GGK I, Art. 1 Rz. 68. Ders., ebda, Rz. 71, spricht von einer „Aufladung" der anderen Grundrechte mit den Gehalten des Art. 1 Abs. 1 GG. *Starck*, in: v. Mangoldt/Klein/Starck, GG I, Art. 1 Abs. 1 Rz. 26, sieht in der Judikatur des Bundesverfassungsgerichts eine „Einbindung" des Art. 1 Abs. 1 GG in die Interpretation spezieller Grundrechte.

[213] Vgl. dazu die zahlreichen Nachweise auf S. 52 in Fn. 184.

[214] BVerfGE 1, 332 (343); 12, 113 (123); 15, 283 (286).

[215] *Jarass*, in Jarass/Pieroth, Grundgesetz, Art. 1 Rz. 3; *Starck*, in: v. Mangoldt/Klein/Starck, GG I, Art. 1 Abs. 1 Rz. 24.

läßt - in konsequenter Durchsetzung seiner grundrechtlichen Sichtweise - bei Behauptung der Verletzung des Art. 1 Abs. 1 GG die Verfassungsbeschwerde als Rechtsbehelf zu.[216] Letztlich eröffnet auch allein die Annahme, daß es sich bei der Menschenwürdegarantie um eine subjektive Rechtsposition handelt, die verfahrensrechtliche Option, mit einer Verfassungsbeschwerde gegen - nach Art. 79 Abs. 3 GG insoweit unstatthafte - verfassungsändernde Gesetze vorzugehen. Diese gerade Art. 1 Abs. 1 GG kennzeichnende Notwendigkeit erfordert im Ergebnis dann doch - auch bei zugegebenermaßen geringer praktischer Relevanz - ein Votum zur dogmatischen Einordnung des Art. 1 Abs. 1 GG (auch) als Grundrecht.[217] Insgesamt kommt Art. 1 Abs. 1 GG eine Doppelfunktion sowohl als objektivrechtliches Konstitutionsprinzip als auch als subjektivrechtliches Abwehrrecht zu.

b) Die objektivrechtliche Funktion des Menschenwürdesatzes im Rahmen des allgemeinen Persönlichkeitsrechts

Innerhalb des allgemeinen Persönlichkeitsrechts kommt Art. 1 Abs. 1 GG nach herrschender Meinung nur eine bestärkende Funktion zu.[218] Die das Grundgesetz prägende Stellung der Menschenwürdegarantie muß auch bei der Bestimmung von Inhalt und Reichweite des allgemeinen Persönlichkeitsrechts berücksichtigt werden.[219] Art. 1 Abs. 1 GG dient insoweit als eine Art Auslegungsrichtlinie.[220] Damit partizipiert Art. 1 Abs. 1 GG am allgemeinen Persönlichkeitsrecht in seiner Funktion als moderierendes, objektivrechtliches Leitprinzip.

aa) Kein Zwillingsgrundrecht als Prüfungsmaßstab

Grundrechtlicher Bezugspunkt des allgemeinen Persönlichkeitsrechts ist daher nach überwiegender Ansicht allein Art. 2 Abs. 1 GG. Art. 1 Abs. 1 GG kommt im Verbund mit Art. 2 Abs. 1 GG als *Grundrecht* keine Bedeutung zu. Prüfungsmaßstab ist kein

---

[216] BVerfGE 15, 283 (286).
[217] *Starck*, in: v. Mangoldt/Klein/Starck, GG I, Art. 1 Abs. 1 Rz. 27 f.
[218] *Aulehner*, Polizeiliche Gefahren- und Informationsvorsorge, S. 370; *Degenhart*, JuS 1992, 361; *Di Fabio*, in: Maunz/Dürig, Grundgesetz, Bd. I, Art. 2 Abs. 1 Rz. 128, 130; *H. Dreier*, in: Dreier (Hrsg.), Grundgesetz-Kommentar, Bd. I, Art. 2 I Rz. 68; *Erichsen*, in: Isensee/Kirchhof (Hrsg.), HdbStR VI, § 152 Rz. 54; *Geddert-Steinacher*, Menschenwürde als Verfassungsbegriff, S. 136 ff.; *Höfelmann*, Das Grundrecht auf informationelle Selbstbestimmung anhand der Ausgestaltung des Datenschutzrechts und der Grundrechtsnormen der Landesverfassungen, S. 38; *Jarass*, NJW 1989, 857; *ders.*, in: Jarass/Pieroth, Grundgesetz, Art. 2 Rz. 29; *Murswiek*, in: Sachs (Hrsg.), Grundgesetz, Art. 2 Rz. 103; *W. Schmidt*, AöR Bd. 106 (1981), S. 504 f.; *Schmitt Glaeser*, in: Isensee/Kirchhof (Hrsg.), HdbStR VI, § 129 Rz. 26; *R. Scholz/Pitschas*, Informationelle Selbstbestimmung und staatliche Informationsverantwortung, S. 67 f.; *Starck*, in: v. Mangoldt/Klein/Starck, GG I, Art. 2 Abs. 1 Rz. 55, 85.
[219] Insoweit relativierend *Schmitt Glaeser*, in: Isensee/Kirchhof (Hrsg.), HdbStR VI, § 129 Rz. 27, der darauf verweist, daß auch die allgemeine Handlungsfreiheit ihre Substanz aus Art. 1 Abs. 1 GG erhält. Das entspricht im übrigen der Auffassung des Bundesverfassungsgerichts, wonach die Menschenwürde als oberstes Prinzip des Grundgesetzes alle Grundfreiheiten beeinflußt, vgl. dazu oben auf S. 56 Fn. 209.
[220] *H. Dreier*, in: Dreier (Hrsg.), Grundgesetz-Kommentar, Bd. I, Art. 2 I Rz. 68.

Zwillingsgrundrecht aus Art. 2 Abs. 1 GG i. V. m. Art. 1 Abs. 1 GG.[221] Diese Ansicht ist konsequent, wenn man Art. 2 Abs. 1 GG als eigentliche Grundlage des allgemeinen Persönlichkeitsrechts betrachtet.[222] Eingriffe in das allgemeine Persönlichkeitsrecht stellen demnach lediglich Eingriffe in den Schutzbereich des Art. 2 Abs. 1 GG dar. Sie markieren nicht zugleich selbständige Beeinträchtigungen in den grundrechtlichen Schutzbereich des Art. 1 Abs. 1 Satz 1 GG.

Wer hier anderer Auffassung ist, verkennt, daß - selbst gesetzlich legitimierte - Beschränkungen im Hinblick auf die absolute Anerkennung der Menschenwürde unmöglich sind.[223] Auch ein Arrangement derart, daß man bei einem Eingriff in das allgemeine Persönlichkeitsrecht sowohl eine Verletzung des Schutzbereichs des Art. 1 Abs. 1 Satz 1 GG annimmt als auch eine Beschränkung mit Blick auf den Charakter des allgemeinen Persönlichkeitsrechts als unbenannten Freiheitsrechts zulassen will, schlägt fehl.[224] Denn die exponierte Stellung der Menschenwürdegarantie gegenüber den anderen Grundrechten im Zusammenspiel mit der aus Art. 1 Abs. 1 Satz 2 GG fließenden Schutzpflicht zwingen dazu, den absoluten Schutz des Art. 1 Abs. 1 Satz 1 GG auch im Rahmen des allgemeinen Persönlichkeitsrechts aufrechtzuerhalten.[225]

Im Ergebnis ist es daher richtig, Beeinträchtigungen, die nicht den Grundrechtskern des allgemeinen Persönlichkeitsrechts berühren, nur als Eingriffe in den Schutzbereich des Art. 2 Abs. 1 GG zu qualifizieren.

bb) Inhalts- und Abgrenzungsfunktion des Art. 1 Abs. 1 GG

Als objektivrechtliche Leitlinie verstärkt Art. 1 Abs. 1 GG materiell das allgemeine Persönlichkeitsrecht in zweifacher Hinsicht[226].

aaa) Steuerung des Grundrechtstatbestands

Zunächst erhält der Grundrechts*tatbestand* des allgemeinen Persönlichkeitsrechts durch die Nähe zu Art. 1 Abs. 1 GG ein materiell dichteres Anwendungsfeld.[227] Dieses

---

[221] *Di Fabio*, in: Maunz/Dürig, Grundgesetz, Bd. I, Art. 2 Abs. 1 Rz. 128; *Starck*, in: v. Mangoldt/Klein/Starck, GG I, Art. 2 Abs. 1 Rz. 15, 54.

[222] Vgl. oben S. 47 ff.

[223] Zur Schrankenlosigkeit der Menschenwürdegarantie vgl. bereits oben S. 51 ff.

[224] So aber wohl *Herdegen*, in: Maunz/Dürig, Grundgesetz, Bd. I, Art. 1 Abs. 1 Rz. 26. Kritisch hierzu *W. Schmidt*, AöR Bd. 106 (1981), S. 504 f.

[225] *Di Fabio*, in: Maunz/Dürig, Grundgesetz, Bd. I, Art. 2 Abs. 1 Rz. 128. Diesen Weg schlägt im Ergebnis auch das Bundesverfassungsgericht ein, wenn es in seiner Rechtsprechung zum allgemeinen Persönlichkeitsrecht einen letzten unantastbaren Kernbereich herausarbeitet, welchen es von Art. 1 Abs. 1 GG her bestimmt sieht (seit BVerfGE 27, 1 [6], st. Rspr.). Mit der Markierung eines absolut geschützten Grundrechtskerns nach Maßgabe des Art. 1 Abs. 1 GG und mit dessen Abschichtung von anderen, beschränkbaren Tatbeständen (z. B. die Privatsphäre, die persönliche Ehre, das Recht am eigenen Wort/eigenen Bild, das Recht auf informationelle Selbstbestimmung) innerhalb des allgemeinen Persönlichkeitsrechts vollzieht das Bundesverfassungsgericht die notwendige Trennung der unterschiedlich strukturierten grundrechtlichen Schutzbereiche von Art. 2 Abs. 1 GG und Art. 1 Abs. 1 GG.

[226] *Störmer*, Jura 1991, 17 m. w. N. in Fn. 10.

wird unter dem Einfluß der Menschenwürdegarantie vom sehr viel weiter angelegten Schutzbereich der allgemeinen Handlungsfreiheit abgegrenzt. Zugleich gibt Art. 1 Abs. 1 GG dem Inhalt des allgemeinen Persönlichkeitsrechts eine Richtung hin auf den Schutz der „engere(n) persönliche(n) Lebenssphäre und die Erhaltung ihrer Grundbedingungen".[228] Wo es um den Kernbereich der persönlichen Entfaltung des einzelnen geht, ist der Einfluß von Art. 1 Abs. 1 GG am stärksten.[229]

bbb) Auswirkung auf die Grundrechtsschranken

Darüber hinaus zeigt Art. 1 Abs. 1 GG auch bei den Grundrechts*schranken* Wirkung.[230] Sein Einfluß führt jedenfalls zu erhöhten Rechtfertigungsanforderungen im Hinblick auf die die Schranken bestimmenden Grundsätze des Verhältnismäßigkeitsprinzips und des Bestimmtheitsgebots.[231] Der Vorrang des allgemeinen Persönlichkeitsrechts kann beispielsweise im konkreten Rechtsstreit überzeugend damit begründet werden, daß es in besonderem Maße in der Menschenwürde wurzelt und daher im Einzelfall einen jedenfalls erhöhten Schutz beansprucht.

ccc) Fazit

Insgesamt prägt Art. 1 Abs. 1 GG das allgemeine Persönlichkeitsrecht in seiner Gesamtheit. Seine objektivrechtliche Ausstrahlungswirkung, der Inhalts- und Abgrenzungsfunktion zugleich zukommt, bestimmt maßgeblich Inhalt und Reichweite des allgemeinen Persönlichkeitsrechts.[232] So gesehen ist es konsequent, wenn das Bundesverfassungsgericht in diesem Bereich die Gewährleistungen der Art. 2 Abs. 1 GG und des Art. 1 Abs. 1 GG in unmittelbarem Verbund nennt.[233] Daß durch diese generell auf das allgemeine Persönlichkeitsrecht bezogene grundrechtliche Hochzonung des Art. 1 Abs. 1 GG („i. V. m. Art. 1 I") dessen Exklusivität verloren ginge, steht hingegen nicht zu befürchten.[234] Vielmehr braucht man nach der hier vertretenen Auffassung von einer „grundrechtlichen" Hochzonung des Art. 1 Abs. 1 GG gar nicht zu sprechen,

---

[227] *Starck*, in: v. Mangoldt/Klein/Starck, GG I, Art. 2 Abs. 1 Rz. 83.
[228] BVerfGE 54, 148 (153); 72, 155 (170); 79, 256 (268); 96, 56 (61).
[229] *R. Scholz*, AöR Bd. 100 (1975), S. 94.
[230] Daß die enge Verbindung zu Art. 1 Abs. 1 GG auch Auswirkungen auf die Ausgestaltung der Grundrechtsschranken des allgemeinen Persönlichkeitsrechts haben muß, wird immer wieder in der Literatur betont, vgl. *Kunig*, in: v. Münch/Kunig (Hrsg.), GGK I, Art. 2 Rz. 25, 30; *Lücke*, DÖV 2002, 95.
[231] *V. Arnauld*, ZUM 1996, 389; *H. Dreier*, in: Dreier (Hrsg.), Grundgesetz-Kommentar, Bd. I, Art. 2 I Rz. 86 f.; *Jarass*, in: Jarass/Pieroth, Grundgesetz, Art. 2 Rz. 45 f.; *Kunig*, in: v. Münch/Kunig (Hrsg.), GGK I, Art. 2 Rz. 42 f.; *Murswiek*, in: Sachs (Hrsg.), Grundgesetz, Art. 2 Rz. 103, 105; *Sachs*, Verfassungsrecht II Grundrechte, B 2 Rz. 64; *Schmitt Glaeser*, in: Isensee/Kirchhof (Hrsg.), HdbStR VI, § 129 Rz. 39; Siekmann/Duttge, Staatsrecht I: Grundrechte, Rz. 853 ff.; *Starck*, in: v. Mangoldt/Klein/Starck, GG I, Art. 2 Abs. 1 Rz. 21.
[232] *Schmitt Glaeser*, in: Isensee/Kirchhof (Hrsg.), HdbStR VI, § 129 Rz. 28.
[233] Seit BVerfGE 27, 1 ff. st. Rspr. Zustimmend: *R. Scholz*, AöR Bd. 100 (1975), S. 94.
[234] Diese Befürchtung hegt aber *Hillgruber*, in: Umbach/Clemens (Hrsg.), Grundgesetz, Bd. I, Art. 2 I Rz. 92, und will deshalb das allgemeine Persönlichkeitsrecht allein auf Art. 2 Abs. 1 GG stützen, wenn es nicht mehr um den Schutz des unantastbaren Kernbereichs geht.

da Art. 1 Abs. 1 GG im Rahmen des allgemeinen Persönlichkeitsrechts nur als objektivrechtliche Leitlinie dient.

c) **Die besondere Bedeutung des Art. 1 Abs. 1 GG bei der Gewährleistung des absolut geschützten Persönlichkeitskerns**

Daß ein Kernbereich des Persönlichkeitsrechts absoluten Schutz genießt, ist unbestritten.[235] Unklar ist jedoch, ob Art. 1 Abs. 1 Satz 1 GG hinsichtlich dieses Kernbereichsschutzes als eine lex specialis gegenüber dem allgemeinen Persönlichkeitsrecht fungiert.[236]

aa) **Art. 1 Abs. 1 Satz 1 GG als lex specialis hinsichtlich des persönlichkeitsrechtlichen Kernbereichsschutzes?**

Einige Autoren weisen den Schutz des unantastbaren Kernbereichs des Persönlichkeitsrechts exklusiv dem grundrechtlichen Tatbestand des Art. 1 Abs. 1 Satz 1 GG zu.[237] Zwei Gründe werden dafür im wesentlichen ins Feld geführt: Zum einen wird eine Identität des - eng verstandenen[238] - Schutzbereichs des Art. 1 Abs. 1 Satz 1 GG mit dem absolut geschützten Kernbereich des allgemeinen Persönlichkeitsrechts vorausgesetzt.[239] Zum anderen wird auf die Unvereinbarkeit eines absolut verstandenen Persönlichkeitsschutzes mit einem grundsätzlich der Beschränkung zugänglichen Art. 2 Abs. 1 GG rekurriert.[240] Folgt man diesem Verständnis, dann fungiert Art. 1 Abs. 1 Satz 1 GG beim Persönlichkeitsschutz insoweit als eine lex specialis gegenüber dem allgemeinen Persönlichkeitsrecht, als es um den Schutz des unantastbaren Kernbereichs geht.[241] Er erlangt in diesem Bereich eigenständige grundrechtliche und nicht nur objektivrechtliche Bedeutung.

---

[235] Vgl. bereits oben S. 51 ff.

[236] In diese Richtung: *Starck*, in: v. Mangoldt/Klein/Starck, GG I, Art. 2 Abs. 1 Rz. 85, wenn dort bei der Verletzung des Persönlichkeitskerns nur Art. 1 Abs. 1 GG als Prüfungsmaßstab herangezogen wird.

[237] *Di Fabio*, in: Maunz/Dürig, Grundgesetz, Bd. I, Art. 2 Abs. 1 Rz. 130; *Starck*, aaO.

[238] Ein enges Schutzbereichsverständnis des Art. 1 Abs. 1 GG vertreten z. B.: *Robbers*, in: Umbach/Clemens (Hrsg.), Grundgesetz, Bd. I, Art. 1 Rz 69; *Sachs*, Verfassungsrecht II Grundrechte, B 1 Rz. 19; *Starck*, in: v. Mangoldt/Klein/Starck, GG I, Art. 1 Abs. 1 Rz. 14 ff.

[239] *Starck*, in: v. Mangoldt/Klein/Starck, GG I, Art. 2 Abs. 1 Rz. 84; *Störmer*, Jura 1991, 20. Für die Bestimmung des Kernbereichs jedenfalls auch bei Art. 1 Abs. 1 GG unmittelbar ansetzend *Geis*, JZ 1991, 115.

[240] *Starck*, aaO, Art. 2 Abs. 1 Rz. 54.

[241] *Starck*, in: v. Mangoldt/Klein/Starck, GG I, Art. 2 Abs. 1 Rz. 16. *Di Fabio*, in: Maunz/Dürig, Grundgesetz, Bd. I, Art. 2 Abs. 1 Rz. 130, spricht zwar auch davon, daß der Kernbereich des Persönlichkeitsrechts von Art. 1 Abs. 1 GG „erfasst" sei und der Eingriff in Art. 2 Abs. 1 GG ab einem gewissen Eingriffsgrad in einen Eingriff in die Menschenwürde „übergehe"; dennoch spricht er weiterhin vom „absolut geschützten Grundrechtskern aus Art. 2 Abs. 1 GG", was dafür spricht, daß er sich bei Eingriffen in den absolut geschützten Kernbereich nicht gänzlich von Art. 2 Abs. 1 GG lösen will.

bb) Die Rechtsprechung des Bundesverfassungsgerichts

Das Bundesverfassungsgericht argumentiert bei der dogmatischen Herleitung der unantastbaren Sphäre des Art. 2 Abs. 1 GG i. V. m. Art. 1 Abs. 1 GG sowohl mit Art. 19 Abs. 2 GG[242] als auch mit Art. 1 Abs. 1 GG.[243] Es begreift den Kernbereich zugleich als Ausfluß des Art. 1 Abs. 1 GG.[244] Der Schutz des Kernbereichs wird dabei innerhalb des allgemeinen Persönlichkeitsrechts angesiedelt[245], wenn das Gericht betont, daß das verfassungskräftige Gebot, die Intimsphäre des einzelnen zu achten, seine Grundlage in Art. 2 Abs. 1 GG habe.[246] Art. 1 Abs. 1 GG kommt demnach über seine steuernde objektivrechtliche Funktion hinaus offensichtlich keine eigenständige grundrechtliche Wirkung zu. In späteren Entscheidungen, in denen es um den Schutz des Kernbereichs der persönlichen Ehre geht[247], beruft sich das Gericht dagegen im Rahmen des allgemeinen Persönlichkeitsrechts z. T. ausschließlich auf Art. 1 Abs. 1 GG.[248] Eine einheitliche dogmatische Linie läßt sich der Rechtsprechung des Bundesverfassungsgerichts damit insgesamt nicht entnehmen.

cc) Stellungnahme

Es ist nicht einsichtig, warum bei der Gewährleistung des persönlichkeitsrechtlichen Kernbereichs der grundrechtliche Schutz aus dem allgemeinen Persönlichkeitsrecht ausgelagert werden soll. Die Überlegungen, aus denen sich die Spezialität des Art. 1 Abs. 1 Satz 1 GG gegenüber den generell in den Freiheitsrechten enthaltenen Menschenwürdeaspekten und insbesondere gegenüber dem im allgemeinen Persönlichkeitsrecht steckenden Menschenwürdekern ergeben soll, sind nicht überzeugend.[249]

---

[242] Vgl. zum aktuellen Streitstand der Wesensgehaltstheorie *Krebs*, in: v. Münch/Kunig (Hrsg.), GGK I, Art. 19 Rz. 22 ff.

[243] In der Literatur wird die dogmatische Begründung der unantastbaren Sphäre des allgemeinen Persönlichkeitsrechts zum Teil allein auf die Wesensgehaltsgarantie des Art. 19 Abs. 2 GG gestützt, vgl. *Sachs*, Verfassungsrecht II Grundrechte, B 2 Rz. 64; *Störmer*, Jura 1991, 20. Es wird also eine Identität zwischen dem Wesensgehalt des allgemeinen Persönlichkeitsrechts und dessen Kernbereich vorausgesetzt, vgl. *Pieroth/Schlink*, Grundrechte Staatsrecht II, Rz. 376; *Störmer*, Jura 1991, 20. Kritisch zur isolierten Wesensgehaltslösung jedoch: *Rohlf*, Der grundrechtliche Schutz der Privatsphäre, S. 82 f.; *R. Scholz*, AöR Bd. 100 (1975), S. 90 f.; *Starck*, in: v. Mangoldt/Klein/Starck, GG I, Art. 1 Abs. 1 Rz. 30.

[244] Art. 19 Abs. 2 GG wird nur als zusätzliche Sicherungsnorm genannt, vgl. BVerfGE 27, 1 (6); 27, 344 (350f.); 32, 373 (379); 34, 238 (245); 80, 367 (373 f.).

[245] *R. Scholz*, AöR Bd. 100 (1975), S. 90 f.

[246] BVerfGE 6, 32 (41); 6, 389 (433); 27, 1 (6); 27, 344 (350 f.); 32, 373 (379); 33, 367 (374); 34, 238 (245); 35, 35 (39).

[247] BVerfGE 67, 213 (228); 75, 369 (380); 93, 266 (293 ff.).

[248] In BVerfGE 75, 369 (380) beruft sich das Gericht auf den „durch Art. 1 Abs. 1 GG geschützten Kern menschlicher Ehre". Da diese Entscheidung auf die Grundgesetzkommentierung von *Starck*, in: v. Mangoldt/Klein/Starck, GG I, Art. 5 Abs. 3 Rz. 308, verweist, liegt die Vermutung nahe, daß die Richter insoweit auch der Auffassung des zitierten Kommentators folgen, welcher Art. 1 Abs. 1 Satz 1 GG als eine lex specialis hinsichtlich des absoluten Kernbereichsschutzes versteht, vgl. oben S. 60 Fn. 236, 237.

[249] Vgl. zu den angeführten Gründen oben S. 60.

aaa) Ausreichender Schutz durch das allgemeine Persönlichkeitsrecht

Zum ersten ist eine solch exklusive Gewährleistung nicht nötig, solange die thematisch spezialisierten Freiheitsverbürgungen - wie hier das gerade durch Art. 1 Abs. 1 GG angereicherte allgemeine Persönlichkeitsrecht - ausreichenden Schutz gewähren.[250] Für Art. 1 Abs. 1 Satz 1 GG bleibt als eigenständigen grundrechtlichen Prüfungsmaßstab allenfalls *neben* dem allgemeinen Persönlichkeitsrecht Raum.[251]

bbb) Systemkonformität des absolut geschützten Kernbereichs

Zum zweiten handelt es sich bei dem absolut geschützten Kernbereich um einen grundgesetzkonformen Ansatz, der dem Vorwurf der systemwidrigen Implementierung eines unbeschränkbaren Persönlichkeitsschutzes standhält.[252] Denn nicht nur das allgemeine Persönlichkeitsrecht hat einen absolut geschützten Lebensbereich; vielmehr besitzt jedes Grundrecht einen Kern, der jedenfalls gem. Art. 19 Abs. 2 GG nicht angetastet werden darf.[253] Die Gewährung eines grundrechtlichen Bereichs, der Eingriffen des Staates in jeder Hinsicht entzogen ist, stellt eine systemkonforme, gleichwohl aber besonders intensive Ausgestaltung des privaten Kernbereichs der persönlichen Entfaltung des einzelnen dar.

ccc) Beachtung spezifischer Anforderungen an den Verletzungsvorgang bei Art. 1 Abs. 1 Satz 1 GG

Zum dritten übersehen die Befürworter einer Gleichsetzung des Kernbereichs des Persönlichkeitsrechts mit Art. 1 Abs. 1 Satz 1 GG, daß von einer Verletzung der Menschenwürde nicht schon immer dann gesprochen werden kann, wenn eine Verletzung des allgemeinen Persönlichkeitsrechts vorliegt. Dies gilt auch für den absolut geschützten Kernbereich. Denn die für die Menschenwürdegarantie entwickelte sog. Objektformel verlangt neben dem Erfordernis, daß der Betroffene mehr als Objekt denn als Subjekt behandelt wird, außerdem, daß auch spezifische Voraussetzungen an den Verletzungsvorgang erfüllt sind.[254] Wenn es bei den Versuchen der Bestimmung des

---

[250] Da Art. 1 Abs. 1 GG die „Wurzel aller Grundrechte" bildet (BVerfGE 93, 266 [293]), sind die nachfolgenden Grundrechte als konkretere Rechtsnormen zuerst zu prüfen; danach wird sich i. d. R. ein Rückgriff auf Art. 1 Abs. 1 GG als Grundrecht erübrigen, vgl. *Jarass*, in: Jarass/Pieroth, Grundgesetz, Art. 1 Rz. 4; *Sachs*, Verfassungsrecht II Grundrechte, B 1 Rz. 38.

[251] *Störmer*, Jura 1991, 20 Fn. 64 a. E. Im Hinblick auf die exponierte Stellung des Art. 1 Abs. 1 GG ginge es zu weit, von einer echten Spezialität der nachfolgenden Grundrechte zu sprechen, vgl. *Jarass*, in: Jarass/Pieroth, Grundgesetz, Art. 1 Rz. 4. Vielmehr trägt eine Idealkonkurrenz zwischen den Schutzbereichen des Art. 1 Abs. 1 GG ausreichend Rechnung, so auch *Kunig*, in: v. Münch/Kunig (Hrsg.), GGK I, Art. 1 Rz. 69.

[252] Vgl. zu diesem Vorwurf oben S. 60 Fn. 240.

[253] BVerfGE 7, 377 (411); 34, 238 (245). *Roellecke*, in: Umbach/Clemens (Hrsg.), Grundgesetz, Bd. I, Art. 19 I-III Rz. 52.

[254] Die maßgeblich von *Dürig* (*Dürig*, JR 1952, 259 ff.; *ders.*, AöR Bd. 81 [1956] S. 117 ff.) entwickelte Objektformel hat sich bis heute in der Rechtsprechung des Bundesverfassungsgerichts als richtungsweisendes Kriterium durchgesetzt. Sie ist zur allgemeinen Auslegungsrichtlinie geworden, vgl. BVerfGE 96, 375 (399 m. w. N.); 109, 279 (311 ff.); st. Rspr. Ihr zufolge kommt es maßgeblich darauf an, daß der Verletzungsvorgang als insgesamt würdeverletzend bewertet werden

absolut geschützten Kernbereichs des Persönlichkeitsrechts primär darum geht, den besonders intimen Charakter des betroffenen Lebensbereichs zu ermitteln[255], stellt die Objektformel nicht zuerst auf die Klärung der Frage ab, ob die Würde des Menschen betroffen ist, sondern rekurriert vielmehr auf den Verletzungsakt[256]. D. h., die Verletzung muß objektiv final gerade auf die Herabwürdigung des jeweiligen Grundrechtsträgers abzielen.[257] Selbst wenn dieses Kriterium auch in manchen Fällen des allgemeinen Persönlichkeitsrechts erfüllt sein mag, so kann man doch nicht generell von einer Verletzung des Persönlichkeitsrechts auf eine solche der Menschenwürde schließen.[258] Unter diesem Gesichtspunkt ist eine Gleichsetzung des Kernbereichs des Persönlichkeitsrechts mit Art. 1 Abs. 1 GG und eine damit verbundene Spezialität der Menschenwürdegarantie nicht nur nicht geboten, sondern sogar unzulässig. Sie verkennt eine wesentliche Besonderheit des Menschenwürdeschutzes.

dd) Zwischenergebnis

Der Kernbereich ist als absolut geschützter Teil des allgemeinen Persönlichkeitsrechts anzusehen.[259] Umfassender Prüfungsmaßstab für Eingriffe in den Persönlichkeitsbereich bleibt somit das allgemeine Persönlichkeitsrecht. Art. 1 Abs. 1 Satz 1 GG greift auch hinsichtlich des Kernbereichsschutzes nicht als lex specialis ein. Vielmehr bleibt es bei dessen bloß objektivrechtlicher Ausstrahlungswirkung im Rahmen des allge-

---

kann. Die Objektformel ist auch in der Literatur überwiegend anerkannt, vgl. *Kunig*, in: v. München/Kunig (Hrsg.), GGK I, Art. 1 Rz. 22 m. w. N.; *Robbers*, in: Umbach/Clemens (Hrsg.), Grundgesetz, Bd. I, Art. 1 Rz. 13 f. m. w. N.; Sachs, Verfassungsrecht II Grundrechte, B 1 Rz. 10, 13; *Siekmann/Duttge*, Staatsrecht I: Grundrechte, Rz. 220 ff.; *Starck*, in: v. Mangoldt/Klein/Starck, GG I, Art. 1 Abs. 1 Rz. 13. Zurückhaltend jedoch: *Jarass*, in: Jarass/Pieroth, Grundgesetz, Art. 1 Rz. 5, 8; *Pieroth/Schlink*, Grundrechte Staatsrecht II, Rz. 360. Zu den Grenzen der Objektformel jüngst auch das Bundesverfassungsgericht in BVerfGE 109, 279 (312 f.).
[255] So beispielsweise in BVerfGE 80, 367 (374 ff.).
[256] *Kunig*, in: v. München/Kunig (Hrsg.), GGK I, Art. 1 Rz. 22 m. w. N.; *Robbers*, in: Umbach/Clemens (Hrsg.), Grundgesetz, Bd. I, Art. 1 Rz. 15. Die primäre Bewertung des Verletzungsvorgangs ist letztlich nichts anderes als die Konsequenz aus der Erkenntnis, daß eine positive Umschreibung der Menschenwürde nicht gelingen kann, vgl. dazu auch unten S. 73 Fn. 308.
[257] *Kunig*, aaO, Art. 1 Rz. 24; Art. 2 Rz. 37 a. E. Dabei betont *Kunig* zu Recht, daß es auf eine *subjektive* Herabsetzungsabsicht für die Qualifizierung eines Eingriffs als Menschenwürdeverletzung nicht ankommen kann, vgl. auch *Robbers*, in: Umbach/Clemens (Hrsg.), Grundgesetz, Bd. I, Art. 1 Rz. 14. Mißverständlich – und daher zu Recht bereits im abweichenden Votum der Richter *Geller*, *v. Schlabrendorff* und *Rupp* in BVerfGE 30, 1 (39 ff.) kritisiert – ist insoweit BVerfGE 30, 1 (25 f.), wo für einen Eingriff in die Menschenwürde zusätzlich verlangt wird, daß dadurch die Subjektqualität des Betroffenen prinzipiell in Frage gestellt wird oder jedenfalls die Behandlung im konkreten Fall eine willkürliche Mißachtung der Würde des Menschen darstellen.
[258] *Kunig*, in: v. München/Kunig (Hrsg.), GGK I, Art. 2 Rz. 37 a. E.
[259] *Geis*, JZ 1991, 115, 117; *R. Scholz*, AöR Bd. 100 (1975), S. 90 f.; *Störmer*, Jura 1991, 20 Fn. 64. *V. Arnauld*, ZUM 1996, 290, wehrt sich explizit gegen eine „Spaltung" des allgemeinen Persönlichkeitsrechts; auch *Schmitt Glaeser*, in: Isensee/Kirchhof (Hrsg.), HdbStR VI, § 129 Rz. 36 Fn. 105, ordnet den absolut geschützten Kernbereich des allgemeinen Persönlichkeitsrechts Art. 2 Abs. 1 GG („Menschenwürdesubstanz des Art. 2 Abs. 1 GG") zu. Dies ergibt sich schon daraus, daß *Schmitt Glaeser* hinsichtlich des Kernbereichs auf die Wesensgehaltsgarantie des Art. 19 Abs. 2 GG Bezug nimmt; damit siedelt er automatisch den Menschenwürdekern innerhalb des allgemeinen Persönlichkeitsrechts an, vgl. hierzu nochmals *v. Arnauld*, ZUM 1996, 290 Fn. 64.

meinen Persönlichkeitsrechts. Dabei erreicht der Einfluß des Art. 1 Abs. 1 GG hinsichtlich des Persönlichkeitskerns jedoch die denkbar größte Dichte mit dem sonst nur für das Grundrecht des Art. 1 Abs. 1 GG typischen Ergebnis, daß hinsichtlich des absolut geschützten Kernbereichs des Persönlichkeitsrechts von einer schrankenlosen Gewährleistung auszugehen ist.[260] Durch den absoluten Schutz des Kernbereichs wird die besonders große Nähe zur Menschenwürdegarantie berücksichtigt.

d) Stellungnahme und Ergebnis

Art. 1 Abs. 1 GG dient im Rahmen des allgemeinen Persönlichkeitsrechts als bloße objektivrechtliche Auslegungsrichtlinie. Er entfaltet insoweit keinen eigenständigen grundrechtlichen Charakter, auch nicht, wenn es um den absolut geschützten Kernbereich des allgemeinen Persönlichkeitsrechts geht. Prüfungsmaßstab hinsichtlich des Kernbereichsschutzes bleibt das allgemeine Persönlichkeitsrecht. Art. 1 Abs. 1 GG stellt insoweit keine lex specialis dar.

Trotz seines „bloß" objektivrechtlichen Charakters kommt Art. 1 Abs. 1 GG im Rahmen des allgemeinen Persönlichkeitsrechts nicht nur eine deklaratorische Bedeutung zu. Denn im Unterschied zu den anderen Freiheitsrechten, die ebenfalls ihre Substanz aus Art. 1 Abs. 1 GG erhalten, ist die Ausstrahlungswirkung auf das allgemeine Persönlichkeitsrecht besonders markant. Maßgeblich ist nicht nur, daß auf Grund der besonderen Nähe zur Menschenwürdegarantie auch das allgemeine Persönlichkeitsrecht einen immer wieder gesondert definierten, absolut geschützten Kernbereich enthält, der in Umfang und Struktur zum Schutzbereich der Menschenwürde eine extrem hohe Affinität - oder gar Identität - aufweist. Vielmehr wird auch der über den Menschenwürdekern hinausgehende Schutzbereich des allgemeinen Persönlichkeitsrechts derart von Art. 1 Abs. 1 GG geprägt, daß dieser nur die „engere Persönlichkeitssphäre" des Grundrechtsträgers erfaßt. Dabei läßt die im Kernbereich absolute Wirkung des Art. 1 Abs. 1 GG zu den „Rändern" des Persönlichkeitsrechts hin Schritt für Schritt nach.[261]

Darüber hinaus kommt Art. 1 Abs. 1 GG eine wichtige Funktion bei der Einengung der Grundrechtsschranken zu.[262] Durch ihn erhält das in Art. 2 Abs. 1 GG enthaltene allgemeine Persönlichkeitsrecht seinen materiellen Wertgehalt; es wird innerhalb des Art. 2 Abs. 1 GG vom Grundrecht der allgemeinen Handlungsfreiheit abgeschichtet.

IV. Zusammenfassung

1. Das allgemeine Persönlichkeitsrecht ist die wichtigste verfassungsrechtliche Grundlage des Rechts auf informationelle Selbstbestimmung. Zwar ist das allgemeine Persönlichkeitsrecht nicht der einzige Referenzpunkt für das informationelle Selbstbestimmungsrecht. Für die Herausarbeitung der für die nachfolgende Untersuchung wesentlichen verfassungsrechtlichen Grundlagen dient jedoch in erster Linie das allgemeine Persönlichkeitsrecht als Bezugspunkt.

---

[260] *Bamberger*, Verfassungswerte als Schranken vorbehaltloser Freiheitsgrundrechte, S. 16.
[261] *V. Arnauld*, ZUM 1996, 290.
[262] *Vogelgesang*, Grundrecht auf informationelle Selbstbestimmung?, S. 128.

2. Das allgemeine Persönlichkeitsrecht ist in Art. 2 Abs. 1 GG i. V. m. Art. 1 Abs. 1 GG verfassungsrechtlich verankert. Es handelt sich um ein eigenständiges Grundrecht, das seinen eigentlichen Standort in Art. 2 Abs. 1 GG hat. Art. 2 Abs. 1 GG ist also das Hauptgrundrecht, das die Grundlage sowohl für die Bestimmung des persönlichkeitsrechtlichen Schutzbereichs als auch für die Schranken darstellt.

3. Damit bietet Art. 2 Abs. 1 GG als Recht auf freie Entfaltung der Persönlichkeit insgesamt zwei grundrechtlichen Schutzrichtungen Platz: einer weiten i. S. d. allgemeinen Handlungsfreiheit und einer enger gezogenen Schutzsphäre, welche das allgemeine Persönlichkeitsrecht schützt. Art. 2 Abs. 1 GG hat den Charakter eines Doppelgrundrechts.

4. Art. 1 Abs. 1 GG dient im Rahmen des allgemeinen Persönlichkeitsrechts hingegen als bloße Auslegungsrichtlinie. Er entfaltet insoweit keinen eigenständigen grundrechtlichen Charakter; auch nicht, wenn es um den absolut geschützten Kernbereich des allgemeinen Persönlichkeitsrechts geht. Sein Einfluß auf das Persönlichkeitsrecht ist allein objektivrechtlicher Natur. Der Menschenwürdegarantie kommt eine entscheidende Inhalts- und Abgrenzungsfunktion für Schutzbereich und Schranken des allgemeinen Persönlichkeitsrechts zu. Seine im Kernbereich absolute Wirkung läßt insgesamt zu den „Rändern" des Persönlichkeitsrechts hin Schritt für Schritt nach.

5. Für die praktische Anwendung hat das eben zusammengefaßte dogmatische Verständnis des allgemeinen Persönlichkeitsrechts folgende Konsequenzen:

- Prüfungsmaßstab ist stets das allgemeine Persönlichkeitsrecht, Art. 2 Abs. 1 GG i. V. m. Art. 1 Abs. 1 GG.

- Diesbezüglich ist zunächst zu untersuchen, ob eine staatliche Maßnahme überhaupt den - noch näher zu bestimmenden - Schutzbereich des allgemeinen Persönlichkeitsrechts betrifft.

- Ist der Schutzbereich „eröffnet", ist es ratsam, innerhalb dieses Schutzbereichs herauszufiltern, ob der absolut geschützte Kernbereich des allgemeinen Persönlichkeitsrechts - quasi als „Unter-Schutzbereich"[263] - tangiert ist. In diesem Fall stellt ein etwaiger Eingriff bereits eine Verletzung des Grundrechts dar, weil der Eingriff unter keinem Gesichtspunkt rechtfertigungsfähig ist.

- Art. 2 Abs. 1 GG i. V. m. Art. 1 Abs. 1 GG bleibt jedoch über die Ebene des Eingriffs hinaus Prüfungsmaßstab, wenn der Schutzbereich nicht im absolut geschützten Kern berührt ist. Ob eine Verletzung des Grundrechts begangen wurde, muß dann im Rahmen der „verfassungsrechtlichen Rechtfertigung" geklärt werden.

---

[263] *Geis*, JZ 1991, 113.

C. Schutzbereich, Eingriff, verfassungsrechtliche Rechtfertigung - Das informationelle Selbstbestimmungsrecht als Prüfungsmaßstab für staatliche Eingriffe

Wenn nachfolgend[264] § 24c KWG auf seine Vereinbarkeit mit dem Recht auf informationelle Selbstbestimmung hin untersucht werden soll, müssen vorher die drei Komponenten Schutzbereich, Eingriff und verfassungsrechtliche Rechtfertigung auf diesen Prüfungsmaßstab zugeschnitten werden.[265] Da das allgemeine Persönlichkeitsrecht die primäre verfassungsrechtliche Quelle des informationellen Selbstbestimmungsrechts ist[266], können die dazu getroffenen Aussagen als Grundlage für die dogmatischen Standards herangezogen werden.

I. Erkenntnisse anhand der Rechtsprechungsentwicklung

Wichtige Erkenntnisse über den Anwendungsbereich und die Beschränkungsmechanismen des informationellen Selbstbestimmungsrechts können insbesondere aus den vom Bundesverfassungsgericht entschiedenen Fällen gewonnen werden.[267]

1. Zentrale Bedeutung des Volkszählungsurteils

Im Rahmen der Rechtsprechungsgenese ist dem Volkszählungsurteil ein besonderer Stellenwert zuzuschreiben. Zum Teil wird diese erste Entscheidung zum Recht auf informationelle Selbstbestimmung als Schlußpunkt einer stetigen Weiterentwicklung des allgemeinen Persönlichkeitsrechts verstanden.[268] Viele in der Judikatur zum allgemeinen Persönlichkeitsrecht entwickelten Maßstäbe bilden die materielle Grundlage für das Recht auf informationelle Selbstbestimmung.[269] Andere Autoren messen dem informationellen Selbstbestimmungsrecht seit dem Volkszählungsurteil sogar eine - gegenüber den anderen Ausprägungen des allgemeinen Persönlichkeitsrechts - selbständige Bedeutung bei.[270]

---

[264] Vgl. Teil 3, S. 153 ff.
[265] Die Argumentation folgt damit im Rahmen dieser Arbeit der gefestigten grundrechtlichen Dogmatik mit ihrer strikten Trennung von grundrechtlichem Schutzbereich und Schrankenebene, vgl. in diesem Sinne die von *Pieroth/Schlink*, Grundrechte Staatsrecht II, Rz. 195 ff., 345 ff., praktizierte Methode. Ebenso *Höfling*, Jura 1994, 169 ff.
Auf neue dogmatische Konzepte, welche der heute vorherrschenden Grundrechtsdogmatik kritisch gegenüberstehen, sei jedoch an dieser Stelle hingewiesen, vgl. jüngst *Böckenförde*, Der Staat Bd. 42 (2003), S. 165 ff.
[266] Vgl. oben Teil 2, B., S. 31 ff.
[267] Ein guter Überblick findet sich bei *Vogelgesang*, Grundrecht auf informationelle Selbstbestimmung?, S. 41 ff.; *Wanckel*, Persönlichkeitsschutz in der Informationsgesellschaft, S. 88 ff.
[268] *Vogelgesang*, Grundrecht auf informationelle Selbstbestimmung?, S. 40.
[269] *Vogelgesang*, Grundrecht auf informationelle Selbstbestimmung?, S. 41 f. Auch *Wanckel*, Persönlichkeitsschutz in der Informationsgesellschaft, S. 102, 135, betont explizit den Zusammenhang zu vorangegangenen Entscheidungen des Bundesverfassungsgerichts.
[270] *Schmitt Glaeser*, in: Isensee/Kirchhof (Hrsg.), HdbStR VI, § 129 Rz. 46.

2. Interdependenzen zur Persönlichkeitsrechtsprechung

Es zeigt sich also, daß eine isolierte Betrachtung der zum informationellen Selbstbestimmungsrecht ergangenen Rechtsprechung des Bundesverfassungsgerichts nicht ausreicht. Die Einbeziehung der dem Recht auf informationelle Selbstbestimmung zeitlich vorgelagerten Judikatur zum allgemeinen Persönlichkeitsrecht ist für ein umfassendes Verständnis entscheidend.

3. Fortentwicklung der Datenschutzrechtsprechung

Ziel der Bestimmung der verfassungsrechtlich geprägten Datenschutzgrundsätze, wie sie zum Recht auf informationelle Selbstbestimmung entwickelt worden sind, soll es sein, den verfassungsrechtlich gebotenen Datenschutzstandard in den Jahren 2004 und 2005 zu ermitteln. Nur ein aktualisierter Prüfungsmaßstab, der den gegenwärtigen Informationsbedürfnissen des Staates gerecht wird, kommt als Meßlatte für die spätere Überprüfung des § 24c KWG in Betracht. Daher ist bei der Konkretisierung von Schutzbereich, Eingriff und verfassungsrechtlicher Rechtfertigung der Frage nachzugehen, inwieweit das Bundesverfassungsgericht die im Volkszählungsurteil aufgestellten Grundsätze weiterentwickelt bzw. bestätigt hat.

II. Der Schutzbereich des informationellen Selbstbestimmungsrechts

Zum besseren Verständnis des Schutzbereichs des informationellen Selbstbestimmungsrechts trägt ein Blick auf die Grundsätze bei, die das Bundesverfassungsgericht zum allgemeinen Persönlichkeitsrecht entwickelt hat.

1. Versuch einer positiven Umgrenzung des Schutzbereichs des allgemeinen Persönlichkeitsrechts

Es wurde bereits mehrmals versucht, den Schutzbereich des allgemeinen Persönlichkeitsrechts möglichst exakt und vollständig positiv zu beschreiben.[271] Zum Teil wurde auch das Verständnis des aus der amerikanischen Datenschutzdiskussion stammenden Begriffs des „right of privacy" bzw. des „right to be let alone"[272] als Ausgangspunkt gewählt.[273] Danach umfasse der insgesamt als „Privatsphäre" bezeichnete allgemeine Persönlichkeitsschutz das Recht, „von der Gesellschaft oder Beobachtung anderer getrennt oder frei zu sein".[274] Die Umschreibungen des Persönlichkeitsschutzes bleiben dennoch nur beispielhaft oder abstrakt zu vage, um als befriedigender Prüfungsmaß-

---

[271] Einen guten, weil kritischen Überblick über die wichtigsten Lösungsansätze bieten *Duttge*, Der Staat Bd. 36 (1997), S. 299 ff.; *Schmitt Glaeser*, in: Isensee/Kirchhof (Hrsg.), HdbStR VI, § 129 Rz. 14 ff.

[272] *Hufen* spricht hier m. E. dem Wortsinn nach nicht so treffend vom „Right to be left alone", vgl. *Hufen*, in: Badura/Dreier (Hrsg.), FS 50 Jahre Bundesverfassungsgericht, Bd. II, S. 108.

[273] *Kamlah*, Right of Privacy, S. 57; *ders.*, DÖV 1970, 362; *C. Mallmann*, in: J. Schneider, Datenschutz-Datensicherung, S. 20 f.

[274] *Kamlah*, Right of Privacy, S. 57.

stab für die konkrete Grundrechtsprüfung zu dienen.[275] Anders als bei benannten Freiheitsrechten, deren Schutzbereiche auf Grund der ausdrücklichen Tatbestandsformulierungen relativ einfach bestimmt werden können, bereitet die Bestimmung des unbenannten Gewährleistungsbereichs des allgemeinen Persönlichkeitsrechts erhebliche Schwierigkeiten. Diese dürften auf Grund der besonderen Nähe des Schutzbereichs zu Art. 1 Abs. 1 GG auch kaum zu bewältigen sein.[276] Das Bundesverfassungsgericht betont denn auch, daß es eine abschließende Umschreibung des Schutzgutes erst gar nicht anstrebt, sondern vielmehr den Schutzbereich stets an aktuelle Entwicklungen anpassen will, etwa an Gefährdungspotentiale moderner technischer Kommunikationsvorgänge.[277] In der Rechtsprechungspraxis wird also die Entwicklungsoffenheit des allgemeinen Persönlichkeitsrechts als besonderer Charakter dieses Rechts herausgearbeitet.[278]

Dennoch sollen wenigstens zwei Lösungsansätze angesprochen werden, die zwar zu keiner abschließenden Definition für den Schutzbereich des allgemeinen Persönlichkeitsrechts gelangt sind, die aber immerhin auf die Rechtsprechung des Bundesverfassungsgerichts wesentlichen Einfluß genommen haben.[279]

a) Das Sphärenmodell

Nach der aus dem Zivilrecht in das Öffentliche Recht übernommenen Sphärentheorie[280] existieren verschiedene schutzwürdige Bereiche, die vom grundsätzlich nicht geschützten Verhaltensraum Öffentlichkeit qualitativ zu trennen sind.[281] Innerhalb die-

---

[275] Vgl. z. B. die an Beispielen orientierte Formulierung von *Marcic*, in: Dempf/Arendt/Engel-Janosi (Hrsg.), FG für Eric Voegelin, S. 392, der den das Persönlichkeitsrecht prägenden Bereich von Menschenwürde und Freiheit der Person folgendermaßen beschreibt: „Die Freiheit von Lärm; das Recht auf ein innengeleitetes Leben, wo das Leben des Menschen sozusagen gewaltsam nach außen gewendet wird....; das Recht auf Integrität der Psyche, auf die Unversehrtheit des Vernunftvermögens und der Willenskraft; das Recht auf innere Sammlung, auf Ruhe und Muße mitten in einer tobenden, tosenden, brüllenden Welt; ..."
[276] *Di Fabio*, in: Maunz/Dürig, Grundgesetz, Bd. I, Art. 2 Abs. 1 Rz. 147.
[277] BVerfGE 54, 148 (153); 72, 155 (170); 79, 256 (268); 101, 361 (380). Die wohl wichtigste Anpassung an das besondere Gefährdungspotential elektronischer Datenverarbeitung stellte die Anerkennung des Rechts auf informationelle Selbstbestimmung im Volkszählungsurteil dar, vgl. BVerfGE 65, 1 ff.
[278] Z. B. in BVerfGE 79, 256 (268).
[279] *Schmitt Glaeser*, in: Isensee/Kirchhof (Hrsg.), HdbStR VI, § 129 Rz. 16.
[280] Die Entwicklung dieser Theorie geht im Zivilrecht vor allem auf die Arbeiten *Hubmanns* zurück, vgl. *Hubmann*, Das Persönlichkeitsrecht, 2. Aufl. 1967. Vgl. dazu auch die oben angesprochenen Einflüsse der BGH-Rechtsprechung auf S. 42 f.
[281] *Duttge*, Der Staat Bd. 36 (1997), S. 299; *Schmitt Glaeser*, in: Isensee/Kirchhof (Hrsg.), HdbStR VI, § 129 Rz. 14; *Vogelgesang*, Grundrecht auf informationelle Selbstbestimmung?, S. 42 ff.; *Wanckel*, Persönlichkeitsschutz in der Informationsgesellschaft, S. 120. *Hubmann* weist - entgegen der Auffassung der öffentlich-rechtlich motivierten Autoren - explizit darauf hin, daß nach seiner Auffassung auch der Öffentlichkeitsbereich (er nennt diese Sphäre begrifflich anders „Individualsphäre") einen Schutzkreis des allgemeinen Persönlichkeitsrechts darstellt, weil der einzelne auch in diesem Bereich nicht grundsätzlich schutzlos sei, sondern hier vielmehr auf den Schutz seiner individuellen Werte vertrauen könne, die bei seinem Wirken in der Öffentlichkeit des Schutzes bedürften, vgl. *Hubmann*, Das Persönlichkeitsrecht, 2. Aufl. 1967, S. 269 Fn. 3 a. E. und S. 270 Fn. 5.

ses „kreisförmigen Schichtenmodells" nimmt die Intensität des Schutzes von innen nach außen ab, wobei sich die Abstufungen im wesentlichen an der Personennähe der Information orientieren.[282] Verbreitet ist heute die Unterscheidung in die Bereiche der Intim-, Privat- und Öffentlichkeitssphäre[283], wobei die Begrifflichkeiten für die unterschiedlichen Ebenen nicht einheitlich gebraucht werden.[284] Überwiegend befürwortet wird die Annahme eines absolut geschützten Bereichs, der den innersten Kern der verschiedenen Sphären ausmacht.[285]

b) Die Theorie der autonomen Selbstdarstellung

Das Konzept der autonomen Selbstdarstellung beschreibt hingegen den Schutzbereich des allgemeinen Persönlichkeitsrechts im Sinne eines umfassenden Verfügungsrechts des einzelnen darüber, wie er sich nach außen darstellen, wie er in seiner Umwelt wirken will.[286] Dazu gehört auch das Bestimmungsrecht darüber, welche personenbezogenen Informationen über die eigene Person wann an wen gelangen sollen.[287]

c) Undefinierbarkeit des allgemeinen Persönlichkeitsrechts

Es besteht Einigkeit darüber, daß die genannten, aber auch andere Lösungsmodelle[288] nicht in der Lage sind, objektive Grenzen für den Schutzbereich des allgemeinen Persönlichkeitsrechts vorzugeben.[289] Dafür gibt es mehrere Gründe.

---

[282] *Duttge*, aaO.

[283] *Degenhart*, JuS 1992, 363 f.; *Pieroth/Schlink*, Grundrechte Staatsrecht II, Rz. 376; *Vogelgesang*, Grundrecht auf informationelle Selbstbestimmung?, S. 42 ff.

[284] So spricht *Hubmann*, Das Persönlichkeitsrecht, 2. Aufl. 1967, S. 271, von der Individual-, Geheim- und Privatsphäre. Das Bundesverfassungsgericht benennt in BVerfGE 54, 148 (154) explizit die Privat-, Geheim- und Intimsphäre.

[285] Die Zivilgerichte schreiben der sog. Intimsphäre einen „absoluten" Schutz zu, vgl. BGHZ 73, 120 (124); BGH NJW 1981, 1366 (1366); BGH NJW 1988, 1984 (1985). Auch in der Literatur hat sich die Befürwortung eines unantastbaren, absolut geschützten Kernbereichs durchgesetzt, vgl. statt vieler *v. Arnauld*, ZUM 1996, 292; *Brandner*, JZ 1983, 690; *Degenhart*, JuS 1992, 363; *Di Fabio*, in: Maunz/Dürig, Grundgesetz, Bd. I, Art. 2 Abs. 1 Rz. 158; *H. Ehmann*, JuS 1997, 197; *Geis*, JZ 1991, 113; *Hillgruber*, in: Umbach/Clemens (Hrsg.), Grundgesetz, Bd. I, Art. 2 I Rz. 90 ff.; *Jarass*, NJW 1989, 861; *Kunig*, in: v. Münch/Kunig (Hrsg.), GGK I, Art. 2 Rz. 43; *Sachs*, Verfassungsrecht II Grundrechte, B 2 Rz. 64; *Schmitt Glaeser*, in: Isensee/Kirchhof (Hrsg.), HdbStR VI, § 129 Rz. 16 a. E., 34; *Wintrich*, BayVBl. 1957, 140. Dabei wird oft der unantastbare Kernbereich mit der Intimsphäre gleichgesetzt, vgl. *Jarass*, in: Jarass/Pieroth, Grundgesetz, Art. 2 Rz. 47; *Krauss*, in: Lackner/Leferenz/Schmidt/Welp/Wolff (Hrsg.), FS für Wilhelm Gallas, S. 378 ff.; *Pieroth/Schlink*, Grundrechte Staatsrecht II, Rz. 376; *Rohlf*, Der grundrechtliche Schutz der Privatsphäre, S. 76; *W. Schmidt*, JZ 1974, 243. Dies wird z. T. kritisiert, vgl. *v. Arnauld*, ZUM 1996, 290; *Störmer*, Jura 1991, 20. Im Ergebnis wird aber auch hier ein unantastbarer Bereich privater Lebensgestaltung (Kernbereich) anerkannt.

[286] *C. Mallmann*, Datenschutz in Verwaltungs-Informationssystemen, S. 57 f., 70; *Meister*, DuD 1984, 163 f.; *Roßnagel*, KJ 1990, 280 f.

[287] *C. Mallmann*, aaO, S. 56. Zu den Einflüssen durch die BGH-Rechtsprechung vgl. oben S. 42 f.

[288] Genannt werden in diesem Zusammenhang auch die sog. Rollentheorie und die Kommunikationstheorie, vgl. dazu die Hinweise bei *Duttge*, Der Staat Bd. 36 (1997), S. 299 f.

[289] *Duttge*, aaO, S. 304; *Schmitt Glaeser*, in: Isensee/Kirchhof (Hrsg.), HdbStR VI, § 129 Rz. 16.

aa) Regelungsfeindlichkeit des Schutzgegenstandes

W. Schmidt argumentiert mit der Regelungsfeindlichkeit des allgemeinen Persönlichkeitsrechts. Denn hier stünden der einzelne und seine Selbstverwirklichung im Vordergrund. Auf Grund der Relativität des Verständnisses von Selbstverwirklichung im Hinblick auf Ort, Zeit und jeweiligen Grundrechtsträger läßt sich ein auf die Selbstverwirklichung des einzelnen bezogener Schutzbereich wie der des allgemeinen Persönlichkeitsrechts nicht abschließend positiv, sondern allenfalls ausgrenzend negativ, jedenfalls aber immer nur unvollständig im Wandel der Zeit beschreiben.[290] Im Ergebnis erlaubt der an Art. 1 Abs. 1 GG und damit in ganz besonderer Weise am Menschen orientierte Schutzgegenstand keine Definition des Gewährleistungsbereichs.[291]

bb) Lückenlosigkeit und Entwicklungsoffenheit des Grundrechtsschutzes

Als Sitz unbenannter Freiheitsrechte muß darüber hinaus gerade Art. 2 Abs. 1 GG entwicklungsoffen bleiben.[292] Die Auffangfunktion und der umfassende Grundrechtsschutz verlangen nach einer Lückenlosigkeit des Grundrechtsschutzes.[293] Umfassend in diesem Sinne ist der Grundrechtsschutz aber nur dann, wenn er auch in Zukunft Abwehrmöglichkeiten für neue Entwicklungen und neue Gefährdungssituationen bereithält.[294] Die Sensibilität für neue Gefährdungen hat der Herausbildung des Rechts auf informationelle Selbstbestimmung gedient. Das Persönlichkeitsrecht ist damit ein entwicklungsbezogener und -abhängiger Rechtsbegriff, der eine abschließende Definition nicht zuläßt.[295]

2. Für das informationelle Selbstbestimmungsrecht maßgebliche Schutzbereichskonkretisierungen

Die Konturen des Schutzbereichs wurden und werden maßgeblich durch die Rechtsprechung des Bundesverfassungsgerichts geformt. So gelingt zwar keine abschließende Definition des Schutzgutes, aber immerhin läßt die umfangreiche Kasuistik

---

[290] *W. Schmidt*, in: Faber/Frank (Hrsg.), FS für Ekkehart Stein, S. 101 f.
[291] So im Ergebnis auch *Schmitt Glaeser*, in: Isensee/Kirchhof (Hrsg.), HdbStR VI, § 129 Rz. 10, der insoweit auf die „prismatische Vielfältigkeit des Schutzgutes" verweist.
[292] BVerfGE 54, 148 (153 f.); 72, 155 (170); 95, 220 (241).
[293] *Bethge*, Der Staat Bd. 24 (1985), S. 360; *Dürig*, JZ 1957, 170; *Schmitt Glaeser*, in: Isensee/Kirchhof (Hrsg.), HdbStR VI, § 129 Rz. 6. Im Ergebnis sind freilich auch „Lücken" im Freiheitsschutz des Grundgesetzes insoweit vorhanden, als Schutzbereichsbegrenzungen einzelner Freiheitsgrundrechte konkreten Grundrechtsschutz verhindern, ohne daß in diesen Fällen noch auf Art. 2 Abs. 1 GG zurückgegriffen werden könnte, vgl. *Erichsen*, in: Isensee/Kirchhof (Hrsg.), HdbStR VI, § 152 Rz. 26; *Krebs*, Vorbehalt des Gesetzes und Grundrechte, S. 39 ff. Diese Erkenntnis steht indes nicht in Widerspruch zu dem Verständnis eines lückenlosen Grundrechtsschutzes, wenn man diesen von vornherein nur als einen solchen begriffen, der alle von der verfassungsrechtlichen Werteordnung gebilligten Freiheitsbetätigungen erfaßt, vgl. *Bethge*, Verfassungsrecht, S. 130.
[294] *Bethge*, Verfassungsrecht, S. 130 f.
[295] BVerfGE 54, 148 (153 f.); *Schmitt Glaeser*, in: Isensee/Kirchhof (Hrsg.), HdbStR VI, § 129 Rz. 11, 13.

punktuelle Konkretisierungen zu, die den Charakter des Schutzbereiches verdeutlichen.[296]

In der Literatur wird dabei immer wieder versucht, über eine Bildung von Fallgruppen bzw. Standards den Schutzbereich des allgemeinen Persönlichkeitsrechts griffig zu machen. Dabei werden oft für die vom Bundesverfassungsgericht entschiedenen Fälle Oberbegriffe gebildet, denen die gerichtlichen Exemplifizierungen zugeordnet werden.[297]

a) Uneinheitlichkeit der Systematisierung

Die Systematisierung erfolgt jedoch sehr uneinheitlich. So wird zum Teil an die Formulierung des Bundesverfassungsgerichts angeknüpft, wonach der Schutz der engeren persönlichen Lebenssphäre und ihrer Grundbedingungen bereits zwei wesentliche Oberbegriffe vorgeben soll.[298] Andere Autoren beschränken sich auf ebenfalls zwei Schutzrichtungen, wonach das allgemeine Persönlichkeitsrecht statische und aktive Elemente enthalte.[299] Daneben findet sich eine spezifiziertere Kategorisierung, für die weit mehr als nur zwei Oberbegriffe kreiert worden sind.[300] Zuletzt gibt es Autoren, die schlicht die bisher entschiedenen Fälle enumerativ aneinanderreihen, ohne inhaltliche Brücken zwischen den Entscheidungen zu schlagen.[301]

b) Für das informationelle Selbstbestimmungsrecht maßgebliche Schutzrichtungen

Im Rahmen der vorliegenden Untersuchung sollen nur diejenigen Aspekte offengelegt werden, die allen Ausprägungen des allgemeinen Persönlichkeitsrechts gemeinsam und daher für die grundlegende Entscheidung zum informationellen Selbstbestimmungsrecht maßgeblich sind.[302]

---

[296] *Schmitt Glaeser*, aaO, § 129 Rz. 25.

[297] *Di Fabio*, in: Maunz/Dürig, Grundgesetz, Bd. I, Art. 2 Abs. 1 Rz. 148 m. w. N.

[298] Vgl. *Degenhart*, JuS 1992, 366; *Di Fabio*, aaO, Art. 2 Abs. 1 Rz. 147 f.

[299] *Duttge*, Der Staat Bd. 36 (1997), S. 304; *Höfelmann*, Das Grundrecht auf informationelle Selbstbestimmung anhand der Ausgestaltung des Datenschutzrechts und der Grundrechtsnormen der Landesverfassungen, S. 45; *Jarass*, NJW 1989, 859; *W. Schmidt*, JZ 1974, 244; *Schmitt Glaeser*, in: Isensee/Kirchhof (Hrsg.), HdbStR VI, § 129 Rz. 30 ff.; *Wolter*, ZStW Bd. 107 (1995), S. 799.

[300] So *H. Dreier*, in: Dreier (Hrsg.), Grundgesetz-Kommentar, Bd. I, Art. 2 I Rz. 69; *H. Ehmann*, JuS 1997, 197 ff.; *Jarass*, NJW 1989, 858 f.; *Koppernock*, Das Grundrecht auf bioethische Selbstbestimmung, S. 38 ff.; *Murswiek*, in: Sachs (Hrsg.), Grundgesetz, Art. 2 Rz. 68 ff.

[301] *Kunig*, in: v. Münch/Kunig (Hrsg.), GGK I, Art. 2 Rz. 32 ff.; *Starck*, in: v. Mangoldt/Klein/Starck, GG I, Art. 2 Abs. 1 Rz. 84 ff. Einen guten Überblick über die bisher vom Bundesverfassungsgericht behandelten Einzelaspekte des allgemeinen Persönlichkeitsrechts bietet *Sachs*, Verfassungsrecht II Grundrechte, B 2 Rz. 52 f.

[302] *Hufen*, in: Badura/Dreier (Hrsg.), FS 50 Jahre Bundesverfassungsgericht, Bd. II, S. 106, spricht insoweit zu Recht von einer fallübergreifenden Methodik des Bundesverfassungsgerichts, die dem allgemeinen Persönlichkeitsrecht eigene dogmatische Konturen verliehen hat.

aa) Der Schutz des Persönlichkeitskerns

Der Schutz eines unantastbaren Persönlichkeitskerns war von Anfang an in der Rechtsprechung zum allgemeinen Persönlichkeitsrecht der Ausgangspunkt jeder Grundrechtsprüfung.[303] Dabei nimmt das Bundesverfassungsgericht die Abgrenzung des unantastbaren Kerns bereits auf der Schutzbereichsebene vor.[304] Dieses Vorgehen ist konsequent, da eine Abwägung am Maßstab des Verhältnismäßigkeitsgrundsatzes erst möglich ist, wenn feststeht, daß eine Verletzung des Kernbereichs ausscheidet.[305]

Die abstrakte Abgrenzung des unantastbaren Persönlichkeitskerns von den beschränkbaren Bereichen des allgemeinen Persönlichkeitsrechts bereitet erhebliche Schwierigkeiten.[306] Eine griffige Definition für den absolut geschützten Kernbereich gibt es nicht.[307] Daher ist eine für die Praxis unangenehme „Unschärfe" dieses Kernbereichs als notwendige Folge eines abstrakt nicht definierbaren Menschenwürdebegriffs hinzunehmen.[308] Die Darstellung typischer Anwendungsfälle in Verbindung mit der Kasuistik der Verletzungstatbestände kann dennoch hinlänglich Klarheit darüber geben, was mit dem absolut geschützten Kernbereich des allgemeinen Persönlichkeitsrechts gemeint ist.[309] Wie beim allgemeinen Persönlichkeitsrecht insgesamt kann also auch hier die Frage, ob der Kernbereich betroffen ist, nur „befriedigend von Fall zu Fall unter Berücksichtigung seiner Besonderheiten beantwortet werden".[310] Sicher ist insoweit lediglich, daß der absolut geschützte Bereich die innerste Sphäre der Persönlichkeit erfaßt, die keinen oder nur einen schwachen sozialen Bezug aufweist. Die Entscheidung, ob der absolut geschützte Sektor betroffen ist, hängt also von der Intensität des Sozialbezugs und den Besonderheiten des Einzelfalles ab.[311] Fest steht, daß der

---

[303] Die Anerkennung eines absolut geschützten Kernbereichs des Art. 2 Abs. 1 GG durch die Rechtsprechung des Bundesverfassungsgerichts erfolgte schon weit vor der Billigung des allgemeinen Persönlichkeitsrechts als verfassungsrechtlichem Institut, vgl. BVerfGE 6, 32 (41); 6, 389 (433).

[304] Vgl. BVerfGE 27, 1 (6); 103, 21 (31); st. Rspr.

[305] *R. Schmidt*, Jura 1993, 595.

[306] *Hillgruber*, in: Umbach/Clemens (Hrsg.), Grundgesetz, Bd. I, Art. 2 I Rz. 91, spricht insoweit von einer noch unerfüllten Aufgabe für die Grundrechtsdogmatik.

[307] Daraus zieht *H. Ehmann* sogar den - überzogenen - Schluß, daß es einen absolut unantastbaren Innenraum der Persönlichkeit gar nicht gibt, *H. Ehmann*, AcP Bd. 188 (1988), S. 235 f. Nur weil es bisher keine griffigen Abgrenzungskriterien gibt, darf man jedoch den notwendigen absolut geschützten Freiheitsraum des einzelnen nicht aufgeben.

[308] *V. Arnauld*, ZUM 1996, 290; *Pieroth/Schlink*, Grundrechte Staatsrecht II, Rz. 376; *Plagemann*, NStZ 1987, 570 f. An der Tatsache, daß eine solche Unbestimmtheit des Kernbereichs besteht, ändert auch die Kritik von *Geis*, JZ 1991, 115, nichts, der diese Feststellung als unstatthaften Rückzug in die Resignation bezeichnet.

[309] An dieser Stelle sei bezüglich der Kasuistik und der typischen Anwendungsfälle auf die gute Zusammenschau bei *Starck*, in: v. Mangoldt/Klein/Starck, GG I, Art. 1 Abs. 1 Rz. 16, 39 ff., verwiesen. Den von *Starck* vorgezeichneten Weg schlägt letztlich auch *Geis*, JZ 1991, 112 ff., ein, wenn er anhand der Judikatur des Bundesverfassungsgerichts den Kernbereich des Persönlichkeitsrechts zu bestimmen versucht. Vgl. dazu auch *Pieroth/Schlink*, Grundrechte Staatsrecht II, Rz. 361.

[310] BVerfGE 34, 238 (248).

[311] BVerfGE 6, 389 (433); 35, 202 (220); Vor allem seit der sog. Tagebuchentscheidung ist die Intensität des Sozialbezugs maßgebliches Abgrenzungskriterium, vgl. BVerfGE 80, 367 (374). Zu Recht wird jedoch darauf hingewiesen, daß mit den genannten Kriterien das Abgrenzungsproblem noch nicht gelöst ist, vgl. *Hillgruber*, in: Umbach/Clemens (Hrsg.), Grundgesetz, Bd. I, Art. 2 I Rz. 91.

grundlegende Gedanke der freien Entfaltung der Persönlichkeit des einzelnen einen unantastbaren Bereich privater Lebensgestaltung erfordert.[312]

bb) Die Betonung des Selbstbestimmungsgedankens

Schon zeitlich weit vor der Anerkennung des allgemeinen Persönlichkeitsrechts betonte das Bundesverfassungsgericht den Selbstbestimmungsgedanken als eines der obersten Prinzipien der verfassungsrechtlichen Wertordnung.[313]

aaa) Anerkennung eines sphärenbezogenen Selbstbestimmungsrechts

Jedenfalls seit dem sog. „Mikrozensus-Beschluß" des Bundesverfassungsgerichts entwickelte sich der schon in der BGH-Rechtsprechung zentrale[314] Selbstbestimmungsgedanke zum prägenden Element auch des verfassungsrechtlichen Persönlichkeitsschutzes.[315] Angefangen von einem Selbstbestimmungsrecht im innersten Lebensbereich[316] über ein Recht am gesprochenen Wort, wonach jeder grundsätzlich selbst bestimmen darf, wer sein Wort aufnimmt sowie ob und wer ein aufgenommenes Wort wieder abspielen darf[317], bildete sich ein allgemeines Selbstbestimmungsrecht über den Inhalt der Darstellung der eigenen Person heraus.[318] Zunächst wurde dieses Recht aber in verschiedenen Entscheidungen auf die der Sphärenlehre entspringenden, grundsätzlich geschützten Ebenen der Intim- und der Privatsphäre beschränkt.

So wurde der Persönlichkeitsschutz unter Betonung des Selbstbestimmungsrechts des einzelnen für vertrauliche Daten aus einer Patientenkartei[319], für Informationen aus einer heimlichen Tonbandaufnahme[320] und für Informationen aus Ehescheidungsakten[321] grundsätzlich anerkannt. Aber auch in Fällen, in denen ein Bereich privater Lebensgestaltung nicht eindeutig festgestellt werden konnte, ließ das Bundesverfassungsgericht einen Schutz des Selbstbestimmungsrechts nur unter Berufung auf die private Sphäre zu.[322] Zwar definierte das Gericht selbst sowohl in der sog. „Soraya-Entscheidung" als auch in der sog. „Lebach-Entscheidung" das Selbstbestimmungsrecht als das Verfügungsrecht darüber, „ob und wieweit andere (ein) Lebensbild im

---

[312] Vgl. insoweit zuletzt BVerfGE 109, 279 (311 ff.) - Großer Lauschangriff.
[313] BVerfGE 2, 1 (12 f.); 5, 85 (204 ff.); 6, 32 (40): Das Bundesverfassungsgericht spricht hier von Selbstverantwortlichkeit.
[314] Vgl. oben S. 42 f.
[315] BVerfGE 27, 1 ff.
[316] BVerfGE 27, 1 (7).
[317] BVerfGE 34, 238 (246).
[318] Um das Selbstbestimmungsrecht über den Inhalt der Darstellung der eigenen Person ging es anfangs vor allem in BVerfGE 34, 269 ff. - Soraya; 35, 202 ff. - Lebach; 54, 148 ff. - Eppler; 54, 208 ff. - Böll/Walden.
[319] BVerfGE 32, 373 ff.
[320] BVerfGE 34, 238 ff.
[321] BVerfGE 27, 344 ff.; 34, 205 ff.
[322] BVerfGE 34, 269 (283 f.); 35, 202 (220, 243 f.).

ganzen oder bestimmte Vorgänge aus (einem) Leben öffentlich darstellen dürfen".[323] Obwohl es der Sache nach bereits um die Frage der Selbstdarstellung in der Öffentlichkeit ging, ordnete das Bundesverfassungsgericht sowohl den Sachverhalt über das erfundene Interview über die Kaiserin Soraya als auch die Fernsehsendung über das Leben des Soldatenmörders von Lebach dem Schutz der Privatsphäre zu.[324] Daß das Gericht in dieser Zeit noch am Sphärenbegriff festhielt, wird deutlich, wenn es an anderer Stelle explizit den (sphärenbezogenen) Schutz verneint, sobald die Privatsphäre verlassen ist.[325]

bbb) Die Privatheit als Schutzgut

Schutzgut des allgemeinen Persönlichkeitsrechts blieb am Anfang die Privatheit. Nur Informationen aus der Privatsphäre waren tauglich für die Begründung des Schutzbereichs.[326]

cc) Die Entwicklung eines umfassenden Selbstbestimmungs- und Selbstdarstellungsrechts

Eine grundlegende Neubestimmung des Persönlichkeitsrechts als des generellen Selbstbestimmungsrechts des einzelnen über seine Darstellung in der Gesellschaft erfolgte im sog. „Eppler-Beschluß" des Bundesverfassungsgerichts. Hier wurde erneut der Tatbestand des Unterschiebens nicht getaner Äußerungen als Persönlichkeitsverletzung untersucht.[327]

aaa) Die Abkehr von der reinen Sphärentheorie

Auffällig an dieser Entscheidung von 1980 ist nicht nur, daß sie das erste Mal explizit den Blick auf neuartige Gefährdungen des Persönlichkeitsrechts richtet: Die Notwendigkeit des Persönlichkeitsschutzes wird vor allem unter Berücksichtigung der modernen Entwicklungen und der mit ihnen verbundenen neuen Gefährdungen für den Schutz der menschlichen Persönlichkeit begründet. Parallelen zur Motivlage für die Anerkennung des Rechts auf informationelle Selbstbestimmung sind unverkennbar.[328]

---

[323] BVerfGE 35, 202 (220). Die in Klammern gesetzten Passagen weichen vom ursprünglichen Wortlaut des Urteils („sein", „seinem") ab.

[324] BVerfGE 34, 269 (283 f.): „Schutzbedürfnis der privaten Sphäre", „Schutz der Privatsphäre"; BVerfGE 35, 202 (244): „Bereich privater Lebensgestaltung".

[325] BVerfGE 34, 238 (247).

[326] *Schmitt Glaeser*, in: Isensee/Kirchhof (Hrsg.), HdbStR VI, § 129 Rz. 43. So im Ergebnis auch *Vogelgesang*, Grundrecht auf informationelle Selbstbestimmung?, S. 49.

[327] BVerfGE 54, 148 (153 ff.). Die Signalwirkung des „Eppler-Beschlusses" für die Rechtsprechung des Bundesverfassungsgerichts zum Persönlichkeitsrecht ist heute anerkannt, vgl. *Benda*, DuD 1984, 88; *Höfelmann*, Das Grundrecht auf informationelle Selbstbestimmung anhand der Ausgestaltung des Datenschutzrechts und der Grundrechtsnormen der Landesverfassungen, S. 44 f.; *Vogelgesang*, Grundrecht auf informationelle Selbstbestimmung?, S. 47; *Wanckel*, Persönlichkeitsschutz in der Informationsgesellschaft, S. 100.

[328] Vgl. BVerfGE 54, 148 (153) mit BVerfGE 65, 1 (41 ff.). Auf diese neue Blickrichtung weist explizit *Benda*, aaO, hin.

Das für den Schutzbereich eigentlich Neuartige ist die Anerkennung eines umfassenden Selbstbestimmungsrechts als zentrales Element des Persönlichkeitsrechts, welches auf die bis dahin klassischen Stufen der Sphärenlehre nicht mehr beschränkt ist.[329] Der einzelne soll jetzt „ohne Beschränkung auf die Privatsphäre (...) grundsätzlich selbst entscheiden können, wie er sich Dritten oder der Öffentlichkeit gegenüber darstellen will, ob und inwieweit von Dritten über seine Persönlichkeit verfügt werden kann (...). Im Zusammenhang hiermit kann es nur Sache der einzelnen Person selbst sein, über das zu bestimmen, was ihren sozialen Geltungsanspruch ausmachen soll".[330] Auch wenn das Gericht mit diesen Ausführungen immer noch auf der Grundlage der Sphärenlehre argumentiert, indem es untersucht, ob der zu prüfende Sachverhalt der schützenswerten Privatsphäre oder der davon zu trennenden Öffentlichkeitssphäre angehört[331], ist doch ein Aspekt neu: Es hat eindeutig entschieden, daß der zu subsumierende Fall nicht der Privat-, Geheim- oder Intimsphäre des Beschwerdeführers angehört und trotzdem ein Eingriff in das allgemeine Persönlichkeitsrecht angenommen werden kann.[332] Diese Neuformulierung des Schutzbereichs im Sinne eines generellen Selbstdarstellungsrechts hat das Bundesverfassungsgericht bis zum Volkszählungsurteil mehrfach bestätigt.[333]

Jeder soll im Ergebnis das Recht haben, über die persönlichen Angelegenheiten selbst zu bestimmen, unabhängig davon, in welcher Sphäre dieses Recht auf Achtung des sozialen Geltungsanspruchs tangiert ist.[334] Hier sind die Einflüsse der Theorie der autonomen Selbstdarstellung offensichtlich.[335]

bbb) Von der privaten zur personenbezogenen Information als Schutzgut

Insgesamt wurde damit der Schutzbereich des allgemeinen Persönlichkeitsrechts bereits vor dem Volkszählungsurteil erheblich erweitert. Denn mit der Ausweitung des Selbstbestimmungsrechts über die Privatsphäre hinaus hat sich das Schutzgut erheblich vergrößert. Anknüpfungspunkt für die Frage, ob der Schutzbereich eröffnet ist, ist nicht mehr allein die private Information, sondern jede personenbezogene Information. Das Bestimmungsrecht über eigene Äußerungen in der Öffentlichkeit ist letztlich

---

[329] *Vogelgesang*, Grundrecht auf informationelle Selbstbestimmung?, S. 50; *Wanckel*, Persönlichkeitsschutz in der Informationsgesellschaft, S. 100 ff.
[330] BVerfGE 54, 148 (155 f.).
[331] Insoweit ist *Benda* Recht zu geben: Der Eppler-Entscheidung liegt das Konzept der Sphärentheorie immer noch zugrunde, vgl. *Benda*, DuD 1984, 88. Das ändert aber nichts daran, daß im Ergebnis mit der Bejahung des Schutzbereichs des allgemeinen Persönlichkeitsrechts über die bis dahin anerkannten Schutzsphären hinaus neue Maßstäbe gesetzt wurden. Insoweit liegt *Vogelgesang*, Grundrecht auf informationelle Selbstbestimmung?, S. 47 f., schon richtig und befindet sich damit nicht notwendig im Widerspruch zu der Ansicht *Bendas*, vgl. aber *Vogelgesang*, aaO, S. 48 Fn. 59.
[332] BVerfGE 54, 148 (154 ff.).
[333] BVerfGE 54, 208 (217); 63, 131 (142).
[334] *Vogelgesang*, Grundrecht auf informationelle Selbstbestimmung?, S. 49.
[335] Vgl. dazu bereits oben S. 70.

nichts anderes als der Schutz personenbezogener, jedoch nicht zwingend privater Informationen im Sinne der Sphärentheorie.[336]

c) Zwischenergebnis

Das Bundesverfassungsgericht vereint in seinen Entscheidungen die Sphärentheorie und die Theorie der autonomen Selbstdarstellung, die jeweils für sich genommen den Schutzbereich nicht hinreichend überzeugend nachzeichnen können.[337] Dabei betont das Bundesverfassungsgericht heute, daß der einzelne kein umfassendes, ausschließliches Verfügungsrecht über alle ihn betreffenden Informationen haben soll.[338] Indem das Bundesverfassungsgericht beide Modelle aufgreift, beschreibt es den Schutzbereich des allgemeinen Persönlichkeitsrechts als zweischichtige Schutzposition: Zum einen ist ein statisches Interesse des einzelnen, d. h. ein gewisser Rückzugsbereich, schützenswert, wofür die Sphärentheorie trotz ihrer Unschärfen ein dankbares Modell anbietet.[339] Am Anfang der Entscheidungen wird deshalb durchwegs die Abschirmung eines unantastbaren Kernbereichs der Persönlichkeit betont. Gleichzeitig machte das Bundesverfassungsgericht schon vor dem Volkszählungsurteil in seinen Entscheidungen deutlich, daß ein umfassender Persönlichkeitsschutz nicht auf räumlich abtrennbare Sphären beschränkt werden kann, wenn man den modernen, v. a. technikbedingten Entwicklungen der Gesellschaft gerecht werden will.[340] Deswegen

---

[336] *Schmitt Glaeser*, in: Isensee/Kirchhof (Hrsg.), HdbStR VI, § 129 Rz. 43; *Vogelgesang*, Grundrecht auf informationelle Selbstbestimmung?, S. 49; *Wanckel*, Persönlichkeitsschutz in der Informationsgesellschaft, S. 136.

[337] *Duttge*, Der Staat Bd. 36 (1997), S. 304; *Höfelmann*, Das Grundrecht auf informationelle Selbstbestimmung anhand der Ausgestaltung des Datenschutzrechts und der Grundrechtsnormen der Landesverfassungen, S. 44 f.; *Schmitt Glaeser*, in: Isensee/Kirchhof (Hrsg.), HdbStR VI, § 129 Rz. 16.

[338] BVerfGE 65, 1 (43 f.); BVerfG NJW 1989, 3269 (3269). Deshalb reicht der Schutz des Grundrechts auch nicht so weit, daß dem einzelnen einen Anspruch darauf verliehe, in der Öffentlichkeit nur so dargestellt zu werden, wie er selber es möchte, vgl. BVerfGE 82, 236 (269); 97, 125 (148 f.); 97, 391 (403); 99, 185 (194); 101, 361 (380). Im Ergebnis korrigiert das Gericht damit die Schwächen des Selbstdarstellungskonzepts, welche die Kritiker in der einseitigen Betonung der privaten Schutzinteressen sehen, vgl. *Duttge*, Der Staat Bd. 36 (1997), S. 303; *Ernst*, Verarbeitung und Zweckbindung von Informationen im Strafprozeß, S. 55; *Loschelder*, Der Staat Bd. 20 (1981), S. 360; *Schmitt Glaeser*, in: Isensee/Kirchhof (Hrsg.), HdbStR VI, § 129 Rz. 15; *Vogelgesang*, Grundrecht auf informationelle Selbstbestimmung?, S. 134, 256.

[339] *Duttge*, Der Staat Bd. 36 (1997), S. 304; *ders.*, Der Begriff der Zwangsmaßnahme im Strafprozeßrecht, S. 170 ff.

[340] BVerfGE 54, 148 (153 ff.). Im Ergebnis trägt damit das Gericht auch den Schwächen der Sphärentheorie Rechnung, die vor allem in der Unschärfe der voneinander abzugrenzenden schutzwürdigen Sphären und der grundsätzlich ungeschützten öffentlichen Bereiche bestehen. Dieser Entscheidung kann man jedoch nicht entnehmen, daß das Gericht den Sphärenschutz aufgegeben hätte. Vielmehr läßt es daneben einen über die bisher anerkannten Sphären hinausgehenden Schutz zu. Hier wurde und wird vor allem unter dem Stichwort der „Relativität der Privatsphäre" Kritik geübt, vgl. *H. Ehmann*, AcP Bd. 188 (1988), S. 235 f.; *Kleb-Braun*, CR 1990, 344 ff.; *Kunig*, Jura 1993, 602; *R. Schmidt*, Jura 1993, 591 ff.; *W. Schmidt*, JZ 1974, 243 f.; *Schmitt Glaeser*, in: Isensee/Kirchhof (Hrsg.), HdbStR VI, § 129 Rz. 15; *Störmer*, Jura 1991, 19. *Duttge*, aaO, räumt zwar ebenfalls Unschärfen des Sphärenmodells bei der Abgrenzung der einzelnen Schutzsphären ein, hält aber die Sphärentheorie insgesamt für ein taugliches Modell. Ebenso für die Sphärentheorie als grundsätzlich brauchbares Modell zur Bildung fallübergreifender Strukturen: *Geis*, JZ 1991, 113.

betonte es das Interesse und die Notwendigkeit, sich selbst in der Öffentlichkeit darzustellen und dieses soziale Abbild zu sichern. Die Rede ist von einer insoweit eher aktiven Komponente des allgemeinen Persönlichkeitsrechts, nämlich von dem Recht auf Selbstdarstellung, das neben dem Schutz der Intim- und Privatsphäre auch die zentralen Voraussetzungen für das Tätigwerden einer Person in der Öffentlichkeit sichern soll.[341]

Das Bundesverfassungsgericht bildete somit auf der Ebene des Schutzbereichs schon im Vorfeld der Anerkennung des informationellen Selbstbestimmungsrechts zwei den verschiedenen Fallgruppen[342] gemeinsame Standards heraus, die einem umfassenden Datenschutz den Weg bereiteten. Erst beide Komponenten zusammen vermögen den einzelnen in seiner gesamten Persönlichkeit zu schützen.[343]

3. Der Schutzbereich des Rechts auf informationelle Selbstbestimmung

Das Bundesverfassungsgericht hat im Volkszählungsurteil vom 15. Dezember 1983 in der Tradition der Vorgängerentscheidungen zum allgemeinen Persönlichkeitsrecht den Gedanken der Selbstbestimmung und Selbstdarstellung aufgegriffen. Ausgangspunkt der Überlegungen ist die „Befugnis des Einzelnen, grundsätzlich selbst zu entscheiden, wann und innerhalb welcher Grenzen persönliche Lebenssachverhalte offenbart werden".[344] Das informationelle Selbstbestimmungsrecht, verstanden als ein Bestimmungsrecht *über* die eigenen persönlichen Daten[345], hat das Gericht mit Rücksicht auf die Informationstechnologie bereichsspezifisch formuliert.[346] Es beinhaltet „die Be-

---

[341] *Duttge*, Der Begriff der Zwangsmaßnahme im Strafprozeßrecht, S. 183 ff.; *Schickedanz*, BayVBl. 1984, 708.
[342] Einen guten Überblick über die bisher vom Bundesverfassungsgericht behandelten Fallgruppen des allgemeinen Persönlichkeitsrechts bietet *Sachs*, Verfassungsrecht II Grundrechte, B 2 Rz. 52 f.
[343] *Wolter*, ZStW Bd. 107 (1995), S. 799. Ebenso kombinieren einen engen, nach innen wirkenden Persönlichkeitsbereich („individuelle Identität") und eine weite, nach außen wirkende Selbstdarstellungskomponente („soziale Identität"): *Höfelmann*, Das Grundrecht auf informationelle Selbstbestimmung anhand der Ausgestaltung des Datenschutzrechts und der Grundrechtsnormen der Landesverfassungen, S. 45, 53; *Jarass*, NJW 1989, 859; *Schmitt Glaeser*, in: Isensee/Kirchhof (Hrsg.), HdbStR VI, § 129 Rz. 30 ff.
[344] BVerfGE 65, 1 (42); 80, 367 (373); 96, 171 (181); 103, 21 (33). Mit dieser Formulierung knüpft das Gericht explizit an zeitlich frühere Aussagen zum Selbstbestimmungsrecht im Rahmen des Persönlichkeitsschutzes an, vgl. die Verweise in BVerfGE 65, 1 (42), z. B. auch auf BVerfGE 35, 202 (220).
[345] *Vogelgesang*, Grundrecht auf informationelle Selbstbestimmung?, S. 52. An anderer Stelle macht *Vogelgesang* noch deutlicher, daß mit dem informationellen Selbstbestimmungsrecht nicht ein Recht *auf* freie Information gemeint sein kann, sondern nur ein Recht *über* die Information, vgl. *Vogelgesang*, ebda, S. 23 f. Das entscheidende Kriterium für dieses Recht ist demnach das Bestimmungsrecht über die Individualinformation, wo-raus sich mittelbar auch die Befugnis ergibt, den Inhalt der Information und den jeweiligen Kommunikationspartner zu bestimmen, vgl. in diesem Sinne *Steinmüller/Lutterbeck/C. Mallmann u. a.*, Grundfragen des Datenschutzes, BT-Drucks. VI/3826, S. 88.
[346] *Simitis*, NJW 1984, 399; *Vogelgesang*, Grundrecht auf informationelle Selbstbestimmung?, S. 52.

fugnis des Einzelnen, grundsätzlich selbst über die Preisgabe und Verwendung seiner persönlichen Daten zu bestimmen."[347]
Die Rechtsprechung des Bundesverfassungsgerichts führte damit zu einer Schutz(bereichs)verstärkung, die über das allgemeine Profil des Persönlichkeitsschutzes hinausweist.[348] Nach Ansicht des Gerichts bedarf nämlich das Selbstbestimmungsrecht „unter den heutigen und künftigen Bedingungen der automatischen Datenverarbeitung in besonderem Maße des Schutzes".[349] Die Spezifika des informationellen Selbstbestimmungsrechts können freilich nur vor dem rechtlichen und gesellschaftlichen Hintergrund verstanden werden, der zu seiner Herausbildung geführt hat.[350]

a) (Hinter-)Gründe für die Anerkennung des informationellen Selbstbestimmungsrechts in der Volkszählungsentscheidung

Das Bundesverfassungsgericht beschränkte sich im Volkszählungsurteil nicht darauf, ausschließlich über den konkreten Streitgegenstand, das Volkszählungsgesetz aus dem Jahr 1982[351], zu entscheiden. Vielmehr hat der Erste Senat seinen Ausführungen über die Grundrechtskonformität des Volkszählungsgesetzes bewußt allgemeine programmatische Aussagen vorangestellt.[352] Diese allgemeinen Reflexionen über den Datenschutz waren eine Vorstufe der Überlegungen, die zur Klärung des konkreten Streitgegenstandes nötig waren.[353] Sie enthielten zugleich Reaktionen auf gesellschaftliche Vorbehalte gegenüber der Datenverarbeitungstechnologie sowie auf Fragestellungen nach der verfassungsrechtlichen Grundlage des Datenschutzes.

---

[347] BVerfGE 65, 1 (43); 78, 77 (84); 84, 192 (194).
[348] *Höfelmann*, Das Grundrecht auf informationelle Selbstbestimmung anhand der Ausgestaltung des Datenschutzrechts und der Grundrechtsnormen der Landesverfassungen, S. 51. *Schmitt Glaeser*, aaO, spricht lediglich von einer „gewisse(n) selbständige(n) Bedeutung", die das informationelle Selbstbestimmungsrecht erlangt hat. Andere Stimmen in der Literatur gehen dagegen weiter und sehen im informationellen Selbstbestimmungsrecht nicht nur eine bloße Schutzbereichserweiterung des allgemeinen Persönlichkeitsrechts, sondern wollen darin gar ein „aliud" gegenüber letzterem erkennen, vgl. *Fiedler*, CR 1989, 131; ähnlich auch *Gallwas*, NJW 1992, 2786 f.
Im Ergebnis herrscht jedenfalls Einigkeit darüber, daß es eigenständige Konturen des informationellen Selbstbestimmungsrechts gibt, die es gegenüber den anderen Ausprägungen des allgemeinen Persönlichkeitsrecht herauszuarbeiten gilt.
[349] BVerfGE 65, 1 (42).
[350] *Vogelgesang*, Grundrecht auf informationelle Selbstbestimmung?, S. 27.
[351] Gesetz über eine Volks-, Berufs-, Wohnungs- und Arbeitsstättenzählung vom 25. März 1982, BGBl. I, S. 369.
[352] Vgl. BVerfGE 65, 1 (41 ff.). Vgl. dazu *Bäumler*, JR 1984, 361; *Simitis*, KritV Bd. 83 (2000), S. 361; *ders.*, in: Simitis (Hrsg.), Bundesdatenschutzgesetz, Einleitung Rz. 29; *Vogelgesang*, Grundrecht auf informationelle Selbstbestimmung?, S. 51.
[353] *Simitis*, NJW 1984, 399, weist freilich zu Recht darauf hin, daß sie gleichzeitig die Basis für den konkreten Rechtsstreit um das Volkszählungsgesetz bildeten.

aa) Gesellschaftliche Motive

Die fortschreitende Informationstechnologie[354] mit der Möglichkeit umfassender elektronischer Datenverarbeitung[355] prägte spätestens seit 1970, als die Intel Corporation den ersten Mikroprozessor[356] baute, den gesamten gesellschaftlichen Bereich. Der Einzug der Informationstechnologie in die öffentliche Verwaltung brachte erhebliche Vorteile für ein effizientes Staatshandeln mit sich.[357] Neben einem erleichterten Datenaustausch zwischen verschiedenen datenverarbeitenden Instanzen und dem Vorteil riesiger Speicherkapazitäten ermöglicht eine dezentrale Datenfernverarbeitung die Verfügbarkeit bestehender Datensätze jederzeit und an jedem beliebigen Ort. Die Faktoren Raum und Zeit sowie die begrenzte menschliche Aufnahmefähigkeit spielen so kaum noch eine Rolle.[358]

aaa) Gefährdungspotential der EDV

Das Gefährdungspotential der EDV rückte nach und nach immer stärker ins Bewußtsein der Bürger.[359] So weckte die unbegrenzte Speicherbarkeit und jederzeitige Abrufbarkeit persönlicher Daten Vorbehalte gegenüber einer für den einzelnen nicht mehr durchschaubaren Technologie. Darüber hinaus entstand die Befürchtung, personenbezogene Daten könnten mit anderen Datensätzen zu weitgehend vollständigen Persönlichkeitsbildern zusammengefügt werden, ohne daß der einzelne die Datenverwendung, geschweige denn die Richtigkeit der Daten kontrollieren kann.[360] Insgesamt ging es schlichtweg um die Angst des einzelnen, die Verfügungsgewalt über die ihn betreffenden Informationen zu verlieren.[361] Diese Angst ist nicht unbegründet, wenn man bedenkt, daß mit der dezentralen Datenverarbeitung der konkrete räumliche Schutzbereich aufgehört hat, das alleinige Zentrum des Privatlebens zu sein.[362] Das Gefähr-

---

[354] *Balkhausen* spricht bzgl. der Einführung der modernen Informationstechnologien von der sog. „dritten industriellen Revolution", *Balkhausen*, Die dritte industrielle Revolution, S. 13 f.

[355] Abgekürzt „EDV".

[356] Standardisierter Baustein eines Mikrocomputers, der Rechen- und Steuerfunktion in sich vereint, vgl. Duden, Band 5, Fremdwörterbuch.

[357] Auf die Vorteile weist *Höfelmann*, Das Grundrecht auf informationelle Selbstbestimmung anhand der Ausgestaltung des Datenschutzrechts und der Grundrechtsnormen der Landesverfassungen, S. 46 m. w. N., hin.

[358] *Steinmüller/Lutterbeck/C. Mallmann u. a.*, Grundfragen des Datenschutzes, BT-Drucks. VI/3826, S. 38.

[359] Auf die spezifischen Gefahren durch automatisierte Datenverarbeitungsverfahren wurde und wird immer wieder hingewiesen, vgl. *Benda*, in: Leibholz/Faller/Mikat/Reis (Hrsg.), FS für Willi Geiger, S. 24 f., 36 f.; *Höfelmann*, Das Grundrecht auf informationelle Selbstbestimmung anhand der Ausgestaltung des Datenschutzrechts und der Grundrechtsnormen der Landesverfassungen, S. 46 f.; *Hufen*, JZ 1984, 1074; *Schmitt Glaeser*, in: Isensee/Kirchhof (Hrsg.), HdbStR VI, § 129 Rz. 79; *Vogelgesang*, Grundrecht auf informationelle Selbstbestimmung?, S. 29 ff. Sehr ausführlich stellen *Tinnefeld/E. Ehmann*, Einführung in das Datenschutzrecht, S. 14 ff., Chancen und Risiken ausgewählter Datenverarbeitungstechnologien gegenüber.

[360] BVerfGE 65, 1 (42). Vgl. auch *Kunig*, Jura 1993, 596; *Schmitt Glaeser*, in: Isensee/Kirchhof (Hrsg.), HdbStR VI, § 129 Rz. 79.

[361] *Höfelmann*, Das Grundrecht auf informationelle Selbstbestimmung anhand der Ausgestaltung des Datenschutzrechts und der Grundrechtsnormen der Landesverfassungen, S. 46.

[362] *Seidel*, NJW 1970, 1582.

dungspotential der EDV war schon weit vor dem Streit um das Volkszählungsgesetz von 1982 Auslöser reger Datenschutzdiskussionen.[363]

bbb) Die Angst vor einer unkontrollierten Persönlichkeitserfassung

Die allgemeine Skepsis gegenüber der EDV gipfelte in einem „Proteststurm" gegen die 1983 beabsichtigte Volkszählung.[364] Mit der vom Volkszählungsgesetz vorgeschriebenen Totalerhebung wurden die Datenschutzbefürchtungen zu einem kollektiven Erlebnis.[365] Die über die Jahre angestauten Vorbehalte gegenüber einer intransparenten automatischen Datenverarbeitung wurden jetzt mobilisiert.[366]

bb) Lückenhaftigkeit der verfassungsgerichtlichen Rechtsprechung

Zur Unsicherheit in der Gesellschaft gegenüber den aufkommenden Computertechnologien trug auch die Lückenhaftigkeit der verfassungsrechtlichen Rechtsprechung zu diesem Thema bei.[367] Zwar hatte das Bundesverfassungsgericht in vorangegangenen Entscheidungen bereits wichtige Komponenten des informationellen Selbstbestimmungsrechts wie beispielsweise den Gedanken der freien Entfaltung des einzelnen in einem „unantastbaren Bereich privater Lebensgestaltung" herausgearbeitet.[368] Auch die heutige Grundregel des deutschen Datenschutzrechts, wonach personenbezogene Daten nur auf Grund von Gesetzen oder mit der Einwilligung des Betroffenen erhoben und verarbeitet werden dürfen[369], wurde bereits in einem der sog. Scheidungsaktenbeschlüsse des Bundesverfassungsgerichts angesprochen.[370] Dennoch: Von einer *grundsätzlichen* Entscheidungsbefugnis des einzelnen hinsichtlich seiner personenbezogenen Daten war nicht die Rede; alle Entscheidungen, auf die das Bundesverfassungsgericht

---

[363] Beiträge zur Datenschutzdiskussion lieferten bereits in den 70er Jahren z. B. *Benda*, in: Leibholz/Faller/Mikat/Reis (Hrsg.), FS für Willi Geiger, S. 23 ff.; *Eberle*, DÖV 1977, 306 ff.; *Kamlah*, DÖV 1970, 361 ff.; *C. Mallmann*, in: J. Schneider, Datenschutz-Datensicherung, S. 19 ff.; *ders.*, Datenschutz in Verwaltungs-Informationssystemen; *Podlech*, DVR 1 (1972, 1973), 149 ff.; *ders.*, in: Hoffmann/Tietze/Podlech (Hrsg.), Numerierte Bürger, S. 27 ff.; *W. Schmidt*, JZ 1974, 241 ff.; *Schwan*, VerwArch Bd. 66 (1975), S. 120 ff.; *Steinmüller/Lutterbeck/C. Mallmann u. a.*, Grundfragen des Datenschutzes, BT-Drucks. VI/3826, S. 88; *Steinmüller*, in: J. Schneider, Datenschutz-Datensicherung, S. 13 ff.
[364] *R. Baumann*, RDV 1987, 120.
[365] *Simitis*, in: Simitis (Hrsg.), Bundesdatenschutzgesetz, Einleitung Rz. 28.
[366] Beim Bundesverfassungsgericht sind insgesamt 1310 Verfassungsbeschwerden eingegangen, die sich gegen das Volkszählungsgesetz von 1982 richteten, vgl. dazu *Simitis*, KritV Bd. 77 (1994), S. 121.
[367] Diese Lückenhaftigkeit räumt das Bundesverfassungsgericht zu Beginn des Urteils explizit ein, vgl. BVerfGE 65, 1 (4).
[368] Vgl. BVerfGE 27, 1 (6).
[369] Vgl. § 4 Abs. 1 BDSG.
[370] BVerfGE 27, 344 (352). In dem anderen Verfahren über Scheidungsakten wurden diese Grundsätze nicht so deutlich herausgearbeitet, vgl. BVerfGE 34, 205 ff.

in der Volkszählungsentscheidung Bezug nimmt, stellen nur Facetten des Persönlichkeitsschutzes dar, die primär auf „intime" oder „private" Bereiche bezogen sind.[371] Auch für die 1983 schon bestehenden Datenschutzgesetze fehlten einheitliche und umfassende verfassungsrechtliche Vorgaben.

cc) Reaktion des Bundesverfassungsgerichts im Volkszählungsurteil

Das Bundesverfassungsgericht erkannte beides: die grundlegende Veränderung der Informationstechnologie und die damit verbundenen Grundrechtsgefährdungen sowie die Notwendigkeit neuer, jedenfalls umfassender verfassungsrechtlicher Schutzaussagen.[372] Es nahm die Befürchtungen der Bevölkerung ernst und entwickelte allgemeingültige Aussagen zum Datenschutz, die über das konkrete Urteil hinaus den Rahmen für alle künftigen Überlegungen zum Umgang mit personenbezogenen Daten verbindlich absteckten.[373]

Die EDV mit der Möglichkeit umfassender Datenverarbeitung stellt aus Sicht des Bundesverfassungsgerichts eine moderne Entwicklung und eine neue Gefährdung für den Schutz der menschlichen Persönlichkeit im Sinne des Eppler-Beschlusses dar.[374] Als Grundlage eines damit verbundenen Schutzauftrages diente ihm „in erster Linie" das allgemeine Persönlichkeitsrecht.[375] Das war insofern nicht überraschend, als im Vorfeld der Volkszählungsentscheidung in der Literatur immer wieder die Anwendung der Grundaussagen zum allgemeinen Persönlichkeitsrecht auf die Probleme der modernen Datenverarbeitung gefordert worden war.[376] Die EDV und deren Auswirkungen bilden den maßgeblichen Orientierungspunkt bei der Ausgestaltung von Schutzbereich, Eingriff und verfassungsrechtlicher Rechtfertigung von staatlichen Beschränkungen des Rechts auf informationelle Selbstbestimmung. Das Recht auf informationelle Selbstbestimmung wurde unter den Bedingungen der modernen Datenverarbeitung entwickelt.[377] Es ist deswegen nicht mehr primär daten-, sondern hauptsächlich verarbeitungsorientiert.[378]

---

[371] Darauf weist *Kunig*, Jura 1993, 596, treffend hin. Freilich war die Anerkennung der grundsätzlichen Entscheidungsbefugnis des einzelnen hinsichtlich seiner persönlichen Daten vorgezeichnet worden (vgl. dazu oben S. 59 ff.), wenn man z. B. die Aussagen der sog. Eppler-Entscheidung (BVerfGE 54, 148 ff.) berücksichtigt. Hier wurde bereits die grundsätzliche Entscheidungsfreiheit des einzelnen hinsichtlich seiner Darstellung in der Öffentlichkeit postuliert (BVerfGE 54, 148 [155]).

[372] Vgl. BVerfGE 65, 1 (3 f.).

[373] BVerfGE 65, 1 (41 ff.).

[374] BVerfGE 54, 148 (153); 65, 1 (41).

[375] BVerfGE 65, 1 (41).

[376] Vgl. *Hufen*, JZ 1984, 1074 m. w. N. in Fn. 19 und 20; *Simitis*, in: Simitis (Hrsg.), Bundesdatenschutzgesetz, Einleitung Rz. 25. *Simitis* betont in diesem Zusammenhang aber ausdrücklich, daß das Recht auf informationelle Selbstbestimmung nie alleine dem allgemeinen Persönlichkeitsrecht zugeordnet, sondern stets aus „dem regulatorischen Konnex einer Reihe von Grundrechtsartikeln" abgeleitet werden kann, vgl. *Simitis*, ebda, § 1 Rz. 33 ff., insbesondere Rz. 46. Vgl. zum Problem der Konkurrenzen insgesamt unten S. 85 ff.

[377] Vgl. Leitsatz 1 von BVerfGE 65, 1 ff.

[378] BVerfGE 65, 1 (45). *Simitis*, NJW 1984, 399, 402.

b) Die personenbezogene Information als Schutzgut

Schutzgut des informationellen Selbstbestimmungsrechts sind die persönlichen Daten.[379] Abgesehen vom Personenbezug ist umstritten, inwieweit auch der Dateienbezug[380] und die Art der persönlichen Daten den Schutzbereich entscheidend bestimmen.

aa) Der Personenbezug der geschützten Informationen

Der Schutzbereich des Rechts auf informationelle Selbstbestimmung bezieht sich ausschließlich auf personenbezogene Daten. In der Datenschutzdiskussion ist nicht immer klar gewesen, welche Informationen personenbezogene Daten verkörpern.[381]

Das Bundesverfassungsgericht nimmt schlicht auf die einfachrechtliche Definition des § 3 Abs. 1 BDSG Bezug, so daß der Schutzbereich des verfassungsrechtlichen informationellen Selbstbestimmungsrechts mit der einfachrechtlichen Festlegung durch das Bundesdatenschutzgesetz gleichgesetzt werden kann.[382] Unter personenbezogenen Daten sind gem. § 3 Abs. 1 BDSG „Einzelangaben über persönliche oder sachliche Verhältnisse einer bestimmten oder bestimmbaren natürlichen Person" zu verstehen.[383] Es muß sich also um Daten handeln, die Informationen über den Betroffenen selbst (Einzelangaben über persönliche Verhältnisse) oder über einen auf ihn beziehbaren Sachverhalt (Einzelangaben über sachliche Verhältnisse) enthalten.[384] Die alternative Nennung von persönlichen und sachlichen Verhältnissen soll deutlich machen, daß der Gesetzgeber alle Informationen, die über die Bezugsperson etwas aussagen, erfassen will. Auch Daten, die Aussagen über eine Sache enthalten, können also personenbezogen sein.[385] Voraussetzung dafür ist lediglich, daß sich die Daten auf eine bestimmte oder bestimmbare Person beziehen. Die Bestimmbarkeit ist dabei nicht in jedem Fall durch eine Anonymisierung der Daten ausgeschlossen.[386]

---

[379] BVerfGE 65, 1 (43); 78, 77 (84); 84, 192 (194).
[380] Gemeint ist damit eine Sammlung personenbezogener Daten in Dateien. Vgl. zum Dateibegriff § 3 Abs. 2 Satz 2 BDSG.
[381] *Hufen*, JZ 1984, 1076 mit einem Verweis auf variantenreiche Vorschläge der Konferenz der Datenschutzbeauftragten, vgl. DÖV 1984, 505 f. Zum Teil werden Negativabgrenzungen vorgenommen, um Klarheit darüber zu schaffen, was der Schutzbereich nicht umfaßt. *Schmitt Glaeser* beispielsweise unterscheidet die personenbezogenen Daten von der Information im allgemeinen, die im Gegensatz zu den geschützten Daten nicht zwingend personenbezogen sein muß und darüber hinaus nicht perpetuiert ist. Nicht perpe-tuiert sind Informationen dann, wenn sie ohne aktuellen Kenntnisträger existieren, vgl. *Schmitt Glaeser*, in: Isensee/Kirchhof (Hrsg.), HdbStR VI, § 129 Rz. 77 f. m w. N. in Fn. 257. Einfacher geht *Kunig* vor, indem er mit dem Begriff der sachbezogenen Information den Gegenbegriff zur personenbezogenen Information bildet, vgl. *Kunig*, Jura 1993, 600. Er weist darauf hin, daß jedes Datum notwendig einer der beiden Kategorien - Personen- oder Sachbezogenheit - angehört. Vgl. dazu auch *Bär*, BayVBl. 1992, 619.
[382] BVerfGE 65, 1 (42).
[383] Das Bundesverfassungsgericht nimmt noch auf § 2 Abs. 1 BDSG a. F. (1977) Bezug.
[384] *Gola/Schomerus*, Bundesdatenschutzgesetz, § 3 Rz. 4.
[385] *Gola/Schomerus*, aaO; *Dammann*, in: Simitis (Hrsg.), Bundesdatenschutzgesetz, § 3 Rz. 7. Als Beispiel einer personenbezogenen Aussage über sachliche Verhältnisse nennen *Gola/Schomerus*, ebda, die Beschreibung eines Autos nebst Angabe des KFZ-Kennzeichens.
[386] Zu Recht weist *Dammann* darauf hin, daß „personenbezogene Daten" und „anonymisierte Daten" keine komplementären Begriffe sind. Vielmehr können auch nach § 3 Abs. 6 BDSG anonymisierte

Der Begriff des personenbezogenen Datums ist insgesamt sehr weit zu verstehen. Die informationelle Selbstbestimmung erstreckt sich auf alle die eigene Person betreffenden Daten, angefangen von Namen und Adresse bis hin zu Krankheits- und Einkommensdaten.[387] Diese Bandbreite spiegeln auch die Entscheidungen des Bundesverfassungsgerichts seit der Volkszählungsentscheidung wider.[388]

bb) Überlegungen zur Beschränkung des Schutzbereichs auf bestimmte personenbezogene Daten

Kurz nach der Verkündung des Volkszählungsurteils faßte die Konferenz der Datenschutzbeauftragten des Bundes und der Länder und der Datenschutzkommission Rheinland-Pfalz die Auswirkungen des Volkszählungsurteils in einer Entschließung zusammen.[389] Eine wichtige Erkenntnis in dieser Gesamtbeurteilung ist die umfassende Geltung des informationellen Selbstbestimmungsrechts. Es ist nach Ansicht der Datenschutzbeauftragten nicht auf bestimmte Datenarten begrenzt.[390]

aaa) Versuche des Ausschlusses „harmloser" oder „trivialer" Daten

Die von den Datenschutzbeauftragten aufgezeigten Konsequenzen aus dem Volkszählungsurteil werden z. T. bis heute nicht akzeptiert.[391] Vielmehr gibt es zahlreiche Versuche, „harmlose" oder „triviale" Daten aus dem „uferlosen"[392] Schutzbereich des informationellen Selbstbestimmungsrechts von Anfang an auszuklammern bzw. umge-

---

Daten je nach Umfang der möglichen Reindividualisierung personenbezogene Daten i. S. v. § 3 Abs. 1 BDSG bleiben, vgl. *Dammann*, in: Simitis (Hrsg.), Bundesdatenschutzgesetz, § 3 Rz. 23.

[387] *Simitis*, in: Simitis (Hrsg.), Bundesdatenschutzgesetz, § 1 Rz. 57, nennt noch weitere Beispiele personenbezogener Daten.

[388] Vgl. BVerfGE 65, 1 (5, 52) - Daten bzgl. Volks- und Berufszählung wie z. B. Vor- und Familiennamen, Anschrift, Geburtsdatum, Zugehörigkeit zu einer Religionsgesellschaft, Ausbildungsdaten; 67, 100 (142) - Angaben über die steuerlichen Verhältnisse; 77, 1 (38) - Aufsichtsratsprotokolle; 78, 77 (84), 84, 192 (194) - Akt und Status der Entmündigung sowie die persönlichen Umstände, die zur Entmündigung geführt haben; 80, 367 (375) - private Aufzeichnungen in einem Tagebuch; 89, 69 (82) - Befunde über den Gesundheitszustand; 92, 191 (197) - Angaben über Personalien; 96, 171 (184, 186) - Angaben zu Aktivitäten in politischen Parteien und zu Tätigkeiten für das ehemalige Ministerium für Staatssicherheit in der DDR; 100, 313 (358 f.); 107, 299 (312 f.) - Informationen über Inhalt und Umstände von Telekommunikationskontakten; 103, 21 (32) - DNA-Identifizierungsmuster; BVerfG NJW 2001, 503 (505) - im Grundbuch enthaltene persönliche, familiäre, soziale und wirtschaftliche Daten. Vgl. in neuerer Zeit auch VG Trier, NJW 2002, 3268 (3269) - Informationen über private Kontoverbindungen.

[389] Vgl. Entschließung der Konferenz der Datenschutzbeauftragten des Bundes und der Länder und der Datenschutzkommission Rheinland-Pfalz vom 27./28. März 1984, DÖV 1984, 504 ff.

[390] Entschließung der Konferenz der Datenschutzbeauftragten des Bundes und der Länder und der Datenschutzkommission Rheinland-Pfalz vom 27./28. März 1984, aaO, 505.

[391] Zu Geschichte und Entwicklung von anderen Schutzbereichsmodellen vgl. *Simitis*, in: Brem/Druey/Kramer/Schwander (Hrsg.), FS für Mario M. Pedrazzini, S. 469 ff.

[392] *Schickedanz*, BayVBl. 1984, 706.

kehrt den Schutzbereich ausschließlich sog. „sensitiven" Daten vorzubehalten.[393] Für diese Bestrebungen gibt es im wesentlichen zwei Gründe:

(1) Ausrichtung des Schutzes auf die engere persönliche Lebenssphäre

Einige Autoren weisen darauf hin, daß ein umfassendes Schutzverständnis hinsichtlich aller Datenarten mit der Argumentation des Bundesverfassungsgerichts unverträglich sei, wonach das allgemeine Persönlichkeitsrecht als Grundlage des Rechts auf informationelle Selbstbestimmung diene.[394] Das allgemeine Persönlichkeitsrecht schütze nur die engere persönliche Lebenssphäre, welche bei der Kenntnisnahme belangloser persönlicher Daten wie z. B. des Namens, der Adresse oder bestimmter äußerer körperlicher Merkmale nicht oder allenfalls unwesentlich berührt sei.[395] Die dogmatische Wurzel des informationellen Selbstbestimmungsrechts gebiete also eine Reduktion des Schutzgegenstandes auf persönlichkeitsrelevante oder „sensitive" Daten.

(2) Anachronismus eines umfassenden Datenschutzes in der „Informationsgesellschaft".

Andere Autoren erachten das Verständnis eines Selbstbestimmungsrechts, das die grundsätzliche Verfügungsbefugnis über alle persönlichen Datenarten erfaßt, im Hinblick auf eine moderne Informationsgesellschaft[396] als nicht mehr zeitgemäß.[397] Zwar wird eingeräumt, daß die Informationsgesellschaft heute gegenüber 1983 ein

---

[393] *Hoffmann-Riem*, AöR Bd. 123 (1998), S. 527 f.; *ders.*, in: Krämer/Micklitz/Tonner (Hrsg.), Liber amicorum Norbert Reich, S. 782 f.; *ders.*, in: Bäumler (Hrsg.), Der neue Datenschutz, S. 18 ff.; *Kloepfer*, Datenschutz als Grundrecht, S. 42 f.; *Nitsch*, ZRP 1995, 364; *Vogelgesang*, Grundrecht auf informationelle Selbstbestimmung?, S. 148 f. *Vogelgesang* bleibt seiner vorgeschlagenen Schutzbereichsbeschränkung aber nicht treu. Im Ergebnis sieht auch er *alle* Daten vom Schutzbereich erfaßt. Eingriffe in sog. „Bagatelldaten" sollen lediglich keinem Gesetzesvorbehalt unterfallen, vgl. *Vogelgesang*, ebda, S. 258 f.

[394] *Badura*, Verfassungsrechtliches Gutachten zum Entwurf des Mikrozensus-Gesetzes vom 29.03.1985 für den Innenausschuß des Deutschen Bundestages, Ausschuß-Drucks. 10/75, S. 17; *Sutschet*, RDV 2000, 112; *Vogelgesang*, aaO, S. 62. *Tiedemann* sieht deshalb als dogmatischen Standort des informationellen Selbstbestimmungsrechts nicht das allgemeine Persönlichkeitsrecht, sondern die allgemeine Handlungsfreiheit, vgl. *Tiedemann*, DÖV 2003, 77.

[395] *Badura*, aaO; *Vogelgesang*, Grundrecht auf informationelle Selbstbestimmung?, S. 148 f.

[396] Zum Begriff der Informationsgesellschaft eingehend *Wanckel*, Persönlichkeitsschutz in der Informationsgesellschaft, S. 26 ff.

[397] Generell zur Frage einer Neubestimmung des Datenschutzes in der Informationsgesellschaft: *Bäumler*, in: Bäumler (Hrsg.), Der neue Datenschutz, S. 1 ff.; *Boehme-Neßler*, K & R 2002, 217 ff.; *H. Ehmann*, in: Hadding (Hrsg.), FG Zivilrechtslehrer 1934/1935, S. 73 ff.; *Gallwas*, NJW 1992, 2785 ff.; *Gusy*, KritV Bd. 83 (2000), S. 52 ff.; *Hoffmann-Riem*, AöR Bd. 123 (1998), S. 527 f.; *ders.*, in: Bäumler (Hrsg.), Der neue Datenschutz, S. 18 ff.; *Kloepfer*, in: Ständige Deputation des Deutschen Juristentages (Hrsg.), Verhandlungen des 62. Deutschen Juristentages, Bd. I, Gutachten D, S. 66 ff., 74 ff.; *ders.*, DÖV 2003, 221 ff.; *Nitsch*, ZRP 1995, 361 ff.; *Pitschas*, DuD 1998, 139 ff.; *Sutschet*, RDV 2000, 107 ff.

größeres Gefährdungspotential beinhaltet.[398] Gleichzeitig wird aber auf das ebenfalls angewachsene Informationsbedürfnis privater wie auch öffentlicher Stellen verwiesen.[399] Für den Bereich der staatlichen Datenverarbeitung fallen in diesem Zusammenhang schlagwortartig die Begriffe der Globalisierung und der nationalen und internationalen staatlichen Zusammenarbeit, an erster Stelle aktuell die Forderung nach einer verbesserten (internationalen) Verbrechensbekämpfung.[400] Im Zeichen eines gestiegenen Informationsverkehrs müßten „Filter zur restriktiven Bestimmung des grundrechtlichen Schutzbereichs" eingebaut werden.[401] In der Informationsgesellschaft als Erscheinungsform der sog. „Risikogesellschaft"[402] könne es eine Rückversicherung des einzelnen gegen Gefahren aller Art nicht mehr geben, sondern nur noch das Bemühen um den Schutz vor erheblichen Gefährdungen.[403] Für das informationelle Selbstbestimmungsrecht hieße das: es kann nur noch um den Schutz „qualifiziert sensible(r) Informationen" gehen.[404]

bbb) Nichtexistenz des belanglosen Datums

Die Vorgaben des Bundesverfassungsgerichts stehen aber einer wie auch immer gearteten Beschränkung des Schutzbereichs auf bestimmte personenbezogene Angaben jedenfalls insoweit ausdrücklich entgegen, als es um die *automatische* Verarbeitung personenbezogener Daten geht. Das Gericht betont hinsichtlich der Entscheidung über die Tragweite des Schutzbereichs des informationellen Selbstbestimmungsrechts, daß nicht mehr allein auf die Art der Daten abgestellt werden kann: „Entscheidend sind ihre Nutzbarkeit und Verwendungsmöglichkeit. Diese hängen einerseits von dem Zweck, dem die Erhebung dient, und andererseits von den der Informationstechnologie eigenen Verarbeitungs- und Verknüpfungsmöglichkeiten ab. Dadurch kann ein für sich gesehen belangloses Datum einen neuen Stellenwert bekommen; insoweit gibt es unter den Bedingungen der automatischen Datenverarbeitung kein `belangloses´ Datum mehr."[405] Hinter diesen Erwägungen steht die Erkenntnis, daß sich mit den Mitteln der automatischen Datenverarbeitung auch für sich genommen scheinbar belanglose Informationen im Ergebnis zu einem recht exakten Persönlichkeitsprofil verwerten lassen.[406] Die Beständigkeit der einzelnen gespeicherten Information, ihre multifunktio-

---

[398] *H. Ehmann*, in: Hadding (Hrsg.), FG Zivilrechtslehrer 1934/1935, S. 86, nennt hier das Internet und andere technische Neuerungen wie Multimedia, Telearbeit, Chip-Karten und Gendateien. Zu den Begriffen und Inhalten von Internet, Multimedia und Telearbeit vgl. *Brand*, Rundfunk im Sinne des Artikel 5 Abs.1 Satz 2 GG, S. 227, 233, 250, jeweils m. w. N. Umfassend zu den Gefährdungspotentialen auch *Wanckel*, Persönlichkeitsschutz in der Informationsgesellschaft, S. 151 ff.
[399] *H. Ehmann*, aaO, S. 86 f.
[400] *Bäumler*, in: Bäumler (Hrsg.), Der neue Datenschutz, S. 2; *H. Ehmann*, in: Hadding (Hrsg.), FG Zivilrechtslehrer 1934/1935, S. 86, 89; *Schily*, WM 2003, 1249.
[401] *Hoffmann-Riem*, in: Krämer/Micklitz/Tonner (Hrsg.), Liber amicorum Norbert Reich, S. 782.
[402] Zum Begriff der Risikogesellschaft vgl. *Beck*, Risikogesellschaft.
[403] *Hoffmann-Riem*, aaO.
[404] So *Nitsch*, ZRP 1995, 364.
[405] BVerfGE 65, 1 (45).
[406] *Hufen*, JZ 1984, 1074; *Tinnefeld*, CR 1989, 43. *Benda*, in: Leibholz/Faller/Mikat/Reis (Hrsg.), FS für Willi Geiger, S. 36 f., spricht von der Möglichkeit der Anlegung eines „Röntgenbildes der Persönlichkeit".

nalen Verwendungs- und Kombinationsmöglichkeiten führen nicht nur dazu, daß einzelne Daten jederzeit in einen neuen Verwendungszusammenhang gestellt werden können; vielmehr läßt das Überspringen der ursprünglichen Sachzusammenhänge vielfach neue Rückschlüsse auf die persönliche Identität des einzelnen zu.[407] Die beliebige Nutzbarkeit der einzelnen Daten stellt die spezifische Gefahr der Datenverarbeitung dar.[408] Deswegen steht ein umfassender - auch belanglose Daten erfassender - Begriff der personenbezogenen Information im Mittelpunkt der gerichtlichen Überlegungen.

ccc) **Stellungnahme**

Die Feststellung des Bundesverfassungsgerichts, daß es im Zeitalter der automatisierten Datenverarbeitung kein von vornherein belangloses Datum mehr geben kann, ist zutreffend. Das technisch bedingte „Eigenleben" einer einzelnen Information läßt ein Denken in unterschiedlich stark geschützten Kategorien von Informationen nicht mehr zu.[409] Nur - und insoweit ist die Kritik an einem umfassenden Schutzgut des informationellen Selbstbestimmungsrechts zu erwidern - muß die Tatsache der Nichtexistenz eines belanglosen Datums in Relation gesetzt werden zu der ebenfalls richtigen Erkenntnis, daß es für die Frage der Verletzung des Selbstbestimmungsrechts entscheidend auf den Verwendungszusammenhang der jeweiligen Datenverarbeitung ankommt.[410]

(1) Differenzierung hinsichtlich der Datenverarbeitungsform

Vorab ist hinsichtlich der Datenverarbeitungsform zu unterscheiden. Das informationelle Selbstbestimmungsrecht bezieht sich grundsätzlich auf manuelle und automatische Datenverarbeitung gleichermaßen.[411] Das ergibt sich aus der Rechtsprechung des Bundesverfassungsgerichts[412], der die Regelungen des Bundesdatenschutz-

---

[407] *Hufen*, JZ 1984, 1074; *Simitis*, in: Simitis (Hrsg.), Bundesdatenschutzgesetz, § 1 Rz. 59.
[408] *Simitis*, aaO.
[409] *Hufen*, JZ 1984, 1074, 1076.
[410] *Bäumler*, in: Bäumler (Hrsg.), Der neue Datenschutz, S. 5. In diese Richtung auch *Hoffmann-Riem*, in: Bäumler (Hrsg.), Der neue Datenschutz, S. 20 f.
[411] *Di Fabio*, in: Maunz/Dürig, Grundgesetz, Bd. I, Art. 2 Abs. 1 Rz. 176; *Gola/Schomerus*, Bundesdatenschutzgesetz, § 3 Rz. 15; *Höfelmann*, Das Grundrecht auf informationelle Selbstbestimmung anhand der Ausgestaltung des Datenschutzrechts und der Grundrechtsnormen der Landesverfassungen, S. 56; *Simitis*, in: Simitis (Hrsg.), Bundesdatenschutzgesetz, § 1 Rz. 69; *Vogelgesang*, Grundrecht auf informationelle Selbstbestimmung?, S. 55 f.
[412] Zwar lassen die Ausführungen zu den „Bedingungen der automatischen Datenverarbeitung" im Volkszählungsurteil selbst die Frage offen, ob diese Formel Bedingung oder bloßes Motiv für die Anerkennung des informationellen Selbstbestimmungsrechts war. Sowohl der in der Urteilsbegründung hergestellte Bezug zu früheren Entscheidungen hinsichtlich des allgemeinen Persönlichkeitsrechts als auch spätere Judikate zeigen jedoch, daß die automatische Datenverarbeitung allenfalls Motiv für die Grundsätze zur informationellen Selbstbestimmung, niemals aber Grenze dafür war. Vgl. BVerfGE 27, 1 ff. - Mikrozensus; 27, 344 ff. - Scheidungsakten; 32, 373 ff. - Arztkartei; 78, 77 ff. - Veröffentlichung einer Entmündigung; BVerfG NJW 1988, 3009 f. - Eintragung in ein Schuldnerverzeichnis; BVerfG NJW 1990, 2761 (2762) - Sammlung von personenbezogenen Daten im Bereich des Verfassungsschutzes; BVerfG NJW 2001, 503 ff. - Eintragungen im Grundbuch. Vgl. auch OLG Frankfurt NJW 1996, 1484 ff. - Informationen in gerichtlichen Akten.

gesetzes Rechnung tragen.[413] Die Aussagen des Gerichts zur Weite des Schutzobjektes beziehen sich ausdrücklich nur auf die automatische Datenverarbeitung.[414] Inwieweit das Postulat der Nichtexistenz eines belanglosen Datums auch für die manuelle Datenverarbeitung gilt, ist umstritten.[415] Da es bei der vorliegenden Untersuchung des § 24 c KWG ausschließlich um Fragestellungen zur automatisierten Datenverarbeitung geht, brauchen die Konsequenzen für die manuelle Datenverarbeitung an dieser Stelle nicht gezogen werden.[416] Fest steht, daß eine abstrakte Kategorisierung hinsichtlich der Datenart für den hier allein interessierenden Bereich der automatischen Datenverarbeitung ausscheidet.

(2) Keine Berücksichtigung des Verwendungszusammenhangs auf der Schutzbereichsebene

Zu klären bleibt, an welcher Stelle der Grundrechtsprüfung die Einsicht, daß es unter den Bedingungen der automatischen Datenverarbeitung keine belanglosen Daten mehr gibt, mit dem jeweiligen Verwendungszusammenhang in Relation gesetzt wird. Denn richtig an den kritischen Überlegungen zur Schutzbereichsreduktion ist der Schluß, daß im Ergebnis nicht jedwedes Datum in gleicher Weise geschützt werden muß.[417] Wie schützenswert das einzelne Datum ist, kann jedoch entgegen dieser restriktiven Ansätze nicht bereits auf der Ebene des Schutzbereichs oder bei der Qualifizierung des Eingriffs angenommen werden.[418] Denn zur Feststellung der persönlichkeitsrechtlichen Bedeutung einer Information muß neben der Offenlegung der Verknüpfungs- und Verwendungsmöglichkeiten Klarheit darüber bestehen, zu welchem Zweck die Angaben verlangt werden.[419] Diese Klarheit kann zuverlässig erst ein Gesetz verschaffen, welches die Ziele der jeweiligen Verarbeitung beschreibt. Ein solches Gesetz wird verbindlich nur durch den Gesetzesvorbehalt ausgelöst, welcher Bedingung eines Grundrechtseingriffs ist.[420] Statt sich auf eine wie auch immer geartete Gruppenbildung hinsichtlich der personenbezogenen Daten auf der Ebene des Schutzbereichs einzulassen, gilt es, die Entscheidung über die Erheblichkeit des einzelnen Datums und die damit verbundene Entscheidung über die spezifischen Verarbeitungsanforderungen im Rahmen der Interpretation der jeweiligen gesetzlichen Bestimmung zu treffen.[421] Kurz: Der richtige Ort für die Beurteilung der Schutzwürdigkeit des ein-

---

[413] Vgl. z. B. § 3 Abs. 2 Sätze 1 und 2 BDSG.
[414] Vgl. BVerfGE 65, 1 (45).
[415] Differenzierend insoweit *H. Ehmann*, in: Hadding (Hrsg.), FG Zivilrechtslehrer 1934/1935, S. 101; *Vogelgesang*, Grundrecht auf informationelle Selbstbestimmung?, S. 63, 65, 148 f.
[416] Vgl. § 24 c Abs. 1 Satz 1, Abs. 5 Satz 1 KWG.
[417] *Hoffmann-Riem*, in: Bäumler (Hrsg.), Der neue Datenschutz, S. 20; *Vogelgesang*, Grundrecht auf informationelle Selbstbestimmung?, S. 159 f., 257.
[418] So aber *Hoffmann-Riem*, aaO, S. 20 f.
[419] BVerfGE 65, 1 (45).
[420] Zum Gesetzesvorbehalt als Bedingung eines Grundrechtseingriffs vgl. unten S. 127 ff.
[421] *Simitis*, in: Simitis (Hrsg.), Bundesdatenschutzgesetz, § 1 Rz. 84.

zelnen Datums ist die verfassungsrechtliche Rechtfertigung des Eingriffs, nicht der Schutzbereich.[422]

(3) Ausreichende Berücksichtigung staatlicher Informationsbedürfnisse im Ergebnis gewährleistet

Im Rahmen der verfassungsrechtlichen Rechtfertigung kann auch den staatlichen Informationsinteressen als „überwiegenden Allgemeininteressen" ausreichend Rechnung getragen werden.[423] Ein Informationsdefizit in Zeiten der modernen Informationsgesellschaft ist nicht zu beklagen. Im Gegenteil: Die beeindruckende Gesetzesfülle ist Zeichen dafür, daß nahezu alle Verarbeitungswünsche der Verwaltung in Gesetzestexten niedergeschrieben wurden.[424] Daß in diesem Zusammenhang nicht immer die gesetzgebungstechnische Ideallinie gefunden wurde, ändert nichts an der Notwendigkeit des umfassenden Schutzes personenbezogener Daten.[425]

(4) Die notwendig präventive Funktion der informationellen Selbstbestimmung

Im Ergebnis kommt der informationellen Selbstbestimmung auf der Schutzbereichsebene eine - technisch bedingte - präventive Funktion zu.[426] Die Gefährdung des einzelnen ist ihr eigentlicher Ansatzpunkt.[427] Potentiell ist unter den Bedingungen der automatischen Datenverarbeitung jedes Datum geeignet, im Ergebnis die engere persönliche Lebenssphäre zu beeinträchtigen.[428] Aus dieser verarbeitungsorientierten Perspektive heraus ist es konsequent, das allgemeine Persönlichkeitsrecht - und nicht nur

---

[422] Interessanterweise wählt auch *Vogelgesang* als Kritiker der weiten Schutzbereichsauslegung die verfassungsrechtliche Rechtfertigung als entscheidenden Prüfungsort aus, *Vogelgesang*, Grundrecht auf informationelle Selbstbestimmung?, S. 258 f.
[423] Das Bundesverfassungsgericht verlangt zur Rechtfertigung eines Eingriffs in das Recht auf informationelle Selbstbestimmung „überzeugende Allgemeininteressen", vgl. BVerfGE 65, 1 (44); st. Rspr.
[424] *Bäumler*, in: Bäumler (Hrsg.), Der neue Datenschutz, S. 2 f.; *Bull*, ZRP 1998, 311; *ders.*, in: Bäumler (Hrsg.), Der neue Datenschutz, S. 28 f.; *Roßnagel*, RDV 2002, 61; *Simitis*, KritV Bd. 77 (1994), S. 133 f.
[425] *Bull*, ZRP 1998, 311 f., fordert beispielsweise einen zurückhaltenderen Erlaß sog. bereichsspezifischer Regeln.
[426] *Gola/Schomerus*, Bundesdatenschutzgesetz, § 1 Rz. 6; *Limbach*, RDV 2002, 165; *Rosenbaum*, Jura 1988, 180; *Simitis*, in: Simitis (Hrsg,), Bundesdatenschutzgesetz, § 1 Rz. 79.
[427] In dem informationellen Selbstbestimmungsrecht als abstraktem Gefährdungstatbestand wird z. T. ein grundrechtssystematisches Problem gesehen, vgl. *Duttge*, NJW 1998, 1618; *Vogelgesang*, Grundrecht auf informationelle Selbstbestimmung?, S. 82 ff.; *Simitis*, in: Simitis (Hrsg.), Bundesdatenschutzgesetz, § 1 Rz. 79.
[428] *Gallwas*, NJW 1992, 2787; *R. Scholz/Pitschas*, Informationelle Selbstbestimmung und staatliche Informationsverantwortung, S. 82 ff.; *Simitis*, in: Simitis (Hrsg.), Bundesdatenschutzgesetz, § 1 Rz. 79.

die allgemeine Handlungsfreiheit[429] - als wichtige dogmatische Wurzel des informationellen Selbstbestimmungsrechts zu benennen.

cc) Die Relativierung der Sphärentheorie

In der Abwendung des Bundesverfassungsgerichts vom belanglosen Datum wird vielfach der Abschied von der Sphärentheorie gesehen.[430] Der ehemalige Präsident des Bundesverfassungsgerichts und Mitberichterstatter des Volkszählungsurteils *Benda* sieht in der Abkehr von der Sphärentheorie sogar den entscheidenden Schritt, um den spezifischen Gefährdungen durch die EDV zu begegnen.[431] Diese Entwicklung scheint nicht kompatibel zu sein mit einer gleichzeitigen Verankerung des informationellen Selbstbestimmungsrechts im allgemeinen Persönlichkeitsrecht, welches nach wie vor durch den Sphärengedanken geprägt ist. Der Schein trügt jedoch: Zum einen zeichnete sich eine Loslösung vom engen Sphärenbezug schon beim allgemeinen Persönlichkeitsrecht ab.[432] Zum anderen kann bei genauem Hinsehen auch beim informationellen Selbstbestimmungsrecht allenfalls eine Aufgabe der Sphärentheorie im herkömmlichen Sinn konstatiert werden.[433] D. h., die Frage nach dem „ob" des Schutzes wird bei Schutzbereich und Eingriff nicht mehr gestellt.[434] Bei der Frage nach der Ausgestaltung der Eingriffsmodalitäten, also dem „wie" des Schutzes bleiben Informationsinhalt und Informationsherkunft hingegen neben anderen Kriterien relevant.[435] Für eine bloße Relativierung der Sphärentheorie sprechen mehrere Gründe.[436]

aaa) Festhalten am unantastbaren Kernbereich

Das Bundesverfassungsgericht hält in seinen Entscheidungen an der vom Sphärengedanken geprägten Formel des „unantastbaren Bereichs privater Lebensgestaltung" fest.[437] Dabei fallen die Beschreibungen der Daten, die diesem Bereich angehören, un-

---

[429] Vereinzelt wird das informationelle Selbstbestimmungsrecht als bloße Emanation der allgemeinen Handlungsfreiheit verstanden, vgl. *Aulehner*, Polizeiliche Gefahren- und Informationsvorsorge, S. 372 m. w. N.; *Tiedemann*, DÖV 2003, 77.
[430] *Baumann*, DVBl. 1984, 613; *Schlink*, Der Staat Bd. 25 (1986), S. 241 f. m. w. N. in Fn. 40; *Simitis*, in: Simitis (Hrsg.), Bundesdatenschutzgesetz, § 1 Rz. 68; *Steinmüller*, DuD 1984, 93.
[431] *Benda*, DuD 1984, 88.
[432] Vgl. dazu bereits oben S. 75 ff.
[433] *Höfelmann*, Das Grundrecht auf informationelle Selbstbestimmung anhand der Ausgestaltung des Datenschutzrechts und der Grundrechtsnormen der Landesverfassungen, S. 174.
[434] *Höfelmann*, aaO; *Kunig*, Jura 1993, 602.
[435] *Aulehner*, CR 1993, 452 f.
[436] Eine bloße Relativierung der Sphärentheorie sehen: *Aulehner*, aaO; *Badura*, Verfassungsrechtliches Gutachten zum Entwurf des Mikrozensus-Gesetzes vom 29.03.1985 für den Innenausschuß des Deutschen Bundestages, Ausschuß-Drucks. 10/75, S. 17; *Denninger*, in: v. Schoeler (Hrsg.), Informationsgesellschaft oder Überwachungsstaat?, S. 113 f.; *Höfelmann*, Das Grundrecht auf informationelle Selbstbestimmung anhand der Ausgestaltung des Datenschutzrechts und der Grundrechtsnormen der Landesverfassungen, S. 174; *Hufen*, JZ 1984, 1074; *Wanckel*, Persönlichkeitsschutz in der Informa-tionsgesellschaft, S. 135 f. Zweifelnd *Vogelgesang*, Grundrecht auf informationelle Selbstbestimmung?, S. 65 f.
[437] So explizit BVerfGE 80, 367 (373); 89, 69 (83). In BVerfGE 103, 21 (31) spricht das Gericht vom „absolut geschützte(n) Kernbereich der Persönlichkeit".

terschiedlich aus. Die Rede ist von absolut geschützten unzumutbaren intimen Angaben[438], von Informationen streng persönlichen Charakters[439] oder schlicht von der Intimsphäre des Betroffenen[440]. Zum Teil rekurriert das Gericht auch darauf, inwieweit Informationen Rückschlüsse auf persönlichkeitsrelevante Merkmale zulassen, die zur Erstellung eines totalen Persönlichkeitsabbildes führen können.[441] Die Erhebung solcher Schlüsseldaten ist ebenfalls absolut unzulässig.[442] Durch diese Formulierungen ist es offensichtlich, daß die intimen Daten auch im Rahmen des informationellen Selbstbestimmungsrechts einen absoluten Schutz genießen. Es kann Fälle geben, in denen jede Datenerhebung und -verarbeitung unzulässig ist, auch wenn der Verwendungszusammenhang eindeutig feststeht.[443]

bbb) Besonderer Schutz sensibler Daten im Rahmen der verfassungsrechtlichen Rechtfertigung des Eingriffs

Trotz der primären Relevanz des Erhebungszwecks und des Verwendungszusammenhangs läßt das Bundesverfassungsgericht auf der Rechtfertigungsebene unterschiedliche Beschränkungsmöglichkeiten für verschiedene Datenarten zu.[444] Besonders sensible Daten erfordern eine größere Regelungstiefe im Rahmen des Parlamentsvorbehalts[445] und ein sorgfältigeres Vorgehen bei der Verhältnismäßigkeitsprüfung.[446] Nicht von ungefähr wird in diesem Zusammenhang auch eine besondere Gefährdungslage bei nicht anonymisierten Daten konstatiert.[447] Die Art der Daten ist damit zwar nicht mehr „allein" das entscheidende Kriterium für die Zulässigkeit des Eingriffs[448], aber doch noch eines unter mehreren.[449] Die persönlichkeitskernbezogene Informationsherkunft spielt damit nach wie vor eine Rolle, auch wenn eine strenge Kategorisierung in den „klassischen" Sphären nicht mehr stattfindet.[450] Vielmehr werden die Rechtferti-

---

[438] BVerfGE 65, 1 (46).
[439] BVerfGE 77, 1 (47).
[440] BVerfGE 89, 69 (82 f.).
[441] So schon in BVerfGE 65, 1 (53 f.). In neuerer Zeit auch BVerfGE 103, 21 (32).
[442] Die Verhinderung der Erstellung eines „Persönlichkeitsprofils" sieht das Bundesverfassungsgericht als entscheidend für die Zulässigkeit des Eingriffs an, BVerfGE 103, 21 (32).
[443] Vgl. auch *Kunig*, Jura 1993, 603; *Vogelgesang*, Grundrecht auf informationelle Selbstbestimmung?, S. 65.
[444] *Vogelgesang*, aaO, S. 64.
[445] Entschließung der Konferenz der Datenschutzbeauftragten des Bundes und der Länder und der Datenschutzkommission Rheinland-Pfalz vom 27./28. März 1984, DÖV 1984, 505; *Vogelgesang*, Grundrecht auf informationelle Selbstbestimmung?, S. 181 f.
[446] *Hufen*, JZ 1984, 1076; *Schmitt Glaeser*, in: Isensee/Kirchhof (Hrsg.), HdbStR VI, § 129 Rz. 104.
[447] BVerfGE 65, 1 (45, 51).
[448] BVerfGE 65, 1 (45).
[449] Die Art der Daten als eines von mehreren Entscheidungskriterien im Zusammenhang mit der Verhältnismäßigkeitsprüfung betont das Bundesverfassungsgericht an mehreren Stellen, vgl. BVerfGE 65, 1 (46); 77, 1 (47); 100, 313 (376); 107, 299 (322). Vgl. in diese Richtung auch VG Trier NJW 2002, 3268 (3270).
[450] Insoweit ist *Hufen* Recht zu geben, der klarstellt, daß nach wie vor die unmittelbar personenbezogene Information auch im Rahmen des informationellen Selbstbestimmungsrechts eines besonderen Schutzes bedarf, vgl. *Hufen*, JZ 1984, 1076. Nicht überzeugend wirkt der Ansatz von *Simitis*,

gungsanforderungen auf einer gleitenden Skala um so höher, je umfassender die in den Daten gespeicherten Informationen Auskunft über den privaten Bereich des Betroffenen geben bzw. je näher die betroffenen Daten bei Art. 1 Abs. 1 GG liegen.[451] Daß auch das Bundesdatenschutzgesetz mit Rücksicht auf die EG-Datenschutzrichtlinie[452] verschärfte Verarbeitungsanforderungen an sog. „sensitive Daten" stellt, steht somit im Einklang mit den verfassungsrechtlichen Anforderungen.[453]

ccc) **Fazit: Verwendungszusammenhang nicht als alleiniges Kriterium der Zulässigkeit eines Eingriffs in das informationelle Selbstbestimmungsrecht**

Das Bundesverfassungsgericht hat mit der Einführung des Verwendungszusammenhangs als eines datenschutzrechtlichen Sicherungsansatzes den bisherigen Mechanismus des abgestuften Schutzes nach Art und Herkunft der jeweiligen Daten nicht aufgegeben.[454] Vielmehr löst das Gericht das schwierige Verhältnis zwischen dem oftmals sphärenbezogenen Denken des allgemeinen Persönlichkeitsschutzes und dem tendenziell weitreichenden, weil präventiv wirkenden Schutz des informationellen Selbstbestimmungsrechts auf der Rechtfertigungsebene auf. Dort finden die Datenart und der Verwendungszusammenhang als Zulässigkeitskriterien nebeneinander Anwendung. Die herkömmliche Sphärentheorie wird damit flexibler: Es wird nicht mehr nur der unmittelbare Zugriff auf fest abgegrenzte Persönlichkeitssphären abgewehrt; vielmehr werden mittelbar auch Persönlichkeitsrechtsverletzungen erfaßt, die an den umfassenderen Begriff des personenbezogenen Datums anknüpfen.[455] Die Sphärentheorie wird unter den Bedingungen der modernen Datenverarbeitung nicht abgeschafft, sondern nur relativiert.[456]

dd) Zwischenergebnis

Schutzobjekte des informationellen Selbstbestimmungsrechts sind, jedenfalls im Bereich der automatischen Datenverarbeitung, personenbezogene Daten i. S. v. § 3 Abs. 1 BDSG. Darunter sind unter Berücksichtigung der spezifischen Gefahren der EDV auch sog. „belanglose" Daten zu verstehen. Eine unterschiedliche Behandlung einzelner Daten, insbesondere der spezifische Schutz sensibler Daten findet erst auf der Ebene der verfassungsrechtlichen Rechtfertigung im Rahmen der Schranken-Schranken des Parlamentsvorbehalts und der Verhältnismäßigkeitsprüfung statt.

---

der durchwegs allein an den Verwendungszusammenhang anknüpft, vgl. *Simitis*, in: Simitis (Hrsg.), Bundesdatenschutzgesetz, § 1 Rz. 58, 62, 97.

[451] Dabei findet keine Einordnung der jeweiligen Daten in fix definierte Sphären (mehr) statt. Immerhin dient dem Bundesverfassungsgericht aber die Nähe der jeweiligen Information zur „Intimsphäre" bisweilen als Orientierungspunkt, vgl. BVerfGE 89, 69 (83). Vgl. auch *Di Fabio*, in: Maunz/Dürig, Grundgesetz, Bd. I, Art. 2 Abs. 1 Rz. 181.

[452] Richtlinie 95/46/EG vom 24.10.1995, ABl. EG Nr. L 281/31 vom 23.11.1995.

[453] Vgl. §§ 3 Abs. 9, 13 Abs. 2, 28 Abs. 6 - 9, 29 Abs. 5 BDSG.

[454] *Vogelgesang*, Grundrecht auf informationelle Selbstbestimmung?, S. 65 f.

[455] *Hufen*, JZ 1984, 1074.

[456] Vgl. dazu die Nachweise oben in Fn. 436.

c) Geschütztes Verhalten

Hinter dem Schutz der personenbezogenen Informationen steht der eigentliche Schutzgegenstand des informationellen Selbstbestimmungsrechts, die Gewährleistung und Erhaltung der freien Entfaltung der Persönlichkeit oder, wie es das Bundesdatenschutzgesetz in § 1 BDSG formuliert, der Schutz des einzelnen vor Beeinträchtigungen in seinem Persönlichkeitsrecht.[457] Das Bundesverfassungsgericht konkretisiert diesen Persönlichkeitsschutz in der „Befugnis des Einzelnen, grundsätzlich selbst über die Preisgabe und Verwendung seiner persönlichen Daten zu bestimmen".[458] In dieser Formel sind zwei Komponenten enthalten: Zum einen eine abwehrrechtliche Formulierung, die den einzelnen mit den Mitteln des Datenschutzes „gegen unbegrenzte Erhebung, Speicherung, Verwendung und Weitergabe seiner persönlichen Daten" schützen soll.[459] Zum anderen dominiert den Schutzbereich des informationellen Selbstbestimmungsrechts der Gedanke der Entscheidungsfreiheit.[460] Letzterer rührt vor allem aus der Erkenntnis der Notwendigkeit her, daß nur derjenige frei entscheiden und planen kann, der mit hinreichender Sicherheit weiß, welche ihn betreffenden Informationen anderen bekannt sind. Ein Zustand, in dem die „Bürger nicht mehr wissen können, wer was wann und bei welcher Gelegenheit über sie weiß", ist mit einer von freier Selbstbestimmung geprägten Gesellschaftsordnung nicht vereinbar.[461]

Insgesamt vereinigt das Recht auf informationelle Selbstbestimmung die beiden Stränge des allgemeinen Persönlichkeitsrechts, die sich spätestens seit der Eppler-Entscheidung klar herausgebildet haben: Privatsphärenkonzept und Selbstdarstellungsrecht.[462] Auf Grund des stark relativierten Privatsphärenschutzes kommt jedoch dem Selbstdarstellungs- und Selbstbestimmungsaspekt größeres Gewicht zu.[463]

---

[457] *Gola/Schomerus*, Bundesdatenschutzgesetz, § 1 Rz. 6; *Hetmank*, JurPC Web-Dok. 67/2002, Abs. 25.
[458] BVerfGE 65, 1 (43); 78, 77 (84); 84, 192 (194).
[459] BVerfGE 65, 1 (43); 67, 100 (143); 78, 77 (84); 89, 69 (82); 103, 21 (33). Abzulehnen ist daher die Sichtweise *Aulehners*, der dem informationellen Selbstbestimmungsrecht eine abwehrrechtliche Dimension abspricht, vgl. *Aulehner*, Polizeiliche Gefahren- und Informationsvorsorge, S. 389 ff.
[460] Vgl. BVerfGE 65, 1 (42): „Entscheidungsfreiheit über vorzunehmende oder zu unterlassende Handlungen einschließlich der Möglichkeit (...), sich auch entsprechend dieser Entscheidung tatsächlich zu verhalten".
[461] BVerfGE 65, 1 (43).
[462] *Höfelmann*, Das Grundrecht auf informationelle Selbstbestimmung anhand der Ausgestaltung des Datenschutzrechts und der Grundrechtsnormen der Landesverfassungen, S. 53; *Vogelgesang*, Grundrecht auf informationelle Selbstbestimmung?, S. 52 ff.
[463] Nicht überzeugend ist an dieser Stelle die Auffassung von *Schmitt Glaeser*, der das informationelle Selbstbestimmungsrecht *allein* als Aspekt des Rechts auf Selbstdarstellung einordnet, *Schmitt Glaeser*, in: Isensee/Kirchhof (Hrsg.), HdbStR VI, § 129 Rz. 77, mit für den Eingriff spezifischen Konsequenzen in Rz. 96.

d) Persönlicher Schutzbereich

Grundrechtsträger des informationellen Selbstbestimmungsrechts ist „jeder". Es handelt sich also um ein Menschenrecht, das allen natürlichen Personen Schutz gewährt.[464] Ob das informationelle Selbstbestimmungsrecht auch juristischen Personen privaten[465] inländischen und ausländischen Rechts Schutz gewährt, ist hingegen umstritten. Während die zivilgerichtliche Judikatur differenziert[466], findet man im Schrifttum überwiegend ablehnende Äußerungen[467]. Das Bundesverfassungsgericht hat bisher noch keine eindeutige Stellung zu dieser Frage bezogen.[468] Die Antwort findet man bei Art. 19 Abs. 3 GG. Im Hinblick auf dessen Anforderungen scheint die Anwendbarkeit des informationellen Selbstbestimmungsrechts in der Tat zweifelhaft zu sein, wenn man die besondere Nähe zum Menschenwürdeschutz des Art. 1 Abs. 1 GG berücksichtigt.[469] Ihrem Wesen nach kommt juristischen Personen als bloßen Zweckgebilden der Rechtsordnung ein Grundrechtsschutz im Interesse der Menschenwürde nicht zu.[470]

---

[464] *Di Fabio*, in: Maunz/Dürig, Grundgesetz, Bd. I, Art. 2 Abs. 1 Rz. 223; *Höfelmann*, Das Grundrecht auf informationelle Selbstbestimmung anhand der Ausgestaltung des Datenschutzrechts und der Grundrechtsnormen der Landesverfassungen, S. 57; *Schmitt Glaeser*, in: Isensee/Kirchhof (Hrsg.), HdbStR VI, § 129 Rz. 88.

[465] Daß sich juristische Personen des öffentlichen Rechts grundsätzlich nicht auf Grundrechte berufen können, ist heute unumstritten, vgl. BVerfGE 61, 82 (101 ff.). So auch *Bethge*, Verfassungsrecht, S. 123 ff.; *ders.*, Die Grundrechtsberechtigung juristischer Personen nach Art. 19 Abs. 3 Grundgesetz, S. 61 ff., insbes. S. 67 f.

[466] Über Art. 19 Abs. 3 GG rechtfertigt vor allem der BGH einen Persönlichkeitsschutz juristischer Personen, wenn diese in ihrem sozialen Geltungsanspruch oder als Wirtschaftsunternehmen betroffen sind, vgl. BGHZ 81, 75 (78); 91, 117 (120 f.); 98, 94 (97). *Di Fabio* weist in diesem Zusammenhang zu Recht darauf hin, daß es in diesen Fällen um Rufschädigungen juristischer Personen geht, *Di Fabio*, in: Maunz/Dürig, Grundgesetz, Bd. I, Art. 2 Abs. 1 Rz. 224 Fn. 3 m. w. N.

[467] *Jarass*, NJW 1989, 860; *ders.*, in: Jarass/Pieroth, Grundgesetz, Art. 2 Rz. 39; *Höfelmann*, Das Grundrecht auf informationelle Selbstbestimmung anhand der Ausgestaltung des Datenschutzrechts und der Grundrechtsnormen der Landesverfassungen, S. 68 ff.; *Kau*, Vom Persönlichkeitsschutz zum Funktionsschutz, S. 94 ff., 97, 107, 110 f.; *Kunig*, Jura 1993, 599; *ders.*, in v. Münch/Kunig (Hrsg.), GGK I, Art. 2 Rz. 39; *Schmitt Glaeser*, in: Isensee/Kirchhof (Hrsg.), HdbStR VI, § 129 Rz. 88; *Seidel*, Datenbanken und Persönlichkeitsrecht, S. 71 f. Differenzierend *H. Dreier*, in: Dreier (Hrsg.), Grundgesetz-Kommentar, Bd. I, Art. 2 I Rz. 82.

[468] In zwei Entscheidungen hat das Bundesverfassungsgericht den Daten- und Geheimschutz juristischer Personen des Privatrechts nicht ausschließlich in Art. 2 Abs. 1 GG i. V. m. Art. 1 Abs. 1 GG verankert, sondern Art. 14 Abs. 1 GG zur Begründung mitzitiert, vgl. BVerfGE 67, 100 (142); 77, 1 (38). In BVerfGE 95, 220 (242) läßt das Gericht die Entscheidung explizit offen. In einer neueren Entscheidung hingegen weisen die Richter juristischen Personen hinsichtlich des Schutzes wirtschaftlicher Daten in einem Grundbuch ausdrücklich nur den Schutz der allgemeinen Handlungsfreiheit zu, während in derselben Entscheidung natürlichen Personen Schutz über das informationelle Selbstbestimmungsrecht gewährt wird, vgl. BVerfG NJW 2001, 503 (505).

[469] Vgl. *Schmitt Glaeser*, in: Isensee/Kirchhof (Hrsg.), HdbStR VI, § 129 Rz. 88.

[470] BVerfGE 95, 220 (242).

aa) Versuche einer partiellen Anwendung des allgemeinen Persönlichkeitsrechts auf juristische Personen

Vielfach wird jedoch das allgemeine Persönlichkeitsrecht partiell auf juristische Personen des Privatrechts angewandt.[471] Unter Berufung auf Art. 2 Abs. 1 GG als primärer Grundlage des Persönlichkeitsrechts, auf die sich unstreitig auch privatrechtliche juristische Personen berufen können, wird ein Persönlichkeitsschutz jedenfalls für Teilbereiche wie den Schutz wirtschaftlicher Interessen oder die Verteidigung des guten Rufs bejaht.[472] Eine derartige partielle Anwendung des Persönlichkeitsschutzes, die einerseits (zu Recht) Gehalte des Art. 1 Abs. 1 GG oder den engeren Bereich des Art. 2 Abs. 1 GG nicht auf juristische Personen anwendet und andererseits unter Absenkung des Schutzniveaus[473] den Schutz vom Persönlichkeitskern weit entfernter Randbereiche auch juristischen Personen zugesteht, kann nicht überzeugen. Denn mit der Nichtanwendung des persönlichkeitsrechtlichen Kernbereichs wird dem allgemeinen Persönlichkeitsrecht insgesamt und damit auch einem bloß partiellen Schutz die eigentliche Grundlage entzogen.[474]

bb) Keine Schutzlücken im Bereich informationeller Selbstbestimmung

Die Nichtanwendung des informationellen Selbstbestimmungsrechts auf juristische Personen des Privatrechts ist als Konsequenz nicht unbillig. Denn gerade für den Bereich des Datenschutzes führt eine Versagung des Rechtsschutzes aus Art. 2 Abs. 1 GG i. V. m. Art. 1 Abs. 1 GG nicht zu nachteiligen Schutzlücken.[475] Das liegt zum einen daran, daß der insgesamt auf dem Sektor des allgemeinen Persönlichkeitsrechts viel diskutierte Verteidigungsbedarf gegenüber Beeinträchtigungen des guten Rufs eines Unternehmens datenschutzrechtlich irrelevant ist.[476] Zum anderen führt der für

---

[471] Vgl. dazu die BGH-Rechtsprechung in Fn. 466. Darüber hinaus wurde partieller Persönlichkeitsschutz im Hinblick auf Rufschädigungen gewährt in BVerwGE 82, 76 (78); OVG Lüneburg NJW 1992, 192 (193) - Berührung des sozialen Geltungsanspruchs; OVG Koblenz NVwZ 1986, 575 (575 f.). In der Literatur wurde und wird ein partieller Persönlichkeitsschutz juristischer Personen z. B. anerkannt von: *Bethge*, Ufita Bd. 95 (1983), S. 267; *H. Dreier*, in: Dreier (Hrsg.), Grundgesetz-Kommentar, Bd. I, Art. 2 I Rz. 82; *Hillgruber*, in: Umbach/Clemens (Hrsg.), Grundgesetz, Bd. I, Art. 2 I Rz. 244; *Hubmann*, Das Persönlichkeitsrecht, 2. Aufl. 1967, S. 333 f.; *Roßnagel*, RDV 2002, 63; *Stern*, in: Stern, Das Staatsrecht der Bundesrepublik Deutschland, Bd. III/1, § 71 IV, S. 1128. Daß im Rahmen des Art. 19 Abs. 3 GG juristischen Personen des Privatrechts das Recht auf informationelle Selbstbestimmung zusteht, behaupten auch *v. Lewinski*, DuD 2000, 42; *Wilms/J. Roth*, JuS 2004, 577 ff.

[472] *Di Fabio*, in: Maunz/Dürig, Grundgesetz, Bd. I, Art. 2 Abs. 1 Rz. 224; *H. Dreier*, aaO; *Hillgruber*, aaO.

[473] So explizit *Di Fabio*, aaO.

[474] Diese Unstimmigkeit wird überzeugend herausgearbeitet von *Kau*, Vom Persönlichkeitsschutz zum Funktionsschutz, S. 37.

[475] Darauf verweisen zu Recht *Höfelmann*, Das Grundrecht auf informationelle Selbstbestimmung anhand der Ausgestaltung des Datenschutzrechts und der Grundrechtsnormen der Landesverfassungen, S. 70; *Kunig*, Jura 1993, 599.

[476] *Hillgruber* beispielsweise erachtet allein wegen der Notwendigkeit der Verteidigung des guten Rufs eine Anwendbarkeit auf juristische Personen für geboten, vgl. *Hillgruber*, in: Umbach/Clemens (Hrsg.), Grundgesetz, Bd. I, Art. 2 I Rz. 244. So auch *H. Dreier*, in: Dreier (Hrsg.), Grundgesetz-Kommentar, Bd. I, Art. 2 I Rz. 82.

juristische Personen typische Funktionsschutz dazu, daß die Schutzgewährleistungen, die bei natürlichen Personen vielfach über das allgemeine Persönlichkeitsrecht aufgefangen werden, bei juristischen Personen vollständig über speziellere Grundrechtsgewährleistungen vermittelt werden.[477] Insbesondere die wirtschaftlich geprägten Interessen des Daten- und Geheimschutzes i. S. eines Schutzes von Geschäfts- und Betriebsgeheimnissen unterfallen den Grundrechten aus Art. 12 Abs. 1 GG oder Art. 14 Abs. 1 GG.[478] Gerade letzterem läßt sich außerdem ein gewisses Maß an Vertraulichkeitsschutz entnehmen.[479] Greifen diese Spezialfreiheiten im Einzelfall nicht ein, kann jedenfalls der Auffangtatbestand des Art. 2 Abs. 1 GG i. S. d. allgemeinen Handlungsfreiheit ausreichenden Schutz für die freie Entfaltung im wirtschaftlichen Verkehr gewähren.[480]

cc) Fazit

Im Ergebnis ist für juristische Personen des Privatrechts ein Rückgriff auf das in Art. 2 Abs. 1 GG i. V. m. Art. 1 Abs. 1 GG verankerte informationelle Selbstbestimmungsrecht weder möglich noch geboten. Schutz genießen allein natürliche Personen.

e) Konkurrenzen

Zu klären bleiben diverse Konkurrenzfragen. So ist streitig, wie sich der Schutzbereich des informationellen Selbstbestimmungsrechts im Ergebnis zu seiner dogmatischen Wurzel verhält. Dieses Verhältnis zeichnet die Antwort auf die Frage der Anwendbarkeit gegenüber speziellen Freiheitsverbürgungen vor. Beim Recht auf informationelle Selbstbestimmung ist anerkannt, daß der Auffangtatbestand der Art. 2 Abs. 1 GG i. V. m. Art. 1 Abs. 1 GG als Prüfungsmaßstab nur zur Anwendung gelangen kann, soweit grundrechtliche Spezialfreiheiten ausscheiden.[481] Zuletzt bleibt zu klären, wie das Bankgeheimnis zwischen Bank und Bankkunden, das bei der verfassungsrechtlichen Prüfung des § 24 c KWG berücksichtigt werden muß, in den Kontext des verfassungsrechtlichen Selbstbestimmungsschutzes einzuordnen ist.

---

[477] Zum Funktionsschutz bei juristischen Personen ausführlich *Kau*, Vom Persönlichkeitsschutz zum Funktionsschutz, S. 102 ff. Ebenso zur primär funktionellen Ausrichtung juristischer Personen *Di Fabio*, in: Maunz/Dürig, Grundgesetz, Bd. I, Art. 2 Abs. 1 Rz. 225.

[478] *Di Fabio*, aaO; *Kau*, aaO, S. 106 f.; *Vogelgesang*, Grundrecht auf informationelle Selbstbestimmung?, S. 108 f. Anderer Ansicht sind hier *Wilms/J. Roth*, JuS 2004, 577 ff., die das Recht auf informationelle Selbstbestimmung juristischer Personen neben dem Schutz der Art. 12 Abs. 1 und Art. 14 Abs. 1 GG gewähren wollen (kumulative Anwendbarkeit).

[479] *Bethge*, Ufita Bd. 95 (1983), S. 267.

[480] *Di Fabio*, in: Maunz/Dürig, Grundgesetz, Bd. I, Art. 2 Abs. 1 Rz. 225 a. E. Im Ergebnis so auch BVerfG NJW 2001, 503 (505).

[481] *Erichsen*, in: Isensee/Kirchhof (Hrsg.), HdbStR VI, § 152 Rz. 29; *Höfelmann*, Das Grundrecht auf informationelle Selbstbestimmung anhand der Ausgestaltung des Datenschutzrechts und der Grundrechtsnormen der Landesverfassungen, S. 52; *Schmitt Glaeser*, in: Isensee/Kirchhof (Hrsg.), HdbStR VI, § 129 Rz. 81; *Vogelgesang*, Grundrecht auf informationelle Selbstbestimmung?, S. 89 ff.

aa) Einordnung in die dogmatischen Strukturen des allgemeinen Persönlichkeitsrechts

Auch wenn die vom Bundesverfassungsgericht vorgenommene Ableitung des informationellen Selbstbestimmungsrechts aus dem allgemeinen Persönlichkeitsrecht auf Grund der aufgezeigten Rechtsprechungsentwicklung allgemein anerkannt ist, wird das informationelle Selbstbestimmungsrecht doch recht unterschiedlich eingeordnet. Teilweise wird diese Freiheit nur als ein „Aspekt"[482] oder als ein „Element"[483] des allgemeinen Persönlichkeitsrechts bezeichnet. Richtig ist es, das Recht auf informationelle Selbstbestimmung als eine Art „Quersumme" der zuvor von der Rechtsprechung herausgearbeiteten Facetten des allgemeinen Persönlichkeitsrechts zu sehen.[484] Wegen des präventiv weit gefaßten Schutzbereichs des informationellen Selbstbestimmungsrechts handelt es sich nicht mehr um *eine* fallbezogene Konkretisierung des allgemeinen Persönlichkeitsrechts, sondern vielmehr um eine neue, fallunabhängige abstrakte Doktrin, die immer dann greift, wenn Gefahren für den einzelnen daraus entstehen, daß Informationen als Daten erhoben oder verarbeitet werden.[485] Art. 2 Abs. 1 GG i. V. m. Art. 1 Abs. 1 GG gewähren mit dem informationellen Selbstbestimmungsrecht unabhängig davon Schutz, ob konkrete Fallgruppen wie der Schutz der Privatsphäre oder der Schutz vor Selbstbezichtigungen betroffen sind.[486]

bb) Verhältnis zu Spezialfreiheitsrechten

Das weite Schutzbereichsverständnis als abstrakte, fallunabhängige Doktrin führt dazu, daß einige Freiheitsgrundrechte mit ihrem Schutzbereich jedenfalls Teilaspekte informationeller Selbstbestimmung schützen, wenn es um die Offenbarung persönlicher Sachverhalte oder den Zugang zu solchen Sachverhalten in dem jeweils geschützten Freiheitsbereich geht.[487] Als spezielle (Teil)Gewährleistungen des informationellen Selbstbestimmungsrechts kommen folgende Freiheitsgrundrechte in Betracht:[488]

---

[482] *Starck*, in: v. Mangoldt/Klein/Starck, GG I, Art. 2 Abs. 1 Rz. 108.
[483] *Sachs*, Verfassungsrecht II Grundrechte, B 2 Rz. 57.
[484] So *Kloepfer*, in: Ständige Deputation des Deutschen Juristentages (Hrsg.), Verhandlungen des 62. Deutschen Juristentages, Bd. I, Gutachten D, S. 48; *Kunig*, in: v. Münch/Kunig (Hrsg.), GGK I, Art. 2 Rz. 38; *Murswiek*, in: Sachs (Hrsg.), Grundgesetz, Art. 2 Rz. 73; *Wanckel*, Persönlichkeitsschutz in der Informationsgesellschaft, S. 132. Offengelassen hingegen neuerdings von *H. Dreier*, in: Dreier (Hrsg.), Grundgesetz-Kommentar, Bd. I, Art. 2 Rz. 79 (anders noch in der Vorauflage von 1996, Art. 2 I Rz. 52).
[485] *Fiedler*, CR 1989, 132; *Höfelmann*, Das Grundrecht auf informationelle Selbstbestimmung anhand der Ausgestaltung des Datenschutzrechts und der Grundrechtsnormen der Landesverfassungen, S. 51 f. In diese Richtung auch *Schmitt Glaeser*, in: Isensee/Kirchhof (Hrsg.), HdbStR VI, § 129 Rz. 80.
[486] So rekurrierte das Bundesverfassungsgericht sowohl in der sog. „Tagebuchentscheidung", in der es um den Privatsphärenschutz ging, als auch in einer Entscheidung, in der Schutz vor Selbstbezichtigung in Rede stand, der Sache nach auf das informationelle Selbstbestimmungsrecht, vgl. BVerfGE 80, 367 ff.; 96, 171 ff.
[487] *Höfelmann*, Das Grundrecht auf informationelle Selbstbestimmung anhand der Ausgestaltung des Datenschutzrechts und der Grundrechtsnormen der Landesverfassungen, S. 31.
[488] Eine gute Übersicht hierzu bieten *Höfelmann*, aaO, S. 35 f.; *Vogelgesang*, Grundrecht auf informationelle Selbstbestimmung?, S. 89 ff., 109 ff.

- Eine wichtige Funktion im datenschutzrechtlichen Kontext kommt den Kommunikationsgrundrechten zu. Die Freiheit der Wahl der Kommunikationsthemen[489] als auch die Freiheit der Wahl der Kommunikationspartner[490] steht hier in Rede. *Schmitt Glaeser* weist jedoch zu Recht darauf hin, daß in den meisten Fällen der durch Art. 2 Abs. 1 GG i. V. m. Art. 1 Abs. 1 GG vermittelte Datenschutz auf die Abwehr von Fremdaktivitäten im Persönlichkeitsbereich gerichtet ist. Die durch die Kommunikationsgrundrechte vorrangig geschützte Störungsfreiheit von Eigenaktivitäten ist dann nicht deckungsgleich und somit nicht vorrangig.[491]
- Ebenfalls dient die freie Entfaltung im beruflichen und geschäftlichen Bereich partiell der informationellen Selbstbestimmung. Einschlägig können Art. 12 Abs. 1 GG und Art. 14 Abs. 1 GG insbesondere sein, wenn die berufliche Entfaltungsfreiheit durch staatliches Informationsverhalten beeinträchtigt wird oder Betriebs- und Geschäftsgeheimnisse tangiert sind.[492]
- Speziellen Grundrechtsschutz hat das Bundesverfassungsgericht zuletzt ausdrücklich für bestimmte räumlich abgrenzbare Bereiche des Privatsphärenschutzes gewährt.[493] Der Bezug zum Recht auf informationelle Selbstbestimmung wird bei Art. 10 GG insoweit hergestellt, als Schutz vor der Erhebung personenbezogener Kommunikationsdaten sowie vor der sich an die Erfassung anschließenden Datenverarbeitung vermittelt wird.[494] Die Spezialität des Art. 13 Abs. 1 GG gegenüber Art. 2 Abs. 1 GG i.V. m. Art. 1 Abs. 1 GG erstreckt sich ebenfalls auf den Informations- und Datenverarbeitungsprozeß, der sich an die Datenerhebungen anschließt, die in durch Art. 13 Abs. 1 GG geschützten Wohnungen veranlaßt worden sind.[495]

Gegenüber solchen speziellen Gewährleistungen kommt dem informationellen Selbstbestimmungsrecht - wie dem allgemeinen Persönlichkeitsrecht insgesamt - eine subsidiäre und zugleich ergänzende Funktion zu.[496]

---

[489] In Rede stehen hier die Grundrechte aus Art. 4 Abs. 1 und 2, Art. 5 Abs. 1 und Art. 3 GG.
[490] In Rede stehen hier Art. 8 und 9 Abs. 1 GG.
[491] *Schmitt Glaeser*, in: Isensee/Kirchhof (Hrsg.), HdbStR VI, § 129 Rz. 84, 85. Anders aber wohl BVerfGE 107, 299 (329 ff.), soweit es um das schutzwürdige Interesse der Medien an der Geheimhaltung der Informationsquellen und solcher Unterlagen, die das Ergebnis eigener Beobachtungen und Ermittlungen sind, sowie um den Schutz des Vertrauensverhältnisses zwischen Presse und den Informanten geht. Hier nimmt das Gericht an, daß die Erhebung von Telekommunikationsdaten im Gewährleistungsbereich der Presse- bzw. Rundfunkfreiheit gem. Art. 5 Abs. 1 Satz 2 GG erfolgt.
[492] *Vogelgesang*, Grundrecht auf informationelle Selbstbestimmung?, S. 107 ff. Generell gegen eine Spezialität von Art. 12 Abs. 1 GG und Art. 14 Abs. 1 GG gegenüber dem informationellen Selbstbestimmungsrecht hinsichtlich juristischer Personen jedoch jüngst *Wilms/J. Roth*, JuS 2004, 579 f.
[493] Vgl. für Art. 10 GG: BVerfGE 100, 313 (358); 107, 299 (312); BVerfG NJW 2004, 2213 (2215). Für Art. 13 GG: BVerfGE 109, 279 (325 f.).
[494] BVerfGE 100, 313 (359); 107, 299 (312).
[495] BVerfGE 109, 279 (325 f.).
[496] *Höfelmann*, Das Grundrecht auf informationelle Selbstbestimmung anhand der Ausgestaltung des Datenschutzrechts und der Grundrechtsnormen der Landesverfassungen, S. 52; *R. Scholz/Pitschas*, Informationelle Selbstbestimmung und staatliche Informationsverantwortung, S. 89 Fn. 314 m. w. N.

Hinsichtlich der verfassungsrechtlichen Grundsätze, die für das informationelle Selbstbestimmungsrecht gelten, sind verfassungsgerichtliche Entscheidungen zu Spezialgewährleistungen dabei genauso maßgeblich wie Judikate zu Art. 2 Abs. 1 GG i. V. m. Art. 1 Abs. 1 GG.[497]

cc) Verhältnis des Bankgeheimnisses zum informationellen Selbstbestimmungsrecht

Der Untersuchungsgegenstand des § 24 c KWG, der den automatischen Abruf von Kontoinformationen durch das Bundesamt für Finanzdienstleistungsaufsicht, d. h. durch eine staatliche Stelle[498] ermöglicht, lenkt den Blick auf eine bestimmte Gruppe von Datenträgern. Es geht bei der anstehenden Untersuchung um die Rechte der Bankkunden gegenüber dem Staat. Aus deren Perspektive gilt es, das Bankgeheimnis verfassungsrechtlich einzuordnen, oder besser, dem informationellen Selbstbestimmungsrecht als verfassungsrechtlicher Grundlage zuzuordnen.

aaa) Das Rechtsverhältnis zwischen Bankkunde und Staat als maßgeblicher Anknüpfungspunkt

Entscheidend ist die Rechtsbeziehung zwischen Bankkunde und Staat als klassisches Grundrechtsverhältnis. Davon zu trennen ist das Verhältnis zwischen Staat und Bank sowie die Verbindung zwischen Bank und Bürger.[499] Bei der Beziehung zwischen dem einzelnen Bankkunden und dem Kreditinstitut handelt es sich um ein Verhältnis, bei dem Grundrechte allenfalls mittelbar über die Mechanismen der Drittwirkung eine Rolle spielen, diese aber nicht unmittelbar den Staat als den primären Grundrechtsadressaten verpflichten.[500] Überlegungen, inwieweit das Bankgeheimnis in diesem Zusammenhang Ausfluß des jeweiligen Bankvertrages oder von Gewohnheitsrecht ist, besitzen für den Staat als unmittelbar Grundrechtsverpflichteten keine Relevanz.[501]

bbb) Das Bankgeheimnis als Unterfall des Rechts auf informationelle Selbstbestimmung

Schutzgegenstand des Bankgeheimnisses sind Daten des jeweiligen Bankkunden, die dieser für ein bestimmtes Bankgeschäft dem Kreditinstitut anvertraut.[502] Streitig ist jedoch, ob es sich beim Bankgeheimnis um ein personenbezogenes Phänomen handelt.

---

[497] Zur Übertragbarkeit der Anforderungen an den Schutz des informationellen Selbstbestimmungsrechts auf Spezialgewährleistungen vgl. BVerfGE 100, 313 (359); 107, 299 (312) - Art. 10 GG.
[498] Eine rechtsfähige Anstalt des öffentlichen Rechts, vgl. § 1 FinDAG.
[499] Eine gute graphische Übersicht bietet *Huhmann*, Die verfassungsrechtliche Dimension des Bankgeheimnisses, S. 101.
[500] *Huhmann*, aaO, S. 102.
[501] Zu den bankvertraglichen und gewohnheitsrechtlichen Wurzeln des Bankgeheimnisses *Fisahn*, CR 1995, 633 ff.; *Huhmann*, aaO, S. 28 ff., 33 ff.; *Sichtermann/Feuerborn/Kirchherr/Terdenge*, Bankgeheimnis und Bankauskunft, S. 62 ff., 65 ff.
[502] *Fisahn*, aaO, 635; *Huhmann*, Die verfassungsrechtliche Dimension des Bankgeheimnisses, S. 125.

(1) Bankgeheimnis als Schutz vermögensbezogener Informationen

Zum Teil wird das Bankgeheimnis nur als Schutzkonzept für vermögensbezogene Daten verstanden, dessen Schutz allein von Art. 2 Abs. 1 GG repräsentiert wird.[503] Dem Schutzgegenstand des Bankgeheimnisses fehle der im Hinblick auf Art. 1 Abs. 1 GG notwendige Persönlichkeitsbezug. Daten über Geldangelegenheiten gehörten nicht zu jenem elementaren geheimen Bereich, den das von Art. 1 Abs. 1 GG geprägte allgemeine Persönlichkeitsrecht schütze.[504]

(2) Bankgeheimnis als Schutz personenbezogener Daten

Die Ansicht, das Bankgeheimnis wurzele nur in der allgemeinen Handlungsfreiheit, verkennt jedoch, daß Bankdaten auch personenbezogene Daten sind.[505] Gerade die Summe an Informationen, die die Bank vom Bankkunden erhält, eröffnet die Möglichkeit, ungeahnte Einblicke auf den einzelnen und dessen Lebensverhältnisse zu erhalten.[506] Bankdaten sind jedenfalls Einzelangaben über sachliche Verhältnisse einer bestimmten Person und somit personenbezogene Daten gemäß § 3 Abs. 1 BDSG. Auf die Höchstpersönlichkeit der Daten im Sinne einer Zuordnung zu einer besonders schutzwürdigen Sphäre kommt es nicht an.[507] Vielmehr schützt das Recht auf informationelle Selbstbestimmung auf Grund der Gefahren der automatischen Datenverarbeitung auch belanglose Daten.[508]

(3) Bankgeheimnis als Berufsgeheimnis

Zudem handelt es sich bei den Bankdaten um besonders schutzwürdige Informationen, die einem Berufsgeheimnis unterfallen.[509] Mit der Weitergabe dieser Daten an die jeweilige Bank gibt der Kunde zwar freiwillig Informationen an seine Bank preis; die grundsätzliche Befugnis, über Preisgabe und Verwendung seiner persönlichen (Bank-)Daten selbst zu bestimmen, geht dabei jedoch nicht verloren. Im Gegen-

---

[503] *Canaris*, Bankvertragsrecht/1, Rz. 36 f.; *Dahm/Schebesta/Schroeter/Weber*, in: Deutscher Sparkassen- und Giroverband e. V. (Hrsg.), Bankgeheimnis und Bankauskunft in der Praxis, Rz. 9; *Geurts/Koch/Schebesta/Weber*, in: Deutscher Sparkassen- und Giroverband e. V. (Hrsg.), Bankgeheimnis und Bankauskunft in der Praxis, Rz. 9; *Glauben*, DRiZ 2002, 104.

[504] So *Canaris*, aaO, Rz. 36. Anders hingegen *Wengert/Widmann*, BB 1998, S. 724 f., die auch wirtschaftliche Daten dem Schutz des informationellen Selbstbestimmungsrechts unterstellen. Vgl. insoweit auch BVerfG NJW 1988, 3009 f.

[505] So noch für Angaben eines Steuerpflichtigen BVerfGE 67, 100 (142 f.). Dezidiert zu Informationen über Bankverbindungen und über die Kreditwürdigkeit VG Trier, NJW 2002, 3270. Ebenso *Fisahn*, CR 635; *Huhmann*, Die verfassungsrechtliche Dimension des Bankgeheimnisses, S. 125.

[506] Vgl. dazu BVerfGE 67, 100 (142 f.). *Huhmann*, Die verfassungsrechtliche Dimension des Bankgeheimnisses, S. 130.

[507] Einer solchen Vorstellung entspricht aber das Konzept von *Canaris*, Bankvertragsrecht, Rz. 36 ff., wenn dieser behauptet, daß Fragen des Bankgeheimnisses in aller Regel nicht dem höchstpersönlichen Kernbereich angehörten und deshalb nicht in den Schutzbereich des informationellen Selbstbestimmungsrechts fielen.

[508] Vgl. dazu oben S. 84 ff.

[509] Zu den Berufsgeheimnissen im Rahmen des Datenschutzrechts vgl. *Walz*, in: Simitis (Hrsg.), Bundesdatenschutzgesetz, § 1 Rz. 174 ff.

teil: Die Überlassung der Daten an die Bank erfolgt unter der erkennbaren Bedingung der Geheimhaltung.[510] Das heißt, die Offenbarung der Informationen geht einher mit ihrer bankvertraglichen Zweckbindung. Preisgabe- und Verwendungsbefugnis des Bankkunden sind betroffen, wenn diese erkennbar geheimzuhaltenden Informationen aus ihrem ursprünglichen Offenbarungs- und Verarbeitungszusammenhang herausgelöst werden.[511] Der Klient als Geheimnisherr hat demnach einen grundsätzlichen Anspruch darauf, daß in die unter das Bankgeheimnis fallenden Tatsachen kein Dritter, v. a. nicht der Staat, eingreift.[512]

(4) Zwischenergebnis

Die bereits aufgezeigten Charakteristika des Schutzbereichs zeigen, daß das Bankgeheimnis insgesamt auf der verfassungsrechtlichen Grundlage des informationellen Selbstbestimmungsrechts beruht.[513] Die mit dem Bankgeheimnis verbundenen besonderen Geheimhaltungspflichten gebieten es zum Teil, über den einfachen Datenschutzstandard hinaus zusätzliche Sicherungsanforderungen zu beachten.[514] Dem trägt das Bundesdatenschutzgesetz Rechnung, indem es von einer Parallelgeltung des Bankgeheimnisses ausgeht.[515] Inwieweit § 24 c KWG den besonderen Schutzbedürfnissen der Bankkunden entspricht, wird anhand der einzelnen Regelungsgehalte noch genauer zu untersuchen sein.

4. Ergebnis

a) Das Bundesverfassungsgericht bildete auf der Ebene des Schutzbereichs schon im Vorfeld der Anerkennung des informationellen Selbstbestimmungsrechts zwei fallübergreifende Elemente heraus, die einem umfassenden Datenschutz den Weg bereiteten. Neben einer eher statischen Komponente sphärenbezogenen Intim- und Privat-

---

[510] *Sichtermann/Feuerborn/Kirchherr/Terdenge*, Bankgeheimnis und Bankauskunft, S. 41 f.
[511] *Huhmann*, Die verfassungsrechtliche Dimension des Bankgeheimnisses, S. 125.
[512] *Sichtermann/Feuerborn/Kirchherr/Terdenge*, Bankgeheimnis und Bankauskunft, S. 42; *Huhmann*, aaO.
[513] Vgl. *Bruchner*, in: Schimansky/Bunte/Lwowski (Hrsg.), Bankrechtshandbuch, Bd. I, § 39 Rz. 5; *Dahm*, WM 1996, 1289; *Fisahn*, CR 1995, 633; *Huhmann*, aaO, S. 125, 131. Auch das Bundesverfassungsgericht geht in seiner Rechtsprechung davon aus, daß das Bankkundengeheimnis dem Recht auf informationelle Selbstbestimmung unterfällt, vgl. - allerdings noch zum Steuergeheimnis - BVerfGE 67, 100 (142 f.); dezidiert zu den Grundrechten der Bankkunden aber BVerfGE 84, 239 (279). Vgl. in diesem Sinne jüngst auch das OLG Frankfurt, Urteil vom 25.05.2004, Az. 8 U 84/04. Ohne sich im Ergebnis auf die allgemeine Handlungsfreiheit oder auf das informationelle Selbstbestimmungsrecht eindeutig festzulegen, lassen einige Autoren den pauschalen Befund ausreichen, daß das Bankgeheimnis jedenfalls „durch Art. 2 Abs. 1 GG" verfassungsrechtlichen Schutz genießt, vgl. *O. Mallmann*, Aktuelle Rechtsfragen zum Datenschutz im Bankverkehr, Rz. 59 ff., insbes. Rz. 63; *Sichtermann/Feuerborn/Kirchherr/Terdenge*, Bankgeheimnis und Bankauskunft, S. 40 ff., insbes. 44. Ohne sich genau auf die verfassungsrechtliche Grundlage des Bankgeheimnisses festzulegen auch *Musielak*, in: Hadding/U. H. Schneider (Hrsg.), Bankgeheimnis und Bankauskunft in der Bundesrepublik Deutschland und in ausländischen Rechtsordnungen, S. 13.
[514] *Walz*, in: Simitis (Hrsg.), Bundesdatenschutzgesetz, § 1 Rz. 174.
[515] Eine solche Parallelgeltung sieht § 1 Abs. 3 Satz 2 BDSG explizit vor. Vgl. dazu die ausführliche Kommentierung bei *Walz*, aaO, Rz. 174 ff., insbes. Rz. 181.

sphärenschutzes ermöglicht das Recht auf Selbstdarstellung einen sphärenunabhängigen, umfassenden Persönlichkeitsschutz.

b) Im Volkszählungsurteil vom 15. Dezember 1983 hat das Gericht den Gedanken der Selbstbestimmung und Selbstdarstellung aufgegriffen. Das informationelle Selbstbestimmungsrecht, verstanden als ein Bestimmungsrecht *über* die eigenen persönlichen Daten, ist bereichsspezifisch formuliert und in erster Linie im allgemeinen Persönlichkeitsrecht dogmatisch verankert. Es beinhaltet „die Befugnis des Einzelnen, grundsätzlich selbst über die Preisgabe und Verwendung seiner persönlichen Daten zu bestimmen".

c) Das Recht auf informationelle Selbstbestimmung mit den Aspekten des Datenschutzes und der Bewahrung einer umfassenden Entscheidungsfreiheit greift jedoch nicht nur den Gedanken der Selbstbestimmung auf, sondern vereinigt beide Stränge des allgemeinen Persönlichkeitsrechts: Sphärenkonzept und Selbstdarstellungsrecht. Mit dem absoluten Schutz eines unantastbaren Kernbereichs werden weiterhin Elemente der sog. Sphärentheorie aus der Rechtsprechung zum allgemeinen Persönlichkeitsrecht übernommen. Auf Grund des stark relativierten Privatsphärenschutzes kommt jedoch dem Selbstdarstellungs- und Selbstbestimmungsaspekt erheblich größeres und grundsätzlicheres Gewicht zu.

d) Schutzobjekte des informationellen Selbstbestimmungsrechts sind im Bereich der automatischen Datenverarbeitung personenbezogene Daten i. S. v. § 3 Abs. 1 BDSG. Darunter sind unter Berücksichtigung der spezifischen Gefahren der EDV alle, auch sog. „belanglose" Daten zu verstehen. Eine unterschiedliche Behandlung einzelner Daten, insbesondere der spezifische Schutz sensibler Daten findet erst auf der Ebene der verfassungsrechtlichen Rechtfertigung statt. Dort wird zum Teil auch die Sphärentheorie als Abwägungshilfe herangezogen.

e) Grundrechtsträger sind ausschließlich natürliche Personen. Juristische Personen können sich auf den Persönlichkeitsschutz der Art. 2 Abs. 1 GG i. V. m. Art. 1 Abs. 1 GG nicht berufen. Sie werden durch spezielle Grundrechte in ihren datenschutzrechtlichen Interessen ausreichend geschützt.

f) Wegen des präventiv weit gefaßten Schutzbereichs des informationellen Selbstbestimmungsrechts handelt es sich nicht mehr nur um eine fallbezogene Konkretisierung des allgemeinen Persönlichkeitsrechts, sondern um eine neue, fallunabhängige abstrakte Doktrin, die immer dann greift, wenn Gefahren für den einzelnen daraus entstehen, daß Informationen als Daten erhoben oder verarbeitet werden.

g) Gegenüber speziellen Gewährleistungen kommt dem informationellen Selbstbestimmungsrecht - wie dem allgemeinen Persönlichkeitsrecht insgesamt - eine subsidiäre und zugleich ergänzende Funktion zu.

h) Das Bankgeheimnis begründet einen Abwehranspruch des Bankkunden gegenüber staatlichen Eingriffen in eine dem Bankkunden zustehende Geheimnissphäre. Das Bankgeheimnis wurzelt in der verfassungsrechtlichen Grundlage des informationellen Selbstbestimmungsrechts. Die mit dem Bankgeheimnis verbundenen besonderen Geheimhaltungspflichten gebieten es zum Teil, über den einfachen Datenschutzstandard des BDSG hinaus zusätzliche Sicherungsanforderungen zu beachten.

III. Der staatliche Eingriff in den Schutzbereich des informationellen Selbstbestimmungsrechts

Mit der Anerkennung des informationellen Selbstbestimmungsrechts als einer zentralen Komponente des allgemeinen Persönlichkeitsrechts hat sich nicht nur das Schutzbereichsverständnis geweitet. Vielmehr ist auch eine moderne Sichtweise des Grundrechtseingriffs notwendig.[516] Der Grundrechtseingriff verkürzt den Gewährleistungsbereich des Freiheitsrechts. Er bedarf einer besonderen Legitimation. Grundrechtsbelästigungen oder -gefährdungen bedürfen dahingegen nicht der Rechtfertigung.[517]

1. Grundverständnis des klassischen Grundrechtseingriffs

Partiell genügt für die Fallkonstellationen des Selbstbestimmungsrechts die klassische Sichtweise des Grundrechtseingriffs.[518]

a) Begriff

Der klassische Eingriff geht von einem Staatshandeln aus, das durch die Merkmale der Rechtsförmigkeit, Unmittelbarkeit, Finalität und Imperativität geprägt ist.[519]

b) Beispiele für klassische Grundrechtseingriffe

In den ersten, zeitlich noch vor dem Volkszählungsurteil entschiedenen, Fällen ging es der Sache nach bereits um die Erhebung von Informationen. Die Subsumtion der von den Beschwerdeführern angegriffenen Maßnahmen unter den klassischen Eingriffsbegriff bereitet hier keine Schwierigkeiten.[520] Sowohl beim Zwang zur Preisgabe von Unterlagen[521], bei der auf Grund des Mikrozensusgesetzes angeordneten Repräsentativbefragung und dem auf diese Anordnung gestützten Bußgeldbescheid[522] als auch bei der staatsanwaltschaftlichen Anordnung und dem diese bestätigenden Beschluß eines

---

[516] Auf den Zusammenhang zwischen der Ausweitung des Schutzbereichs und der Modifizierung des Eingriffsverständnisses zu Recht hinweisend *Hufen*, JZ 1984, 1074; *Schmitt Glaeser*, in: Isensee/Kirchhof (Hrsg.), HdbStR VI, § 129 Rz. 42.
[517] *Bethge*, Verfassungsrecht, S. 135; *ders.*, VVDStRL Bd. 57 (1998), S. 46; Umfassend zum Grundrechtseingriff *Isensee*, in: Isensee/Kirchhof (Hrsg.), HdbStR V, § 111 Rz. 58 ff.
[518] Das sieht auch *Hufen*, in: Badura/Dreier (Hrsg.), FS 50 Jahre Bundesverfassungsgericht, Bd. II, S. 113, so, wenn er den „klassischen" Fällen des allgemeinen Persönlichkeitsrechts in der Rechtsprechung noch eine leichte Lösbarkeit der Definitionsprobleme hinsichtlich des Grundrechtseingriffs attestiert.
[519] BVerfGE 105, 279 (300). Vgl. dazu auch *Bethge*, VVDStRL Bd. 57 (1998), S. 38; *Bleckmann/ Eckhoff*, DVBl. 1988, 374; *Eckhoff*, Der Grundrechtseingriff, S. 175 ff.; *Isensee*, in: Isensee/Kirchhof (Hrsg.), HdbStR V, § 111 Rz. 61; *Lege*, Jura 2002, 760; *Pieroth/Schlink*, Grundrechte Staatsrecht II, Rz. 238.
[520] *Schmitt Glaeser*, in: Isensee/Kirchhof (Hrsg.), HdbStR VI, § 129 Rz. 33, spricht insoweit von den Fällen der Erhebung von Informationen aus der Privatsphäre, bei denen es um die staatliche Einsichtnahme in private Informationen geht.
[521] BVerfGE 32, 373 (379 ff.).
[522] BVerfGE 27, 1 (3).

Landgerichts, ein heimlich aufgenommenes Tonband als Beweismittel zu verwerten[523], handelt es sich um einen Grundrechtseingriff im „klassischen" Sinne.[524] Auch in Zeiten moderner Datenverarbeitungstechniken existieren die rechtlich, nötigenfalls zwangsweise durchsetzbaren, rechtsförmig abgeforderten und unmittelbar beabsichtigten Zugriffe auf personenbezogene Daten weiter, die als Eingriffe im herkömmlichen Sinne fungieren.[525] Die zwangsweise erfolgende staatliche Datenerhebung, die den Verfahrensgegenstand im Volkszählungsurteil bildete, ist ein Paradebeispiel dafür.[526]

2. Die generelle Notwendigkeit eines moderneren Eingriffsverständnisses

Insgesamt wird heute jedoch das klassische Eingriffsdenken als zu eng bezeichnet.[527] Die Gründe dafür sind überzeugend: Die Berührungspunkte zwischen Staat und einzelnem sind in der modernen Informationsgesellschaft zahlreicher geworden.[528] In immer mehr Lebenslagen ist der einzelne auf den Staat - nicht nur in Form des Sozialstaates[529] - angewiesen.[530] Der Staat kommt infolgedessen mit dem einzelnen Grundrechtssubjekt nicht mehr nur in Konflikt, wenn er final und unmittelbar Pflichten einfordern will. Das Konfliktpotential zwischen Staat und Bürger ist weitaus größer (geworden).

---

[523] BVerfGE 34, 238 (247).
[524] In dem Beschluß über die Verwertbarkeit einer Tonbandaufnahme, BVerfGE 34, 238 ff., handelte es sich auch nicht im Kern um eine bloß faktische Beeinträchtigung des Beschwerdeführers von seiten des Staates, insoweit zu Unrecht *H. Dreier*, in: Dreier (Hrsg.), Grundgesetz-Kommentar, Bd. I, Art. 2 I Rz. 84 Fn. 344. Denn bei dem Tonband handelte es sich um eine heimlich aufgenommene *private* Aufzeichnung, die erst später der Polizei für ihre Ermittlungen zur Verfügung gestellt wurde. Ob man auch bei heimlichen, staatlich veranlaßten Tonbandaufnahmen noch mit den engen Kategorien des klassischen Eingriffsbegriffs zurechtkommt, steht zu bezweifeln. Vielmehr wird man hier bereits von einem faktischen Eingriff ausgehen müssen, vgl. *Jarass*, NJW 1989, 860.
[525] *Hufen*, JZ 1984, 1075; *Kunig*, Jura 1993, 600.
[526] BVerfGE 65, 1 (6 f., 52).
[527] *Bethge*, VVDStRL Bd. 57 (1998), S. 40; *Bleckmann/Eckhoff*, DVBl. 1988, 373 ff.; *Lübbe-Wolff*, Die Grundrechte als Eingriffsabwehrrechte, S. 50.
[528] *Pieroth/Schlink*, Grundrechte Staatsrecht II, Rz. 239; *R. Scholz/Pitschas*, Informationelle Selbstbestimmung und staatliche Grundrechtsverantwortung, S. 18 ff. Im Zusammenhang mit den zahlreicher gewordenen Beziehungen zwischen Staat und Bürgern taucht in etlichen Abhandlungen der Begriff der „Informationsgesellschaft" auf, vgl. *Bäumler* (Hrsg.), Der neue Datenschutz; *Boehme-Neßler*, K & R 2002, 217 ff.; *Hoffmann-Riem*, AöR Bd. 123 (1998), S. 513 ff.; *Kloepfer*, DÖV 2003, 221 ff.; *Nitsch*, ZRP 1995, 361 ff.; *R. Scholz/Pitschas*, Informationelle Selbstbestimmung und staatliche Grundrechtsverantwortung, S. 18. Unter dieser Überschrift wird neben dem Datenschutz z. T. jedoch auch die Problematik der Informationsbeschaffungs- bzw. -zugangsfreiheit behandelt, vgl. *Kloepfer*, ebda.
[529] Auf das sozialstaatliche Handeln stellen insbesondere ab *Pieroth/Schlink*, aaO.
[530] *Kloepfer*, DÖV 2003, 222, nennt hier beispielsweise neben dem Anspruch auf staatliche Informationen (z. B. in Form von öffentlichen Warnungen) den Schutzanspruch des Bürgers gegenüber dem Staat vor dem Informationszugriff Privater.

a) Der moderne Eingriffsbegriff

Das moderne Eingriffsverständnis weitet daher alle Kriterien des klassischen Eingriffsbegriffs aus.[531] Bisweilen wird in Literatur und Rechtsprechung in diesem Kontext nur von „Beeinträchtigungen" gesprochen.[532] Gemeint ist damit nach wie vor aber der grundrechtsrelevante Eingriff (Grundrechtseingriff), der auf der Rechtfertigungsebene den Gesetzesvorbehalt erfordert.[533] Eingriff ist danach jedes staatliche Handeln, das dem einzelnen ein Verhalten, das in den Schutzbereich eines Grundrechts fällt, ganz oder teilweise unmöglich macht oder jedenfalls den Grundrechtsgebrauch nicht nur unerheblich erschwert, gleichgültig ob diese Wirkung final oder unbeabsichtigt, unmittelbar oder mittelbar, rechtlich oder tatsächlich, also faktisch, mit oder ohne Befehl und Zwang erfolgt.[534] Das Handeln, das als Anknüpfungspunkt gewählt wird, muß dem Staat lediglich zurechenbar sein.[535]

Durch die Extension der Eingriffskriterien ist es schwerer geworden, die Grenze zwischen einem grundrechtsrelevanten Eingriff und irrelevanten Belästigungen zu ziehen.[536] Abschließend ist diese Abgrenzungsfrage auch in der Rechtsprechung noch nicht geklärt.[537] Die Bestimmung des Eingriffs wird daher wohl stets eine Einzelfallentscheidung bleiben, die sich an der als wesentlich zu erfassenden Erheblichkeit der staatlichen Regelungswirkung auf die geschützten Freiheiten ausrichten muß.[538]

b) Beispiel für eine faktische staatliche Beeinträchtigung des allgemeinen Persönlichkeitsrechts

Mit den Maßstäben des modernen Eingriffsbegriffs bereitete bald die Einordnung faktischer Beeinträchtigungen des allgemeinen Persönlichkeitsrechts keine Schwierigkeiten mehr.[539] Das entsprach dem Trend des Bundesverfassungsgerichts, den Eingriffs-

---

[531] *Pieroth/Schlink*, Grundrechte Staatsrecht II, Rz. 240.
[532] BVerfGE 105, 279 (301). Vgl. auch die Monographien von: *Gallwas*, Faktische Beeinträchtigungen im Bereich der Grundrechte; *Ramsauer*, Die faktischen Beeinträchtigungen des Eigentums.
[533] *Bethge*, VVDStRL Bd. 57 (1998), S. 46; ders., Jura 2003, 331 ff.; *Lübbe-Wolff*, Die Grundrechte als Eingriffsabwehrrechte, S. 50. Auch wenn das Bundesverfassungsgericht daher in jüngeren Entscheidungen den Begriff der „Beeinträchtigung" wählt (vgl. BVerfGE 105, 279 [301]) und bloß mittelbaren Beschränkungen zum Teil die Eingriffsqualität abspricht (vgl. BVerfGE 105, 279 [299 f.]; 106, 275 [299 ff.]), ginge es zu weit, darin eine Tendenz des Gerichts zu sehen, zu den Kriterien des klassischen Eingriffsdenkens zurückzukehren, auch wenn das Gericht in neuerer Zeit mit seinen Entscheidungen einen solchen Eindruck erweckt; vgl. dazu die ausschließliche Orientierung an den Merkmalen des Grundrechtseingriffs im herkömmlichen Sinne in BVerfGE 105, 279 (299 f.).
[534] *Bethge*, aaO, S. 40; *Eckhoff*, Der Grundrechtseingriff, S. 273; *Kunig*, Jura 1993, 600; *Pieroth/Schlink*, Grundrechte Staatsrecht II, Rz. 240.
[535] BVerfGE 66, 39 (60).
[536] *Pieroth/Schlink*, Grundrechte Staatsrecht II, Rz. 245. *Bethge*, VVDStRL Bd. 57 (1998), S. 45, lehnt einen sog. Bagatellvorbehalt als Lösung wegen fehlender Praktikabilität ab.
[537] BVerfGE 66, 39 (58).
[538] *Höfelmann*, Das Grundrecht auf informationelle Selbstbestimmung anhand der Ausgestaltung des Datenschutzrechts und der Grundrechtsnormen der Landesverfassungen, S. 160.
[539] *Jarass*, NJW 1989, 860.

begriff generell durch seine Rechtsprechung zu erweitern.[540] So lagen z. B. bloß faktische, aber gleichwohl grundrechtsrelevante Beeinträchtigungen[541] des allgemeinen Persönlichkeitsrechts bei der Einziehung von Briefen von Untersuchungshäftlingen[542] vor. Der Tatbestand des allgemeinen Persönlichkeitsrechts war nicht mehr auf den Schutz vor finalen und unmittelbaren rechtlichen staatlichen Handlungen beschränkt.[543]

3. Der „Informationseingriff"[544]

Die bloß faktische Beeinträchtigung des grundrechtlichen Schutzbereichs erlangt im Rahmen des Rechts auf informationelle Selbstbestimmung eine besondere Bedeutung. Denn Datenverarbeitung findet nicht mehr nur im Überschreiten von staatlicher und bürgerlicher Sphäre statt, sondern vielfach auch in intrastaatlichen Vorgängen. Der automatisierte Umgang mit personenbezogenen Informationen im Binnenbereich der Verwaltung gerät in Konflikt mit dem Recht des einzelnen, grundsätzlich über die Verwendung der ihn betreffenden Informationen zu bestimmen.[545]

a) Der Informationseingriff als Konsequenz aus der technischen Entwicklung

Die technische Entwicklung und die spezifischen Gefahren der automatischen Datenverarbeitung sind ausschlaggebende Faktoren für die Bestimmung der Weite des Informationseingriffs.[546] Ab wann staatliche Datenerhebung und -verarbeitung einen Informationseingriff darstellt, kann am besten anhand verschiedener Kriterien ermittelt werden, die den Eingriffscharakter näher bestimmen. Die Untersuchung der einzelnen Datenverarbeitungsphasen, der Datenverarbeitungsform und der datenverarbeitenden Stellen verschafft Klarheit darüber, inwieweit für den Informationseingriff eine Modifizierung des Eingriffsdenkens i. S. d. modernen Eingriffsverständnisses notwendig geworden ist.[547]

b) Die Kriterien des Informationseingriffs

Akzeptiert man das Recht auf informationelle Selbstbestimmung als Verfügungsrecht hinsichtlich Preisgabe und Verwendung personenbezogener Informationen, dann muß

---

[540] *Höfelmann*, Das Grundrecht auf informationelle Selbstbestimmung anhand der Ausgestaltung des Datenschutzrechts und der Grundrechtsnormen der Landesverfassungen, S. 159.
[541] Also Eingriffe in das allgemeine Persönlichkeitsrecht.
[542] BVerfGE 57, 170 (177 f.).
[543] So im Ergebnis auch *Gusy*, VerwArch Bd. 74 (1983), S. 102 ff.; *Schwan*, VerwArch Bd. 66 (1975), S. 127 f.
[544] Gemeint ist damit ein Eingriff in das Recht auf informationelle Selbstbestimmung, vgl. BVerfGE 65, 1 (52); *Höfelmann*, Das Grundrecht auf informationelle Selbstbestimmung anhand der Ausgestaltung des Datenschutzrechts und der Grundrechtsnormen der Landesverfassungen, S. 158 ff.
[545] *Hufen*, JZ 1984, 1075.
[546] *Hufen*, aaO; *Rosenbaum*, Jura 1988, 180.
[547] *Höfelmann*, Das Grundrecht auf informationelle Selbstbestimmung anhand der Ausgestaltung des Datenschutzrechts und der Grundrechtsnormen der Landesverfassungen, S. 160 - 164.

sich auch der Eingriff, der sich ja gerade am Schutzbereich des jeweiligen Grundrechts orientiert, von diesem Grundrechtsanliegen her definieren lassen.[548]

aa) Der Inhalt des informationellen Selbstbestimmungsrechts als Ausgangspunkt für die Bestimmung der Eingriffsqualität

Der Schutzbereich bildet den Maßstab für die Herausbildung des Schutzprofils.[549] Entscheidend für die Bestimmung der Eingriffsqualität ist aus der Perspektive des Selbstbestimmungsgedankens, daß der Grundrechtsträger die Kontrolle darüber behält, „wer was wann und bei welcher Gelegenheit" über ihn weiß.[550] Hinter diesem Transparenzgebot steht eine psychologische Funktion: Die Ungewißheit des einzelnen darüber, ob sein Verhalten registriert, Informationen darüber weitergegeben oder jedenfalls festgehalten werden, soll verringert werden, um so die für die Wahrnehmung von Grundrechten insgesamt erforderliche Willensentschließungsfreiheit zu sichern.[551] Das informationelle Selbstbestimmungsrecht soll vor Informationsverunsicherung des einzelnen schützen.[552] Dieser Schutz ist wesentliche Voraussetzung für die Ausübung der anderen Grundrechte und damit eine Grundbedingung für das Funktionieren eines demokratischen Gemeinwesens.[553] Dieser objektivrechtliche Gehalt des informationellen Selbstbestimmungsrechts trägt mit dazu bei, daß es bereits in bloßen Gefährdungssituationen zum Tragen kommt. Diesen technisch bedingten Gefährdungen muß auch das Eingriffskonzept Rechnung tragen.

bb) Die „öffentlichen Stellen" als datenverarbeitende Stellen

Denkt man in Eingriffskategorien, kann grundrechtsrelevante datenverarbeitende Stelle nur der Staat sein. Staatliches Handeln ist notwendige Bedingung eines Grundrechtseingriffs.[554] Ob und inwieweit das Recht auf informationelle Selbstbestimmung auch im privaten Bereich Wirkungen entfaltet, kann hingegen unabhängig davon beantwortet werden, ob ein Eingriff vorliegt.[555] Daß das Recht auf informationelle Selbstbestimmung nicht nur für die Datenverarbeitung der öffentlichen Verwaltung gilt, sondern auch für die Datenverarbeitung von Privaten, ist heute unbestritten:[556]

---

[548] Darauf weisen *Kunig*, Jura 1993, 600, und *Rosenbaum*, Jura 1988, 180, hin.
[549] *Kunig*, aaO.
[550] BVerfGE 65, 1 (43).
[551] *Rosenbaum*, Jura 1988, 180.
[552] *Kunig*, Jura 1993, 601; *Schmitt Glaeser*, in: Isensee/Kirchhof (Hrsg.), HdbStR VI, § 129 Rz. 97.
[553] BVerfGE 65, 1 (43).
[554] Vgl. dazu oben auf S. 103 ff. sowohl den klassischen als auch den modernen Eingriffsbegriff.
[555] Es macht grundrechtsdogmatisch einen Unterschied, ob der Staat oder private Akteure personenbezogene Daten erheben und verarbeiten, vgl. dazu *Di Fabio*, in: Schulte (Hrsg.), Technische Innovation und Recht, S. 124 ff.
[556] So explizit BVerfGE 84, 192 (194 f.). Aus der Literatur vgl. *Baumann*, DVBl. 1984, 613; *Höfelmann*, Das Grundrecht auf informationelle Selbstbestimmung anhand der Ausgestaltung des Datenschutzrechts und der Grundrechtsnormen der Landesverfassungen, S. 66 ff.; *Hoffmann-Riem*, in: Bäumler (Hrsg.), Der neue Datenschutz, S. 15 f.; *Hufen*, JZ 1984, 1076; *Kloepfer*, DÖV 2003, 223; *ders.*, in: Ständige Deputation des Deutschen Juristentages (Hrsg.), Verhandlungen des 62. Deutschen Juristentages, Bd. I, Gutachten D, S. 68 f.; *Kunig*, Jura 1993, 602; *Nitsch*, ZRP 1995, 364 f.;

Grundrechtskollisionen im Verhältnis der Bürger untereinander, nämlich zwischen dem Recht auf Datenverarbeitung und dem Recht auf informationelle Selbstbestimmung sind über die Brücke der mittelbaren Drittwirkung[557] möglich.[558] Sie sind nach den Grundsätzen praktischer Konkordanz aufzulösen, für die die zwingende Eingriffsvoraussetzung des Gesetzesvorbehalts nicht gilt.[559] Art und Reichweite der Auswirkung des informationellen Selbstbestimmungsrechts im privaten Bereich sind umstritten.[560] Gegebenenfalls muß der Gesetzgeber in Erfüllung grundrechtlicher Schutzpflichten Regelungen schaffen, die geeignet sind, das Recht auf informationelle Selbstbestimmung vor Beeinträchtigungen von privater Seite zu bewahren.[561] Der Klärung dieser Fragen braucht hier jedoch nicht nachgegangen zu werden, da es für die

---

Roßnagel/Pfitzmann/Garstka, Modernisierung des Datenschutzrechts, S. 50 ff.; *Schlink*, Der Staat Bd. 25 (1986), S. 245 f.; *Schmitt Glaeser*, in: Isensee/Kirchhof (Hrsg.), HdbStR VI, § 129 Rz. 91; *Simitis*, in: Simitis (Hrsg.), Bundesdatenschutzgesetz, § 1 Rz. 50; *ders.*, NJW 1984, 400 f.

[557] Unter „Drittwirkung" versteht man die Geltung der Grundrechte über das für die Grundrechte klassische Zweierverhältnis zwischen dem einzelnen und dem Staat hinaus im Verhältnis des einzelnen zu einem anderen Privatrechtssubjekt (Dritten), vgl. *Pieroth/Schlink*, Grundrechte Staatsrecht II, Rz. 173. Das einen Rechtsstreit zwischen zwei Privaten beurteilende Gericht hat Grundrechte nur zu beachten, soweit sie zwischen den Parteien über Generalklauseln des Zivilrechts (sog. „Einbruchstellen") Geltung erlangen.

[558] Seit dem sog. „Lüth-Urteil" des Bundesverfassungsgerichts (BVerfGE 7, 198 ff.) ist das Konzept der *mittelbaren Drittwirkung* der Grundrechte anerkannt, vgl. BVerfGE 7, 198 (205); st. Rspr. Aus der Literatur vgl. *Bethge*, Zur Problematik von Grundrechtskollisionen, S. 400; *Bettermann*, in: Merten/Papier/Schmidt/Zeuner (Hrsg.), Staatsrecht - Verfahrensrecht - Zivilrecht, S. 53 f.; *Canaris*, Grundrechte und Privatrecht, S. 24 Fn. 49 m. w. .N.; *ders.*, AcP Bd. 184 (1984), S. 201 ff., 245; *Clemens*, in: Umbach/Clemens (Hrsg.), Grundgesetz, Bd. I, Vor Art. 2 ff. Rz. 18, 22; *Di Fabio*, in: Maunz/Dürig, Grundgesetz, Bd. I, Art. 2 Abs. 1 Rz. 138 ff.; *H. Dreier*, in: Dreier (Hrsg.), Grundgesetz-Kommentar, Bd. I, Vorb. Rz. 96 ff. m. w. N.; *Dürig*, DÖV 1958, 194 ff.; *Jarass*, in: Jarass/Pieroth, Grundgesetz, Vorb. vor Art. 1 Rz. 58 ff.; *v. Münch*, in: v. Münch/Kunig (Hrsg.), GGK I, Vorb. Art. 1 -19 Rz. 29, 31; *Pieroth/Schlink*, Grundrechte Staatsrecht II, Rz. 181. Im Ergebnis für eine mittelbare Drittwirkung auch: *Böckenförde*, in: Posser/Wassermann (Hrsg.), Freiheit in der sozialen Demokratie, S. 88 f.; *v. Hodenberg*, Das Bekenntnis des deutschen Volkes zu den Menschenrechten in Art. 1 Abs. 2 GG, S. 94 f. Differenzierend *Starck*, in: v. Mangoldt/Klein/Starck, GG I, Art. 1 Abs. 3 Rz. 262 ff., 270 ff.
Für eine *unmittelbare Drittwirkung* dagegen noch: *Hager*, JZ 1994, 383; *Nipperdey*, in: Bettermann/Nipperdey (Hrsg.), Die Grundrechte, S. 747 ff.; *ders.*, in: Nipperdey (Hrsg.), FS für Erich Molitor, S. 28 ff. Im Ergebnis auch *Schwabe*, Die sogenannte Drittwirkung der Grundrechte, S. 16 ff., 45 ff., 154 ff.; *ders.*, Probleme der Grundrechtsdogmatik, S. 213.

[559] *Di Fabio*, in: Maunz/Dürig, Grundgesetz, Bd. I, Art. 2 Abs. 1 Rz. 189; *H. Ehmann*, JuS 1997, 197; *Jarass*, NJW 1989, 862.

[560] Für ein unterschiedliches Datenschutzniveau im öffentlichen und nicht-öffentlichen Bereich sprechen sich aus *Di Fabio*, in: Maunz/Dürig, Grundgesetz, Bd. I, Art. 2 Abs. 1 Rz. 190; *Schmitt Glaeser*, in: Isensee/Kirchhof (Hrsg.), HdbStR VI, § 129 Rz. 90 ff. Eine einheitliche Realisierung ebenfalls der allgemeinen Grundsätze des Rechts auf informationelle Selbstbestimmung im öffentlichen als auch im privaten Bereich favorisieren hingegen *Hoffmann-Riem*, in: Bäumler (Hrsg.), Der neue Datenschutz, S. 17; *Pitschas*, DuD 1998, 146; *Roßnagel*, RDV 2002, 62; *ders./Pfitzmann/Garstka*, DuD 2001, 253, 256; *Simitis*, in: Simitis (Hrsg.), Bundesdatenschutzgesetz, § 1 Rz. 50 ff., insbesondere Rz. 54; *Trute*, JZ 1998, 826 ff.

[561] *Di Fabio*, in: Maunz/Dürig, Grundgesetz, Bd. I, Art. 2 Abs. 1 Rz. 190 m. w . N. zu bestehenden Schutzvorkehrungen in Fn. 2 auf S. 191. Auf Grund der bestehenden datenschutzbezogenen Regelungen im privaten Bereich sei ein „bedeutsames Untermaß an Schutzvorkehrungen gegenwärtig nicht erkennbar", *Di Fabio*, ebda, Rz. 190 a. E.

anstehende Untersuchung allein auf das eingriffsgeprägte Verhältnis zwischen Bankkunden und Staat, also auf die klassische grundrechtliche Abwehrsituation ankommt. Der Informationseingriff setzt wie jeder Grundrechtseingriff staatliches Handeln voraus. Als datenverarbeitende Stellen kommen insoweit nur die sog. „öffentlichen Stellen" i. S. v. § 2 Abs. 1, 2, 3, 4 Satz 2 BDSG in Betracht.

cc) Die relevanten Datenverarbeitungsphasen

Welche Handlungen des Staates Eingriffscharakter besitzen, verdeutlicht ein Blick auf die verschiedenen staatlichen Datenverarbeitungsphasen.

aaa) Die Rechtsprechung

Das Bundesverfassungsgericht ist diesbezüglich im Volkszählungsurteil sehr konkret. Nach der abwehrrechtlichen Definition des informationellen Selbstbestimmungsrechts gewährt dieses Freiheitsrecht Schutz gegen unbegrenzte Erhebung[562], Speicherung, Verwendung und Weitergabe personenbezogener Daten.[563] Kurz: Das Gericht qualifiziert damit jeglichen „Umgang" mit persönlichen Daten als Informationseingriff.[564] Dieses umfassende Verständnis des Informationseingriffs prägt die Rechtsprechung und die h. M. in der Literatur bis heute.[565] Bezogen auf Art. 10 GG, der als eine lex specialis zu Art. 2 Abs. 1 GG i. V. m. Art. 1 Abs. 1 GG fungiert, soweit Informationseingriffe in den Fernmeldeverkehr in Rede stehen[566], hat das Bundesverfassungsgericht zuletzt die Schutzwirkung des informationellen Selbstbestimmungsrechts konsequent auf jede Phase des Datenverarbeitungsprozesses erstreckt, der sich an die Kenntnisnahme der geschützten Kommunikationsdaten anschließt.[567] Im Ergebnis finden daher je nach Art und Umfang der automatischen Datenverarbeitung mehrere Eingriffe konsekutiv statt: Die Erhebung der Daten selbst, das anschließende Speichern der Daten auf einem Datenträger, das Verändern der gespeicherten Daten i. V. m. einer

---

[562] Damit ist das Beschaffen von Informationen über den Betroffenen gemeint, vgl. § 3 Abs. 3 BDSG. Das Bundesdatenschutzgesetz trennt das Erheben begrifflich vom Verarbeiten der Daten, vgl. § 3 Abs. 4 BDSG. Der Sache nach kann man aber auch die Datenerhebung als Phase der Datenverarbeitung einordnen.
[563] BVerfGE 65, 1 (43). Später auch BVerfGE 67, 100 (143); 84, 239 (279); 89, 69 (82); 103, 21 (33).
[564] Der „Umgang" ist der vom Bundesdatenschutzgesetz (§ 1 Abs. 1 BDSG) gewährte Oberbegriff für die insgesamt sieben Phasen der Datenverarbeitung: Das Erheben, das Speichern, das Verändern, das Übermitteln, das Sperren, das Löschen und das Nutzen von Daten. Zu den Begriffen vgl. jeweils die Legaldefinitionen in § 3 Abs. 3, 4, 5 BDSG.
[565] Vgl. aus der Literatur z. B. *Bäumler*, JR 1984, 362; *Höfelmann*, Das Grundrecht auf informationelle Selbstbestimmung anhand der Ausgestaltung des Datenschutzrechts und der Grundrechtsnormen der Landesverfassungen, S. 163; *Hufen*, JZ 1984, 1074 f.; *Rosenbaum*, Jura 1988, 180; *Simitis*, in: Simitis (Hrsg.), Bundesdatenschutzgesetz, § 1 Rz. 76 ff.; *Tinnefeld*, CR 1989, 45; *dies.*, NJW 1993, 1117 ff.
[566] BVerfGE 100, 313 (358); 107, 299 (312).
[567] BVerfGE 100, 313 (366 f.).

etwaigen Prüfung der Zwecktauglichkeit der erhobenen Daten und die Weitergabe der Daten an Dritte.[568]

bbb) **Kritik aus der Literatur**

Unterschiedlich sind hingegen die Stellungnahmen in der Literatur zur Qualifizierung des Informationseingriffs durch die Rechtsprechung. Einem umfassenden Schutzprofil wird zum einen das unübersichtliche Szenario einer aufwendigen Normenflut entgegengehalten, da die Qualifikation als Eingriff alle staatlichen Datenverarbeitungsaktivitäten unter das Netz des Gesetzesvorbehalts zwinge.[569] Zum anderen werden Befürchtungen geäußert, die Kategorie des Eingriffs werde entwertet, wenn alle, auch grundrechtsirrelevante „Bagatellbeeinträchtigungen" den Eingriffsmechanismus auslösten.[570] Jedenfalls sollten Informationserhebungen, die nicht zum Zweck der Datenverarbeitung erfolgen, keinen Eingriffscharakter haben.[571]

ccc) **Stellungnahme**

Bei abstrakter Betrachtung des oben skizzierten Schutzbereichsanliegens ist die Linie der Rechtsprechung konsequent. Die Einbeziehung aller Datenverarbeitungsphasen ergänzt die grundsätzliche Nichtbeschränkung auf bestimmte Datenarten.[572] Das gilt insbesondere für die Phase der Datenerhebung.[573] Die Erhebung verschafft erst die Möglichkeit für die datenverarbeitende Stelle, über die Daten zu verfügen.[574] Die Informationsverunsicherung, vor der das informationelle Selbstbestimmungsrecht schützen soll, tritt hier bereits ein. Sie ist nicht etwa deshalb ausgeschlossen, weil der Betroffene jetzt weiß, wer seine Daten hat.[575] Das Vertrauen darauf, daß die Behörde die Daten ausschließlich im Rahmen ihrer Aufgabenzuweisung nutzen wird oder die Daten womöglich gar nicht weiternutzen will, reicht nicht aus.[576] Daß es innerhalb des Datenverarbeitungsprozesses Schritte gibt, bei denen die Risiken für das Selbstbe-

---

[568] BVerfGE 100, 313 (366 f.). Jüngst auch BVerfGE 109, 279 (325 ff.).
[569] *Nitsch*, ZRP 1995, 364; *Vogelgesang*, Grundrecht auf informationelle Selbstbestimmung?, S. 152 f. Auf die Gefahr einer totalen „Vergesetzlichung", im Zuge derer der Gesetzgeber zu Lasten des informationellen Selbstbestimmungsrechts die von der Exekutive behaupteten Sachzwänge normativ nachzeichnet, weist auch *Denninger*, KJ 1985, 215 ff., hin.
[570] *Bull*, ZRP 1998, 313; *Kloepfer*, Datenschutz als Grundrecht, S. 25; ders., in: Ständige Deputation des Deutschen Juristentages (Hrsg.), Verhandlungen des 62. Deutschen Juristentages, Bd. I, Gutachten D, S. 49; *Schmitt Glaeser*, in: Isensee/Kirchhof (Hrsg.), HdbStR VI, § 129 Rz. 97; *Vogelsang*, Grundrecht auf informationelle Selbstbestimmung?, S. 62.
[571] *Schmitt Glaeser*, aaO, Rz. 96 f.
[572] *Höfelmann*, Das Grundrecht auf informationelle Selbstbestimmung anhand der Ausgestaltung des Datenschutzrechts und der Grundrechtsnormen der Landesverfassungen, S. 56 f.
[573] Und dies nicht nur, weil das Bundesverfassungsgericht das Bestimmungsrecht über die personenbezogenen Daten explizit auch auf die „Preisgabe" der Daten erstreckte, vgl. BVerfGE 65, 1 (43). Vgl. auch BVerfG NJW 1988, 2031; BVerfG NJW 1990, 2761 (2762).
[574] *Simitis*, in Simitis (Hrsg,), Bundesdatenschutzgesetz, § 1 Rz. 77.
[575] So zu Recht *Kunig*, Jura 1993, 601.
[576] So aber *Schmitt Glaeser*, in: Isensee/Kirchhof (Hrsg.), HdbStR VI, § 129 Rz. 97.

stimmungsrecht besonders hoch sind[577], ändert nichts an der Schutzbedürftigkeit auch der anderen Phasen, wenn man der präventiven Funktion des informationellen Selbstbestimmungsrechts Rechnung tragen will. [578]
Mit Blick auf den Schutzbereich kann es auch keine „Bagatellbeeinträchtigungen" geben. Geht man von einem Schutzobjekt aus, das mit Blick auf die automatisierte Datenverarbeitung keine belanglosen Informationen kennt, dann ist eine Kategorie unwesentlicher Beeinträchtigungen inkonsequent.[579] Dies gilt um so mehr, als die Bewertung dessen, was eine bloße Bagatelle und was eine wesentliche Beeinträchtigung ist, ausschließlich Sache des jeweiligen Grundrechtsträgers ist.[580]

Zuletzt steht mit der weiten Fassung des Informationseingriffs eine intransparente Normenflut des Gesetzgebers nicht zwangsläufig zu befürchten. Gegenwärtige Schieflagen in der Gesetzeslandschaft können den Eingriffscharakter jeder Datenverarbeitungsphase nicht minimieren. Es ist zwar richtig, daß die Eingriffsqualität der staatlichen Datenverarbeitung zur Anwendbarkeit des Gesetzesvorbehalts führt.[581] Die Ausgestaltung des Gesetzesvorbehalts und der Eingriffsmodalitäten insgesamt bleibt jedoch variabel. Die vom Bundesverfassungsgericht im Zusammenhang mit der Datenverarbeitung geforderte Priorität bereichsspezifischer Regelungen[582] läßt weiterhin eine abgestufte Regelungstiefe der gesetzgeberischen Maßnahmen zu.[583] Angesprochen ist hier vor allem das Verhältnis zwischen allgemeinen datenschutzrechtlichen Bestimmungen im Bundesdatenschutzgesetz und Spezialnormen, sog. bereichsspezifischen Regelungen. Eine Gesetzgebungstechnik, mit der das bereichsspezifische Datenschutzrecht auf das verfassungsrechtlich notwendige Maß reduziert wird und mit der gleichzeitig generelle Datenschutzvorschriften realisiert werden, die die allgemeinen Datenschutzgrundsätze gleichsam „vor der Klammer" formulieren, trägt durchaus der Forderung nach Transparenz Rechnung.[584]

---

[577] Das Bundesverfassungsgericht sieht besondere Probleme bei der Phase der Datenübermittlung, vgl. BVerfGE 65, 1 (51 f.).
[578] Dementsprechend werden heute auch von den Fachgerichten generell staatliche Erhebung und Verarbeitung personenbezogener Daten als Informationseingriffe qualifiziert, vgl. BVerwG NJW 1990, 2761 (2762); VG Hannover, NVwZ 1987, 826 (826 ff.); OLG Koblenz NJW 1986, 3093 (3094); VG Trier NJW 2002, 3268 (3269 f).
[579] *Simitis*, in: Simitis (Hrsg.), Bundesdatenschutzgesetz, § 1 Rz. 80.
[580] Eine externe Bewertung führt zwangsläufig zu unbilligen Ergebnissen, vgl. *Simitis*, aaO, Rz. 83. Generell zur Problematik der Abgrenzung bloßer „Belästigungen" von eingriffsrechtlich erheblichen „Beeinträchtigungen" *Bethge*, VVDStRL Heft 57 (1998), S. 45; *Isensee*, in: Isensee/Kirchhof (Hrsg.), HdbStR V, § 111 Rz. 66; *Kloepfer*, in: Starck (Hrsg.), Bundesverfassungsgericht und Grundgesetz, Bd. II, S. 409 f.; *Sachs*, in: Sachs (Hrsg.), Grundgesetz, vor Art. 1 Rz. 83 ff., 94 f.
[581] BVerfGE 65, 1 (44, 46); 100, 313 (359); 103, 21 (30); 107, 299 (314 f.); 109, 279 (325 ff.); BVerfG NJW 2002, 3231 (3232). Dazu auch *Kunig*, Jura 1993, 600; *Simitis*, in: Simitis (Hrsg.), Bundesdatenschutzgesetz, Einleitung Rz. 32.
[582] BVerfGE 65, 1 (46); 100, 313 (360, 389).
[583] Entschließung der Konferenz der Datenschutzbeauftragten des Bundes und der Länder und der Datenschutzkommission Rheinland-Pfalz vom 27./28. März 1984, DÖV 1984, 505.
[584] *Bizer*, DuD 2001, 276; *Bull*, in: Bäumler (Hrsg.), Der neue Datenschutz, S. 30 ff.; *Gerhold/Heil*, DuD 2001, 381; *Roßnagel*, RDV 2002, 61 f.

Insgesamt stellt somit jeder Akt, der geeignet ist, die Überschaubarkeit der Verwendung personenbezogener Daten durch den Betroffenen einzuschränken, d. h. jede Datenverarbeitungsphase, einen Eingriff dar.[585]

ddd) Die Einwilligung

Neben den untauglichen Ansätzen einer Eingriffsreduktion gibt es mit der Kategorie der Einwilligung eine praktisch bedeutsame Ausblendung staatlicher Datenverarbeitungsvorgänge aus dem Kreis der grundrechtsrelevanten Eingriffe. Ausgehend von der geschützten Befugnis des einzelnen, über Preisgabe und Verwendung seiner persönlichen Daten zu bestimmen, stellt die Einwilligung eine Grundrechtsausübung im Sinne einer Bestimmung über die jeweiligen Daten dar.[586] Mit eingriffsausschließenden Einverständniserklärungen ist freilich die Problematik der Freiwilligkeit der Entscheidung und der Überschaubarkeit der bewilligten staatlichen Maßnahme verbunden. Diesen Schwierigkeiten tragen die Regelungen des Bundesdatenschutzgesetzes[587] hinsichtlich der Einwilligung in staatliche Eingriffe ausreichend Rechnung.[588] Staatliche Datenverarbeitung stellt keinen Eingriff dar, wenn der Betroffene in die Erhebung und Verwendung seiner Daten eingewilligt hat.

dd) Die Form der Datenerhebung

Angesichts der zwangsweise angeordneten Informationserhebung zum Zwecke der Datenverarbeitung bot das Volkszählungsurteil keinen hinreichenden Anlaß, eine erschöpfende Antwort auf die Frage zu geben, welche Formen der Datenerhebung neben der Informationserlangung durch Zwang Eingriffscharakter haben. Da es aber für den Schutz der Selbstbestimmungsbefugnis im Rahmen der automatischen Datenverarbeitung maßgeblich auf die Nutzbarkeit und Verwendungsmöglichkeit der Daten ankommt, besitzen die Grundsätze der Volkszählungsentscheidung über die Fälle der zwangsweise durchsetzbaren, staatlichen Datenerhebung hinaus allgemeine Gültigkeit.[589] Vor allem bei einer Datenerhebung ohne Wissen des Betroffenen[590] liegt daher ein Informationseingriff vor. Diese Erhebungsart hat das Gericht nicht nur im Volks-

---

[585] *Rosenbaum*, Jura 1988, 180.
[586] Nicht hingegen handelt es sich um einen Grundrechtsverzicht, vgl. *Geiger*, NVwZ 1989, 36 f.; *Höfelmann*, Das Grundrecht auf informationelle Selbstbestimmung anhand der Ausgestaltung des Datenschutzrechts und der Grundrechtsnormen der Landesverfassungen, S. 54; *Rosenbaum*, Jura 1988, 180 f. Dazu allgemein auch *Bethge*, VVDStRL Heft 57 (1998), S. 44.
[587] § 4a BDSG.
[588] *Kunig*, Jura 1993, 601. Zu Recht verweist *Simitis* darauf, daß die Einwilligung in erster Linie eine typische Verarbeitungsvoraussetzung des nicht-öffentlichen Bereichs ist, vgl. *Simitis*, in: Simitis (Hrsg.), Bundesdatenschutzgesetz, § 4a Rz. 16. Insgesamt kritisch zur Kategorie der Einwilligung als eines wirksamen Schutzes gegen Verletzungen des informationellen Selbstbestimmungsrechts *Vogelgesang*, Grundrecht auf informationelle Selbstbestimmung?, S. 149 ff.
[589] *Gola/Schomerus*, Bundesdatenschutzgesetz, § 3 Rz. 24; *Schmitt Glaeser*, in: Isensee/Kirchhof (Hrsg.), HdbStR VI, § 129 Rz. 99; *Simitis*, in: Simitis (Hrsg.), Bundesdatenschutzgesetz, § 1 Rz. 85.
[590] D. h. durch Datenerhebung bei Dritten oder durch heimliche Beobachtung (Observation).

zählungsurteil bereits beiläufig erwähnt[591], sondern in späteren Entscheidungen auch ausdrücklich als Eingriff klassifiziert.[592] Auch die Auskunftserteilung als Obliegenheitserfüllung[593] erfüllt die Voraussetzungen staatlicher Datenerhebung.[594]

Im Ergebnis fallen neben der Datenerhebung und -verarbeitung mittels Zwang auch die Datenabgabe zur Erfüllung eigener Obliegenheiten sowie die Datenerhebung bei Dritten oder durch heimliche Observation unter die Definition des Informationseingriffs. In all diesen Fällen handelt es sich um Situationen, in denen auf Grund der Nutzbarkeit und Verwendungsmöglichkeit der persönlichen Daten die Befugnis des einzelnen, über Preisgabe und Verwendung seiner Daten zu verfügen, beeinträchtigt ist.

4. Ergebnis

a) Insgesamt wird heute im Sinne eines modernen Grundrechtsverständnisses das klassische Eingriffsdenken als zu eng bezeichnet. Ein Eingriff ist vielmehr jedes staatliche Handeln, das dem einzelnen ein Verhalten, das in den Schutzbereich eines Grundrechts fällt, ganz oder teilweise unmöglich macht oder jedenfalls den Grundrechtsgebrauch nicht nur unerheblich erschwert, gleichgültig ob diese Wirkung final oder unbeabsichtigt, unmittelbar oder mittelbar, rechtlich oder tatsächlich, mit oder ohne Befehl und Zwang erfolgt.

b) Auf den Informationseingriff sind die Kriterien des weiten Eingriffsverständnisses zu übertragen. Unter einem Informationseingriff ist danach jedes staatliche Handeln zu verstehen, das dem einzelnen die Ausübung des informationellen Selbstbestimmungsrechts unmöglich macht. Eingriffsausschließend wirkt lediglich die Einwilligung des Betroffenen in die jeweilige Datenverwendung.

c) Vom Informationseingriff sind alle Datenverarbeitungsphasen und Datenerhebungstechniken erfaßt. Jede sich am Betroffenen vorbei vollziehende, nicht durch seine Entscheidung abgedeckte Verwendung der sich auf seine Person beziehenden Daten stellt einen Eingriff dar.[595] Der gesamte staatliche Umgang mit personenbezogenen Daten besitzt damit Eingriffscharakter.[596]

---

[591] BVerfGE 65, 1 (41).
[592] Vgl. BVerfGE 100, 313 (361, 366 ff.); 107, 299 (321) - zu heimlichen Eingriffen in das gegenüber dem informationellen Selbstbestimmungsrecht spezielle Fernmeldegeheimnis des Art. 10 Abs. 1 GG; BVerfG NJW 2001, 503 (505) - zu einer Dritten gewährten Grundbucheinsicht; BVerfGE 109, 279 (325 ff.) - zu heimlichen Belauschen i. V. m. einer weiteren Beeinträchtigung der dadurch gewonnenen Informationen in der durch Art. 13 Abs. 1 GG und Art. 2 Abs. 1 GG i. V. m. Art. 1 Abs. 1 GG geschützten Privatsphäre. Vgl. auch VG Trier, NJW 2002, 3268 (3269 f.) - zur heimlichen Abfrage von Kundendaten über Bankverbindungen im Zusammenhang mit Rasterfahndungen.
[593] Im Sinne einer Auskunftserteilung zur Gewähr staatlicher Leistungen, z. B. von sozialen Leistungen oder steuerlichen Vorteilen.
[594] BVerfGE 67, 100 (143) - Pflicht zu steuerlichen Angaben; 84, 239 (279 f.) - steuerliche Auskunfts- und Offenbarungspflichten.
[595] *Simitis*, in: Simitis (Hrsg.), Bundesdatenschutzgesetz, § 1 Rz. 80 mit Fn. 185.
[596] *Simitis*, aaO, § 1 Rz. 76. *Tinnefeld*, CR 1989, 43. Dem trägt § 1 Abs. 1 BDSG mit seiner Formulierung Rechnung, vgl. dazu oben Fn. 564. Vgl. dagegen das Bundesdatenschutzgesetz aus dem Jahr

d) Die bloß faktische Beeinträchtigung als wesentliches Eingriffskriterium erlangt eine besondere Bedeutung. Denn Datenverarbeitung beispielsweise in Form der Datenspeicherung oder der Datenübermittlung findet nicht mehr nur im Überschreiten von staatlicher und bürgerlicher Sphäre statt, sondern vielfach in intrastaatlichen Vorgängen. Das Recht auf informationelle Selbstbestimmung entfaltet damit seine Abwehrwirkung auch gegenüber dem Binnenbereich der Verwaltung.

e) Im Ergebnis spiegelt sich auch im Verständnis des Informationseingriffs die präventive Funktion des informationellen Selbstbestimmungsrechts wider. Wie auch im Rahmen des Schutzbereichs spielt die Erheblichkeit der betroffenen Informationen bzw. des Eingriffs insgesamt bei der Qualifizierung des Informationseingriffs keine Rolle. Der Aspekt der Eingriffsintensität kommt erst im Rahmen der verfassungsrechtlichen Rechfertigung des Eingriffs zum Tragen.

IV. Kriterien der verfassungsrechtlichen Rechtfertigung eines Eingriffs in das Recht auf informationelle Selbstbestimmung

Im ersten Teil der Arbeit ist bereits festgestellt worden, daß das allgemeine Persönlichkeitsrecht eingeschränkt werden kann.[597] Das Bundesverfassungsgericht ist von Anfang an von einer Beschränkbarkeit ausgegangen.[598] Dieses Verständnis hat das Gericht auf die Fälle des Rechts auf informationelle Selbstbestimmung übertragen. Schon die Vorgabe eines „grundsätzlichen" Schutzes in der Definition des Schutzbereichs[599] weist auf Einschränkungsmöglichkeiten hin. Der einzelne hat kein Recht im Sinne einer absoluten, uneinschränkbaren Herrschaft über die persönlichen Daten.[600] Soweit nicht der unantastbare Bereich privater Lebensgestaltung beeinträchtigt wird, muß der einzelne Einschränkungen seines Rechts auf informationelle Selbstbestimmung im überwiegenden Allgemeininteresse hinnehmen.[601]

1. Die Schranken des informationellen Selbstbestimmungsrechts

Da das Selbstbestimmungsrecht als „Quersumme" des allgemeinen Persönlichkeitsrechts[602] primär in Art. 2 Abs. 1 GG wurzelt, kommt die Schrankentrias des Art. 2 Abs. 1 GG für Einschränkungen in Betracht.[603]

1977, welches in § 1 Abs. 1 BDSG a. F. nur einer „mißbräuchlichen" Datenverarbeitung entgegenwirken wollte.
[597] Vgl. dazu oben Teil 2, B., S. 50 ff.
[598] Bis zum Volkszählungsurteil hat das Bundesverfassungsgericht ausnahmslos die generelle Beschränkbarkeit des allgemeinen Persönlichkeitsrechts betont oder jedenfalls vorausgesetzt, vgl. BVerfGE 27, 1 (7); 64, 261 (281); st. Rspr. bis zum Volkszählungsurteil.
[599] BVerfGE 65, 1 (42, 43).
[600] BVerfGE 65, 1 (43 f.).
[601] BVerfGE 65, 1 (44); 89, 69 (84); st. Rspr. Vgl. auch *Hillgruber*, in: Umbach/Clemens (Hrsg.), Grundgesetz, Bd. I, Art. 2 I Rz. 48.
[602] Vgl. oben S. 97 f.
[603] So schon vor der Anerkennung des informationellen Selbstbestimmungsrechts bezogen auf das allgemeine Persönlichkeitsrecht *Rohlf*, Der grundrechtliche Schutz der Privatsphäre, S. 223. Für das informationelle Selbstbestimmungsrecht *Denninger*, in: v. Schoeler (Hrsg.), Informationsge-

a) Der Inhalt der „Schrankentrias" des Art. 2 Abs. 1 GG

Der Inhalt der Schrankentrias des Art. 2 Abs. 1 GG wurde maßgeblich im Rahmen der Rechtsprechung zur allgemeinen Handlungsfreiheit entwickelt. Neben den Schranken der „Rechte anderer" und dem „Sittengesetz" hat vor allem die Schranke der verfassungsmäßigen Ordnung in der Rechtsprechung des Bundesverfassungsgerichts eine überragende Bedeutung erlangt.

aa) Die verfassungsmäßige Ordnung

Seit dem Elfes-Urteil ist unter verfassungsmäßiger Ordnung i. S. d. Art. 2 Abs. 1 GG die „verfassungsgemäße" Ordnung zu verstehen, d. h. die gesamte formell und materiell mit der Verfassung in Einklang stehende Rechtsordnung.[604] Auch wenn dieses Auslegungsergebnis für sich genommen nicht zwingend gewesen sein mag[605]: Es war die Konsequenz aus der weiten Interpretation des Art. 2 Abs. 1 GG als allgemeine Handlungsfreiheit.[606] Von verschiedenen Seiten immer wieder vorgetragene engere Auslegungsmöglichkeiten[607] sind mit dem Charakter des Art. 2 Abs. 1 GG als Auffanggrundrecht unvereinbar. Sie beschränken die staatlichen Gestaltungsmöglichkeiten übermäßig.[608] Begreift man Art. 2 Abs. 1 GG als allgemeine Handlungsfreiheit, kommt für die Schranke der verfassungsmäßigen Ordnung nur die vom Bundesverfassungsgericht gewählte weite Auslegung in Betracht.[609]

bb) Rechte anderer

Auf Grund ihrer extensiven Interpretation überlagert die Schranke der verfassungsmäßigen Ordnung weitgehend die Schranke der Rechte anderer. Das gilt jedenfalls für den Normenkomplex, der die Regelung des Staat-Bürger-Verhältnisses im Blick hat.[610] Inwieweit Rechte anderer - verstanden als subjektive (Grund)Rechtspositionen

---

sellschaft oder Überwachungsstaat?, S. 116; *Höfelmann*, Das Grundrecht auf informationelle Selbstbestimmung anhand der Ausgestaltung des Datenschutzrechts und der Grundrechtsnormen der Landesverfassungen, S. 59; *Kunig*, Jura 1993, 602; *Schmitt Glaeser*, in: Isensee/Kirchhof (Hrsg.), HdbStR VI, § 129 Rz. 103.
[604] BVerfGE 6, 32 (37); 80, 137 (153); st. Rspr.
[605] So *Kunig*, in: v. Münch/Kunig (Hrsg.), GGK I, Art. 2 Rz. 22.
[606] BVerfGE 6, 32 (37 f.). Vgl. auch *Kunig*, in: v. Münch/Kunig (Hrsg.), GGK I, Art. 2 Rz. 22.
[607] Vgl. zu restriktiven Interpretationsansätzen die Nachweise bei *Erichsen*, in: Isensee/Kirchhof (Hrsg.), HdbStR VI, § 129 Rz. 31 m. w. N. in Fn. 109 - 112.
[608] *Degenhart*, JuS 1990, 164; *Erichsen*, aaO, Rz. 32.
[609] So heute die herrschende Meinung, vgl. z. B. *Degenhart*, aaO; *Di Fabio*, in: Maunz/Dürig, Grundgesetz, Bd. I, Art. 2 Abs. 1 Rz. 39 f.; *Erichsen*, aaO, Rz. 32 ff.; ders., Jura 1987, 371; *Hillgruber*, in: Umbach/Clemens (Hrsg.), Grundgesetz, Bd. I, Art. 2 I Rz. 35; *Jarass*, in: Jarass/Pieroth, Grundgesetz, Art. 2 Rz. 3, 17; *Kunig*, in: v. Münch/Kunig (Hrsg.), GGK I, Art. 2 Rz. 22; *Merten*, JuS 1976, 346; *Murswiek*, in: Sachs (Hrsg.), Grundgesetz, Art. 2 Rz. 89.
[610] *Erichsen*, in: Isensee/Kirchhof (Hrsg.), HdbStR VI, § 152 Rz. 34, differenziert zwischen dem öffentlichen Recht, auf das die Schranke der verfassungsmäßigen Ordnung beschränkt ist und dem Privatrecht, das der Schranke der „Rechte anderer" Raum bietet.

anderer (Grund)Rechtsträger[611] - neben der Schranke der verfassungsmäßigen Ordnung eine eigenständige Bedeutung im Rahmen der Rechtsbeziehungen Privater untereinander erlangen können, ist umstritten.[612] Da zum Schutz der Rechte anderer stets normative Ermächtigungen im Rahmen des Privatrechts erforderlich sind, ist es dogmatisch richtig, diese privatrechtlichen Normen als Bestandteil der verfassungsmäßigen Ordnung anzusehen mit der Konsequenz, daß der Vorbehalt der Rechte anderer keine eigenständige Bedeutung mehr hat.[613] Da die Schranke der Rechte anderer aber immerhin anschaulich zum Ausdruck bringt, daß die Freiheit des einzelnen nicht nur gegenüber dem Staat seine Grenzen hat[614], ist es sinnvoll, wenn das Bundesverfassungsgericht für den Bereich der Privatrechtsnormen den eigenständigen Charakter der „Rechte anderer" neben der verfassungsmäßigen Ordnung als Vorbehalt für den öffentlich-rechtlichen Bereich aufrechterhält.[615]

cc) **Sittengesetz**

Beim Sittengesetz handelt es sich um „allgemein anerkannte Wertvorstellungen unserer Rechtsgemeinschaft"[616], die freilich dem Wandel der Zeit ausgesetzt sind.[617] Sämtliche Überzeugungen dieser Art haben jedoch in Anbetracht der Durchnormiertheit aller Lebensbereiche ihren Niederschlag bereits in einer Rechtsnorm gefunden, so daß das Sittengesetz heute gänzlich in der Schranke der verfassungsmäßigen Ordnung aufgeht.[618]

b) **Unsicherheiten hinsichtlich der Übertragung der Schranken auf das informationelle Selbstbestimmungsrecht**

Der eingangs aufgestellte Befund, daß die eben dargestellten Schranken auch auf das Recht auf informationelle Selbstbestimmung Anwendung finden sollen, ist jedoch bis heute umstritten.[619]

---

[611] *Kunig*, in: v. Münch/Kunig (Hrsg.), GGK I, Art. 2 Rz. 20. Für Grundrechte als Bestandteil der „Rechte anderer" explizit *Hillgruber*, in: Umbach/Clemens (Hrsg.), Grundgesetz, Bd. I, Art. 2 I Rz. 207.
[612] Dafür: *Erichsen*, in: Isensee/Kirchhof (Hrsg.), HdbStR VI, § 152 Rz. 34; *Hillgruber*, aaO. Dagegen: *Jarass*, in: Jarass/Pieroth, Grundgesetz, Art. 2 Rz. 18; *Kunig*, aaO, Rz. 19. Offengelassen von *Bethge*, Ufita Bd. 95 (1983), S. 257.
[613] Vgl. *Jarass*, aaO.
[614] *Kunig*, in: v. Münch/Kunig (Hrsg.), GGK I, Art. 2 Rz. 19; *Murswiek*, in: Sachs (Hrsg.), Grundgesetz, Art. 2 Rz. 93.
[615] Vgl. dazu die Rechtsprechung des Bundesverfassungsgerichts zum allgemeinen Persönlichkeitsrecht und dessen Ausprägungen BVerfGE 54, 148 (156); 54, 208 (219); 56, 37 (49); 75, 201 (218); 84, 192 (195); 99, 185 (195); BVerfG NJW 2001, 505;
[616] BVerfGE 6, 389 (435).
[617] *Kunig*, in: v. Münch/Kunig (Hrsg.), GGK I, Art. 2 Rz. 27 f. Allgemein zum Sittengesetz als Schranke des Art. 2 Abs. 1 GG *Starck*, in: Leibholz/Faller/Mikat/Reis (Hrsg.), FS für Willi Geiger, S. 259 ff.
[618] *Jarass*, in: Jarass/Pieroth, Grundgesetz, Art. 2 Rz. 19.
[619] Vgl. *Tiedemann*, DÖV 2003, 74 ff.

aa) Fehlen klarer Vorgaben durch das Bundesverfassungsgericht

Das liegt vor allem an der vagen Rechtsprechung des Bundesverfassungsgerichts zu diesem Thema. Schon in der Zeit vor dem Volkszählungsurteil hat das Gericht die Schrankenfrage des Persönlichkeitsrechts nie explizit geklärt.[620] Auch seit der Anerkennung des informationellen Selbstbestimmungsrechts fehlt eine homogene Vorgehensweise, die sich konsequent an der Schrankentrias des Art. 2 Abs. 1 GG orientiert. Zwar rekurriert der Erste Senat des Bundesverfassungsgerichts zwischenzeitlich immer wieder ausdrücklich auf Art. 2 Abs. 1 GG, wenn es um die Beschränkung des Rechts auf informationelle Selbstbestimmung geht.[621] Oft wird in den Entscheidungen des Gerichts aber nur mit den Formeln des „überwiegenden Allgemeininteresses"[622] oder des „überwiegenden Gemeinwohlbelangs"[623] im Sinne wichtiger Gemeinschaftsgüter hantiert, welche eine Einschränkung des Selbstbestimmungsrechts ermöglichen sollen.

bb) Unklarheit über die Ausgestaltung der Schranken im Hinblick auf die spezifischen Anforderungen des Selbstbestimmungsrechts

Die vorhandenen Ansätze, auf Art. 2 Abs. 1 GG als Schrankenfundus zurückzugreifen, scheinen darüber hinaus prima facie nicht zu befriedigen: Denn die im Rahmen der Schrankentrias gebotene primäre Anwendung der Schranke der verfassungsmäßigen Ordnung scheint nichts weiter zu sein als eine alte Antwort auf neue, technikbedingte Fragestellungen. Hier würde man vielmehr spezifische Schrankenlösungen, die über die rechtliche Konsequenz des Gesetzesvorbehalts hinausgehen, erwarten.[624]

---

[620] Insoweit ist die Kritik von *Tiedemann*, aaO, 74, berechtigt. Das Bundesverfassungsgericht hat uneinheitlich entweder auf die Grundsätze zu Art. 2 Abs. 2 GG verwiesen (BVerfGE 27, 344 [351]; 32, 373 [379]; 34, 238 [246]), auf das überwiegende Interesse der Allgemeinheit rekurriert (BVerfGE 27, 344 [351]; 33, 367 [377]; 34, 269 [283]; 35, 35 [39]), das Gemeinwohlinteresse als Abwägungsposten herangezogen (BVerfGE 44, 353 [374]) oder es wurden die Grundrechte anderer als Grenzen des allgemeinen Persönlichkeitsrechts genannt (BVerfGE 34, 269 [282]; 54, 148 [158]; 54, 208 [219]; 56, 37 [49]; 63, 131 [143]). Eine Anwendung der Schranken des Art. 2 Abs. 2 Satz 3 GG auf Grund der partiellen Verweise des Gerichts in frühen Entscheidungen zum allgemeinen Persönlichkeitsrecht (vgl. BVerfGE 27, 344 [351]; 32, 373 [379]; 34, 238 [246]) wird jedenfalls seit der Volkszählungsentscheidung zu Recht abgelehnt, vgl. *H. Dreier*, in: Dreier (Hrsg.), Grundgesetz-Kommentar, Bd. I, Art. 2 I Rz. 86 mit Fn. 350, 351. Gegen eine Anwendung der Schranken des Art. 2 Abs. 2 Satz 3 GG auf die Fälle des Art. 2 Abs. 1 GG spricht neben der Systematik des Grundgesetzes, daß das Gericht lediglich die materiellen Prüfungsmaßstäbe, insbesondere die Grundsätze zur Verhältnismäßigkeitsprüfung auf die Fälle des allgemeinen Persönlichkeitsrechts übertragen wollte; vgl. dazu die Entscheidungspassagen, auf die das Gericht jeweils verwiesen hat: BVerfGE 16, 194 (201 f.); 17, 108 (117 f.); 27, 211 (219).

[621] BVerfGE 65, 1 (44); 78, 77 (85); 84, 192 (195); BVerfG NJW 2001, 503 (505).

[622] So BVerfGE 67, 100 (143); 77, 1 (46); 80, 367 (373, 375); 84, 239 (279 f.); 89, 69 (86 f.); 92, 191 (197); 103, 21 (33). Ebenso VG Trier NJW 2002, 3268 (3269).

[623] BVerfGE 96, 171 (184, 186).

[624] Provokant *Hufen*: „Alte Antworten auf neue Fragen also: Gesetzesvorbehalt und Verhältnismäßigkeit gegen Zentraldatei und `online-Anschluß`", vgl. *Hufen*, JZ 1984, 1075.

Auf Grund der fehlenden klaren Aussagen des Gerichts herrscht bis heute Unsicherheit hinsichtlich der Schranken des informationellen Selbstbestimmungsrechts.[625] Für den in dieser Arbeit zu ermittelnden Prüfungsmaßstab muß jedoch ein klares Schrankenmodell gefunden werden. Zweifeln an der Tauglichkeit der Schrankenkriterien für das Recht auf informationelle Selbstbestimmung und damit einhergehenden Überlegungen zu Modifikationen der Schrankenbegriffe - in erster Linie des Begriffs der verfassungsmäßigen Ordnung - muß nachgegangen werden.[626] Erst wenn Sicherheit hinsichtlich der Schranken besteht, werden die spezifischen Schranken-Schranken des Rechts auf informationelle Selbstbestimmung beleuchtet (sub 2.).

c) Zweifel an der Tauglichkeit der Schrankentrias als Beschränkungskonzept für das informationelle Selbstbestimmungsrecht

Tiedemann stellt generell die Frage, ob die Schrankentrias des Art. 2 Abs. 1 GG als Schutzkonzept für die Spezifika des allgemeinen Persönlichkeitsrechts und damit nach der hier vertretenen Auffassung auch für die Eigenheiten des Rechts auf informationelle Selbstbestimmung herangezogen werden kann. Seine Kritik zielt auf die angebliche Inkompatibilität der Schranken des Art. 2 Abs. 1 GG mit dem allgemeinen Persönlichkeitsrecht auf Grund der Rechtsprechung des Bundesverfassungsgerichts zur allgemeinen Handlungsfreiheit.[627] Beachtenswert erscheint diese These, weil der Autor seine Ausführungen auf das richtungsweisende Elfes-Urteil stützt.[628] Die Überlegungen *Tiedemanns* setzen bei der Urteilspassage an, in welcher das Gericht darlegt, warum seiner Auffassung nach Art. 2 Abs. 1 GG nicht nur den Schutz des Kernbereichs der Persönlichkeit, sondern vielmehr eine Handlungsfreiheit im umfassenden Sinne gewährleistet.[629] Dazu argumentiert der Erste Senat von den Schranken des Art. 2 Abs. 1 GG her: „Das Grundgesetz kann mit der ‚freien Entfaltung der Persönlichkeit' nicht nur die Entfaltung innerhalb jenes Kernbereichs der Persönlichkeit gemeint haben, der das Wesen des Menschen als geistig-sittliche Person ausmacht; denn es wäre nicht verständlich, wie die Entfaltung innerhalb dieses Kernbereichs gegen das Sittengesetz, die Rechte anderer oder sogar gegen die verfassungsmäßige Ordnung einer freiheitlichen Demokratie sollte verstoßen können. Gerade diese, dem Individuum als Mitglied der Gemeinschaft auferlegten Beschränkungen zeigen vielmehr, daß das Grundgesetz in Art. 2 Abs. 1 GG die Handlungsfreiheit im umfassenden Sinne meint."[630] Aus der Lo-

---

[625] Vgl. zuletzt *K. Hesse*, Grundzüge des Verfassungsrechts der Bundesrepublik Deutschland, Rz. 428 mit Fn. 75; *Lücke*, DÖV 2002, 93 ff.; *Tiedemann*, DÖV 2003, 74 ff.
[626] Die folgende Schrankendiskussion bezieht sich meist generell auf das allgemeine Persönlichkeitsrecht und nicht speziell auf das Recht auf informationelle Selbstbestimmung. Da im Rahmen der vorliegenden Arbeit das Recht auf informationelle Selbstbestimmung als Ausprägung des allgemeinen Persönlichkeitsrechts verstanden wird, können die nachfolgenden Überlegungen unproblematisch auf das Recht auf informationelle Selbstbestimmung übertragen werden. Die Begriffe „allgemeines Persönlichkeitsrecht" und „Recht auf informationelle Selbstbestimmung" werden in Bezug auf die Schrankenproblematik im Rahmen dieser Untersuchung daher synonym verwendet.
[627] *Tiedemann*, DÖV 2003, 74 ff.
[628] BVerfGE 6, 32 ff.
[629] *Tiedemann*, DÖV 2003, 75 f.
[630] BVerfGE 6, 32 (36).

gik dieses Arguments schließt *Tiedemann*, daß die Schrankentrias des Art. 2 Abs. 1 GG für das allgemeine Persönlichkeitsrecht keine Relevanz besitzt.[631] Dieses Argument scheint - unabhängig davon, ob der Schluß von den Schranken auf den Gewährleistungsbereich als juristischer Fehlschluß zu werten ist[632] - auf den ersten Blick treffend zu sein.

aa) Falsche Prämissen im Denkansatz Tiedemanns

Gegen die Stichhaltigkeit des Einwands von *Tiedemann* spricht jedoch, daß er bei seinen Überlegungen von Prämissen ausgeht, die der heutigen Rechtsprechung zum allgemeinen Persönlichkeitsrecht nicht gerecht werden. Der Autor mißt dem allgemeinen Persönlichkeitsrecht explizit nur einen sehr engen Schutzbereich zu, der im Ergebnis nur einen „Kernbereich" der Entfaltungsfreiheit schützen soll.[633] An anderer Stelle bezeichnet er den Inhalt des allgemeinen Persönlichkeitsrechts als den „Wesensgehalt" der Freiheit der Person.[634] Eine Einschränkung des Schutzbereichs des allgemeinen Persönlichkeitsrechts soll immer eine unzulässige Verletzung der Menschenwürde darstellen.[635] Der Verfasser reduziert den vom Bundesverfassungsgericht entwickelten Schutzbereich des Persönlichkeitsrechts in etwa auf den unantastbaren Kernbereich, den das Bundesverfassungsgereicht bisweilen als „Intimsphäre" bezeichnet.[636]

bb) Keine Deckungsgleichheit des Kernbereichsmodells der Elfes-Entscheidung mit dem allgemeinen Persönlichkeitsrecht der späteren Verfassungsrechtsprechung

Im Ergebnis bindet *Tiedemann* damit den Schutzbereich des allgemeinen Persönlichkeitsrechts viel enger an Art. 1 Abs. 1 GG als das Bundesverfassungsgericht dies heute tut. Dort, wo das Gericht auf Grund der Ausstrahlungswirkung des Art. 1 Abs. 1 GG auch die (relative) Privatsphäre und darüber hinaus Formen der Selbstdarstellung unter den persönlichkeitsrechtlichen Schutzbereich subsumiert[637], hält *Tiedemann* eine solche Ausweitung des Schutzbereichs für unzulässig.[638] Darin liegt der entscheidende Bruch in seiner Argumentation: Er setzt das Kernbereichskonzept des Gerichts aus dem Elfes-Urteil mit dem Konzept des später entwickelten allgemeinen Persönlichkeitsrechts gleich, obwohl zwischen diesen beiden Modellen keine Deckungsgleichheit

---

[631] *Tiedemann*, DÖV 2003, 76.
[632] Für einen Fehlschluß spricht sich aus: *R. Scholz*, AöR Bd. 100 (1975), S. 87. Dagegen *Starck*, in: v. Mangoldt/Klein/Starck, GG I, Art. 2 Abs. 1 Rz. 10.
[633] *Tiedemann*, DÖV 2003, 76.
[634] *Tiedemann*, aaO, 78.
[635] *Tiedemann*, aaO, 76, 78.
[636] Vgl. z. B. BVerfGE 6, 389 (433); 27, 1 (8); 27, 344 (350); 32, 373 (379); 33, 367 (376); 34, 238 (245). Kritisch zum Begriff der Intimsphäre als Synonym für den unantastbaren Kernbereich des Persönlichkeitsrechts: *Störmer*, Jura 1991, 17.
[637] Vgl. zum Schutzbereich des allgemeinen Persönlichkeitsrechts oben Teil 2, B., S. 48 ff.
[638] *Tiedemann*, DÖV 2003, 76. I. E. lehnt er die Gewährung informationeller Selbstbestimmung als Ausfluß des allgemeinen Persönlichkeitsrechts ab, weil ein solches Recht nicht mehr auf Grund der Achtung der Menschenwürde geboten sei, vgl. *Tiedemann*, ebda, 77.

besteht. Im Gegenteil: Der im Elfes-Urteil angesprochene Kernbereich entspricht lediglich dem später im Rahmen des allgemeinen Persönlichkeitsrechts entwickelten absolut geschützten Kernbereich privater Lebensgestaltung, welcher eine Beschränkung nicht zuläßt.[639] Das ergibt sich schon daraus, daß das Bundesverfassungsgericht in der Elfes-Entscheidung in Auseinandersetzung mit der damals aktuellen sog. Persönlichkeitskerntheorie[640] argumentiert, welche der Sache nach nur den Schutz des unantastbaren Persönlichkeitskerns umfaßt.[641]

cc) Zwischenergebnis

Die Schranken des Art. 2 Abs. 1 GG sind mit dem allgemeinen Persönlichkeitsrecht kompatibel. Die Rechtsprechung zur allgemeinen Handlungsfreiheit mit dem Schluß von den Schranken auf den weiten Schutzbereich steht der Anwendbarkeit der Schrankentrias nicht entgegen, da das Kernbereichskonzept der Elfes-Entscheidung und das später entwickelte allgemeine Persönlichkeitsrecht nicht deckungsgleich sind.[642] Vielmehr geht letzteres weit über den engen Ansatz des geistig-sittlichen Wesenskerns hinaus, so daß eine Anwendung der Schranken auch auf das allgemeine Persönlichkeitsrecht keinen Widerspruch zur vorangegangenen Rechtsprechung darstellt.[643]

Als Schranken des Rechts auf informationelle Selbstbestimmung kommen die Rechte anderer und die verfassungsmäßige Ordnung gem. Art. 2 Abs. 1 GG zur Anwendung.[644]

d) Überlegungen zu Schrankenmodifikationen gegenüber der allgemeinen Handlungsfreiheit

Selbst wenn im Ergebnis die Schrankentrias des Art. 2 Abs. 1 GG auch für das Recht auf informationelle Selbstbestimmung als Schrankenfundus dient, werden Gründe dafür ins Feld geführt, diese Schranken im Hinblick auf die Besonderheiten des Persön-

---

[639] So auch explizit *Alexy*, Theorie der Grundrechte, S. 327; *Ridder*, AöR Bd. 87 (1962), S. 329 f.; *R. Scholz*, AöR Bd. 100 (1975), S. 90.
[640] Die sog. Persönlichkeitskerntheorie wurde von *H. Peters* begründet, vgl. *H. Peters*, in: Constantopoulos/Wehberg (Hrsg.), FS für Rudolf Laun, S. 669 ff. Daß die Ausführungen des Gerichts im Elfes-Urteil auf die Theorie von *H. Peters* Bezug nehmen, darauf verweisen auch *Dürig*, JZ 1957, 170, und *Pieroth*, AöR Bd. 115 (1990), S. 34 Fn. 6.
[641] In diesem Sinne z. B. *Dürig*, JZ 1957, 170; abweichende Meinung des Richters *Grimm* in BVerfGE 80, 137 (166); *Kau*, Vom Persönlichkeitsschutz zum Funktionsschutz, S. 67, 70; *Kunig*, Jura 1990, 526; *ders.*, in: v. Münch/Kunig (Hrsg.), GGK I, Art. 2 Rz. 14; *Ridder*, AöR Bd. 87 (1962), S. 329 f.
[642] So im Ergebnis auch *R. Scholz*, AöR Bd. 100 (1975), S. 90 mit Rechtsprechungsnachweisen in Fn. 70.
[643] *R. Scholz/Pitschas*, Informationelle Selbstbestimmung und staatliche Informationsverantwortung, S. 72 Fn. 255. Hier grenzen die Autoren zu Recht das allgemeine Persönlichkeitsrecht vom Persönlichkeitskonzept *H. Peters'* ab.
[644] *Di Fabio*, in: Maunz/Dürig, Grundgesetz, Bd. I, Art. 2 Abs. 1 Rz. 133.

lichkeitsschutzes zu modifizieren.[645] Die Rede ist von einer restriktiven Interpretation der Schrankentrias im Vergleich zu den Fällen der allgemeinen Handlungsfreiheit.

aa) Gründe für eine restriktive Interpretation der Schrankentrias

Für eine spezifische Auslegung der Schrankenbegriffe des Art. 2 Abs. 1 GG sprechen mehrere Überlegungen.

aaa) Eigenständiger Schutzbereich des allgemeinen Persönlichkeitsrechts mit Auswirkungen auf die Schrankenziehung

Das informationelle Selbstbestimmungsrecht unterscheidet sich in seinem Schutzbereich von der allgemeinen Handlungsfreiheit.[646] Der Schutzbereich des Rechts auf informationelle Selbstbestimmung wird - mit Blick auf dessen dogmatische Wurzel - enger ausgelegt.[647]
Wegen dieses Unterschieds auf der Schutzbereichsebene scheint es geboten, auch auf der Schrankenseite strengere Maßstäbe anzulegen.[648] Dies muß vor allem im Hinblick auf die Schranke der verfassungsmäßigen Ordnung gelten. Zu Recht hat das Bundesverfassungsgericht in der Elfes-Entscheidung klargestellt, daß Schutzbereich und Schranken des Art. 2 Abs. 1 GG in einer intensiven Wechselbeziehung stehen.[649] Beide Ebenen sind einem System „kommunizierender Röhren" vergleichbar.[650] Wenn es zutrifft, daß sich die extensive Interpretation der Schranke der verfassungsmäßigen Ordnung aus der Weite des Schutzbereichs erklären läßt, dann muß die Schrankenziehung eine engere sein, sobald es um den spezielleren Schutz des allgemeinen Persönlichkeitsrechts und dessen Ausprägungen geht.[651]

---

[645] Einen guten Überblick über die verschiedenen Gründe bietet *Lücke* in seiner Abhandlung, *Lücke*, DÖV 2002, 95.
[646] Vgl. oben S. 68 ff.
[647] BVerfGE 54, 148 (153). Vgl. auch *H. Dreier*, in: Dreier (Hrsg.), Grundgesetz-Kommentar, Bd. I, Art. 2 I Rz. 10, 23 ff.; *Kunig*, in: v. Münch/Kunig (Hrsg.), GGK I, Art. 2 Rz. 25; *Lücke*, DÖV 2002, 95.
[648] Ganz allgemein für eine Erschwernis der Beschränkung bzw. eine strengere Handhabung der Schrankenziehung sprechen sich viele Stimmen in der Literatur aus, vgl. *H. Dreier*, in: Dreier (Hrsg.), Grundgesetz-Kommentar, Bd. I, Art. 2 I Rz. 86; *Jarass*, in: Jarass/Pieroth, Grundgesetz, Art. 2 Rz. 46; *Kunig*, in: v. Münch/Kunig (Hrsg.), GGK I, Art. 2 Rz. 25; *Murswiek*, in: Sachs (Hrsg.), Grundgesetz, Art. 2 Rz. 62; Siekmann/Duttge, Staatsrecht I: Grundrechte, Rz. 853; *Sachs*, Verfassungsrecht II Grundrechte, B 2 Rz. 64.
[649] BVerfGE 6, 32 (37 f.).
[650] Der Begriff der „kommunizierenden Röhren" taucht in diesem Zusammenhang immer wieder in der Literatur auf, vgl. z. B. *Merten*, JuS 1976, 346. *Bleckmann/Eckhoff*, DVBl. 1988, 382, vergleichen sogar die gesamte Grundrechtsdogmatik mit ihren verschiedenen rechtsstaatlichen Sicherungsfunktionen mit einem System „kommunizierender Röhren". Generell auf die Bedingtheiten von Schutzbereich und „Bindungsseite" weisen hin: *Dürig*, JZ 1957, 172; *Lerche*, Übermaß und Verfassungsrecht, S. 299.
[651] Im *Ergebnis* sind daher die Befunde konsequent, die auf eine erschwerte Beschränkbarkeit des allgemeinen Persönlichkeitsrechts (*Kunig*, in: v. Münch/Kunig [Hrsg.], GGK I, Art. 2 Rz. 25, 30), auf strengere Maßstäbe bei der Handhabung der verfassungsmäßigen Ordnung (*H. Dreier*, in: Drei-

bbb) Modifikationen als Auswirkungen des Art. 1 Abs. 1 GG

Letztlich gehen sowohl die Verengung des Schutzbereichs als auch die Reduktion der Eingriffsbefugnisse auf den Einfluß des Art. 1 Abs. 1 GG zurück.[652] Wegen der Ausstrahlungswirkung des Art. 1 Abs. 1 GG weisen die Schutzgüter des allgemeinen Persönlichkeitsrechts eine größere Nähe zur Menschenwürdegarantie auf als die der allgemeinen Handlungsfreiheit.[653] Beeinflußt Art. 1 Abs. 1 GG aber maßgeblich Inhalt und Gewährleistungsumfang des Persönlichkeitsschutzes, dann muß er als „Schutzverstärkung" auch bei den Schranken des Art. 2 Abs. 1 GG seine Wirkung zeitigen.[654]

bb) Vorschläge für eine restriktive Interpretation der Schrankentrias, insbesondere der Schranke der verfassungsmäßigen Ordnung

Als Konsequenz aus den gerade genannten Gründen für eine Schrankenmodifikation soll bereits die Auslegung der Schrankentrias zu einem anderen Ergebnis führen als bei der allgemeinen Handlungsfreiheit.[655] Von Anfang an sollen dem Staat nur beschränkte Eingriffsbefugnisse zustehen, die auf die persönlichkeitsspezifische Struktur des allgemeinen Persönlichkeitsrechts zugeschnitten sind.[656] Innerhalb des Art. 2 Abs. 1 GG komme den Begriffen der Schrankentrias eine unterschiedliche Bedeutung zu, je nachdem, ob die allgemeine Handlungsfreiheit oder das allgemeine Persönlichkeitsrecht tatbestandlich einschlägig seien. Dies gelte vor allem im Hinblick auf die Schranke der verfassungsmäßigen Ordnung.[657] Das extensive Verständnis dieses Begriffs als verfassungsmäßige Rechtsordnung, wie es für die allgemeine Handlungsfrei-

---

er [Hrsg.], Grundgesetz-Kommentar, Bd. I, Art. 2 I Rz. 86), auf eine einschränkende Interpretation der Schrankentrias (*Rohlf*, Der grundrechtliche Schutz der Privatsphäre, S. 82) oder jedenfalls auf Unterschiede zur allgemeinen Handlungsfreiheit auf der Schrankenebene hinweisen (*Jarass*, NJW 1989, 858).

[652] Vgl. zur Inhalts- und Abgrenzungsfunktion des Art. 1 Abs. 1 GG oben Teil 2, B., S. 58 f.
[653] *Lücke*, DÖV 2002, 96; *Sachs*, Verfassungsrecht II Grundrechte, B 2 Rz. 64.
[654] *Kunig*, in: v. Münch/Kunig (Hrsg.), GGK I, Art. 2 Rz. 30; *Lücke*, aaO, 95, ist jedenfalls darin Recht zu geben, *daß* der besondere Einfluß des Art. 1 Abs. 1 GG Wirkungen auf der Schrankenebene hat. *Welche* Auswirkungen auftreten, wird noch zu klären sein.
[655] *Lücke*, DÖV 2002, 95. In diese Richtung auch *Kunig*, in: v. Münch/Kunig (Hrsg.), GGK I, Art. 2 Rz. 25. Im Ergebnis zieht *Kunig* aus seiner Feststellung aber keine Konsequenzen bei der Auslegung der Schrankenbegriffe, sondern erst bei der Anwendung der Schranken-Schranken, insbesondere bei den Maßstäben von Verhältnismäßigkeitsgrundsatz und Bestimmtheitsgebot, vgl. *Kunig*, ebda, Rz. 42 f.
[656] Eine Korrektur des weiten Schrankenkonzepts, wie es für die allgemeine Handlungsfreiheit entwickelt wurde, darf dieser Ansicht nach nicht erst auf der Ebene der Schranken-Schranken, wie beispielsweise im Rahmen der Verhältnismäßigkeitsprüfung, vorgenommen werden. Diese, vom Bundesverfassungsgericht und von weiten Teilen des Schrifttums mit der Formel einer strikten Verhältnismäßigkeitsprüfung praktizierte Schrankenmodifikation lehnt *Lücke* ausdrücklich als unzureichend ab, vgl. *Lücke*, aaO.
[657] Von einer einschränkenden Interpretation der Schrankentrias oder jedenfalls des Begriffs der verfassungsmäßigen Ordnung für das allgemeine Persönlichkeitsrecht ist zunächst in einigen Anmerkungen die Rede, vgl. *Kunig*, in: v. Münch/Kunig (Hrsg.), GGK I, Art. 2 Rz. 25; *Lücke*, DÖV 2002, 95; *Rohlf*, Der grundrechtliche Schutz der Privatsphäre, S. 82. Im Ergebnis bietet aber nur *Lücke*, ebda, 96 f., auch tatsächlich ein eigenes Schrankenmodell im Sinne spezifisch persönlichkeitsrechtlich interpretierter Schrankenbegriffe an.

heit entwickelt wurde[658], sei mit einem durch Art. 1 Abs. 1 GG geprägten Schutz nicht kompatibel.

aaa) Frühe Existenz restriktiver Interpretationsvorschläge

Die Zuweisung einer spezifischen, auf die Verfassung bezogenen Bedeutung ist - jedenfalls für die Schranke der verfassungsmäßigen Ordnung - nicht neu.[659] Im wesentlichen gibt es für eine gegenüber der bundesverfassungsgerichtlichen Interpretation engere Deutungsweise zwei Gründe:
Zum einen sollte der mit einer weiten Sichtweise des Begriffs der verfassungsmäßigen Ordnung einhergehenden Sinnlosigkeit der beiden anderen Schranken des Art. 2 Abs. 1 GG („Rechte anderer" und „Sittengesetz") vorgebeugt werden.[660] Zum anderen waren enge Interpretationen die Konsequenz aus einer von Anfang an exklusiveren Sichtweise des Schutzbereichs von Art. 2 Abs. 1 GG.[661] Anders als das Bundesverfassungsgericht legten diese Konzepte ihrer Exegese nicht die Gleichung „der Verfassung gemäß = ihr nicht widersprechend" zugrunde, sondern gingen von der - ebenfalls wortlautorientierten - Überlegung *Dürigs* aus, wonach verfassungsmäßige Normen nur Werte positivieren konnten, die von der Verfassung gefordert werden.[662] Das Spektrum der Sichtweisen reicht von „Gemeinwohlforderungen, deren Realisierung die *Verfassung* fordert"[663] über die „verschiedenen Gewährleistungs- und Regelungsaufträge", die die Verfassung beinhaltet[664] bis hin zu den „tragenden Grundprinzipien der Verfassung"[665].

bbb) Der Interpretationsansatz von Lücke

Lücke greift bei seinen aktuellen Überlegungen zum allgemeinen Persönlichkeitsrecht die bereits vorhandenen Interpretationslinien auf. So begrenzt er die verfassungsmäßige Ordnung auf „der Gemeinschaft dienliche, den Grundrechten an Bedeutung gleichkommende Verfassungswerte".[666] Dabei nimmt er - wie *Dürig* [667] - bewußt Rücksicht auf die eigenständige Bedeutung der anderen beiden Schranken, indem er die Grund-

---

[658] BVerfGE 6, 32 (38); 80, 137 (153).
[659] Vgl. *Dürig*, JZ 1957, 171 f.; *Lerche*, Übermaß und Verfassungsrecht, S. 299 f.; *Merten*, JuS 1976, 346; *J. Müller*, Auswirkungen der unterschiedlichen Auffassungen zum Rechtscharakter des Art. 2 Abs. 1 GG und zu dessen Schranken, S. 28 ff.; *H. Peters*, in: Constantopoulos/Wehberg (Hrsg.), FS für Rudolf Laun, S. 675 f.
[660] So dezidiert *Dürig*, JZ 1957, 171 f.
Zum Teil wird eine engere Auslegung der verfassungsmäßigen Ordnung - auch im Hinblick auf die allgemeine Handlungsfreiheit - schlicht mit dem Wortlaut begründet - vgl. *Doehring*, Das Staatsrecht der Bundesrepublik Deutschland, S. 287.
[661] So bei *Lerche*, Übermaß und Verfassungsrecht, S. 299; *Merten*, JuS 1976, 346; *H. Peters*, in: Constantopoulos/Wehberg (Hrsg.), FS für Rudolf Laun, S. 669 ff.
[662] So vor allem *Dürig*, JZ 1957, 172, und *Lerche*, aaO.
[663] *Dürig*, aaO.
[664] *Lerche*, Übermaß und Verfassungsrecht, S. 300.
[665] *Merten*, JuS 1976, 346.
[666] *Lücke*, DÖV 2002, 97.
[667] Vgl. oben Fn. 660.

rechtsnormen aus dem Verbund der dem Begriff der verfassungsmäßigen Ordnung zugeschriebenen Verfassungswerte ausklammert, um sie exklusiv der Schranke der „Rechte anderer" zuzuweisen.[668] Auch die Berufung auf die „Gemeinwohlklausel" läßt Parallelen zu dem Ansatz von *Dürig* erkennen.[669] Gerechtfertigt wird dieser Gemeinwohlbezug mit der spezifischen Funktion, die der Schranke der verfassungsmäßigen Ordnung zukommen soll: In Ergänzung zur individualschutzorientierten Schranke der „Rechte anderer" komplettiere sie den noch fehlenden Universalgüterrechtsschutz.[670]

ccc) Der Gemeinwohlvorbehalt in der verfassungsgerichtlichen Rechtsprechung

Betrachtet man die Rechtsprechung des Bundesverfassungsgerichts, könnte man auf den ersten Blick meinen, in Entscheidungspassagen, in denen das Gericht ganz generell[671] die Einschränkbarkeit des allgemeinen Persönlichkeitsrechts auf das überwiegende Allgemeininteresse[672] oder auf das Gemeinwohlinteresse[673] stützt, Parallelen zu den Überlegungen *Dürigs* und *Lückes* zu entdecken.[674] Es scheint, als ob auch nach Ansicht des Bundesverfassungsgerichts das Persönlichkeitsrecht einem Gemeinschafts- oder Gemeinwohlvorbehalt unterliegt.[675] Daß in diesen Aussagen des Gerichts tatsächlich jedoch keine auf die Eigenheiten des allgemeinen Persönlichkeitsrechts zugeschnittene Interpretation der Schranke der verfassungsmäßigen Ordnung gesehen werden kann, ergibt sich aus mehreren Gründen.[676]

---

[668] *Lücke*, DÖV 2002, 96 f.
[669] *Dürig* sieht in der Bedeutung der verfassungsmäßigen Ordnung als „Gemeinwohlklausel" gerade ein Spezifikum dieser Schranke, *Dürig*, JZ 1957, 172.
[670] *Lücke*, DÖV 2002, 97.
[671] D. h. nicht beschränkt auf die Fallkonstellationen des Rechts auf informationelle Selbstbestimmung.
[672] BVerfGE 27, 344 (351); 32, 373 (379); 33, 367 (376); 34, 205 (209); 34, 238 (246, 249); 34, 269 (283); 35, 35 (39); 65, 1 (44); 67, 100 (143); 77, 1 (46); 78, 77 (85); 80, 367 (373, 375); 84, 192 (195); 84, 239 (279 f.); 89, 69 (86 f.); 92, 191 (197); 95, 56 (61); 97, 228 (269); 101, 361 (387); 103, 21 (33); BVerfG BayVBl. 1987, 689 (690); BVerfG NJW 2001, 503 (505). Vgl. auch BVerfGE 49, 286 (298) - „besondere öffentliche Belange".
[673] BVerfGE 32, 373 (380); 35, 202 (220) - „Belange des Gemeinschaftslebens". Vgl. auch BVerfGE 96, 171 (184, 186).
[674] Jedenfalls sieht *Huhmann* in der Formel des „überwiegenden Allgemeininteresses" ein aliud zur Schrankentrias des Art. 2 Abs. 1 GG, vgl. *Huhmann*, Die verfassungsrechtliche Dimension des Bankgeheimnisses, S. 130.
[675] Die Idee eines Gemeinschaftsvorbehalts ist dabei auch in Rechtsprechungskreisen kein Novum. *Böckenförde*, Der Staat Bd. 42 (2003), S. 172, weist in diesem Zusammenhang zu Recht auf die Rechtsprechung des Bundesverwaltungsgerichts hin, das bereits 1952 einen „allgemeinen Gemeinschaftsvorbehalt" der Grundrechte konstruierte, vgl. BVerwGE 1, 303 (307). Zu einem „Gemeinschaftsvorbehalt eigener Art" vgl. auch *Tiedemann*, DÖV 2003, 74.
[676] Das deutet *Böckenförde*, aaO, bereits an, wenn er in dem Konzept des bundesverwaltungsgerichtlichen allgemeinen Gemeinschaftsvorbehalts die schlichte Übernahme der Kriterien eines allgemeinen Gesetzesvorbehalts erkennt.
Im übrigen verwendet das Bundesverfassungsgericht die Klausel der überwiegenden Gründe des Gemeinwohls nicht exklusiv für die Fälle der Persönlichkeitsrechtsverletzungen; auch in Entscheidungen zur allgemeinen Handlungsfreiheit operieren die Verfassungsrichter mit diesem Ziel, vgl. BVerfGE 17, 306 (315); 18, 315 (327); 21, 245 (249); 55, 159 (165).

(1) Überwiegendes Allgemeininteresse als bloße Voraussetzung der Beschränkbarkeit

Zum einen ist das „überwiegende Allgemeininteresse" oder das „Gemeinwohl" keine Schranke der Grundrechte, sondern vielmehr Voraussetzung ihrer Beschränkbarkeit.[677] Dies zeigt der Kontext, in dem das Gericht auf das Gemeinwohl rekurriert: Die Feststellung, daß das allgemeine Persönlichkeitsrecht im überwiegenden Allgemeininteresse beschränkt werden kann, folgt auf die Hervorhebung durch das Gericht, daß das Grundgesetz die Spannung Individuum - Gemeinschaft im Sinne der Gemeinschaftsbezogenheit und Gemeinschaftsgebundenheit der Person entschieden hat.[678] Das Gericht betont, daß der *einzelne* Einschränkungen „im überwiegenden Interesse der Allgemeinheit" hinnehmen muß.[679] Es wird bewußt das Polaritätsverhältnis Individuum - Gemeinschaft herausgearbeitet.[680]

(2) Zielvorgabe im Rahmen des Übermaßverbots

Zum anderen deuten weitere Textstellen darauf hin, daß das Gemeinwohl dem Bundesverfassungsgericht im Rahmen der konkreten Fallprüfung erst bei der Verhältnismäßigkeitsprüfung als Orientierungspunkt dient.[681] Hier wird es typischerweise den drei Elementen der Geeignetheit, der Erforderlichkeit und der Angemessenheit als legitimes Ziel vorgeschaltet.[682]

Das Gemeinwohl ist im Rechtsprechungskontext nicht als besondere Eingriffsermächtigung im Sinne einer Auslegungsvariante der Schranke der verfassungsmäßigen Ordnung zu verstehen.[683] Auch das allgemeine Persönlichkeitsrecht steht unter keinem allgemeinen Gemeinwohlvorbehalt.[684] Die Allgemeininteressen fungieren vielmehr beim Einsatz des Übermaßverbots als Eingriffskautele.[685]

---

[677] *Bethge*, VVDStRL Heft 57 (1998), S. 23 mit Fn. 97; *ders.*, Verfassungsrecht, S. 121.
[678] Vgl. BVerfGE 27, 344 (351); 32, 373 (379); 33, 367 (376); 34, 205 (209); 34, 238 (246); 65, 1 (44); 80, 367 (373). Ähnlich auch BVerfGE 35, 35 (39).
[679] BVerfGE 27, 344 (351); 32, 373 (379); 33, 367 (376); 34, 205 (209); 34, 238 (246); 65, 1 (44); 78, 77 (85); 80, 367 (373).
[680] Auf die besondere Bedeutung dieser Polarität im Kontext des Art. 2 Abs. 1 GG weist *Lerche* hin, Übermaß und Verfassungsrecht, S. 300 f.
[681] Vgl. etwa BVerfGE 27, 344 (352); 32, 373 (381); 33, 367 (378); 34, 238 (249); 35, 202 (238) - bezogen auf das Informationsinteresse der Öffentlichkeit; 49, 286 (300); 97, 228 (255, 269 f.); 100, 313 (376); 101, 361 (387); 107, 299 (318 ff.).
[682] Zur Gemeinwohlorientierung im Rahmen der Verhältnismäßigkeitsprüfung z. B. BVerfGE 78, 77 (85 f.); 80, 367 (375); 95, 173 (183); 100, 313 (376); 103, 21 (33).
[683] Inwieweit die Lesart eines Gemeinwohlvorbehalts als schlichter allgemeiner Gesetzesvorbehalt (vgl. *Böckenförde*, Der Staat Bd. 42 [2003], S. 172) auch beim allgemeinen Persönlichkeitsrecht Bedeutung erlangen, bleibt noch zu klären, vgl. im Anschluß S. 127 ff.
[684] BVerfGE 101, 331 (348 f.); 107, 186 (196); Dazu auch *Bethge*, Verfassungsrecht, S. 128.
[685] *Bethge*, VVDStRL Heft 57 (1998), S. 23; *Erichsen*, in: Isensee/Kirchhof (Hrsg.), HdbStR VI, § 152 Rz. 36.

cc) Stellungnahme zu einer restriktiven Auslegung der Schrankentrias

Eine restriktive Auslegung der Schrankentrias begegnet mehreren Bedenken, die ihre Wurzeln unter anderem in der spezifischen Eigenart des informationellen Selbstbestimmungsrechts haben.

aaa) Problematik der unterschiedlichen Begriffsinterpretation innerhalb eines Grundgesetzartikels

Zunächst ist bei der Zuweisung von Mehrdeutigkeiten im Rahmen einer Grundrechtsnorm generell Zurückhaltung geboten. Wären verschiedene Auslegungen des Begriffs der verfassungsmäßigen Ordnung innerhalb des Art. 2 Abs. 1 GG erforderlich, dann spräche das für eine Spracharmut des Grundgesetzes, die man nicht ohne Not annehmen sollte.[686] Ein solcher Notfall liegt nicht vor.[687] Vielmehr kommt man, wie noch zu zeigen sein wird, auch mit Modifikationen bei den Schranken-Schranken zu einem Ergebnis, das den Eigenheiten des informationellen Selbstbestimmungsrechts gerecht wird.

Darüber hinaus treten mit engen Interpretationsansätzen zusätzliche Schwierigkeiten bei der Bestimmung eines stärker verfassungsbezogenen Inhalts des Begriffs der verfassungsmäßigen Ordnung auf.[688]

bbb) Widerspruch einer Schrankenreduktion zum weiten Schutzbereichskonzept des informationellen Selbstbestimmungsrechts

Entscheidend gegen eine grundsätzliche Verengung der Schrankenklausel spricht das weite Schutzbereichskonzept des Rechts auf informationelle Selbstbestimmung.[689] Zwar ist der Tatbestand wegen der Beschränkung des Schutzbereichs auf personenbezogene Daten enger als bei der allgemeinen Handlungsfreiheit. Auf Grund der technisch bedingten Besonderheiten des Schutzguts weist das informationelle Selbstbestimmungsrecht jedoch seinerseits ein sehr weites Spektrum an Schutzgütern auf, dem nicht pauschal mit engen Schranken begegnet werden kann.[690] So wie Bereiche der Persönlichkeit gefährdet sein können, die sich an der Grenze zum Persönlichkeitskern, also im intimen oder privaten Sektor befinden, können auch Informationen berührt sein, die ihrem Wesen nach und im Rahmen des jeweiligen Datenverarbeitungszu-

---

[686] *Tiedemann*, DÖV 2003, 75.
[687] Zu unterscheiden ist in diesem Zusammenhang die unterschiedliche Interpretation gleicher Begriffe an verschiedenen Stellen des Grundgesetzes. Dies ist schon im Hinblick auf die diversen Adressaten der jeweiligen Normen, jedenfalls aber wegen eines variierenden Normkontextes zulässig und nicht nur am Beispiel des Begriffs der verfassungsmäßigen Ordnung praktiziert worden. Vgl. insoweit die unterschiedliche Interpretation des Begriffs der öffentlichen Gewalt in Art. 19 Abs. 4 GG und Art. 93 Abs. 1 Nr. 4a GG.
[688] *Erichsen*, in: Isensee/Kirchhof (Hrsg.), HdbStR VI, § 152 Rz. 33.
[689] *V. Arnauld*, ZUM 1996, 288; *Helle*, Besondere Persönlichkeitsrechte im Privatrecht, S. 6 m. w. N.; *Hufen*, JZ 1984, 1074; *Kau*, Vom Persönlichkeitsschutz zum Funktionsschutz, S. 61 f.; *Simitis*, in: Simitis (Hrsg.), Bundesdatenschutzgesetz, § 1 Rz. 57 ff.
[690] Zum Schutzbereich, der weder auf bestimmte Arten von personenbezogenen Informationen noch auf die Datenverarbeitungsform fixiert ist, vgl. bereits oben S. 84 ff.

sammenhangs eine größere Affinität zur allgemeinen Handlungsfreiheit aufweisen als zum Prinzip der Menschenwürde. Ein passendes - enges - Maß für die Schrankenfixierung kann es somit nicht geben. Vielmehr werden die Schranken im Ergebnis enger gezogen werden müssen, je höher der Grad an Privatheit ist, der durch die jeweilige Datenverarbeitung erreicht wird bzw. erreicht werden kann und je intensiver die Daten benutzt werden sollen. Umgekehrt ist der Rechtfertigungsbedarf niedriger, je weniger der staatliche Zugriff Auskunft über den privaten Bereich des Betroffenen geben kann.[691] Das große Spektrum des Schutzguts fordert auch hier flexible Schranken.[692] Im Ausgangspunkt ist es damit nicht nur gerechtfertigt, sondern sogar notwendig, am prinzipiell weiten Schrankenkonzept des Art. 2 Abs. 1 GG festzuhalten, damit er auch für die Fälle des informationellen Selbstbestimmungsrechts eine ausreichende Flexibilitätsreserve bietet.[693] Dies muß um so mehr gelten, wenn man den Auffangcharakter des allgemeinen Persönlichkeitsrechts sowie dessen entwicklungsoffene Tatbestandsstruktur im Auge behält.

dd) Zwischenergebnis

Sowohl systematische als auch teleologische Argumente sprechen gegen eine enge Auslegung der Schrankenbegriffe des Art. 2 Abs. 1 GG. Der Ansatz von *Lücke*[694], welcher vor allem die Schranke der verfassungsmäßigen Ordnung auf ein Verständnis im Sinne gemeinwohlorientierter Verfassungswerte mit einem gewissen Gewicht zurückführen will[695], ist als Modell einer engeren Handhabung der Schrankenziehung ungeeignet. Im Ausgangspunkt wird man bei der Schrankenfrage am grundsätzlich umfassenden Schrankenverständnis des Art. 2 Abs. 1 GG festhalten müssen, um alle Facetten des offenen Schutzbereichskonzepts des allgemeinen Persönlichkeitsrechts und insbesondere des weiten Schutzgegenstandes des Rechts auf informationelle Selbstbestimmung angemessen würdigen zu können.

e) Konsequenz: Geltung eines umfassenden Gesetzesvorbehalts

In Rechtsprechung und Literatur wird daher für das Recht auf informationelle Selbstbestimmung ein Gesetzesvorbehalt gefordert.[696]

---

[691] *Di Fabio*, in: Maunz/Dürig, Grundgesetz, Bd. I, Art. 2 Abs. 1 Rz. 181.
[692] *Schmitt Glaeser*, in: Isensee/Kirchhof (Hrsg.), HdbStR VI, § 129 Rz. 10.
[693] *Hufen*, in: Badura/Dreier (Hrsg.), FS 50 Jahre Bundesverfassungsgericht, Bd. II, S. 125.
[694] *Lücke*, DÖV 2002, 93 ff.
[695] *Lücke*, aaO, 97.
[696] BVerfGE 65, 1 (44); 67, 100 (143); 77, 1 (46 f.); 78, 77 (85); 84, 239 (279 f.); 89, 69 (84); 92, 191 (197); 96, 171 (182); 103, 21 (30); BVerfG NJW 2002, 3231 (3232). Aus der Literatur vgl. *V. Arnauld*, ZUM 1996, 288; *ders.*, Die Freiheitsrechte und ihre Schranken, S. 160 f.; *Di Fabio*, in: Maunz/Dürig, Grundgesetz, Bd. I, Art. 2 Abs. 1 Rz. 133, 157, 182; *H. Dreier*, in: Dreier (Hrsg.), Grundgesetz-Kommentar, Bd. I, Art. 2 I Rz. 86; *Gola/Schomerus*, Bundesdatenschutzgesetz, § 1 Rz. 10; *Hufen*, in: Badura/Dreier (Hrsg.), FS 50 Jahre Bundesverfassungsgericht, Bd. II, S. 114; *Jarass*, in: Jarass/Pieroth, Grundgesetz, Art. 2 Rz. 45; *Kloepfer*, in: Ständige Deputation des Deutschen Juristentages (Hrsg.), Verhandlungen des 62. Deutschen Juristentages, Bd. I, Gutachten D, S. 48 ff.; *Kunig*, in: v. Münch/Kunig (Hrsg.), GGK I, Art. 2 Rz. 42; *Murswiek*, in: Sachs (Hrsg.),

aa) Begriff

Mit dem Begriff des Gesetzesvorbehalts[697] wird derjenige Grundsatz angesprochen, der besagt, daß bestimmte hoheitliche Maßnahmen nur durch Gesetz oder auf Grund eines Gesetzes[698] getroffen werden können.[699] Der Gesetzesvorbehalt beinhaltet lediglich, *daß* eine gesetzliche Grundlage erforderlich ist[700], nicht aber, *wie (weit)* diese vom parlamentarischen Gesetzgeber auszugestalten ist.[701] Mit der gesetzlichen Grundlage ist stets ein formelles Gesetz, d. h. eine im förmlichen Verfahren vom Parlament erlassene Norm, gemeint.[702] Das förmliche Gesetz darf die Exekutive zu eigenen Regelungen ermächtigen, was nicht nur in der Natur des Verhältnisses zwischen Gesetzgebung und Verwaltung liegt, sondern im Bereich der Grundrechte durch die explizite Zulassung von Eingriffen auf Grund eines Gesetzes eigens anerkannt wird. Insgesamt lassen die Gesetzesvorbehalte des Grundgesetzes dem Gesetzgeber die Möglichkeit,

---

Grundgesetz, Art. 2 Rz. 107; *Pieroth/Schlink*, Grundrechte Staatsrecht II, Rz. 383; *Schmitt Glaeser*, in: Isensee/Kirchhof (Hrsg.), HdbStR VI, § 129 Rz. 103; *Simitis*, in: Simitis (Hrsg.), Bundesdatenschutzgesetz, § 1 Rz. 98.

[697] In dieser Abhandlung werden die Begriffe „Gesetzesvorbehalt" und „Vorbehalt des Gesetzes" gleichbedeutend verwendet. Hinzuweisen ist jedoch darauf, daß an anderer Stelle ein differenzierterer Sprachgebrauch gefordert wird, um den Unterschieden zwischen dem in Art. 20 Abs. 3 GG verankerten allgemeinen „Vorbehalt des Gesetzes" und den in den Grundrechten konkretisierten abgestuften „Gesetzesvorbehalt(en)" Rechnung zu tragen, vgl. *Krebs*, Vorbehalt des Gesetzes und Grundrechte, S. 11 Fn. 1. Zur Abschichtung der beiden Vorbehaltstypen vgl. auch *v. Arnauld*, Die Freiheitsrechte und ihre Schranken, S. 158 ff.; *Bethge*, VVDStRL Heft 57 (1998), S. 27; *Frohn*, ZG 1990, 120 ff.; *Lipphardt*, EuGRZ 1986, 155; *Müller-Franken*, Die Befugnis zu Eingriffen in Rechtsstellungen des einzelnen durch Betriebsvereinbarungen, S. 172 ff.; *Rottmann*, EuGRZ 1985, 277 ff.; *Ossenbühl*, in: Isensee/Kirchhof (Hrsg.), HdbStR III, § 62 Rz. 32 f., spricht insoweit von einer „doppelte(n) Stütze" des Vorbehalts des Gesetzes.

[698] *Listl*, DVBl. 1987, 12, spricht beim Vorbehalt auf Grund eines Gesetzes vom „Gesetzesvorbehalt im weiteren Sinne".

[699] *V. Arnauld*, aaO, S. 153; *Frohn*, ZG 1990, 120; *Hesse*, Grundzüge des Verfassungsrechts der Bundesrepublik Deutschland, Rz. 313 f.; *Kisker*, NJW 1977, 1313; *Krebs*, Vorbehalt des Gesetzes und Grundrechte, S. 11 f.; *Maurer*, Allgemeines Verwaltungsrecht, § 6 Rz. 8; *Pieroth/Schlink*, Grundrechte Staatsrecht II, Rz. 263.

[700] *Eberle*, DÖV 1984, 486 Fn. 19; *Maurer*, aaO; *Pieroth/Schlink*, aaO, Rz. 263, 269; *Rosenbaum*, Jura 1988, 181. Daß unmittelbare inhaltliche Maßstäbe für die Ausgestaltung des jeweiligen Gesetzes fehlen, betont auch *Bethge* im Hinblick auf den allgemeinen rechtsstaatlichen Vorbehalt des Gesetzes, vgl. *Bethge*, VVDStRL Heft 57 (1998), S. 27.

[701] Welche Bereiche im einzelnen vom parlamentarischen Gesetzgeber geregelt werden müssen, ist erst eine Frage des sog. Parlamentsvorbehalts, der nach überwiegender Ansicht als Schranken-Schranke fungiert, vgl. *v. Arnauld*, Die Freiheitsrechte und ihre Schranken, S. 153; *Pieroth/Schlink*, Grundrechte Staatsrecht II, Rz. 277. Zum Begriff und zur Bedeutung des Parlamentsvorbehalts vgl. die Ausführungen zu den Schranken-Schranken, S. 139 ff.

[702] „Gesetz" im Sinne des Vorbehalts des Gesetzes ist ein formelles Gesetz, vgl. *v. Arnauld*, Die Freiheitsrechte und ihre Schranken, S. 145 Fn. 23 m. w. N. Ebenso *Bethge*, Verfassungsrecht, S. 137; *Frohn*, ZG 1990, 120; *Lipphardt*, EuGRZ 1986, 155; *Pieroth/Schlink*, Grundrechte Staatsrecht II, Rz. 263. Diese Sichtweise hat auch das Bundesverfassungsgericht immer wieder bestätigt, vgl. z. B. BVerfGE 40, 237 (248 f.); 84, 212 (226). Daher kann heute von einer Unklarheit bezüglich dieser Frage nicht mehr die Rede sein; so aber noch *Eberle*, DÖV 1984, 486.

sich seiner Verantwortung durch weitreichende Ermächtigungen an die Exekutive zu entledigen.[703]

bb) Erforderlichkeit eines umfassenden Gesetzesvorbehalts

Das Netz des Gesetzesvorbehalts erstreckt sich auf alle Informationseingriffe. Gefordert ist demnach ein umfassendes Vorbehaltskonzept. Zwei Gründe rechtfertigen die Bedingung des umfassenden Gesetzesvorbehalts.

aaa) Die weite Auslegung der „verfassungsmäßigen Ordnung"

Die weite Auslegung der Schranke der verfassungsmäßigen Ordnung führt im Ergebnis zu einem Verständnis der Schrankentrias insgesamt als einem einfachen Gesetzesvorbehalt.[704] Zwar handelt es sich bei den Schranken des Art. 2 Abs. 1 GG gerade nicht um einen ausdrücklichen grundrechtlichen Gesetzesvorbehalt, sondern vielmehr um einen sogenannten Verfassungsvorbehalt.[705] Praktisch steht damit aber ein einfacher Gesetzesvorbehalt in Rede.[706] Jeder Informationseingriff bedarf daher zu seiner Rechtfertigung eines formellen Gesetzes.[707]

---

[703] *V. Arnauld*, Die Freiheitsrechte und ihre Schranken, S. 156, weist darauf hin, daß das Gros der zu treffenden staatlichen Entscheidungen nach legislativer Delegation von der Verwaltung erledigt wird. Auf den großen Delegationsspielraum des Gesetzesvorbehalts weisen auch hin: *Pieroth/ Schlink*, aaO, Rz. 263 a. E.; *Rosenbaum*, Jura 1988, 181; Vorlage des Bundesministers des Innern an den Innenausschuß des Deutschen Bundestages vom 25.04.1984, DuD 1984, 281.

[704] Von einem „allgemeinen Gesetzesvorbehalt" spricht schon das Bundesverfassungsgericht in BVerfGE 6, 32 (40). Diese Einschätzung ist auf Grund der weiten Interpretation des Begriffs der verfassungsmäßigen Ordnung heute auch weit verbreitet, vgl. statt vieler *Di Fabio*, in: Maunz/Dürig, Grundgesetz, Bd. I, Art. 2 Abs. 1 Rz. 133; *Degenhart*, JuS 1990, 164; *Erichsen*, in: Isensee/Kirchhof (Hrsg.), HdbStR VI, § 152 Rz. 35; *Krebs*, Vorbehalt des Gesetzes und Grundrechte, S. 111 ff.; *Murswiek*, in: Sachs (Hrsg.), Grundrechte, Art. 2 Rz. 90; *Pieroth/Schlink*, Grundrechte Staatsrecht II, Rz. 383; *Sachs*, Verfassungsrecht II Grundrechte, B 2 Rz. 31.

[705] *Bethge*, Ufita Bd. 95 (1983), S. 256; *R. Scholz*, AöR Bd. 100 (1975), S. 285.

[706] Die Merkmale der Schrankentrias stellen keine verfassungsunmittelbaren Schranken auf, vgl. *Di Fabio*, in: Maunz/Dürig, Grundgesetz, Bd. I, Art. 2 Abs. 1 Rz. 12. Im Ergebnis ebenso *R. Scholz*, aaO.

[707] Das ist freilich nicht unbestritten. Zahlreiche Stimmen in der Literatur wollen in Anlehnung an die Rechtsprechung des Bundesverfassungsgerichts (vgl. z. B. BVerfGE 19, 253 [257 ff.]; 74, 129 [152]) den Vorbehalt des Art. 2 Abs. 1 GG jedenfalls für den Tatbestand der allgemeinen Handlungsfreiheit über den Gesetzesvorbehalt hinaus auf einen bloßen Rechtssatzvorbehalt ausgedehnt wissen. Danach sollen die grundrechtlichen Schutzbereiche nur durch Rechtsnormen im bloß materiellen Sinne und durch vorkonstitutionelles Gewohnheitsrecht verkürzt werden dürfen. Auf eine Entscheidung des formellen Gesetzgebers kommt es danach nicht an, vgl. *v. Arnauld*, Die Freiheitsrechte und ihre Schranken, S. 160; *Kunig*, in: v. Münch/Kunig (Hrsg.), GGK I, Art. 2 Rz. 23; *Lege*, Jura 2002, 754; *Papier*, Die finanzrechtlichen Gesetzesvorbehalte und das grundgesetzliche Demokratieprinzip, S. 31 f. m. w. N.
Da gerade in den Fällen des Informationseingriffs der Zweck der Datenverarbeitung und die Verknüpfungs- und Verwendungsmöglichkeiten der Informationen erst durch ein den Eingriff rechtfertigendes Gesetz deutlich werden, scheidet das Konzept des Rechtssatzvorbehalts jedenfalls für Eingriffe in das informationelle Selbstbestimmungsrecht aus. Das Gewicht des betroffenen Freiheitsinteresses kann auf Grund der präventiven Schutzfunktion vielmehr erst im Rahmen einer

bbb) Die Grundsätze der Eingriffsdogmatik

Für einen umfassenden Gesetzesvorbehalt sprechen darüber hinaus die Grundsätze der Eingriffsdogmatik.[708] Danach ist der Gesetzesvorbehalt im Bereich der Grundrechte seiner Funktion nach immer noch ein Eingriffsvorbehalt.[709] Das gilt für die explizit geregelten grundrechtlichen Gesetzesvorbehalte[710] genauso wie für den allgemeinen Gesetzesvorbehalt[711]. Die Gesetzesvorbehalte sind immer noch eingriffsfixiert[712] und notwendige, wenn auch nicht hinreichende Bedingung für einen gerechtfertigten Grundrechtseingriff.[713] Der Eingriffsvorbehalt ist Ausdruck des formellen Rechtsstaats, der im Verhältnis Staat – Bürger, besonders wenn den Bürger belastende Maßnahmen treffen, Rechtssicherheit schaffen soll.[714] Hinsichtlich der Informationseingriffe soll die Legislative Ziele und Umfang der geplanten Datenverarbeitung verbindlich offenlegen und damit Rechtsklarheit schaffen.[715] Erst auf Grund dieser Vorgaben kann

---

konkreten Abwägung mit den jeweils gegenläufigen Interessen festgestellt werden und nicht schon bei der vorweg zu stellenden Frage nach einer Handlungspflicht des parlamentarischen Gesetzgebers. So wird im Ergebnis auch von Befürwortern des Rechtssatzvorbehalts für Fälle der allgemeinen Handlungsfreiheit jedenfalls im Rahmen persönlichkeitsrechtlicher Eingriffslagen ein Gesetzesvorbehalt gefordert, vgl. *v. Arnauld*, Die Freiheitsrechte und ihre Schranken, S. 161; *Kunig*, in: v. Münch/Kunig (Hrsg.), GGK I, Art. 2 Rz. 42.

[708] An der richtigen Vorstellung vom Grundrechtseingriff als dem den Gesetzesvorbehalt auslösenden Moment ändern auch Vorstellungen in Rechtsprechung und Literatur nichts, die die Unabhängigkeit dieses Vorbehalts vom Grundrechtseingriff propagieren. Denn sowohl die sog. „Lehre vom Totalvorbehalt" (*Jesch*, Gesetz und Verwaltung, S. 171 ff.; *Rupp*, Grundfragen der heutigen Verwaltungsrechtslehre, S. 142 ff.) als auch das vom Bundesverfassungsgericht entwickelte Wesentlichkeitskriterium (BVerfGE 33, 303 [346]; 40, 237 [248 f.]; 47, 46 [78 f.]; 49, 89 [126]; 57, 295 [320 f.]; 58, 257 [268 f.]; 61, 260 [275]; 83, 130 [142, 152]; 88, 103 [116]) weiten den Gesetzesvorbehalt gegenüber dem klassischen Eingriffsvorbehalt nur aus, so daß der Grundrechtseingriff immer noch ein sicheres, wenn auch kein abschließendes Kriterium dafür bleibt, daß ein Gesetzesvorbehalt eingreift, vgl. *Eckhoff*, Der Grundrechtseingriff, S. 43.

[709] Für den Bereich des Grundrechtseingriffs gilt immer noch die sog. klassische Vorbehaltslehre, wonach Eingriffe in Freiheit und Eigentum einer gesetzlichen Grundlage bedürfen, vgl. dazu *Duttge*, Der Begriff der Zwangsmaßnahme im Strafprozeßrecht, S. 109 ff.; *Jesch*, Gesetz und Verwaltung, S. 117 ff.; *Krebs*, Vorbehalt des Gesetzes und Grundrechte, S. 17 ff.; *K. Hesse*, Grundzüge des Verfassungsrechts der Bundesrepublik Deutschland, Rz. 201. Daß diese klassische Freiheits- und Eigentumsformel nach wie vor gilt, darauf weisen insbesondere hin: *Bleckmann/Eckhoff*, DVBl. 1988, 380; *Eckhoff*, Der Grundrechtseingriff, S. 43; *Krebs*, Vorbehalt des Gesetzes und Grundrechte, S. 112; *Pieroth/Schlink*, Grundrechte Staatsrecht II, Rz. 263; *Vogelgesang*, Grundrecht auf informationelle Selbstbestimmung?, S. 179.

[710] Worauf *v. Arnauld*, Die Freiheitsrechte und ihre Schranken, S. 159, und *Rottmann*, EuGRZ 1985, 285 f., nochmals hinweisen.

[711] Die heute unterschiedlich beurteilte Reichweite – vgl. dazu den kompakten Überblick bei *Eckhoff*, Der Grundrechtseingriff, S. 41 ff. – des allgemeinen Vorbehalts des Gesetzes wurde ja gerade mit dem klassischen Verständnis der Freiheits- und Eigentumsformel heraus entwickelt, vgl. *Duttge*, Der Begriff der Zwangsmaßnahme im Strafprozeßrecht, S. 111.

[712] *Bethge*, VVDStRL Heft 57 (1998), S. 32.

[713] *Bethge*, aaO, S. 46; *Isensee*, in: Isensee/Kirchhof (Hrsg.), HdbStR V, § 111 Rz. 70.

[714] Im grundrechtlichen Bereich hat daher vornehmlich das Prinzip der Freiheitssicherung durch Eingriffsabwehr seinen Platz, vgl. *v. Arnauld*, Die Freiheitsrechte und ihre Schranken, S. 159; *Bethge*, VVDStRL Heft 57 (1998), S. 46 f.; *Kirchhof*, in: Starck (Hrsg.), Bundesverfassungsgericht und Grundgesetz, Bd. II, S. 79 f.; *Rottmann*, EuGRZ 1985, 285 f.

[715] *Simitis*, NJW 1984, 400.

ermittelt werden, ob die konkrete Beschränkung des Rechts auf informationelle Selbstbestimmung zulässig ist.[716]

(1) Rechtfertigung des bloß faktischen Informationseingriffs

An dieser Sicherungsfunktion ändert auch die Ausweitung des Eingriffsverständnisses im Sinne des Informationseingriffs nichts.[717] Auch bloß faktische binnenstaatliche Eingriffe lösen den Mechanismus des Gesetzesvorbehalts aus.[718] Das ist freilich nicht unbestritten. Gerade unter Verweis auf die Praktikabilität und Effizienz des Staatshandelns wird der Vorbehalt des Gesetzes auf finale[719] oder jedenfalls vorhersehbare[720] Eingriffe eingeschränkt. Bloß faktische Eingriffe im Sinne des modernen Eingriffsverständnisses sollen dem Vorbehalt des Gesetzes nicht mehr unterstellt werden.[721] Eine solche Einschränkung des Anwendungsbereichs des Vorbehaltskonzepts ist jedoch weder historisch bedingt noch aus heutiger grundgesetzlicher Sicht geboten.[722] Im Gegenteil: Der bereits erwähnte Zweck des Gesetzesvorbehalts der demokratischen Legitimierung ist unabhängig davon sinnvoll, auf welche Weise die Verwaltung von ihrem Handlungsspielraum Gebrauch macht.[723] Auch den rechtsstaatlich motivierten Geboten der Vorhersehbarkeit, Berechenbarkeit und Bestimmtheit kommt bei faktischen Beeinträchtigungen nicht per se ein geringeres Gewicht zu als bei normativen Einschränkungen.[724]

(2) Abstufungen je nach Eingriffsintensität erst bei den Schranken-Schranken

Auch wenn im Ergebnis die Vielgestaltigkeit der Eingriffslagen nicht zu einer Befreiung einzelner Eingriffsarten vom Vorbehalt des Gesetzes führt, bedeutet das nicht, daß den genannten Praktikabilitätseinwänden sowie der unterschiedlichen Ein-

---

[716] BVerfGE 65, 1 (45).
[717] Vgl. oben S. 106 ff.
[718] So dezidiert *Bleckmann/Eckhoff*, DVBl. 1988, 380 f.; *Lübbe-Wolff*, Die Grundrechte als Eingriffsabwehrrechte, S. 179; *W. Roth*, Faktische Eingriffe in Freiheit und Eigentum, S. 600. Im Ergebnis auch *Pieroth/Schlink*, Grundrechte Staatsrecht II, Rz. 240, 263, die zunächst ein modernes Eingriffsverständnis zulassen und dann für jeden Eingriff i. S. dieses weiten Verständnisses eine gesetzliche Ermächtigung fordern.
[719] *Bethge*, VVDStRL Heft 57 (1998), S. 41; *Isensee*, in: Isensee/Kirchhof (Hrsg.), HdbStR V, § 111 Rz. 70.
[720] *Heintzen*, VerwArch. Bd. 81 (1990), S. 537.
[721] Denn faktische Eingriffe setzen ja nicht voraus, daß der Beeinträchtigungserfolg vorausgesehen wurde oder auch nur vorhersehbar war. Darauf weist zu Recht *W. Roth*, Faktische Eingriffe in Freiheit und Eigentum, S. 454, hin.
[722] Die Formel, wonach der Eingriffsvorbehalt auf Grund seiner historischen Entwicklung allein auf ein klassisches, also enges Eingriffsverständnis zugeschnitten sei (vgl. insoweit *A. Roth*, Verwaltungshandeln mit Drittbetroffenheit und Gesetzesvorbehalt, S. 174 ff.), wird zu Recht hinterfragt, vgl. *W. Roth*, aaO, S. 598.
[723] *W. Roth*, Faktische Eingriffe in Freiheit und Eigentum, S. 599 m. w. N. in Fn. 181.
[724] *Bleckmann/Eckhoff*, DVBl. 1988, 280 f.; *W. Roth*, aaO.

griffsintensität *im Ergebnis* nicht Rechnung getragen wird.[725] Vielmehr wird man in solchen Fällen bei den Anforderungen an das ermächtigende (Parlaments)Gesetz Abstufungen vornehmen müssen, die sowohl die Quantität als auch die (inhaltliche) Qualität des Parlamentsgesetzes betreffen.[726] In Rede stehen Abstufungen bei der Reichweite des Parlamentsvorbehalts (Quantität) sowie bei den rechtsstaatlichen Sicherungen des Bestimmtheitsgebots und des Verhältnismäßigkeitsgrundsatzes (Qualität).[727] Generalklauseln lassen sich dann nicht vermeiden. Diese sind trotz ihrer Unbestimmtheit zuzulassen.[728] Sie reichen jedoch als Ermächtigungsgrundlage nicht überall für Grundrechtseingriffe aus. Sobald rechtstechnisch die Möglichkeit besteht, sind Spezialermächtigungen nötig.[729] Diese werden vor dem Hintergrund des Rechts auf informationelle Selbstbestimmung einen besonderen Stellenwert erhalten, der kurz mit dem Schlagwort der „bereichsspezifischen Regelungen" angedeutet werden soll.[730]

cc) Zwischenergebnis

Da Eingriffe in Grundrechte - egal ob normativer oder bloß faktischer Natur - dem Vorbehalt des Gesetzes unterstellt werden müssen, ist auch für Eingriffe in das informationelle Selbstbestimmungsrecht stets ein (formelles) Gesetz als Eingriffsermächtigung zu fordern. Auf Grund der weiten Auslegung der Schranken des Art. 2 Abs. 1 GG ist de facto von einem *einfachen*, umfassenden Gesetzesvorbehalt auszugehen.

2. Die Schranken-Schranken des informationellen Selbstbestimmungsrechts

Welche Anforderungen der Gesetzgeber bei der Begrenzung des Rechts auf informationelle Selbstbestimmung zu beachten hat, ergibt sich aus dem Verständnis der Schranke der verfassungsmäßigen Rechtsordnung als Gesamtheit aller verfassungsgemäßen Gesetze.

---

[725] Zu diesen Einwänden vgl. die Fn. 719, 720. Der Gedanke effizienten Staatshandelns hat im Zusammenhang mit der aktuellen Diskussion bezüglich der internationalen Terrorbekämpfung an zusätzlichem Gewicht gewonnen, vgl. *Denninger*, KJ 2002, 470.
[726] Inkonsequent ist hier zum Teil *Vogelgesang*, der zwar generell Abstufungen hinsichtlich der Eingriffsintensität fordert, diese aber fälschlicherweise schon dadurch vornimmt, daß er einen Teil der Informationseingriffe unter den Gesetzesvorbehalt unterstellen will, vgl. *Vogelgesang*, Grundrecht auf informationelle Selbstbestimmung?, S. 182.
[727] *W. Roth*, Faktische Eingriffe in Freiheit und Eigentum, S. 600 ff., 615; *Vogelgesang*, aaO, S. 181 f.
[728] Zur grundsätzlichen Zulässigkeit von Generalklauseln vgl. *Jarass*, in: Jarass/Pieroth, Grundgesetz, Art. 20 Rz. 61; *Roellecke*, in: Umbach/Clemens (Hrsg.), Grundgesetz, Bd. I, Art. 20 Rz. 85; *Schnapp*, in: v. Münch/Kunig (Hrsg.), GGK II, Art. 20 Rz. 29.
[729] *W. Roth*, Faktische Eingriffe in Freiheit und Eigentum, S. 609.
[730] Vgl. die Forderung nach bereichsspezifischen Gesetzen durch das Bundesverfassungsgericht in BVerfGE 65, 1 (46). Dazu *Gola/Schomerus*, Bundesdatenschutzgesetz, § 1 Rz. 12; *Simitis*, in: Simitis (Hrsg.), Bundesdatenschutzgesetz, Einleitung Rz. 32.

a) Erfordernis der formellen und materiellen Verfassungsmäßigkeit des eingreifenden Gesetzes

Informationseingriffe bedürfen einer formell und materiell verfassungsgemäßen gesetzlichen Grundlage.[731]

aa) Die formelle Verfassungsmäßigkeit des eingreifenden Gesetzes

Ein Gesetz ist formell verfassungsgemäß, wenn es vom zuständigen Gesetzgeber, also kompetenzgemäß, erlassen worden und darüber hinaus im Rahmen eines ordnungsgemäßen Gesetzgebungsverfahrens zustande gekommen ist.[732] Spezifische Anforderungen im Hinblick auf das Recht auf informationelle Selbstbestimmung sind insoweit nicht zu beachten.

bb) Die materielle Verfassungsmäßigkeit des eingreifenden Gesetzes

Im Rahmen der materiellen Anforderungen an die Begrenzungsregelungen gelten zunächst für den Gesetzgeber keine anderen Schranken-Schranken als bei Eingriffen in andere Grundrechte: Neben der Einhaltung des rechtsstaatlichen Grundsatzes der Normenklarheit ist vor allem die Beachtung des Verhältnismäßigkeitsgrundsatzes[733] geboten.[734]

aaa) Spezifische Rechtfertigungsanforderungen

Angesichts der Gefährdung durch die Nutzung der automatischen Datenverarbeitung gewinnen jedoch spezifische Rechtfertigungsanforderungen an Bedeutung. Vor dem Hintergrund der multifunktionalen Nutzbarkeit und Verwendungsmöglichkeit personenbezogener Daten erhalten die Grundsätze der Normenklarheit und der Verhältnismäßigkeit eine spezifische informationsrechtliche Prägung.[735] Sie werden von dem Postulat organisatorischer und verfahrensrechtlicher Schutzvorkehrungen flankiert.[736] Wie sich die genannten Anforderungen unter dem Eindruck der Besonderheiten des Rechts auf informationelle Selbstbestimmung in der konkreten Situation auswirken,

---

[731] Der Schutz vor dem Eingriff eines formell verfassungswidrigen Gesetzes, insbesondere der Schutz vor dem Eingriff des inkompetenten Gesetzgebers ist heute nicht mehr nur eine Funktion des Art. 2 Abs. 1 GG in seiner Ausprägung als allgemeine Handlungsfreiheit. Die formelle Verfassungswidrigkeit der eingreifenden Norm begründet vielmehr nach heutigem Grundrechtsverständnis bei allen Freiheitsrechten einen Grundrechtsverstoß, vgl. *Bethge*, Verfassungsrecht, S. 141; *Pieroth/Schlink*, Grundrechte Staatsrecht II, Rz. 345 ff.

[732] *Pieroth/Schlink*, aaO, Rz. 345. Vgl. zur Frage der Gesetzgebungskompetenz auch BVerfGE 65, 1 (39); 100, 313 (368 ff.); 103, 21 (30 f.); BVerfG DVBl. 1987, 1207.

[733] Bzw. des Übermaßverbots.

[734] BVerfGE 65, 1 (44); 103, 21 (33); st. Rspr.

[735] BVerfGE 65, 1 (45 ff.). Vgl. dazu auch *Denninger*, in: v. Schoeler (Hrsg.), Informationsgesellschaft oder Überwachungsstaat?, S. 117; *Schmitt Glaeser*, in: Isensee/Kirchhof (Hrsg.), HdbStR VI, § 129 Rz. 103; *Simitis*, in: Simitis (Hrsg.), Bundesdatenschutzgesetz, Einleitung Rz. 33 ff.

[736] BVerfGE 65, 1 (44, 49 ff.).

läßt sich freilich nicht allgemein, sondern nur unter Berücksichtigung des Einzelfalls klären.

bbb) Rahmengrundsätze

Dennoch: Der Rechtsprechung des Bundesverfassungsgerichts lassen sich Vorgaben hinsichtlich gewisser Rahmengrundsätze entnehmen, die durch die typische Verletzbarkeit des Rechts auf informationelle Selbstbestimmung gekennzeichnet sind. Dabei nimmt das Gericht hinsichtlich der Strenge der Handhabung der verschiedenen Schranken-Schranken zwei entscheidende Weichenstellungen vor. Es unterscheidet zunächst nach der Art der Erhebung der persönlichen Daten.[737] Darüber hinaus hängen die Regelungsdichte und die Ausgestaltung des Regelungsinhalts des einschränkenden Gesetzes maßgeblich von der Intensität des Informationseingriffs ab.[738] Für die Bestimmung der Eingriffsintensität hat das Gericht einen Katalog verschiedener Kriterien entwickelt.[739]

Nachfolgend werden die spezifischen Ausprägungen der allgemeinen Beschränkungsgrundsätze zusammengefaßt (sub d). In diesem Zusammenhang erfolgt vorab eine Darstellung der unterschiedlichen Kategorien der Datenerhebung (sub b) und der Kriterien für die Eingriffsintensität (sub c). Dabei konzentriert sich die Untersuchung auf die Art der Datenerhebung, die auch für die anstehende Untersuchung des § 24 c KWG maßgeblich sein wird. Die Ausgestaltung der Schranken-Schranken wird im Anschluß daran auf die Spezifika der hier relevanten Erhebungsgruppe zugeschnitten. In die Rechtsprechungsanalyse fließen dabei sämtliche Entscheidungen des Bundesverfassungsgerichts ein, die bisher zum Recht auf informationelle Selbstbestimmung ergangen sind. Wichtige Aussagen hierzu enthalten auch Judikate, die sich mit Art. 10 GG als spezieller Gewährleistung des Selbstbestimmungsschutzes beschäftigen.[740]

b) Unterscheidung hinsichtlich der Art der Datenerhebung

Das Bundesverfassungsgericht erörtert die Schranken-Schranken des informationellen Selbstbestimmungsrechts für drei mögliche Arten der Erhebung personenbezogener Daten:[741]

Zunächst unterscheidet das Gericht zwischen einer Erhebung in individualisierter[742], nicht anonymisierter Form und einer Verarbeitung, die alleine für Zwecke der Statistik

---

[737] BVerfGE 65, 1 (45): Unterscheidung „zwischen personenbezogenen Daten, die in individualisierter, nicht anonymisierter Form erhoben und verarbeitet werden (...), und solchen, die für statistische Zwecke bestimmt sind (...)."
[738] Vgl. BVerfGE 65, 1 (45 f.); 77, 1 (44); 96, 171 (182, 184 ff., 186 ff.). Vgl. zur Eingriffsintensität als maßgeblichem Kriterium auch *Rosenbaum*, Jura 1988, 181 ff.
[739] Vgl. BVerfGE 65, 1 (46), 100, 313 (376); 107, 299 (318 ff.).
[740] Z. B. BVerfGE 100, 313 ff.; 107, 299 ff.
[741] BVerfGE 65, 1 (45 ff.). Vgl. dazu auch *Denninger*, in: v. Schoeler (Hrsg.), Informationsgesellschaft oder Überwachungsstaat?, S. 117 f.
[742] Individualisierbar sind Daten dann, wenn die Möglichkeit der Zuordnung des jeweiligen Datums zu einem namentlich bekannten Individuum besteht, das ohne erheblichen Aufwand identifiziert werden kann.

bestimmt ist.[743] An statistikbezogene staatliche Datenverarbeitungen stellt das Gericht erheblich geringere Anforderungen.[744] Dies liegt neben der essentiellen Bedeutung der Statistik für die staatliche Planungstätigkeit[745] vor allem an der im Rahmen von Statistiken möglichen Anonymisierung der Informationen, welche eine Verletzung des Selbstbestimmungsrechts im Ergebnis verhindert.[746] Neben den beiden genannten Varianten nennt das Gericht als dritte Möglichkeit eine „kombinierte Erhebung", bei der gleichzeitig Daten teils für Vollzugszwecke, teils für statistische Zwecke erhoben werden.[747]

Bei der anstehenden Untersuchung des § 24 c KWG handelt es sich um eine Norm, die die staatliche Datenverarbeitung kontobezogener Informationen zu bankaufsichtsrechtlichen Zwecken sowie zu aufsichtsfremden Zwecken regelt, die primär der Bekämpfung des internationalen Terrorismus dienen sollen.[748] Es stehen somit nicht statistische, sondern klassische Vollzugszwecke in Rede. Wie aus § 24 c Abs. 1 KWG ersichtlich ist, kommt es zur Erreichung der genannten Zwecke gerade auf die Individualisierbarkeit der gespeicherten Informationen an, so daß eine Anonymisierung der Daten nicht in Frage kommt.[749] Es bleibt damit festzuhalten, daß es bei der anstehenden Analyse allein auf die Grundsätze ankommt, die zur Erhebung und Verarbeitung individualisierter, nicht anonymisierter Daten aufgestellt wurden, die anderen als statistischen Zwecken dienen. Die dafür entwickelten Anforderungen sind besonders streng.[750]

c) Kriterien für die Eingriffsintensität

Die aufgezeigte Differenzierung macht deutlich, daß es für die konkrete Handhabung der Rechtfertigungsanforderungen auf die Intensität des Informationseingriffs ankommt.[751] Die fehlende Anonymisierung der zu verarbeitenden Daten ist nur eines

---

[743] BVerfG, 65, 1 (45 ff.).
[744] BVerfGE 65, 1 (47 ff.).
[745] BVerfGE 27, 1 (9); 65, 1 (47, 51).
[746] Das Bundesverfassungsgericht spricht bei statistischen Erhebungen sogar von dem „Gebot einer möglichst frühzeitigen (faktischen) Anonymisierung, verbunden mit Vorkehrungen gegen eine Deanonymisierung", BVerfGE 65, 1 (49). „Faktische Anonymisierung" ist anzunehmen, wenn Angaben nur mit einem unverhältnismäßig großen Aufwand an Zeit, Kosten und Arbeitskraft deanonymisiert werden können, vgl. BVerfG BayVBl. 1987, 689 (690).
[747] BVerfGE 65, 1 (61 ff., insbes. 64 f.).
[748] Vgl. § 24 c Abs. 2 KWG. Daß es dem Gesetzgeber mit der Schaffung des § 24 c KWG auch auf die Terrorismusbekämpfung ankommt, ergibt sich aus der Begründung der Bundesregierung zu ihrem Gesetzentwurf vom 18.01.2002 (Viertes Finanzmarktförderungsgesetz), BT-Drucks. 14/8017, Besonderer Teil, zu Artikel 6 Nr. 23 (§ 24c KWG), S. 122.
[749] § 24 c Abs. 1 KWG verlangt die Speicherung folgender Daten: die Nummer eines Kontos, den Tag der Errichtung und der Auflösung eines Kontos, den Namen und das Geburtsdatum des Kontoinhabers sowie der Verfügungsberechtigten, den Namen abweichend wirtschaftlich Berechtigter i. S. v. § 8 Abs. 1 des Gesetzes über das Aufspüren von Gewinnen aus schweren Straftaten (Geldwäschegesetz [GwG]).
[750] Vgl. dazu BVerfGE 65, 1 (45 f.).
[751] *Rosenbaum*, Jura 1988, 182; *Simitis*, in: Simitis (Hrsg.), Bundesdatenschutzgesetz, § 1 Rz. 110 f.; *Walz*, in: Simitis (Hrsg.), Bundesdatenschutzgesetz, § 1 Rz. 172.

unter mehreren Kriterien, welche für die Bestimmung der Schwere des einzelnen Eingriffs herangezogen werden.[752] Erst eine Gesamtbetrachtung aller Kriterien läßt eine endgültige Beurteilung der konkreten Eingriffstiefe und damit eine Entscheidung über die Anforderungen an Quantität und Qualität des eingreifenden Gesetzes zu. D. h., die Frage nach der Geltung des sog. Parlamentsvorbehalts und der Ausgestaltung des Verhältnismäßigkeitsgrundsatzes kann erst beantwortet werden, wenn Klarheit hinsichtlich des Gewichts der staatlichen Beeinträchtigung besteht.

aa) Die Schutzwirkungen des Rechts auf informationelle Selbstbestimmung als entscheidende Parameter für die Eingriffskriterien

Wie schon bei der Beschreibung des Informationseingriffs erschließen sich die Kriterien für die Eingriffsintensität vom Schutzbereich des Selbstbestimmungsrechts her.[753] Maßgeblich sind dabei vor allem zwei Schutzwirkungen: Zum einen der Schutz der Verfügungsbefugnis über die persönlichen Daten, d. h. das Recht, über die eigenen Daten grundsätzlich selbst bestimmen zu können.[754] Dieses Bestimmungsrecht wird zum anderen notwendig ergänzt um das Bedürfnis zu wissen, wer wann wie und wo die eigenen Daten erhebt und verarbeitet.[755] Der Schutzbereich des Selbstbestimmungsrechts ist damit entscheidend von der Bestimmungsbefugnis und dem Wissen um den Verbleib der jeweiligen Informationen geprägt.

bb) Form der Datenerhebung

Im Hinblick auf diese Schutzwirkungen gewinnen von seiten des eingreifenden Staates zunächst die verschiedenen Formen der Datenerhebung an Bedeutung. Unter dem zentralen Gesichtspunkt des Grades der Selbstbestimmung ergibt sich folgende Abstufung mit abnehmender Eingriffsintensität: Datenverarbeitung ohne Wissen des Betroffenen, d. h. heimlich oder durch Erhebung bei Dritten, stellt die intensivste Erhebungsform dar.[756] Staatliche Datenverarbeitung auf Grund von Auskunftspflichten erfolgt grundsätzlich weniger intensiv und am wenigsten ist der Betroffene beeinträchtigt, wenn er seine Daten in Erfüllung einer Obliegenheit[757] abgibt.[758] Bei freiwilligen Datenangaben auf Grund einer Einwilligung des Betroffenen in Erhebung und Verarbeitung sei-

---

[752] Vgl. BVerfGE 100, 313 (376).
[753] Vgl. zu den Interdependenzen zwischen Schutzbereich und Beschränkungsbedingungen ganz allgemein bereits die Ausführungen auf S. 114.
[754] *Rosenbaum*, Jura 1988, 182, spricht vom „Bestimmen-Können" des einzelnen.
[755] BVerfGE 65, 1 (43).
[756] Deswegen stuft das Bundesverfassungsgericht Informationseingriffe in das Fernmeldegeheimnis insgesamt als „schwerwiegend" ein (BVerfGE 100, 313 [376]; 107, 299 [321]) und fordert besondere Benachrichtigungspflichten und Kontrollinstrumente (BVerfGE 100, 313 [361, 397 ff.]) bei heimlicher Datenerhebung und -verarbeitung.
[757] Gemeint ist damit die Auskunftserteilung zur Gewähr staatlicher Leistungen.
[758] *Höfelmann*, Das Grundrecht auf informationelle Selbstbestimmung anhand der Ausgestaltung des Datenschutzrechts und der Grundrechtsnormen der Landesverfassungen, S. 162; *Rosenbaum*, Jura 1988, 182.

ner Daten scheidet eine Verletzung des Selbstbestimmungsrechts von vorneherein mangels eines Informationseingriffs aus.[759]

cc) Weitere Verarbeitungskriterien

Neben der Datenerhebungsform spielt auf der Seite des datenverarbeitenden Staates ein ganzer Kanon von Kriterien eine Rolle für die Einordnung der Intensität des Informationseingriffs.

aaa) Art und Umfang der betroffenen Daten

Das Bundesverfassungsgericht betont die Relevanz von Art und Umfang der erhobenen Daten.[760] Daß die Art der Daten neben dem Kriterium des Verwendungszwecks auf der Rechtfertigungsebene ein entscheidendes Kriterium für die Beurteilung der Zulässigkeit des Informationseingriffs bleibt[761], wurde bereits im Rahmen der Schutzbereichserörterung geklärt.[762] Insbesondere genießen intime Daten einen absoluten Schutz, der auch nicht zur Verfolgung eines „überwiegenden Allgemeininteresses" durchbrochen werden kann.[763]

Daneben steigt die Eingriffsintensität mit zunehmendem Umfang der erhobenen Daten. Je mehr Daten erhoben werden, desto schwieriger wird es für den einzelnen, den Überblick über die weitere Verwendung seiner persönlichen Informationen zu behalten. Zudem steigt mit der Anzahl der gewonnenen personenbezogenen Informationen die potentielle Mißbrauchsmöglichkeit hinsichtlich der Erstellung unzulässiger Persönlichkeitsprofile.[764] Entscheidend ist in diesem Kontext vor allem, inwieweit lediglich Daten erhoben werden, die Auskunft über die Umstände einer Kommunikation des einzelnen mit anderen geben oder die darüber hinaus auch Einblicke in die jeweiligen Kommunikationsinhalte gewähren.[765] Die Eingriffsintensität ist bei der Erhebung von Inhaltsdaten von Anfang höher als bei anderen Daten.

---

[759] Vgl. dazu oben S. 112.
[760] BVerfGE 65, 1 (46); 100, 313 (376); 107, 299 (320 ff.). Vgl. hinsichtlich der Art der Daten auch BVerfGE 77, 1 (47); 89, 69 (83, 87); 103, 21 (33 ff.).
[761] Damit tauchen Gedanken der Sphärentheorie auf der Rechtfertigungsebene auf, nachdem sie auf der Schutzbereichsebene noch ausgeblendet wurden.
[762] Vgl. oben S. 91 f.
[763] BVerfGE 80, 367 (373); 89, 69 (83); 103, 21 (31). In der Entscheidung über die Verfassungsmäßigkeit des sog. „Großen Lauschangriffs" spricht das Bundesverfassungsgericht wieder genereller vom „absolut geschützten Kernbereich privater Lebensgestaltung", vgl. BVerfGE 109, 279 (328).
[764] BVerfGE 65, 1 (53); 103, 21 (32).
[765] Zu dieser Unterscheidung vgl. BVerfGE 100, 313 (358 f.); 107, 299 (312 f., 322) - Schutz des Kommunikations*inhalts* und der Kommunikations*umstände* durch das Fernmeldegeheimnis des Art. 10 GG (hier als lex specialis zu Art. 2 Abs. 1 GG i. V. m. Art. 1 Abs. 1 GG).

bbb) Denkbare Datenverwendungen und Ausmaß der dadurch drohenden Nachteile

Zu berücksichtigen ist ferner, welche Datenverwendungen infolge des jeweiligen Informationseingriffs möglich sind und inwieweit aus solchen Datenverwendungen Nachteile für die Grundrechtsträger erwachsen können.[766] Entscheidend ist also der jeweilige Verwendungszusammenhang.[767] Besonders problematisch sind in diesem Zusammenhang Datenübermittlungen an Dritte.[768] Drohen nämlich - beispielsweise strafrechtliche - Nachteile infolge einer Datenübermittlung, müssen ausreichend hohe Übermittlungsschwellen (wie z. B. eine hinreichende Tatsachenbasis für den Verdacht) im Hinblick auf das von staatlicher Seite zu schützende Rechtsgut installiert werden.[769] In direktem Zusammenhang mit den denkbaren Datenverwendungen steht somit die Gestaltung der Einschreit- und Übermittlungsschwellen.[770]

ccc) Art der Datenverarbeitung

Von ganz entscheidender Bedeutung ist außerdem die Art der Datenverarbeitung. Daß das Gericht hier besondere Anforderungen an die Verarbeitung nicht-anonymisierter Daten stellt, wurde bereits festgestellt.[771] Ebenso, daß gerade die automatische Datenverarbeitung wegen ihrer spezifischen multifunktionalen Verwendungs- und Speichermöglichkeiten besonderer Schutzvorkehrungen bedarf.[772]

Die Eingriffsintensität ist damit bei automatischer, nicht anonymisierter Datenverarbeitung höher als bei einer manuellen Verarbeitung anonymisierter Informationen.[773]

ddd) Gefahr des Mißbrauchs der erhobenen Daten

Zuletzt macht das Bundesverfassungsgericht die Schwere des jeweiligen Eingriffs von der Gefahr des Mißbrauchs der erhobenen Daten abhängig.[774] Die Mißbrauchsmög-

---

[766] Hier verweist das Gericht insbesondere auf die Gefahr sozialer Abstempelung, vgl. BVerfGE 65, 1 (48); 78, 77 (87); 84, 192 (195) - Gefahr der sozialen Abstempelung durch Bekanntgabe einer Entmündigung; BVerfGE 96, 171 (184, 187) - Auskunft über frühere Parteifunktionen in der SED als erheblicher Nachteil; 103, 21 (34) - Berücksichtigung des Rehabilitationsinteresses eines Straftäters im Hinblick auf die Gefahr sozialer Abstempelung.

[767] BVerfGE 65, 1 (45). Besonders nachdrücklich auf die entscheidende Bedeutung des Verwendungszusammenhangs als Zulässigkeitskriterium verweisen *Hufen*, JZ 1984, 1075; *Simitis*, in: Simitis (Hrsg.), Bundesdatenschutzgesetz, § 1 Rz. 58, 62, 67, 97.

[768] Generell zur besonderen Problematik der sog. Datenübermittlung BVerfGE 65, 1 (51 f.); 100, 313 (360, 388 ff.).

[769] BVerfGE 100, 313 (391 ff.); 107, 299 (321).

[770] BVerfGE 100, 313 (376). Zu besonderen Eingriffsschwellen (hier: hinreichender Zurechnungszusammenhang) im Polizei- und Sicherheitsrecht für Eingriffe in das Recht auf informationelle Selbstbestimmung vgl. auch VG Trier NJW 2002, 3268 (3269 f.).

[771] Vgl. oben S. 134 f. An anderer Stelle nennt das Gericht die Anonymität der Daten als eines von mehreren Kriterien der Eingriffsrelevanz, BVerfGE 100, 313 (376).

[772] BVerfGE 65, 1 (42).

[773] *Vogelgesang*, Grundrecht auf informationelle Selbstbestimmung?, S. 203 ff. Da im Zusammenhang mit § 24 c KWG eine manuelle Verarbeitung anonymisierter Daten nicht in Rede steht, werden die Anforderungen an eine solche Datenverwendung hier nicht weiter untersucht.

lichkeiten hängen maßgeblich vom jeweiligen Verarbeitungskontext ab. Dabei indiziert eine Datenverarbeitung ohne Wissen des Betroffenen, die per se schon schwerer wiegt als andere Datenverarbeitungsformen, ein hohes Mißbrauchsrisiko. Zudem können Art und Vollständigkeit eines bestimmten Datenbestandes ein besonders großes Interesse verschiedener (staatlicher) Stellen wecken, die de lege lata nicht zugriffsberechtigt sind. Eine Zusammenarbeit berechtigter Stellen mit solchen, nicht zugriffsbefugten Behörden kann zu einem Mißbrauch der jeweiligen Informationen führen.[775]

eee) Fazit

Neben der fehlenden Anonymisierung der Daten und der Form der Datenerhebung können Art und Umfang der erhobenen Daten, die Art der Verarbeitung, denkbare Verwendungsmöglichkeiten mit der Gefahr dadurch drohender Nachteile für die Grundrechtsträger sowie die Gefahr des Datenmißbrauchs zu einer hohen Eingriffsintensität führen.

Im Rahmen der Untersuchung der Verfassungsmäßigkeit des § 24 c KWG werden diese Kriterien angewendet, um die Intensität des Eingriffscharakters dieser Norm zu ermitteln.

d) Die spezifischen Schranken-Schranken

Auch die Rechtfertigungsanforderungen des informationellen Selbstbestimmungsrechts sind Antworten auf die Besonderheiten seines Schutzbereichs. Um dem umfassenden Selbstbestimmungsgedanken und den besonderen Gefahren der automatischen Datenverarbeitung gerecht zu werden, muß der Gesetzgeber dafür sorgen, daß die Datenverarbeitung so transparent wie möglich erfolgt. Vor dem Hintergrund dieses Transparenzgebots gewinnen die Schranken-Schranken des Parlamentsvorbehalts, der Normenklarheit und des Übermaßverbots eine besondere Bedeutung. Daneben sind organisatorische und verfahrensrechtliche Sicherungen notwendig.

aa) Parlamentsvorbehalt

Das Transparenzgebot führt zunächst dazu, daß die Quantität dessen, was der Gesetzgeber zu regeln hat, steigt. Der Gesetzgeber muß durch seine Regelungen für Rechtsklarheit im Sinne einer Offenlegung der Ziele und des Umfangs der Datenverarbeitung sorgen.

---

[774] BVerfGE 65, 1 (46).
[775] *Zubrod* beschreibt im Zusammenhang mit § 24 c KWG ein solches Mißbrauchsszenario. Danach böten die Datenbanken, die im Rahmen des § 24 c KWG errichtet worden sind, eine ideale Informationsquelle für - an sich nicht zugriffsberechtigte - Finanzermittlungsbehörden. Unberechtigte Zugriffe im Verborgenen seien absehbar, vgl. *Zubrod*, WM 2003, 1210 ff.

aaa) Begriff und Wesentlichkeitskriterium

Der Begriff des Parlamentsvorbehalts bezeichnet zunächst nichts anderes als der des Gesetzesvorbehalts: Mit ihm wird die Notwendigkeit eines förmlichen Parlamentsgesetzes umschrieben.[776] Dennoch ist der Parlamentsvorbehalt inhaltlich durch ein zusätzliches Kriterium angereichert, das ihn im Ergebnis vom Gesetzesvorbehalt abhebt: Denn über das Erfordernis einer formell-gesetzlichen Grundlage hinaus hat die Verfassungsrechtsprechung diesen Terminus mit dem Wesentlichkeitsaspekt angereichert.[777] Nach dieser sogenannten „Wesentlichkeitslehre"[778] ist das Parlament verpflichtet, die wesentlichen Entscheidungen selbst zu treffen.[779] Insbesondere hat das Gericht in diesem Zusammenhang die Grundrechtsrelevanz einer Maßnahme zum Wesentlichkeitsmaßstab erhoben.[780] Zusammengefaßt beschreibt der Parlamentsvorbehalt damit die Zuständigkeit des parlamentarischen Gesetzgebers „in grundlegenden normativen Bereichen, zumal im Bereich der Grundrechtsausübung, soweit diese staatlicher Regelung zugänglich ist, alle wesentlichen Entscheidungen selbst" zu treffen.[781]

Insgesamt ist durch das Wesentlichkeitskriterium der Gesetzesvorbehalt präzisiert worden.[782] Während dieser nur verlangt, daß (irgend)eine gesetzliche Grundlage ausreichend ist, dirigiert der Parlamentsvorbehalt zusätzlich die Quantität dessen, was die gesetzliche Grundlage selbst regeln muß - nämlich das Wesentliche - und was gegebenenfalls per gesetzlicher Ermächtigung an die Exekutive delegiert werden kann.[783] Auf

---

[776] Diese Feststellung ergibt sich nicht schon zwingend aus dem Begriff selbst. Dieser läßt vielmehr auch die Lesart von *Maurer*, Allgemeines Verwaltungsrecht, § 6 Rz. 8, zu, der vom parlamentarischen Gesetzgeber nicht notwendigerweise eine Entscheidung in *Gesetzesform* erfordert, sondern jedweden Parlamentsbeschluß ausreichen läßt, vgl. dazu auch BVerfGE 90, 286 (344 ff., 355 ff., 381 ff.). Im Rahmen dieser Arbeit soll jedoch mit dem Parlamentsvorbehalt stets eine Entscheidung in der Form eines förmlichen Gesetzes gemeint sein, vgl. hier *Bethge*, VVDStRL Heft 57 (1998), S. 31; *Eberle*, DÖV 1984, 486 m. w. N. in Fn. 16; *Ehmke*, Wirtschaft und Verfassung, S. 77 f.; *Pieroth/Schlink*, Grundrechte Staatsrecht II, Rz. 269. Insoweit können an dieser Stelle auch die Autoren (mit)zitiert werden, die die Begriffe des Gesetzes- und des Parlamentsvorbehalts synonym verwenden, vgl. *v. Arnauld*, Die Freiheitsrechte und ihre Schranken, S. 151; *Duttge*, Der Begriff der Zwangsmaßnahme im Strafprozeßrecht, S. 109 Fn. 619.

[777] Vgl. z. B. BVerfGE 57, 295 (321); 88, 103 (116).

[778] Zur Entwicklung der „Wesentlichkeitstheorie" vgl. *Oppermann*, in: Ständige Deputation des Deutschen Juristentages (Hrsg.), Verhandlungen des 51. Deutschen Juristentages, Bd. I, Gutachten C, S. 49, Anm. 104.

[779] Vgl. z. B. BVerfGE 45, 400 (417 f.); 47, 46 (78).

[780] Darauf weisen insbesondere *Eberle*, DÖV 1984, 487 mit Fn. 24, *R. Scholz/Pitschas*, Informationelle Selbstbestimmung und staatliche Informationsverantwortung, S. 128, sowie *Vogelgesang*, Grundrecht auf informationelle Selbstbestimmung?, S. 177 mit Fn. 15, 16 und S. 179 mit Fn. 29, hin.

[781] Umfassende Hinweise auf die verfassungsgerichtliche Rechtsprechung bis 1981 finden sich bei *Vogelgesang*, aaO, S. 176 Fn. 9. Auch danach setzte das Bundesverfassungsgericht diese Spruchpraxis fort, vgl. BVerfGE 61, 260 (275); 88, 103 (116).

[782] Kritisch zur Brauchbarkeit der „Wesentlichkeitstheorie" jedoch *Krebs*, Jura 1979, 311 f.

[783] *Baader*, JZ 1992, 394 f.; *Duttge*, Der Begriff der Zwangsmaßnahme im Strafprozeßrecht, S. 121; *Kloepfer*, JZ 1984, 690 f.; *Krebs*, Vorbehalt des Gesetzes und Grundrechte, S. 109; *Ossenbühl*, in: Isensee/Kirchhof (Hrsg.), HdbStR III, § 62 Rz. 9, 42; *Pieroth/Schlink*, Grundrechte Staatsrecht II, Rz. 269. In diesem Zusammenhang weist *Eberle*, DÖV 1984, 486 Fn. 15 m. w. N., zu Recht darauf hin, daß das Bundesverfassungsgericht zweistufig prüft, nämlich zunächst (Stufe 1), ob ein Gesetz

Grund dieser Konzentration der gesetzgeberischen Handlungspflichten auf das Wesentliche sprechen manche Autoren davon, daß der Gesetzesvorbehalt zum Parlamentsvorbehalt erstarkt sei.[784]

bbb) Eingriffsintensität als Wesentlichkeitsmaßstab

Ob eine Entscheidung wesentlich ist und damit in einem gewissen Umfang zwingend der Regelung durch den Gesetzgeber bedarf, bestimmt sich nicht allein danach, ob der Schutzbereich des Rechts auf informationelle Selbstbestimmung überhaupt betroffen ist, sondern vor allem danach, wie intensiv das Selbstbestimmungsrecht betroffen ist.[785] Daß sich die (Grundrechts)Wesentlichkeit nach der Intensität der Eingriffe bemißt, läßt sich gut den Entscheidungen des Bundesverfassungsgerichts entnehmen.[786] Für die Anwendung des Parlamentsvorbehalts heißt das, daß mit der Intensität des Eingriffs die Quantität dessen, was der Gesetzgeber selbst zu regeln hat, steigt.[787] Unwesentliche Eingriffe dagegen werden vom Parlamentsvorbehalt nicht erfaßt, sie unterliegen allein dem Gesetzesvorbehalt.[788]

ccc) Notwendigkeit sog. bereichsspezifischer Regelungen bei intensiven Beeinträchtigungen

Je nach Eingriffsintensität ist von abgestuften Regelungsanforderungen an den Gesetzgeber auszugehen. Einen überzeugenden Ansatz bietet hier *Vogelgesang*.[789] Je nach der Schwere der Beeinträchtigung und insbesondere je nach dem Grad der Privatheit des betroffenen Bereichs[790] nimmt er Abschichtungen hinsichtlich des Um-

---

ganz generell geboten ist und dann (Stufe 2), welche Entscheidungen das Parlament in diesem Gesetz selbst treffen muß, vgl. u. a. BVerfGE 57, 295 (320 f.); 77, 170 (231). Die Quantität des vom Parlament zu Regelnden wird logischerweise erst nach der Feststellung geprüft, daß ein formelles Gesetz erforderlich ist.

[784] *Pieroth/Schlink*, aaO, Rz. 264. Zur Entwicklung vom allgemeinen Gesetzesvorbehalt zum Parlamentsvorbehalt vgl. auch *Pietzcker*, JuS 1979, 710, inbes. 712 ff.

[785] *Pieroth/Schlink*, Grundrechte Staatsrecht II, Rz. 266; *R. Scholz/Pitschas*, Informationelle Selbstbestimmung und staatliche Informationsverantwortung, S. 128 f.; *Vogelgesang*, Grundrecht auf informationelle Selbstbestimmung?, S. 181 f.

[786] Vgl. z. B. BVerfGE 47, 46 (82) - Berührung des grundrechtsrelevanten Bereichs „in hohem Maße"; 49, 89 (126 f., 142); 58, 257 (277 ff.); 65, 1 (45 f.).

[787] *R. Scholz/Pitschas*, Informationelle Selbstbestimmung und staatliche Informationsverantwortung, S. 128 f.

[788] *Bethge*, VVDStRL Heft 57 (1998), S. 32 m. w. N. in Fn. 160; *Pieroth/Schlink*, Grundrechte Staatsrecht II, Rz. 266.

[789] *Vogelgesang*, Grundrecht auf informationelle Selbstbestimmung?, S. 174 ff. Lediglich seine These, daß bei sogenannten Bagatelleingriffen ein formelles Gesetz gar nicht erforderlich sei, kann im Hinblick auf die bereits dargelegte generelle Notwendigkeit des Gesetzesvorbehalts bei Grundrechtseingriffen nicht überzeugen, vgl. *ders.*, ebda, S. 182. Ebenso gegen einen Gesetzesvorbehalt bei Bagatellbeeinträchtigungen *R. Scholz/Pitschas*, Informationelle Selbstbestimmung und staatliche Informationsverantwortung, S. 129.

[790] *Alexy* führt die Intensität der Beeinträchtigung und den Grad der Privatheit als Differenzierungskriterien für die Abschichtung an, vgl. *Alexy*, Theorie der Grundrechte, S. 329. Damit orientiert er sich an der Rechtsprechung des Bundesverfassungsgerichts, vgl. z. B. BVerfGE 35, 202 (203 - Leitsatz

fangs vor, in dem das Parlament zur Eingriffsrechtfertigung eingeschaltet werden soll.[791]

Die vom Bundesverfassungsgericht geforderten sog. bereichsspezifischen Regelungen[792] gewinnen in diesem Zusammenhang erst bei intensiven Beeinträchtigungen des Rechts auf informationelle Selbstbestimmung an Bedeutung.[793] Danach erfordern die auf Grund der unterschiedlichen Lebensbereiche zu bewältigenden Verarbeitungssituationen spezifische gesetzliche Regelungen, die über eine einzige, zwangsläufig sehr allgemein gehaltene Datenschutzregelung hinausgehen.[794] Vor übertriebenen Detailregelungen in allen Bereichen des Datenschutzes wird jedoch zu Recht gewarnt.[795] Ab welchem Grad der Beeinträchtigung genau die Grenze zu bereichsspezifischen Normen überschritten ist, kann man nicht abstrakt umschreiben. Hier kommt es, wie so oft, auf den Einzelfall und den konkreten Grad der Gefährdung an, den die jeweilige Verarbeitung für das informationelle Selbstbestimmungsrecht mit sich bringt.[796] Jedenfalls die Fälle der automatisierten Datenerhebung ohne Wissen des Betroffenen und die mit Auskunftspflichten verbundene staatliche Informationstätigkeit mittels EDV erfordern in Anbetracht ihrer besonderen Gefährlichkeit für die Selbstbestimmung des einzelnen grundsätzlich eine bereichsspezifische Norm.[797]

bb) Normenklarheit

Besondere Bedeutung vor dem Hintergrund des Transparenzgedankens der Datenverarbeitung erlangt das rechtsstaatliche Gebot der Normenklarheit.[798] Der Bürger muß aus der gesetzlichen Regelung die Voraussetzungen und den Umfang der Beschränkungen seines Rechts auf informationelle Selbstbestimmung klar erkennen können. Im

---

2, 226, 230) - zur Intensität des Eingriffs; BVerfGE 35, 35 (40) - zur Bedeutung des Grads der Privatheit. Zur Berücksichtigung des Grads der Privatheit vgl. auch aus neuerer Zeit BVerfGE 101, 361 (382 ff., 395 f.).

[791] *Vogelgesang*, aaO, S. 181 f.
[792] BVerfGE 65, 1 (46)
[793] *Simitis*, in: Simitis (Hrsg.), Bundesdatenschutzgesetz, § 1 Rz. 110 f.; *Vogelgesang*, Grundrecht auf informationelle Selbstbestimmung?, S. 180 ff., 201 ff.
[794] *Simitis*, aaO, Rz. 111.
[795] *Hufen*, JZ 1984, 1076; *Kloepfer*, in: Ständige Deputation des Deutschen Juristentages (Hrsg.), Verhandlungen des 62. Deutschen Juristentages, Bd. I, Gutachten D, S. 72 ff.; *Vogelgesang*, Grundrecht auf informationelle Selbstbestimmung?, S. 151 ff. Vgl. zur Delegationsbefugnis des formellen Gesetzgebers auch BVerfG DVBl. 1987, 1211 (1212); BVerfG BayVBl. 1987, 689; BVerfG DVBl. 1987, 1207.
[796] *Gola/Schomerus*, Bundesdatenschutzgesetz, § 4 Rz. 8; *Rosenbaum*, Jura 1988, 182; *Simitis*, in: Simitis (Hrsg.), Bundesdatenschutzgesetz, § 1 Rz. 111.
[797] BVerfGE 65, 1 (46). Vgl. dazu die Entschließung der Konferenz der Datenschutzbeauftragten des Bundes und der Länder und der Datenschutzkommission Rheinland-Pfalz vom 27./28. März 1984, DÖV 1984, 505 f.; *Rosenbaum*, Jura 1988, 182; *Vogelgesang*, Grundrecht auf informationelle Selbstbestimmung?, S. 203. Kritisch ist *Vogelgesang*, ebda, S. 205, jedoch gegenüber einer generellen Notwendigkeit bereichsspezifischer Regelungen auch bei einer *manuellen* Datenerhebung ohne Wissen des Betroffenen.
[798] Dazu generell BVerfGE 45, 400 (420 f.). Einige Autoren sehen in der Forderung nach Normenklarheit eine verfassungsrechtliche Antwort auf die Besonderheiten der automatischen Datenverarbeitung, vgl. *Bäumler*, JR 1984, 363 f.; *Poppenhäger*, NVwZ 1992, 150.

Rahmen des informationellen Selbstbestimmungsrechts ist der Grundsatz der präzisen Zweckbindung die spezifische Antwort auf die Anforderungen des Bestimmtheitsgrundsatzes.[799]

aaa) Grundsatz der Zweckbindung

Der Grundsatz der Zweckbindung trägt als speziell datenschutzrechtliches Prinzip der strengen Orientierung am Verwendungszusammenhang der Datenverarbeitung Rechnung.[800] Erst wenn Klarheit darüber besteht, zu welchem konkreten Zweck die personenbezogenen Daten bestimmt und erforderlich sind, kann die Zulässigkeit des Informationseingriffs beurteilt werden.[801] Mit der Zweckbestimmung werden das Datenverarbeitungsziel und der erforderliche Datenverarbeitungsumfang verbindlich festgelegt.[802]

(1) Verbot der Sammlung personenbezogener Daten auf Vorrat

Konsequenz des Zweckbindungsgrundsatzes - und ebenso Folge des Erforderlichkeitsprinzips[803] - ist ein Verbot der Vorratssammlung nicht anonymisierter Daten zu unbestimmten oder noch nicht bestimmbaren Zwecken.[804] Personenbezogene Daten werden zwar bei automatischer Datenverarbeitung spätestens ab der Phase der Datenspeicherung immer „vorrätig" gehalten. Die aktuellen oder künftigen Bedarfsfälle einer solchen Datenverarbeitung müssen aber zum Zeitpunkt der Datenerhebung und -fixierung bereits klar umschrieben sein.[805]

(2) Verbot der Zweckentfremdung

Auf Grund der ratio des Rechts auf informationelle Selbstbestimmung, wonach der Grundrechtsträger immer wissen soll, wer was wann und bei welcher Gelegenheit über ihn weiß, liegt es auf der Hand, daß Datenverarbeitungen sich nur innerhalb des gesetzlich festgelegten Zwecks abspielen dürfen.[806] Eine sogenannte Zweckentfremdung via Datenübermittlungen an Dritte - auch an andere Behörden - ist grundsätzlich verboten. Insoweit gelten Weitergabe- und Verwertungsverbote.[807] Finden dennoch Datenübermittlungen, beispielsweise an andere Behörden, statt, haben diese Eingriffs-

---

[799] Vgl. *Denninger*, in: v. Schoeler (Hrsg.), Informationsgesellschaft oder Überwachungsstaat?, S. 120; *Höfelmann*, Das Grundrecht auf informationelle Selbstbestimmung anhand der Ausgestaltung des Datenschutzrechts und der Grundrechtsnormen der Landesverfassungen, S. 198.
[800] *Simitis*, NJW 1984, 402. Die Zweckbindung als allgemeinen Rechtsgrundsatz bei staatlicher Informationsverwertung forderte schon zwei Jahre vor dem Volkszählungsurteil *Hirsch* in seiner abweichenden Meinung zu BVerfGE 57, 170 ff., vgl. BVerfGE 57, 182 (201 ff.).
[801] BVerfGE 65, 1 (45).
[802] *Simitis*, NJW 1984, 400, 402; *ders.*, in: Simitis (Hrsg.), Bundesdatenschutzgesetz, § 1 Rz. 99.
[803] Darauf weist zu Recht *Denninger*, in: v. Schoeler (Hrsg.), Informationsgesellschaft oder Überwachungsstaat?, S. 121, hin.
[804] BVerfGE 65, 1 (46).
[805] *Denninger*, in: v. Schoeler (Hrsg.), Informationsgesellschaft oder Überwachungsstaat?, S. 121 f.
[806] *Simitis*, in: Simitis (Hrsg.), Bundesdatenschutzgesetz, Einleitung Rz. 36.
[807] BVerfGE 65, 1 (46).

charakter und bedürfen deshalb einer gesonderten gesetzlichen Eingriffsermächtigung, welche den jeweiligen neuen Datenverarbeitungszwecken im Rahmen einer Abwägung mit den betroffenen Individualinteressen ausreichend Rechnung trägt.[808] Eine verwaltungsinterne Informationsverteilung, insbesondere eine Amtshilfeleistung i. S. d. Art. 35 Abs. 1 GG, greift somit nach wie vor Raum. Allerdings nicht (mehr) im Rahmen einer als Informationseinheit verstandenen öffentlichen Verwaltung, sondern im Bewußtsein einer „informationellen Gewaltenteilung".[809]

bbb) Generelle Anforderungen an das Gebot der Normenklarheit

Die vom Bundesverfassungsgericht vorgegebenen Kriterien zur Lösung der Frage, wann dem Grundsatz der konkreten und präzisen Zweckbindung Genüge getan ist, sind sehr großzügig formuliert. Aus der Perspektive des Betroffenen muß die jeweilige Rechtslage erkennbar sein, so daß er sein Verhalten danach ausrichten kann.[810] Eine solche Erkennbarkeit wird Eingriffsnormen schon dann attestiert, wenn deren Begriffe und Voraussetzungen mit den herkömmlichen juristischen Methoden ausgelegt werden können, ohne daß der Gesetzgeber zu jeder gesetzlichen Verpflichtung den konkreten Zweck im Gesetz selbst erläutert.[811] Auch wenn die Norm und der jeweilige Verwendungszweck erst ausgelegt werden müssen, steht das der Normenklarheit nicht entgegen. Ausreichend ist bei Verweisungsnormen zudem, wenn auf die Zuständigkeit der datenverarbeitenden Stellen rekurriert wird: Das Merkmal der „zuständigen" Stelle markiert erstens die Behördenkompetenz und damit zweitens die Grenze der Zwecke, für die Daten erhoben und verarbeitet werden dürfen.[812]

ccc) Gesteigerte Anforderungen in den Fällen der Datenübermittlung

Inwieweit die genannten Kriterien grundsätzlich eine präzise und konkrete Zweckbindung gewährleisten, zumal wenn es sich um umfangreiche Aufgabenbereiche der eingreifenden staatlichen Stellen handelt, mag mit Recht bezweifelt werden[813], auch wenn

---

[808] BVerfGE 100, 313 (360). Vgl. dazu auch *Denninger*, in: v. Schoeler (Hrsg.), Informationsgesellschaft oder Überwachungsstaat?, S. 125 f.; *Gusy*, VerwArch. Bd. 74 (1983), S. 105 f.; *Rogall*, Informationseingriff und Gesetzesvorbehalt im Strafprozeßrecht, S. 65.

[809] BVerfGE 65, 1 (69). *Denninger*, in: v. Schoeler (Hrsg.), Informationsgesellschaft oder Überwachungsstaat?, S. 126; *Simitis*, in: Simitis (Hrsg.), Bundesdatenschutzgesetz, Einleitung Rz. 36; *ders.*, NJW 1984, 402.

[810] BVerfGE 45, 400 (420); 65, 1 (66). Zusammenfassend *Baumann*, DVBl. 1984, 615; *Bäumler*, JR 1984, 363 f.; *Benda*, DuD 1984, 90; *Rosenbaum*, Jura 1988, 183.

[811] Vgl. BVerfGE 92, 191 (198); 103, 21 (33). Namentlich bei der Erhebung rein *statistischer Angaben* läßt das Gericht es genügen, wenn der Verarbeitungszweck aus dem Gesetzestext i. V. m. den Gesetzesmaterialien bzw. aus dem jeweils geregelten Lebensbereich erschlossen werden kann, BVerfGE 65, 1 (54).

[812] BVerfGE 92, 191 (198).

[813] *Denninger*, in: v. Schoeler (Hrsg.), Informationsgesellschaft oder Überwachungsstaat?, S. 120 f.; *Simitis*, in: Simitis (Hrsg.), Bundesdatenschutzgesetz, § 1 Rz. 108; *ders.*, DuD 2000, 715.

die Erkenntnis richtig ist, daß Generalklauseln im Rahmen staatlicher Datenverarbeitung unvermeidbar sind.[814]

Jedenfalls für den Bereich der Datenübermittlungen werden auch von seiten des Bundesverfassungsgerichts die Anforderungen an die Präzisierung des Verarbeitungszwecks deutlich erhöht.[815] Generalklauselartige Bezugnahmen auf die zur Erfüllung der Behördenaufgaben erforderlichen Zwecke reichen hier nicht aus. Das gilt vor allem deshalb, weil bei der Weitergabe der personenbezogenen Daten nicht nur andere Stellen und Personen als die ursprünglichen Datenempfänger Zugriff auf die persönlichen Informationen erhalten; vielmehr handelt es sich bei der Weitergabe zumeist um die Überführung der Daten in einen anderen Verwendungszusammenhang, der für den Grundrechtsträger unter Umständen schwerere Folgen haben kann als der ursprüngliche Erhebungszweck.[816] Die Risiken für einen Verlust an Selbstbestimmung sind bei einer Datenübermittlung besonders groß, da bei unzureichender Zweckbestimmung für den Grundrechtsträger nicht mehr absehbar ist, ob sich die Weitergabe in den Grenzen des zur ursprünglichen Zweckerfüllung Erforderlichen hält.[817] Über die allgemeine Formulierung der Erforderlichkeit zur Aufgabenerfüllung hinaus wird daher aus Transparenzgründen regelmäßig eine explizite und klare Definition der Verarbeitungsziele bzw. eine Auflistung der Zwecke notwendig sein, auf die die Datenübermittlung begrenzt ist.[818]

cc) Übermaßverbot[819]

Die bereichsspezifische und präzise gesetzliche Bestimmung des Verwendungszwecks trägt neben dem Gebot der Normenklarheit auch dem Verhältnismäßigkeitsgrundsatz Rechnung.[820] Denn Geeignetheit und Erforderlichkeit eines Informationseingriffs orientieren sich am Zweck der jeweiligen Datenverarbeitung. Das staatliche Handeln muß angemessen sein, d. h. es darf nicht außer Verhältnis zur Bedeutung des staatlichen Verarbeitungsziels und der vom Grundrechtsträger hinzunehmenden Einbußen

---

[814] So weisen beispielsweise die als einfachgesetzlicher Auffangtatbestand fungierenden Normen des Bundesdatenschutzgesetzes wegen ihres breiteren Anwendungsfeldes zwangsläufig einen höheren Abstraktionsgrad auf als konkret verarbeitungsbezogene, bereichsspezifische Regeln, vgl. *Rogall*, Informationseingriff und Gesetzesvorbehalt im Strafprozeßrecht, S. 67; *Schmitt Glaeser*, in: Isensee/Kirchhof (Hrsg.), HdbStR VI, § 129 Rz. 105; *R. Scholz/Pitschas*, Informationelle Selbstbestimmung und staatliche Informa-tionsverantwortung, S. 31; *Simitis*, aaO, § 1 Rz. 109 mit Fn. 276; *Vogelgesang*, Grundrecht auf informationelle Selbstbestimmung?, S. 206 ff.
[815] Vgl. BVerfGE 65, 1 (51 f., 65 f.); 100, 313 (360 f., 389); 107, 299 (321).
[816] BVerfGE 100, 313 (360).
[817] Vgl. *Simitis*, in: Simitis (Hrsg.), Bundesdatenschutzgesetz, § 1 Rz. 77.
[818] BVerfGE 65, 1 (66); 100, 313 (389).
[819] Im Rahmen dieser Arbeit wird als Synonym des Übermaßverbots der Begriff des Verhältnismäßigkeitsgrundsatzes (im weiteren Sinne) gebraucht. Ebenso statt vieler *Pieroth/Schlink*, Grundrechte Staatsrecht II, Rz. 279 ff. Auch das Bundesverfassungsgericht spricht vom Grundsatz der Verhältnismäßigkeit, vgl. BVerfGE 27, 344 (352 f.); st. Rspr. Kritisch zu einer Gleichsetzung der Begrifflichkeiten „Übermaßverbot" und „Verhältnismäßigkeit" hingegen *Lerche*, Übermaß und Verfassungsrecht, S. 21 in Fn. 5.
[820] *Denninger*, in: v. Schoeler (Hrsg.), Informationsgesellschaft oder Überwachungsstaat?, S. 120; *Schmitt Glaeser*, in: Isensee/Kirchhof (Hrsg.), HdbStR VI, § 129 Rz. 105.

stehen.[821] Bei dem Grundsatz der Verhältnismäßigkeit handelt es sich um eine standardisierte Voraussetzung für jeden Grundrechtseingriff: „Dieser mit Verfassungsrang ausgestattete Grundsatz folgt bereits aus dem Wesen der Grundrechte selbst, die als Ausdruck des allgemeinen Freiheitsanspruchs des Bürgers gegenüber dem Staat von der öffentlichen Gewalt nur soweit beschränkt werden dürfen, als es zum Schutz öffentlicher Interessen unerläßlich ist".[822] Im Zusammenhang mit den Anforderungen an Einschränkungen des Rechts auf informationelle Selbstbestimmung hat das Bundesverfassungsgericht jedoch den Grundsatz der Verhältnismäßigkeit in mehrfacher Hinsicht konkretisiert:

- Die Datenerhebung und -verarbeitung muß einem einleuchtenden, legitimen Zweck dienen.[823] Die staatliche Verfolgung dieses Zwecks muß dabei im „überwiegenden Allgemeininteresse" gerechtfertigt sein.[824]

- Das Gebot der Erforderlichkeit erlangt im Rahmen des Verhältnismäßigkeitsgrundsatzes eine besonders wichtige Funktion im Sinne eines Mindesteingriffsgebots.[825]

- Besonders gewichtige Gründe sind zur Rechtfertigung notwendig, wenn es sich um Fälle nicht anonymisierter Datenverarbeitung und um Fälle der Datenübermittlung handelt.[826]

aaa) Das „überwiegende Allgemeininteresse" als Einschränkungsbedingung und legitimer Zweck

Das Bundesverfassungsgericht läßt Restriktionen des informationellen Selbstbestimmungsrechts nur im überwiegenden Allgemeininteresse zu. Es zeichnet damit die Anforderungen an den legitimen Zweck, d. h. an den dem betroffenen Individualinteresse gegenläufigen Abwägungsposten im Rahmen der Angemessenheitsprüfung vor. Der (Verarbeitungs-)Zweck muß im Allgemeininteresse liegen.[827] Dieses ist zugegebenermaßen vielfach interpretierbar wie die Bandbreite der vom Bundesverfassungsgericht bisher befürworteten Allgemeininteressen zeigt.[828] Vor allem kann es auch im Allge-

---

[821] BVerfGE 27, 344 (352 f.); 65, 1 (54); st. Rspr.
[822] BVerfGE 65, 1 (44) m. w. N.; st. Rspr.
[823] BVerfGE 65, 1 (54 f.).
[824] Generell zum „überwiegenden Allgemeininteresse" als Einschränkungsbedingung: BVerfGE 65, 1 (44); 101, 361 (387); 103, 21 (33); st. Rspr.
[825] Vgl. BVerfGE 65, 1 (46). Zur besonderen Bedeutung des Mindesteingriffsgebots vgl. auch *Denninger*, in: v. Schoeler (Hrsg.), Informationsgesellschaft oder Überwachungsstaat?, S. 121 f.; *Schmitt Glaeser*, in: Isensee/Kirchhof (Hrsg.), HdbStR VI, § 129 Rz. 105; *Simitis*, in: Simitis (Hrsg.), Bundesdatenschutzgesetz, § 1 Rz. 105.
[826] *Schmitt Glaeser*, in: Isensee/Kirchhof (Hrsg.), HdbStR VI, § 129 Rz. 104.
[827] Seit BVerfGE 65, 1 (43 f.) st . Rspr.
[828] Vgl. BVerfGE 27, 1 (9), und 65, 1 (54) - Gewinnung von Planungsdaten im Hinblick auf die Effektivität und die Funktionsfähigkeit amtlicher Statistiken; BVerfGE 67, 100 (143); 84, 239 (280) - Sicherung einer gleichmäßigen Besteuerung des Bürgers; 78, 77 (85), und 84, 192 (195), - Schutz des Rechtsverkehrs; 89, 69 (86 f.) - Verkehrssicherheit; 80, 367 (375, 379); 100, 313 (388 f.); 103, 21 (33); 107, 299 (321); BVerfG NJW 2002, 3231 (3232) - Strafverfolgung und Verbrechensbe-

meininteresse liegen, das Recht auf informationelle Selbstbestimmung zum Schutz von Interessen Dritter, insbesondere im Falle von Grundrechtskollisionen, einzuschränken.[829] Die Allgemeininteressen müssen jedoch auf einen konkreten Zweck reduziert werden, der nachvollziehbare und eingrenzbare Informationserwartungen des Staates erkennen läßt.[830] Der bereits angesprochene Zweckbindungsgrundsatz erhält hier seine Relevanz. Der Zweck der Datenverarbeitung ist das entscheidende Destillat des weiten Spektrums an generell vorhandenen Allgemeininteressen, das als Orientierungspunkt für die weiteren Elemente der Verhältnismäßigkeitsprüfung dient.[831] Bewertungsmaßstab im Rahmen der Verhältnismäßigkeitsprüfung ist demnach ein spezifiziertes Allgemeininteresse, das sich gegenüber dem grundsätzlich gewährten informationellen Selbstbestimmungsrecht allenfalls punktuell durchsetzen kann.[832] Zuletzt muß das staatliche Informationsverlangen im Rahmen der Güterabwägung das Interesse des direkt von der Datenverarbeitung Betroffenen „überwiegen".[833] Dabei gewinnt das Abwägungsgesetz des Bundesverfassungsgerichts an Bedeutung, wonach ein steigender Beeinträchtigungsgrad der staatlichen Maßnahme einen steigenden Wichtigkeitsgrad der Erfüllung des gegenläufigen Prinzips erfordert; das dem Übermaßverbot notwendig voranzustellende legitime Ziel muß dann an Gewicht gewinnen.[834] Als Maßstab für die Intensität der Beeinträchtigung dienen dabei die bereits ermittelten Eingriffskriterien.[835]

bbb) Der besondere Stellenwert des Erforderlichkeitsgebots

Neben dem Zweckbindungsgebot gehört auch der Erforderlichkeitsgrundsatz zu den prägenden Rechtfertigungselementen.[836] Das Prinzip der Erforderlichkeit ist ein Baustein des verfassungsrechtlichen Übermaßverbots[837], der verlangt, daß unter mehreren zur Zweckerreichung geeigneten staatlichen Mitteln nur dasjenige gewählt werden

---

kämpfung; 96, 171 (184, 186) - Sicherheit des Staates; BVerfG NJW 2001, 503 (505) - Informationsinteresse der Öffentlichkeit. Vgl. auch VG Trier NJW 2002, 3268 (3269) - Terrorgefahr.

[829] Z. B. zum Schutz des Interesses eines Vermieters an Akt und Status der Entmündigung (= Schutz des Rechtsverkehrs), BVerfGE 84, 192 (195), oder zum Schutz der Pressefreiheit (= Informationsinteresse der Öffentlichkeit), BVerfGE NJW 2001, 503 (505).

[830] *Simitis*, in: Simitis (Hrsg.), Bundesdatenschutzgesetz, § 1 Rz. 88.

[831] *Denninger*, in: v. Schoeler (Hrsg.), Informationsgesellschaft oder Überwachungsstaat?, S. 120; *Rosenbaum*, Jura 1988, 184; *Schmitt Glaeser*, in: Isensee/Kirchhof (Hrsg.), HdbStR VI, § 129 Rz. 105.

[832] *Simitis*, in: Simitis (Hrsg.), Bundesdatenschutzgesetz, § 1 Rz. 88.

[833] Die Allgemeininteressen müssen also überproportional wichtig sein, vgl. *Huhmann*, Die verfassungsrechtliche Dimension des Bankgeheimnisses, S. 115.

[834] *Alexy*, Theorie der Grundrechte, S. 146, 316. Hufen spricht in diesem Zusammenhang von der „Je-desto-Formel" des Bundesverfassungsgerichts: „Je mehr die Daten die Intimsphäre oder ein besonderes Vertrauensverhältnis berühren, desto strengere Anforderungen stellt die Verhältnismäßigkeitsprüfung", vgl. *Hufen*, in: Badura/Dreier (Hrsg.), FS 50 Jahre Bundesverfassungsgericht, Bd. II, S. 115 f., 118. Ebenso H. *Dreier*, in: Dreier (Hrsg.), Grundgesetz-Kommentar, Bd. I, Art. 2 I Rz. 87. In diesem Sinne auch BVerfGE 89, 69 (82).

[835] Vgl. oben S. 135 ff.

[836] *Gola/Schomerus*, Bundesdatenschutzgesetz, § 13 Rz. 3; *Sokol*, in: Simitis (Hrsg.), Bundesdatenschutzgesetz, § 13 Rz. 26.

[837] Vgl. z. B. BVerfGE 65, 1 (54).

darf, das die geringsten Folgen hervorruft.[838] Kurz: Erforderlich ist ein staatlicher Informationseingriff nur dann, wenn der Verarbeitungszweck nicht durch ein gleich wirksames, aber weniger belastendes Mittel erreicht werden kann.[839] Daß der Grundsatz der Erforderlichkeit auch im Rahmen der Rechtfertigung von Informationseingriffen eine entscheidende Rolle spielt, unterstreicht das Bundesverfassungsgericht immer wieder mit der Forderung, daß eine Einschränkung des Selbstbestimmungsrechts nicht weiter gehen darf als zum „Schutze öffentlicher Interessen unerläßlich ist".[840] Dementsprechend kommt der Prüfung der Erforderlichkeit im Rahmen der Verhältnismäßigkeitsprüfung in den verfassungsgerichtlichen Judikaten ein besonderes Gewicht zu.[841] Dies um so mehr, wenn man berücksichtigt, daß die Verhältnismäßigkeitsprüfung im engeren Sinne in vielen Fällen praktisch eine Erforderlichkeitsprüfung darstellt.[842] Ob nun ein Eingriff den Grundrechtsträger mehr oder weniger belastet, mehr oder weniger intensiv ist, bemißt sich nach den oben erörterten Eingriffskriterien.[843] Diese lassen grobe Abstufungen zu, welche zu verschieden intensiven Eingriffsstufen führen: Demnach führen beispielsweise Datenerhebungen ohne Wissen des Betroffenen oder Datenerhebungen im Rahmen einer Auskunftspflicht zu einer stärkeren Eingriffsintensität mit der Folge, daß die Erforderlichkeit einer solchen Art der Datenerhebung nur bejaht werden kann, wenn eine direkte Einschaltung des Betroffenen bzw. eine freiwillige Auskunft des Grundrechtsträgers nicht in Betracht kommt.[844] Ebenso ist im Rahmen der Erforderlichkeit zu untersuchen, ob das angestrebte Verarbeitungsziel nicht auch durch eine anonymisierte Ermittlung erreicht werden kann.[845] Insgesamt gilt somit für alle Arten und Formen der staatlichen Datenverarbeitung ein Mindesteingriffsgebot, das mit einer prinzipiellen Rechtfertigungspflicht hinsichtlich des Datenverarbeitungsziels verbunden ist.[846] Ein tendenzieller Vorrang des zu verfolgenden Allgemeininteresses kann unter Berücksichtigung des

---

[838] *Lerche*, Übermaß und Verfassungsrecht, S. 19.
[839] *Pieroth/Schlink*, Grundrechte Staatsrecht II, Rz. 285.
[840] BVerfGE 65, 1 (43); 67, 100 (143); 84, 239 (280); 103, 21 (33).
[841] Vgl. BVerfGE 65, 1 (55 ff.); 78, 77 (86); 89, 69 (86 ff.); 96, 171 (184 ff.); 100, 313 (375, 390 f.); 103, 21 (34); BVerfG NJW 2001, 503 (506).
[842] So geht es der Sache nach um eine Frage der Erforderlichkeit, wenn im Rahmen der Verhältnismäßigkeitsprüfung i. e. S. auf den Umfang der Datenerhebung rekurriert wird, vgl. BVerfGE 96, 171 (187). Vgl. zu diesem Phänomen auch *Pieroth/Schlink*, Grundrechte Staatsrecht II, Rz. 294. Freilich darf man die Empfehlung von *Pieroth/Schlink*, ebda, die Probleme der Verhältnismäßigkeit „soweit möglich unter den anderen Prüfungspunkten abzuarbeiten", nicht dahin (miß)verstehen, daß die dritte Stufe der Angemessenheit stets überflüssig sein soll. Vielmehr soll lediglich aus Gründen der methodischen Sauberkeit schon möglichst viel auf den leichter rationalisier- und also kontrollierbaren Vorstufen behandelt werden, vgl. dazu Hochhuth, Relativitätstheorie des Öffentlichen Rechts, S. 98 ff.
[843] Vgl. oben S. 135 ff.
[844] Zur freiwilligen Auskunft als milderem Mittel vgl. BVerfGE 65, 1 (55); 78, 77 (86); 84, 239 (275 ff., 280); 89, 69 (87); *Höfelmann*, Das Grundrecht auf informationelle Selbstbestimmung anhand der Ausgestaltung des Datenschutzrechts und der Grundrechtsnormen der Landesverfassungen, S. 189.
[845] Vgl. für Erhebungen zu statistischen Zwecken BVerfGE 65, 1 (48, 57).
[846] BVerfGE 65, 1 (46). *R. Scholz/Pitschas*, Informationelle Selbstbestimmung und staatliche Informationsverantwortung, S. 36; *Simitis*, in: Simitis (Hrsg.), Bundesdatenschutzgesetz, § 1 Rz. 88, 105.

Erforderlichkeitsgebots nicht angenommen werden.[847] Eine bloße Nützlichkeit oder Geeignetheit der Information reicht nicht aus. Vielmehr bleibt das Recht auf informationelle Selbstbestimmung der grundsätzliche, vorrangige Anknüpfungspunkt, der nur partiell zurückgedrängt werden kann, wenn die jeweilige Datenerhebung und -verarbeitung in ihrer konkreten Intensität auch erforderlich ist.[848] Im Bundesdatenschutzgesetz hat der Gesetzgeber dem Erforderlichkeitsprinzip als allgemein formulierter Voraussetzung ausreichend Rechnung getragen.[849]

ccc) **Besondere Bedeutung der Verarbeitung nicht anonymisierter Daten und der Datenübermittlung**

Entsprechend dem oben skizzierten Abwägungsgesetz, wonach besonders intensive Eingriffe einer besonderen Rechtfertigung bedürfen, stellt das Bundesverfassungsgericht an die Rechtsgüter, die eine nicht anonymisierte Datenverarbeitung und insbesondere eine Datenübermittlung ermöglichen sollen, besonders hohe Anforderungen. Hierfür kommen nur besonders gewichtige Allgemeininteressen in Betracht.[850]

Zusammenfassend kommt also sowohl im Rahmen des Gebots der Normenklarheit als auch im Kontext der Verhältnismäßigkeitsüberlegungen nicht anonymisierten Datenverarbeitungen und insbesondere Datenübermittlungen eine gesteigerte Relevanz für das informationelle Selbstbestimmungsrecht zu, die besonders hohe Rechtfertigungsanforderungen auslöst.[851]

dd) **Organisatorische und verfahrensrechtliche Schutzvorkehrungen**

Um die genannten Schranken-Schranken zu garantieren, fordert das Bundesverfassungsgericht angesichts der bereits dargelegten Gefährdungen durch die Nutzung der automatischen Datenverarbeitung mehr als früher auch organisatorische[852] und verfah-

---

[847] *Höfelmann*, Das Grundrecht auf informationelle Selbstbestimmung anhand der Ausgestaltung des Datenschutzrechts und der Grundrechtsnormen der Landesverfassungen, S. 190 f.; *Huhmann*, Die verfassungsrechtliche Dimension des Bankgeheimnisses, S. 115; *Simitis*, aaO, § 1 Rz. 87.
[848] Die Regel ist somit der Grundsatz der freien informationellen Selbstbestimmung, vgl. BVerfGE 65, 1 (42, 43): „Befugnis des Einzelnen, *grundsätzlich* selbst (...) zu bestimmen." (Hervorhebungen durch den Verfasser). Die Beschränkung ist dann die rechtfertigungsbedürftige Ausnahme.
[849] Vgl. z. B. § 13 Abs. 1, Abs. 2 Nr. 3, 5, 7, 8, 9; § 14 Abs. 1 Satz 1; § 15 Abs. 1 Nr. 1; § 16 Abs. 1 Nr. 1; § 28 Abs. 3 Satz 1 Nr. 2, 4 BDSG.
[850] Vgl. BVerfGE 80, 367 (375) - hoher Rang der Rechtspflege bei der Verwertung von Tagebuchaufzeichnungen; 100, 313 (381 f., 388 f.) - Verhinderung und Aufklärung von Straftaten als Schutz hochrangiger Gemeinschaftsgüter bei der Übermittlung nicht anonymisierter Kommunikationsdaten; 103, 21 (33) - Feststellung des DNA-Identifizierungsmusters zu Zwecken der Erleichterung der Aufklärung künftiger Straftaten von erheblicher Bedeutung.
[851] So *Di Fabio*, in: Maunz/Dürig, Grundgesetz, Bd. I, Art. 2 Abs. 1 Rz. 184.
[852] Unter organisatorischen Vorkehrungen sind abstrakte Strukturen - d. h. Regelungen ohne unmittelbaren Bezug zum Grundrechtsbetroffenen - wie Behördenaufbau, Kompetenzverteilung und insbesondere die technische Ausgestaltung bei Datenverarbeitungsprozessen zu verstehen. In diesem Zusammenhang gewinnt die Forderung nach „Datenschutz durch Technik" an zunehmender Bedeutung.

rensrechtliche[853] Vorkehrungen. Mit diesem Postulat aktualisiert das Gericht die besondere Schutzverpflichtung des Staates im Bereich der automatisierten Datenverarbeitung. Die Schutzpflicht des Staates erstreckt sich sowohl auf Rechte des von der Datenverarbeitung Betroffenen als auch auf die Einrichtung einer unabhängigen Datenschutzkontrolle.[854] Wie weit die Pflicht des Gesetzgebers zu verfahrensrechtlichen Vorkehrungen reicht, hängt von der Intensität des konkreten Eingriffs ab.[855]

aaa) Rechte der Betroffenen

Die verfahrensrechtlichen Schutzmechanismen zugunsten des Betroffenen ergeben sich aus dem der informationellen Selbstbestimmung wesenseigenen Bedürfnis zu wissen, welche Daten wo über ihn verarbeitet werden. Die Betroffenenrechte sollen also eine größtmögliche Transparenz der Datenverarbeitung verbunden mit der Möglichkeit, weiterhin auf die eigenen Daten Einfluß zu nehmen, schaffen. Daraus ergeben sich die wichtigen Rechte auf Berichtigung[856], Auskunft[857] und auf Benachrichtigung[858] bei heimlichen Datenerhebungen sowie auf Löschung[859] und Sperrung[860] der eigenen personenbezogenen Daten.[861] Bei Datenübermittlungen kommen Protokollierungspflichten der verarbeitenden staatlichen Stellen hinzu.[862] Sowohl die Pflicht zur Protokollierung als auch die Benachrichtigungspflichten bei heimlichen Datenerhebungen sind Teil des Schutzes des informationellen Selbstbestimmungsrechts. Die (gegebenenfalls nachträgliche) Kenntnis der Datenverarbeitung verschafft dem Betroffenen erst die Möglichkeit, die etwaige Unrechtmäßigkeit der Erfassung bzw. Rechte auf Löschung oder Berichtigung geltend zu machen.[863] Den bei heimlichen Datenverarbeitungen bestehenden Anspruch auf Mitteilung der konkret durchgeführten Datenverarbeitung stützt das Bundesverfassungsgericht bisweilen auf das jeweils betroffene

---

[853] Verfahrensrechtliche Schutzregelungen hingegen sollen konkrete Rechtspositionen für den Betroffenen schaffen.
[854] Zu den besonderen Schutzpflichten des Gesetzgebers im Rahmen des informationellen Selbstbestimmungsrechts vgl. *Denninger*, in: v. Schoeler (Hrsg.), Informationsgesellschaft oder Überwachungsstaat?, S. 128 ff.; *Höfelmann*, Das Grundrecht auf informationelle Selbstbestimmung anhand der Ausgestaltung des Datenschutzrechts und der Grundrechtsnormen der Landesverfassungen, S. 205 ff.; *R. Scholz/Pitschas*, Informationelle Selbstbestimmung und staatliche Informationsverantwortung, S. 36 f. Allgemein zu den Schutzpflichten im Rahmen des allgemeinen Persönlichkeitsrechts *Di Fabio*, in: Maunz/Dürig, Grundgesetz, Bd. I, Art. 2 Abs. 1 Rz. 135 ff.
[855] *Höfelmann*, aaO, S. 205; *Simitis*, in: Simitis (Hrsg.), Bundesdatenschutzgesetz, § 1 Rz. 114. Das notwendige Maß an gesetzgeberischer Tätigkeit wird begrenzt durch das sog. Untermaßverbot, vgl. *Di Fabio*, in: Maunz/Dürig, Grundgesetz, Bd. I, Art. 2 Abs. 1 Rz. 135 m. w. N. in Fn. 4.
[856] Vgl. § 20 Abs. 1 BDSG für den öffentlichen Bereich.
[857] Vgl. § 19 BDSG für den öffentlichen Bereich.
[858] Die Benachrichtigung bildet eine Vorstufe des Auskunftsrechts, vgl. *O. Mallmann*, in: Simitis (Hrsg.), Bundesdatenschutzgesetz, § 6 Rz. 5. Vgl. § 19 a BDSG für den öffentlichen Bereich.
[859] Vgl. § 20 Abs. 2 BDSG für den öffentlichen Bereich.
[860] Unter „Sperren" von Daten ist das Kennzeichnen gespeicherter personenbezogener Daten gemeint, vgl. § 3 Abs. 4 Satz 2 Nr. 4 BDSG. Vgl. § 20 Abs. 3, 4, 5, 6, 7 BDSG für den öffentlichen Bereich.
[861] BVerfGE 65, 1 (46), 100, 313 (362), 103, 21 (35) - Aufklärungs-, Auskunfts- und Löschungspflichten; 100, 313 (361, 397) - Benachrichtigungspflicht; 100, 313 (361) - Kennzeichnungsgebot.
[862] BVerfGE 65, 1 (70); 100, 313 (395 f.).
[863] BVerfGE 100, 313 (361).

Grundrecht i. V. m. Art. 19 Abs. 4 GG.[864] Die Frage der Durchsetzbarkeit etwaiger Auskunftsansprüche ist dagegen allein eine Frage der Rechtsschutzgarantie des Art. 19 Abs. 4 GG.[865]

bbb) Datenschutzkontrolle

„Wegen der für den Bürger bestehenden Undurchsichtigkeit der Speicherung und Verwendung von Daten unter den Bedingungen der automatischen Datenverarbeitung und auch im Interesse eines vorgezogenen Rechtsschutzes durch rechtzeitige Vorkehrungen ist die Beteiligung unabhängiger Datenschutzbeauftragter von erheblicher Bedeutung für einen effektiven Schutz des Rechts auf informationelle Selbstbestimmung."[866] Maßgeblich für die Herleitung der Datenschutzkontrolle ist somit die Präventivfunktion des informationellen Selbstbestimmungsrechts und der damit verbundene Gedanke des vorgezogenen Rechtsschutzes.[867] Darüber hinaus betont das Bundesverfassungsgericht, daß die Verfassung die konkrete Ausgestaltung der Datenschutzkontrolle nicht vorschreibt.[868] Die entscheidenden Faktoren werden dennoch genannt: Maßgeblich sind demnach die Unabhängigkeit der Datenschutzkontrolle sowie deren umfassende Geltung.[869] Die Datenschutzkontrolle muß sich auf alle Schritte des Datenverarbeitungsprozesses beziehen, d. h. von der Rechtmäßigkeit des Eingriffs bis hin zur Kontrolle der Einhaltung der gesetzlichen Schutzvorkehrungen alle Datenverarbeitungsphasen erfassen.[870] Jedenfalls die Ausgestaltung der allgemeinen Datenschutzvorschriften, insbesondere die Regelungen des Bundesdatenschutzgesetzes[871], tragen diesen Postulaten bei der Regelung der Rechtsstellung der Datenschutzbeauftragten voll Rechnung.[872]

3. Ergebnis zur verfassungsrechtlichen Rechtfertigung

a) Als Schranken des Rechts auf informationelle Selbstbestimmung kommen die Rechte anderer und die verfassungsmäßige Ordnung des Art. 2 Abs. 1 GG zur Anwendung.

---

[864] Vgl. jüngst BVerfGE 109, 279 (363 ff.) - Art. 13 Abs. 1 GG i. V. m. Art. 19 Abs. 4 GG. Vgl. dazu auch *O. Mallmann*, in: Simitis (Hrsg.), Bundesdatenschutzgesetz, § 19 Rz. 4.
[865] BVerfGE 101, 106 (121 f.). Zu dem Konkurrenzverhältnis zwischen Art. 19 Abs. 4 GG und dem Recht auf informationelle Selbstbestimmung vgl. auch *Di Fabio*, in: Maunz/Dürig, Grundgesetz, Bd. I, Art. 2 Abs. 1 Rz. 178.
[866] BVerfGE 65, 1 (46).
[867] Deshalb ist es gut vertretbar, die Datenschutzkontrolle (auch) aus Art. 19 Abs. 4 GG herzuleiten, vgl. *Höfelmann*, Das Grundrecht auf informationelle Selbstbestimmung anhand der Ausgestaltung des Datenschutzrechts und der Grundrechtsnormen der Landesverfassungen, S. 216 f.
[868] BVerfGE 100, 313 (361).
[869] BVerfGE 65, 1 (46); 100, 313 (361 f.). In diesem Sinne auch *Simitis*, in: Simitis (Hrsg.), Bundesdatenschutzgesetz, Einleitung Rz. 37.
[870] BVerfGE 100, 313 (362).
[871] Vgl. §§ 22 - 26 BDSG für den Bundesbeauftragten für den Datenschutz.
[872] *Höfelmann*, Das Grundrecht auf informationelle Selbstbestimmung anhand der Ausgestaltung des Datenschutzrechts und der Grundrechtsnormen der Landesverfassungen, S. 217 ff.

b) Sowohl systematische als auch teleologische Argumente sprechen gegen eine enge Auslegung der Schrankenbegriffe des Art. 2 Abs. 1 GG für die Fälle des Selbstbestimmungsrechts. Bei der Schrankenfrage ist vielmehr am umfassenden Schrankenverständnis des Art. 2 Abs. 1 GG festzuhalten, um allen Facetten des weiten Schutzgegenstandes des Rechts auf informationelle Selbstbestimmung gerecht werden zu können.

c) Auf Grund der weiten Auslegung der Schranken des Art. 2 Abs. 1 GG ist von einem *einfachen*, umfassenden Gesetzesvorbehalt auszugehen. Einschränkungen des informationellen Selbstbestimmungsrechts bedürfen daher stets einer formellgesetzlichen Grundlage. Insgesamt kann das Recht auf informationelle Selbstbestimmung nur mit Einwilligung des Betroffenen oder auf gesetzlicher Grundlage eingeschränkt werden.

d) Angesichts der besonderen Gefährdungen der automatischen Datenverarbeitung erhalten im Rahmen der Schranken-Schranken die Grundsätze der Normenklarheit und der Verhältnismäßigkeit eine spezifisch informationsrechtliche Prägung. Sie werden von dem Postulat organisatorischer und verfahrensrechtlicher Schutzvorkehrungen flankiert. Die Handhabung der Rechtfertigungsanforderungen im konkreten Einzelfall hängt vor allem von der Art der Datenerhebung und von der anhand bestimmter Kriterien zu ermittelnden Eingriffsintensität ab.

e) Besonders wichtig ist eine präzise und bereichsspezifische Bestimmung des konkreten Zwecks der Datenerhebung. Die Zweckbindung ist dabei nicht nur ein besonderer Ausdruck des Gebots der Normenklarheit, sondern zugleich Orientierungspunkt im Rahmen der Verhältnismäßigkeitsprüfung. Dort spezifiziert der jeweilige Datenverarbeitungszweck das „überwiegende Allgemeininteresse", welches als legitimes Ziel eine Einschränkung des informationellen Selbstbestimmungsrechts rechtfertigen kann. Einen hohen Stellenwert nimmt im Rahmen des Übermaßverbots auch die Erforderlichkeitsprüfung ein, welche hinsichtlich aller Eingriffskriterien als Mindesteingriffsgebot zu verstehen ist. Zuletzt treffen den Gesetzgeber zahlreiche Schutzpflichten, auf Grund derer er Betroffenenrechte zu garantieren hat, die neben einer unabhängigen und umfassenden Datenschutzkontrolle das informationelle Selbstbestimmungsrecht verfahrensrechtlich absichern.

f) Besonders hoch sind die Rechtfertigungsanforderungen generell bei der Erhebung und Verarbeitung nicht anonymisierter Daten sowie bei Datenübermittlungen.

Teil 3: Die Vereinbarkeit des § 24c KWG mit dem Recht auf informationelle Selbstbestimmung

In einem letzten Schritt widmet sich die Untersuchung der zentralen Frage, ob die durch § 24c KWG vorgesehene staatliche Datenverarbeitung mit dem in Teil 2 der Arbeit ermittelten Prüfungsmaßstab des Rechts auf informationelle Selbstbestimmung vereinbar ist.

A. Grundlagen

Vor dieser verfassungsrechtlichen Untersuchung einer eventuellen Grundrechtsverletzung müssen einige, vorwiegend einfachrechtliche Grunddaten geklärt werden. Ein Überblick über den Regelungsinhalt des § 24c KWG folgt an erster Stelle. In Verbindung damit wird der gesetzgeberische Kontext erläutert, in dem § 24c KWG steht. Im Rahmen der Einleitung dieser Arbeit wurde bereits darauf hingewiesen, daß § 24c KWG im Zuge der Terrorismusbekämpfung erlassen worden ist.[873] Erst mit Hilfe der Normzusammenhänge werden die Motive des Gesetzgebers deutlich. Vor diesem Hintergrund gewinnen die für das Recht auf informationelle Selbstbestimmung maßgeblichen Normzwecke[874] an Profil. Zuletzt wird die Fragestellung der Zulässigkeit staatlicher Eingriffe in das informationelle Selbstbestimmungsrecht der Bankkunden gegenüber anderen Problemkreisen abgegrenzt.[875]

I. Überblick

§ 24c KWG begründet ein Datenabrufsystem im „Online-Verfahren"[876]. Darunter ist ein Verfahren zu verstehen, nach dem Kreditinstitute eine automatisierte Datei[877] mit bestimmten Daten ihrer Bankkunden anzulegen und derart vorzuhalten haben, daß die Bundesanstalt für Finanzdienstleistungsaufsicht (BaFin)[878] als Zugriffsberechtigte die

---

[873] Vgl. Teil 1, S. 21.
[874] Auf die besondere Relevanz des Zweckbindungsgrundsatzes im Rahmen der Rechtfertigungsanforderungen an den das Grundrecht einschränkenden Gesetzgeber wurde bereits ausführlich hingewiesen.
[875] Dabei geht es vor allem um die Frage der Beeinträchtigung von Rechten der Kreditinstitute durch § 24c KWG.
[876] Der Terminus „Online-Verfahren" wird heute z. T. verwandt, um das automatisierte Abrufverfahren des § 24c KWG zu beschreiben, vgl. *Drews/Kassel/Leßenich*, Lexikon Datenschutz und Informationssicherheit, Stichwort „Automatisierte Abrufverfahren"; *Kokemoor*, in: Beck/Samm (Hrsg.), Kreditwesengesetz, § 24c Rz. 4; *ders.*, BKR 2004, 135. *Jahn*, ZRP 2002, 110, spricht vom „Online-Zugriff". Auf die Grenzen der Leistungsfähigkeit des Begriffs „Online-Verfahren" im Hinblick auf EDV-organisatorische Fragen weist *E. Ehmann*, in: Simitis (Hrsg.), Bundesdatenschutzgesetz, § 10 Rz. 34, hin.
[877] Unter einer automatisierten Datei ist gem. § 46 Abs. 1 Nr. 1 BDSG eine „Sammlung personenbezogener Daten, die durch automatisierte Verfahren nach bestimmten Merkmalen ausgewertet werden kann", zu verstehen. Vgl. dazu die Kommentierung von *Dammann*, in: Simitis (Hrsg.), Bundesdatenschutzgesetz, § 46 Rz. 12 ff.
[878] Die Bundesanstalt für Finanzdienstleistungsaufsicht - kurz BaFin - wurde zum 01.05.2002 durch Zusammenlegung der bisherigen drei Aufsichtsämter für das Kreditwesen, für das Versicherungs-

Daten jederzeit automatisiert abrufen kann.[879] Die BaFin steht dazu in direkter elektronischer Verbindung mit den Datenverarbeitungsanlagen der Kreditinstitute, ist also „online".[880]

1. Verpflichtete und Zugriffsberechtigte des Abrufverfahrens

Verpflichtete des Abrufverfahrens sind gem. § 24c Abs. 1 Satz 1 KWG die Kreditinstitute.[881] Sie haben die erforderlichen Daten für den automatisierten Abruf bereitzustellen und zu pflegen.[882] Kommen sie ihren in § 24c Abs. 1 KWG genannten Pflichten nicht nach, handeln sie ordnungswidrig i. S. v. § 56 Abs. 3 Nr. 7a KWG.[883]

Unmittelbar zugriffsberechtigt ist die BaFin.[884] Das gilt im Rahmen des § 24c KWG auch, wenn andere staatliche Stellen Informationen aus den Dateien der Kreditinstitute begehren.[885] Der Datenabruf erfolgt dann „auf Ersuchen" anderer Informationsberechtigter *durch* die BaFin, welche über das Ergebnis des Abrufs Auskunft erteilt.[886] Unabhängig davon, ob die angelegten Datensätze für Zwecke der Bankaufsicht oder für andere, aufsichtsfremde Zwecke benötigt werden, ist maßgeblich, daß zum unmittelbaren Datenabruf nach § 24c KWG allein die BaFin berechtigt ist.[887]

---

wesen und für den Wertpapierhandel errichtet, vgl. § 1 Abs. 1 des Gesetzes über die Bundesanstalt für Finanzdienstleistungsaufsicht (FinDAG). Die Bezeichnung soll die sektorübergreifende Ausrichtung der Anstalt im Sinne eines Allfinanzkonzepts zum Ausdruck bringen, vgl. *v. Rosen*, Kreditwesen 2002, S. 20 f.; *Schwirten*, in: Boos/Fischer/Schulte-Mattler (Hrsg.), Kreditwesengesetz, § 1 FinDAG Rz. 8, 15. Zu den Aufsichtsaufgaben der Anstalt über die Kreditinstitute im Rahmen des Kreditwesengesetzes vgl. §§ 4 FinDAG, 6 KWG.

[879] *Kokemoor*, in: Beck/Samm (Hrsg.), Kreditwesengesetz, § 24c Rz. 4. Höche spricht in diesem Zusammenhang von einem unmittelbaren elektronischen Zugriff auf die Dateien der Banken, vgl. *Höche*, Die Bank 2002, 200.

[880] Zum „Online-Betrieb" im automatisierten Abrufverfahren vgl. *Drews/Kassel/Leßenich*, Lexikon Datenschutz und Informationssicherheit, Stichwort „Online-Betrieb".

[881] Gemeint sind damit Kreditinstitute i. S. v. § 1 Abs. 1 Satz 1 KWG. Zweigniederlassungen ausländischer Einlagenkreditinstitute und ausländischer Finanzdienstleistungsinstitute gem. § 53b Abs. 3 Satz 1 KWG i. V. m. § 24c KWG sind nur betroffen, wenn sie nach deutschem Recht als Kreditinstitut i. S. v. § 1 Abs. 1 KWG anzusehen sind, vgl. *Escher*, BKR 2002, 659.

[882] Vgl. § 24c Abs. 1 Sätze 2 bis 5 KWG.

[883] Sie müssen dann mit einer Geldbuße von bis zu 150.000.- € rechnen, § 56 Abs. 4 KWG.

[884] Vgl. § 24c Abs. 2 KWG.

[885] Ab dem 1. April 2005 darf neben der BaFin auch das Bundesamt für Finanzen unmittelbar auf die von den Kreditinstituten vorgehaltenen Kontoinformationen zugreifen. Für diese Abrufbefugnis bilden jedoch die § 90 Abs. 7, 8, § 93b AO eine eigenständige Rechtsgrundlage, die durch das Gesetz zur Förderung der Steuerehrlichkeit vom 23.12.2003, BGBl. I, S. 2928 ff., in die Abgabenordnung eingefügt werden. Zu jüngst laut gewordenen verfassungsrechtlichen Bedenken gegen diese Rechtsgrundlage zur Verfolgung steuerlicher Zwecke vgl. den Beitrag von *Hillenbrand*, in: Spiegel Online vom 18.11.2004, „Der geräuschlose Tod des Bankgeheimnisses", abgerufen am 18.11.2004 unter www.spiegel.de/wirtschaft.

[886] Vgl. § 24c Abs. 3 Sätze 1 und 2 KWG. Die ersuchenden staatlichen Stellen sind insoweit nur mittelbare Bedarfsträger.

[887] Den in § 24c Abs. 3 Satz 1 KWG genannten Stellen ist damit ein unmittelbarer Abruf der gewünschten Daten bei den Kreditinstituten nicht gestattet, vgl. *Kokemoor*, BKR 2004, 141.

2. Gegenstand des automatisierten Abrufs/Betroffene

In die für den Abruf vorzuhaltenden Dateien haben die Verpflichteten die sog. „Kontenstammdaten" ihrer Kunden einzustellen.[888] Betroffene des Abrufverfahrens sind dadurch primär die Inhaber der erfaßten Konten, also die Bankkunden. Unter die „Kontenstammdaten" fallen nach § 24c Abs. 1 Satz 1 Nr. 1, 2 KWG die Konto- bzw. Depotnummer, der Tag der Errichtung und der Auflösung des Kontos, der Name sowie bei natürlichen Personen der Tag der Geburt des Inhabers und der Verfügungsberechtigten sowie Name und Anschrift abweichend wirtschaftlich Berechtigter i. S. v. § 8 Abs. 1 GwG.[889] Damit brauchen die automatisierten Dateien keine Umsatz- oder Inhaltsdaten der betroffenen Konten/Depots zu enthalten. Einen unmittelbaren Einblick in Kontostände und Kontobewegungen der betroffenen Bankverbindungen gewährt das automatisierte Abrufverfahren des § 24c KWG nicht.[890]

3. Auskunftsberechtigte

Auskunftsberechtigt sind neben der BaFin weitere öffentlich-rechtliche Stellen.[891] Die Daten können demnach von der BaFin für eigene, in § 24c Abs. 2 KWG genannte Zwecke abgerufen werden; sie können aber auch auf Ersuchen anderer Auskunftsberechtigter i. S. v. § 24c Abs. 3 KWG für deren Zwecke durch die BaFin angefordert werden. Neben der BaFin können nach § 24c Abs. 3 Satz 1 KWG somit andere mit Aufgaben der Finanzaufsicht betraute Stellen[892], Strafverfolgungsbehörden und Strafgerichte[893] sowie die für die Beschränkungen des Kapital- und Zahlungsverkehrs nach

---

[888] Von „Kontenstammdaten" spricht die Bundesregierung in ihrer Gegenäußerung zu der Stellungnahme des Bundesrates zum Gesetzentwurf der Bundesregierung vom 18.01.2002 (Viertes Finanzmarktförderungsgesetz), BT-Drucks. 14/8017, Anlage 3, zu Nr. 53 (Artikel 6, § 24c KWG), S. 183.
[889] Die Aufzählung der Inhalte der einzurichtenden Datei ist abschließend, vgl. *Kokemoor*, in: Beck/Samm (Hrsg.), Kreditwesengesetz, § 24c Rz. 19. Weitergehende Daten der Kontoinhaber können von der BaFin nach § 24c KWG nicht angefordert werden.
[890] Vgl. dazu auch den 19. Tätigkeitsbericht des Bundesbeauftragten für den Datenschutz (2001/2002), Gliederungspunkt 10.2, S. 67; *Kokemoor*, in: Beck/Samm (Hrsg.), Kreditwesengesetz, § 24c Rz. 43; *Müller*, DuD 2002, 602. Zur Diskussion um den datenschutzrechtlich relevanten Unterschied zwischen sog. „Stammdaten" und sog. „Inhalts-" oder „Transaktionsdaten" vgl. bereits im 16. Tätigkeitsbericht des Bundesbeauftragten für den Datenschutz (1995/1996), Gliederungspunkt 10.1.5, zu § 90 Abs. 2 a. F. Telekommunikationsgesetz (TKG), dem die Ausgestaltung des Abrufverfahrens in § 24c KWG nachgebildet ist. Heute ist das Abrufverfahren in § 112 TKG geregelt, vgl. Fassung des TKG vom 22.06.2004, BGBl. I, S. 1190 (1229 f.).
[891] Vgl. § 24c Abs. 3 Satz 1 Nr. 1 - 3 KWG.
[892] Das ergibt sich aus § 9 Abs. 1 Satz 4 Nr. 2 KWG, auf den § 24c Abs. 3 Satz 1 Nr. 1 KWG verweist (daß § 24c Abs. 3 Satz 1 Nr. 1 KWG auf den *Satz 3* des § 9 Abs. 1 KWG verweist, ist ein Redaktionsversehen des Gesetzgebers, das auf dem Umstand beruht, daß der jetzige Satz 2 des § 9 Abs. 1 KWG erst kurz vor der Schaffung des § 24c KWG eingefügt wurde, vgl. Art. 2 des Gesetzes über die integrierte Finanzdienstleistungsaufsicht vom 22.04.2002, BGBl. I 1310, 1315). Zu den in § 9 Abs. 1 Satz 4 Nr. 2 KWG genannten Stellen gehört insbesondere die Deutsche Bundesbank, vgl. § 7 KWG.
[893] Damit steht auch den Finanzbehörden als den für Steuerstraftaten zuständigen Strafverfolgungsbehörden (vgl. § 386 Abs. 1, 2 AO) ein Auskunftsersuchen nach § 24c Abs. 3 Satz 1 Nr. 2 KWG zu. Eine im Gesetzentwurf der Bundesregierung ursprünglich vorgesehene Ausnahme im Hinblick auf

dem Außenwirtschaftsgesetz zuständige nationale Behörde[894] um eine Datenübermittlung aus dem Abrufsystem ersuchen. Der Kreis dieser hinsichtlich der Kundendaten mittelbaren Bedarfsträger ist in § 24c Abs. 3 KWG nicht abschließend genannt. Vielmehr räumt § 5 Abs. 3 Satz 4 GwG auch dem Bundeskriminalamt die Befugnis ein, die BaFin um Auskünfte nach § 24c Abs. 3 KWG zu ersuchen.[895] Auf das davon unabhängig geplante, originäre Zugriffsrecht des Bundesamtes für Finanzen ab 01.04.2005 über § 90 Abs. 7, 8, § 93b AO wurde bereits hingewiesen.[896]

4. Besondere Umstände des Abrufverfahrens nach § 24c KWG

Bei der Datenabfrage nach § 24c KWG handelt es sich um einen automatisierten Abruf von Informationen. Dateien i. S. d. § 24c Abs. 1 Satz 1 KWG können also nur automatisierte Dateien i. S. d. §§ 3 Abs. 2 Satz 1, 46 Abs. 1 Nr. 1 BDSG sein.[897] Diese automatisierten Informationen sind von den Kreditinstituten gem. § 24c Abs. 1 Satz 5 KWG so vorzuhalten, daß sie die BaFin in einem automatisierten Verfahren abrufen kann. „Abruf" bedeutet, daß der Vorgang der Datenübermittlung vom Datenempfänger, also von der BaFin, ausgelöst wird.[898] Für den Datenabruf ist damit das Moment der Selbstbedienung wesentlich. Er stellt eine vom Datenempfänger einseitig bewirkte Datenübermittlung dar.[899]

Eine wichtige Besonderheit enthält die Regelung des § 24c Abs. 1 Satz 6 KWG, wonach die Abrufe der BaFin dem jeweiligen Kreditinstitut nicht zur Kenntnis gelangen

---

die zur Verfolgung von Steuerstraftaten zuständigen Strafverfolgungsbehörden wurde auf Initiative des Bundesrates hin fallen gelassen, vgl. dazu den Überblick zum Gesetzgebungsverfahren bei *Escher*, BKR 2002, 658.

[894] Das ist nach § 2 Abs. 2 Außenwirtschaftsgesetz (AWG) das Bundesministerium für Wirtschaft und Technologie. Vgl. dazu den Bericht des Finanzausschusses zu dem Gesetzentwurf der Bundesregierung - Drucksache 14/8017 - vom 21.03.2002, BT-Drucks. 14/8601, Einzelbegründung zu Art. 6, Zu Nummer 23 (§ 24c), S. 24.

[895] Berechtigt ist die beim Bundeskriminalamt (BKA) gem. § 5 Abs. 1 GwG eingerichtete „Zentralstelle für Verdachtsanzeigen". Das BKA operiert auch hier als Zentralstelle i. S. d. § 2 Abs. 1 Bundeskriminalamtgesetz (BKAG). Zu dieser durch das Geldwäschebekämpfungsgesetz vom 08.08.2002 (BGBl. I, 3105 ff.) eingeführten Neuerung vgl. den kritischen Beitrag von *F. Herzog/Christmann*, WM 2003, 11 f.

[896] Vgl. oben in Fn. 885. Hinzuweisen ist an dieser Stelle nochmals darauf, daß das Bundesamt für Finanzen ab 01.04.2005 selbst zum Abruf berechtigt sein soll und damit anders als die in § 24c Abs. 3 KWG und § 5 Abs. 3 Satz 4 KWG berechtigten Stellen nicht nur ein Auskunftsersuchen an die BaFin richten kann.

[897] Vgl. dazu bereits oben Fn. 877.

[898] Ein „Abruf" von Daten i. S. v. § 24c KWG wird vom Gesetzgeber als „Datenübermittlung" i. S. v. § 3 Abs. 4 Satz 2 Nr. 3b) BDSG, d. h. als Weitergabe an einen Dritten, eingestuft. „Dritter" kann dabei nur eine Person oder Stelle außerhalb der verantwortlichen Stelle - hier des jeweiligen Kreditinstituts - sein, vgl. § 3 Abs. 8 Satz 2 BDSG. Das ist bei der BaFin der Fall. Vgl. zu diesen spezifisch datenschutzrechtlichen Einordnungen des „Abrufs" *Dammann*, in: Simitis (Hrsg.), Bundesdatenschutzgesetz, § 3 Rz. 154 ff.; *E. Ehmann*, ebda, § 10 Rz. 8, 20, 95; *ders.*, in: Abel (Hrsg.), Praxiskommentar Bundesdatenschutzgesetz und Teledienstegesetze, § 10, S. 164; *Gola/Schomerus*, Bundesdatenschutzgesetz, § 10 Rz. 2 ff.

[899] *E. Ehmann*, in: Simitis (Hrsg.), Bundesdatenschutzgesetz, § 10 Rz. 15; *Gola/Schomerus*, aaO, § 10 Rz. 5.

dürfen. Die Datenabfrage erfolgt somit heimlich, also ohne Kenntnis des betroffenen Kreditinstituts wie auch des betroffenen Bankkunden.[900] Eine nachträgliche Benachrichtigung der von dem Abruf Betroffenen sieht § 24c KWG nicht vor.[901] Technisch - und wie noch zu zeigen sein wird auch datenschutzrechtlich[902] - problematisch stellt sich die Ausgestaltung der Schnittstellen zwischen den Datenverarbeitungsanlagen der Kreditinstitute und dem öffentlichen Datenverarbeitungsnetz der BaFin dar.[903] Die bei jedem Datenabruf zu überwindenden Schnittstellen sind das sicherheitssensibelste Element des gesamten Abrufverfahrens.[904] Aus diesem Grund hat die BaFin eine sog. „Schnittstellenspezifikation BaFin - Kreditinstitute" für das Verfahren zum automatisierten Abruf von Kontoinformationen an alle beteiligten Kreditinstitute herausgegeben, die den Verfahrensablauf und entsprechende Sicherungsmaßnahmen (z. B. Verschlüsselungstechniken) festlegt.[905]

Durch die Technik des automatisierten Abrufverfahrens ist es möglich, die Datenbestände durchgehend zum Abruf bereitzuhalten, so daß die BaFin jederzeit, also auch außerhalb der üblichen Dienst- oder Geschäftszeiten, die benötigten Datensätze anfordern kann.[906]

---

[900] *Kokemoor*, in: Beck/Samm (Hrsg.), Kreditwesengesetz, § 24c Rz. 24, 30.
[901] Dazu *Kokemoor*, aaO, Rz. 25; *Müller*, DuD 2002, 603.
[902] Vgl. dazu die Regelung des § 24c Abs. 1 Satz 6 KWG.
[903] Technisch wird das Verfahren zur Übermittlung der Kontoinformationen dabei in drei Phasen aufgeteilt: Die Kontoinformationen werden nach einem erfolgten Abruf durch die BaFin in einem ersten Schritt von den Kundendatenbanken der verpflichteten Kreditinstitute an eine sog. Abfragekomponente übermittelt. Bei dieser Abfragekomponente handelt es sich um ein spezielles Server-System, d. h. um einen Spezialrechner in einem Rechnernetz, der für die BaFin Dienste erbringt. Dieses Rechnersystem dient in einem zweiten Schritt alleine der Bearbeitung der jeweils abgefragten Kontoinformationen. Das von diesem Server ermittelte Ergebnis des Abrufs wird in einem dritten und letzten Schritt an die Rechensysteme der BaFin übermittelt. Die Daten durchlaufen damit bei einem erfolgreichen Abruf drei Rechnersysteme (System der Kreditinstitute, Abfragekomponente, System der BaFin). Bei diesem Durchlauf passieren die Daten zwei Schnittstellen, zunächst die zwischen den Kundendatenbanken der Verpflichteten und der Abfragekomponente und dann die zwischen Abfragekomponente und den Systemen der BaFin. Eine anschauliche graphische Darstellung des technischen Ablaufs findet sich in der Anlage „Verfahren zum automatisierten Abruf von Kontoinformationen. Schnittstellenspezifikation BaFin - Kreditinstitute" (Version 1.5), S. 11 f., die dem Rundschreiben 17/2002 der BaFin vom 26.09.2002, GZ Z12-01918-30/02, beigefügt ist. Vgl. dazu auch *Zubrod*, WM 2003, 1212 f.
[904] Auf die Gefahr eines unberechtigten Datenzugriffs durch einen sog. „Hacker" im Kontext des § 90 Abs. 2 TKG a. F. (jetzt § 112 TKG n. F.), der § 24c KWG vergleichbare Abrufsystem regelt, weisen zu Recht hin: *Ehmer*, in: Büchner/Ehmer u. a. (Hrsg.), Telekommunikationsgesetz, § 90 Rz. 16 f.; *Löwnau-Iqbal*, in: Scheurle/Mayen (Hrsg.), Telekommunikationsgesetz, § 90 Rz. 13.
[905] Vgl. die Anlage „Verfahren zum automatisierten Abruf von Kontoinformationen. Schnittstellenspezifikation BaFin - Kreditinstitute" (Version 1.5), die dem Rundschreiben 17/2002 der BaFin vom 26.09.2002, GZ Z12-01918-30/02, beigefügt ist. Ein neuer Entwurf dieser Schnittstellenspezifikation existiert bereits , vgl. „Schnittstellenspezifikation BaFin - Kreditinstitute" (Version 2.1.6), die einem Schreiben der BaFin vom 21.07.2004, Gz. IT3 - O 1918 - 0054/04, beigefügt ist.
[906] Die Kreditinstitute sind gem. § 24c Abs. 1 Satz 5 KWG dazu verpflichtet, die Möglichkeit des 24stündigen Datenabrufs zu ermöglichen. Vgl. dazu *Kokemoor*, in: Beck/Samm (Hrsg.), Kreditwesengesetz, § 24c Rz. 23.

II. Normzusammenhänge und Normzwecke des § 24c KWG

Die mit § 24c KWG vorgenommene Änderung des Kreditwesengesetzes ist Teil des Vierten Finanzmarktförderungsgesetzes.[907] Wegen der technisch bedingten Vorlaufzeit ist die Regelung des automatisierten Kontoabrufverfahrens gem. § 64f Abs. 6 KWG erst zum 01.04.2003 in Kraft getreten.[908]

Das Vierte Finanzmarktförderungsgesetz ist mit der Regelung des § 24c KWG in den Sog der Ereignisse des 11. September 2001 geraten.[909] Die Terroranschläge auf New York und Washington D. C. haben zahlreiche gesetzgeberische Maßnahmen zur Terrorismusbekämpfung veranlaßt[910], zu deren Unterstützung auch die gesetzlichen Bestimmungen gegen die Geldwäsche und gegen die Finanzierung terroristischer Gruppen massiv verschärft worden sind.[911] Vertretern der Bundesregierung zufolge ist der „Entzug der finanziellen Basis" gar zum entscheidenden Faktor in der Terrorismusbekämpfung geworden.[912] Diese Ziele sind dabei nicht in einem einzigen Gesetz, sondern breit gefächert, in einer Vielzahl von Rechtsetzungsakten umgesetzt worden.[913] In einem umfangreichen Maßnahmenpaket wurden und werden die Befugnisse zur Informationsbeschaffung und -weitergabe nicht nur für die Sicherheitsbehörden, sondern auch für diverse Aufsichtsbehörden, insbesondere für die Stellen der Finanzaufsicht in den jeweiligen Spezialgesetzen erweitert.[914] Die Öffnung der Datenbestände des § 24c KWG auch für steuerliche Zwecke sorgte erst jüngst für breite öffentliche Kritik.[915]

---

[907] § 24c KWG wurde durch Art. 6 Nr. 23 des Gesetzes zur weiteren Fortentwicklung des Finanzplatzes Deutschland (Viertes Finanzmarktförderungsgesetz, abgek. 4. FMFG) vom 21. Juni 2002 in das Kreditwesengesetz eingefügt, vgl. BGBl. I, S. 2010 (2053 f.).

[908] Das 4. FMFG selbst ist gem. Art. 23 Satz 1 bereits am 01. Juli 2002 in Kraft getreten, BGBl. I, S. 2072.

[909] Vgl. insoweit den Titel der Pressemitteilung des Bundesministeriums der Finanzen vom 05.10.2001 zum Vierten Finanzmarktförderungsgesetz: „Finanzierungsströme des Terrorismus austrocknen - Stabilität der Finanzmärkte sichern". Ebenso die Begründung der Bundesregierung zu ihrem Gesetzentwurf vom 18.01.2002 (Viertes Finanzmarktförderungsgesetz), BT-Drucks. 14/8017, Allgemeiner Teil, Abschnitt I, S. 63.

[910] Als wichtigstes Beispiel sei hier das Gesetz zur Bekämpfung des internationalen Terrorismus (Terrorismusbekämpfungsgesetz) vom 09. Januar 2002 genannt, BGBl. I, S. 361 ff. Dazu *Garstka*, NJ 2002, 524 f.; *Nolte*, DVBl. 2002, 574 ff.; *Rublack*, DuD 2002, 202 ff.

[911] *Kokemoor*, in: Beck/Samm (Hrsg.), Kreditwesengesetz, § 24c Rz. 5.

[912] So dezidiert *Schily*, WM 2003, 1249. *P. Kirchhof* sieht deswegen in Geld ein ambivalentes Phänomen, weil es einerseits als „geprägte Freiheit" (vgl. BVerfGE 97, 350 [370]) die Voraussetzungen für freiheitliches wirtschaftliches Handeln schafft und andererseits als Basis für Kriminalität und Terrorismus zum Risikofaktor für die freiheitliche Grundordnung wird, vgl. *P. Kirchhof*, in: Hadding/Hopt/Schimansky (Hrsg.), Basel II: Folgen für Kreditinstitute und ihre Kunden, Bankgeheimnis und Prävention von Geldwäsche, S. 88 f.

[913] Neben dem 4. FMFG (vgl. oben Fn. 907) dienen das sog. „Terrorismusbekämpfungsgesetz" vom 09.01.2002, BGBl. I, S. 361 ff., und das Gesetz zur Verbesserung der Bekämpfung der Geldwäsche und der Bekämpfung der Finanzierung des Terrorismus (Geldwäschebekämpfungsgesetz) vom 08.08.2002, BGBl. I, S. 3105 ff., der Terrorismusbekämpfung.

[914] Die jüngste Gesetzesnovelle dieser Art stellt die Einführung eines automatisierten Abrufverfahrens in § 93b AO dar, vgl. dazu bereits die Hinweise oben in Fn. 885.

[915] Vgl. z. B. folgende Beiträge: Stuttgarter Zeitung online vom 23.08.2004, „Ein weiterer Schritt in den Schnüffelstaat", abgerufen am 23.08.2004 unter http://www.stuttgarter-zeitung.de; Stern online vom 23.08.2004, „Gläserner Bankkunde wird Realität", abgerufen am 23.08.2004 unter

Insgesamt wird damit eine Vielfalt von Zugriffen auf personenbezogene Daten im Finanzdienstleistungssektor ermöglicht.[916] Gerade die Summe dieser im Kampf gegen den Terrorismus geschaffenen staatlichen Eingriffsmöglichkeiten ist problematisch.[917] Dies gilt aus datenschutzrechtlicher Sicht um so mehr, als dadurch in umfangreiche Bestände personenbezogener Daten Einsicht genommen werden kann.[918]

1. § 24c KWG im Kontext der Terrorismusgesetzgebung des Jahres 2002

§ 24c KWG stellt nur einen Mosaikstein aus einem breit angelegten Konzept der Terrorismusbekämpfung dar.[919] Seine Zwecke werden aus dem gesetzgeberischen Gesamtkontext des Jahres 2002 besser verständlich.[920]

a) Das „Terrorismusbekämpfungsgesetz" vom 09.01.2002[921]

Das Gesetz zur Bekämpfung des internationalen Terrorismus (Terrorismusbekämpfungsgesetz) dient nicht ausschließlich dem Kampf gegen die Geldwäsche und gegen die Finanzierung des Terrorismus. Vielmehr zielt dieses z. T. als „Sicherheitspaket II"[922] oder „Otto-Katalog II"[923] bezeichnete Maßnahmenpaket generell auf zusätzliche staatliche Eingriffsbefugnisse.[924]

---

http://www.stern.de/wirtschaft/geld/meldungen; Die Welt online vom 23.08.2004, „Bankgeheimnis bröckelt", abgerufen am 23.08.2004 unter http://www.welt.de; Süddeutsche Zeitung vom 03.11.2004, „Furcht vor staatlichen Schnüfflern", S. 18; Börsen-Zeitung vom 03.11.2004, „Ausspähen von Konten wird zum Fall für das Bundesverfassungsgericht", S. 1; *Hillenbrand*, in: Spiegel Online vom 18.11.2004, „Der geräuschlose Tod des Bankgeheimnisses", abgerufen am 18.11.2004 unter www.spiegel.de/wirtschaft.

[916] Neben den durch § 24c KWG geschaffenen Zugriffsmöglichkeiten auf Kontoinformationen wurden auf dem Finanzsektor vor allem die Befugnisse des Bundeskriminalamtes (§ 7 Abs. 2 Satz 1 BKAG), des Bundesamtes für Verfassungsschutz (§ 8 Abs. 5 BVerfSchG) und des Bundesnachrichtendienstes (§ 2 Abs. 1a BND-G) erweitert. Vgl. dazu im Anschluß die Ausführungen sub 1.

[917] In diesem Zusammenhang gewinnen die Überlegungen *Lückes* zur Figur des sog. „additiven Grundrechtseingriffs" an Bedeutung, wonach nicht nur punktuelle Beeinträchtigungen Eingriffsqualität besitzen sollen, sondern auch einem Bündel mehrerer punktueller Beeinträchtigungen Eingriffscharakter eignet, vgl. *Lücke*, DVBl. 2001, 1469 ff.

[918] 19. Tätigkeitsbericht des Bundesbeauftragten für den Datenschutz (2001/2002), Gliederungspunkt 1.4, S. 19.

[919] Die Bundesregierung weist in ihrem Gesetzentwurf zum Geldwäschebekämpfungsgesetz vom 08.04.2002 ausdrücklich auf den engen funktionalen Zusammenhang des Terrorismusbekämpfungsgesetzes, des Vierten Finanzmarktförderungsgesetzes und des Geldwäschebekämpfungsgesetzes hin, vgl. BT-Drucks. 14/8739, S. 1, Unterpunkt B (Lösung).

[920] *Kokemoor*, in: Beck/Samm (Hrsg.), Kreditwesengesetz, § 24c Rz. 6.

[921] BGBl. I, S. 361 ff.

[922] *Höche*, Die Bank 2002, 197; *Jahn*, ZRP 2002, 109. Noch vor dem Terrorismusbekämpfungsgesetz brachte die Bundesregierung als unmittelbare Reaktion auf die Anschläge von New York mehrere Entwürfe von „Anti-Terror-Gesetzen" ein, die z. T. noch im Jahr 2001 vom Bundestag als Gesetz beschlossen und im Bundesgesetzblatt verkündet wurden. Dieses erste „Sicherheitspaket" enthält die Streichung des Religionsprivilegs im Vereinsgesetz (Erstes Gesetz zur Änderung des Vereinsgesetzes vom 04.12.2001, BGBl. I, S. 3319) und die Anhebung der Tabak- und Versicherungssteuer zur Finanzierung der Behördenaufstockung im Sicherheitsbereich (Gesetz zur Finanzierung der

Hier soll jedoch das Hauptaugenmerk ausschließlich auf die Regelungen gerichtet werden, die in thematischem Zusammenhang zu § 24c KWG stehen.

aa) Befugnisse des Bundeskriminalamtes

Ein Zugriff auf Kontoinformationen einzelner Bankkunden ist seit 01. Januar 2002 von seiten des Bundeskriminalamtes möglich.[925] Dessen mit der Zentralstellenfunktion[926] begründete Ermittlungsbefugnisse wurden im Terrorismusbekämpfungsgesetz erheblich erweitert.[927] Konnte das Bundeskriminalamt bisher nur dann Daten bei nichtöffentlichen Stellen - und damit auch bei den privatrechtlich organisierten Kreditinstituten[928] - erheben, wenn entsprechende Datenbestände bei den Polizeien der Länder nicht vorhanden waren[929], so hat es nun gem. § 7 Abs. 2 Satz 1 BKAG eine originäre[930] Datenerhebungskompetenz bei sämtlichen öffentlichen und nicht-öffentlichen Stellen, unabhängig davon, ob die gewünschten Daten bei den Länderpolizeien bereits vorhanden sind. Das Bundeskriminalamt kann somit nach § 7 Abs. 2 Satz 1 BKAG bei Banken und anderen Finanzdienstleistern jederzeit Auskünfte über das Finanzgebaren einzelner Kunden einholen.[931]

Terrorbekämpfung vom 10.12.2001, BGBl. I, 3436 f.). Zu diesem sog. „Sicherheitspaket I" vgl. *Nolte*, DVBl. 2002, 573 f.

[923] Diese Formulierung spielt auf den Bundesinnenminister Otto Schily an, der zum Zeitpunkt dieser Gesetzgebungsphase das Bundesministerium des Innern als federführendes Ministerium leitete, vgl. *T. Groß*, KJ 2002, 1.

[924] Vgl. Art. 9 TerrorBekG (Änderung des Vereinsgesetzes), BGBl. 2002 I, S. 367; Art. 7, 8 TerrorBekG (Änderung des Paßgesetzes und des Gesetzes über Personalausweise), BGBl. 2002 I, S. 366 f.; Art. 11, 12, 13, 14, 15, 16 TerrorBekG (Änderungen des Ausländergesetzes, des Asylverfahrensgesetzes, des Ausländerzentralregistergesetzes und der jeweiligen Durchführungsverordnungen), BGBl. 2002 I, S. 368 ff. Zu den Änderungen insgesamt vgl. *Bizer*, DuD 2002, 743; *Garstka*, NJ 2002, 525; *Nolte*, DVBl. 2002, 575 ff.; *Rublack*, DuD 2002, 202.

[925] Laut Art. 22 TerrorBekG (Inkrafttreten), BGBl. 2002 I, S. 395, sollten die Regelungen des Terrorismusbekämpfungsgesetzes mit Wirkung zum 01. Januar 2002 in Kraft treten. Zu den Bedenken gegen diesen Wirksamkeitszeitpunkt auf Grund der Ausfertigung des Gesetzes durch den Bundespräsidenten erst am 09. Januar 2002 und die Verkündung im Bundesgesetzblatt am 11. Januar 2002 vgl. *Rublack*, DuD 2002, 202.

[926] Gem. § 2 Abs. 1 BKAG übt das Bundeskriminalamt die Funktion einer Zentralstelle für das polizeiliche Auskunfts- und Nachrichtenwesen und für die Kriminalpolizei aus.

[927] Art. 10 TerrorBekG (Änderung des Bundeskriminalamtgesetzes), BGBl. 2002 I, S. 367 f.

[928] Die Kreditinstitute sind überwiegend juristische Personen des Privatrechts. Das geht aus einer Statistik über die Institute hervor, die der Aufsicht der BaFin unterstehen. Laut diesen statistischen Angaben waren im Jahr 2003 von insgesamt 2385 beaufsichtigten Banken nur ca. 500 öffentlich-rechtlich organisiert (vor allem Sparkassen als Anstalten des öffentlichen Rechts). Vgl. dazu den Jahresbericht der Bundesanstalt für Finanzdienstleistungsaufsicht 2003, Teil A, S. 88, Punkt 1.2 (Statistische Angaben), Tabelle 10. Die Jahresberichte der BaFin sind im Internet unter www.bafin.de abrufbar.

[929] Vgl. die Fassung des § 7 Abs. 2 Sätze 1, 2 BKAG in der Fassung vom 07. Juli 1997, BGBl. I, S. 1650 ff.

[930] Bisher war die Erhebungskompetenz nur subsidiär.

[931] Darauf weisen explizit mehrere Autoren hin, vgl. *F. Herzog/Christmann*, WM 2003, 8 f.; *Höche*, Die Bank 2002, 197 f.

bb) Befugnisse der Geheimdienste

Neben den durch § 7 Abs. 2 BKAG geschaffenen Möglichkeiten des Zugriffs auf Kontoinformationen wurden im Rahmen des Terrorismusbekämpfungsgesetzes vor allem die Befugnisse der Verfassungsschutzbehörden und des Bundesnachrichtendienstes erweitert.[932] Im Rahmen bestimmter Aufgaben können diese Behörden gem. § 8 Abs. 5 BVerfSchG bzw. gem. § 2 Abs. 1a BNDG von Kreditinstituten, Finanzdienstleistungsinstituten und Finanzunternehmen unentgeltlich Auskünfte zu Konten, Kontoinhabern, sonstigen Berechtigten sowie zu weiteren am Zahlungsverkehr Beteiligten, zu Geldbewegungen und Geldanlagen einholen. Soweit Telebanking[933] in Rede steht, das gem. § 2 Abs. 2 Nr. 1 TDG zu den Telediensten zählt, haben sämtliche Geheimdienste (auch der Militärische Abschirmdienst[934]) Zugriffsrechte auf die bei den Kreditinstituten dazu vorhandenen Daten, vgl. §§ 8 Abs. 8 BVerfSchG, 8 Abs. 3a BNDG, 10 Abs. 3 MADG.

b) Das „Vierte Finanzmarktförderungsgesetz" vom 21.06.2002[935]

Auch das Gesetz zur weiteren Fortentwicklung des Finanzplatzes Deutschland (Viertes Finanzmarktförderungsgesetz), mit dem § 24c KWG in das Kreditwesengesetz eingeführt worden ist, dient nur partiell dem Kampf gegen die Geldwäsche und gegen die Finanzierung terroristischer Vereinigungen.[936] Im Zuge dieser Anpassung der Bankenaufsicht an internationale Standards durch Änderung des Kreditwesengesetzes und Einführung gesetzlicher Voraussetzungen für eine wirksamere Bekämpfung der Geldwäsche stellt § 24c KWG nur eines von mehreren neuen Sicherungsmitteln der Geldwäschebekämpfung im Rahmen des KWG dar.[937]

Parallel zum automatisierten Abrufverfahren des § 24c KWG wurde in § 25a Abs. 1 Nr. 4 KWG eine sog. „Research-Pflicht"[938] für alle Kreditinstitute installiert, auf

---

[932] Vgl. Art. 1 TerrorBekG (Änderung des Bundesverfassungsschutzgesetzes), BGBl. 2002 I, S. 361 ff., sowie Art. 3 TerrorBekG (Änderung des BND-Gesetzes), BGBl. 2002 I, S. 364.
[933] Zum Begriff des „Telebanking" vgl. *Spindler*, in: Roßnagel (Hrsg.), Recht der Multimedia-Dienste, § 2 TDG Rz. 59 ff.
[934] Vgl. Art. 2 TerrorBekG (Änderung des MAD-Gesetzes), BGBl. 2002 I, S. 363 f.
[935] BGBl. I, S. 2010 ff.
[936] Zu den verschiedenen Zielen des Vierten Finanzmarktförderungsgesetzes vgl. die Begründung der Bundesregierung zu ihrem Gesetzentwurf vom 18.01.2002 (Viertes Finanzmarktförderungsgesetz), BT-Drucks. 14/8017, Allgemeiner Teil, Punkt I. (Vorbemerkungen), S. 62 f. Einen guten Überblick über die Zielsetzungen des Finanzmarktförderungsgesetzes verschafft auch *Möller*, WM 2001, 2405 ff.
[937] So wurde beispielsweise das Kreditkartengeschäft als Finanzdienstleistungsgeschäft qualifiziert, da Kreditkartenkonten verstärkt für Geldwäschezwecke mißbraucht werden. Durch diese Änderung sind Kreditkartenunternehmen als Institute i. S. der Institutsaufsicht der BaFin sowie dem Anwendungsbereich des Geldwäschegesetzes unterworfen.
[938] Bei „Research-Systemen" handelt es sich um EDV-gestützte Einrichtungen, die eine systematische Durchforstung komplexer Datenbestände nach bestimmten Merkmalen innerhalb eines Kreditinstituts ermöglichen. Vgl. dazu den Beitrag von *Bergles/Eul*, BKR 2002, 556 mit weiteren Details in Fn. 2. Zur Research-Pflicht des § 25a Abs. 1 Nr. 4 KWG ausführlich *Bergles/Eul*, ebda, 559 ff.; *Escher*, BKR 2002, 660 ff.; *F. Herzog*, in: Hadding/Hopt/Schimansky (Hrsg.), Basel II: Folgen für

Grund derer die Aktivitäten der Bankkunden von seiten der Banken ständig auf geldwäscherelevante Sachverhalte hin überwacht werden müssen.[939] Die Geldwäsche- und Terrorismusbekämpfung wird somit im Rahmen des neuen Kreditwesengesetzes von zwei Seiten her betrieben: zum einen mit Hilfe bankinterner Sicherungssysteme, zum anderen durch bankexterne Zugriffsberechtigungen auf Kontoinformationen im Rahmen des § 24c KWG. Beide Regelungen knüpfen an bereits bestehende Befugnisse der BaFin und Pflichten der Kreditinstitute an. § 24c KWG soll die Regelung des § 44 KWG flankieren[940]. § 25a Abs. 1 Nr. 4 KWG erweitert schon bestehende Pflichten der Kreditinstitute gem. §§ 11, 14 Abs. 2 GwG[941].

aa) Die Sicherungssysteme gegen die Geldwäsche nach § 25a Abs. 1 Nr. 4 KWG

Mit § 25a Abs. 1 Nr. 4 KWG werden die Institute i. S. d. §§ 1 Abs. 1b, 53 Abs. 1 Satz 1 KWG dazu verpflichtet, über angemessene, geschäfts- und kundenbezogene Sicherungssysteme gegen die Geldwäsche und gegen betrügerische Handlungen zu Lasten des Instituts oder der Gruppe im Sinne einer Geldwäscheprävention zu verfügen.[942] Die Vorschrift dient also der Geldwäsche- und der Betrugsprävention.[943] Insbesondere sind die Institute zu einer laufenden Überwachung solcher Sachverhalte verpflichtet, die auf Grund des Erfahrungswissens über die Methoden der Geldwäsche zweifelhaft

---

Kreditinstitute und ihre Kunden, Bankgeheimnis und Bekämpfung von Geldwäsche, S. 71 ff.; *Scherp*, WM 2003, 1257 f.

[939] § 25a Abs. 1 Nr. 4 KWG wurde durch Art. 6 Nr. 25 des Vierten Finanzmarktförderungsgesetzes vom 21.06.2002, BGBl. I, S. 2054 f., in das Kreditwesengesetz eingeführt.

[940] Vgl. die Begründung der Bundesregierung zu ihrem Gesetzentwurf vom 18.01.2002 (Viertes Finanzmarktförderungsgesetz), BT-Drucks. 14/8017, Besonderer Teil, Zu Artikel 6 Nr. 23 (§ 24c KWG), S. 122 f.

[941] Vgl. die Begründung der Bundesregierung zu ihrem Gesetzentwurf vom 18.01.2002 (Viertes Finanzmarktförderungsgesetz), BT-Drucks. 14/8017, Besonderer Teil, Zu Artikel 6 Nr. 25 (§ 25a KWG), S. 124 ff. Mit der Umsetzung der Vorgaben des § 25a Abs. 1 Nr. 4 KWG sollen die Kreditinstitute u. a. in die Lage versetzt werden, ihre Verpflichtungen nach dem Geldwäschegesetz, zu denen auch § 11 GwG zählt, zu erfüllen.

[942] Die Vorschrift dient nach der Begründung der Bundesregierung zu ihrem Gesetzentwurf vom 18.01.2002 (Viertes Finanzmarktförderungsgesetz), BT-Drucks. 14/8017, Besonderer Teil, zu Artikel 6 Nr. 25 (§ 25a KWG), S. 124 ff., der gesetzlichen Umsetzung des Grundsatzes 15 der sog. Basler Aufsichtsgrundsätze. Dieses Prinzip ist mittlerweile durch die Grundsätze zur „Sorgfaltspflicht der Banken bei der Feststellung der Kundenidentität" konkretisiert worden, vgl. Basler Ausschuß für Bankenaufsicht, Sorgfaltspflicht der Banken bei der Feststellung der Kundenidentität („Customer due diligence for banks"), Oktober 2001, abrufbar unter www.bis.org/publ/bcbs85g.pdf. Dort findet sich auch S. 15 (Anhang 1) auch der erwähnte Grundsatz 15 der Grundsätze über die Methodik für eine wirksame Bankenaufsicht.
Der Basler Ausschuß ist bei der Bank für Internationalen Zahlungsausgleich tätig und setzt sich aus Vertretern der Notenbanken und Bankaufsichtsbehörden verschiedener Länder zusammen. Die Grundsätze und Empfehlungen des Basler Ausschusses haben zwar keinen bindenden Charakter, werden aber in der Regel in den Richtlinien der Europäischen Union und/oder wie hier in nationalen Gesetzen umgesetzt. Zu Aufgaben und Funktion des Basler Ausschusses für Bankenaufsicht vgl. auch *Schulte-Mattler*, in: Boos/Fischer/Schulte-Mattler (Hrsg.), Kreditwesengesetz, Basel II, Rz. 1 ff.

[943] Dazu umfassend *U. Braun*, in: Boos/Fischer/Schulte-Mattler (Hrsg.), Kreditwesengesetz, § 25a Rz. 161-192.

oder ungewöhnlich sind. Die Vorschrift zielt auf eine bankinterne „Rasterung" der „geldwäscherelevanten" Sachverhalte bzw. Transaktionen.[944] Da sich eine effektive Kontrolle typischerweise nicht auf eine einzelne Transaktion beschränkt, sondern vielmehr erst mit einer Beobachtung der gesamten Geschäftsbeziehung der Verdacht der Geldwäsche erhärtet bzw. ausgeräumt werden kann, wird diese längerfristige Überwachung als „Monitoring" bezeichnet.[945] Diese „Monitoring"-Systeme müssen in der Lage sein, Zahlungsströme und Finanztransaktionen, die einen kriminellen Hintergrund haben bzw. der Geldwäsche dienen, mit dem Einsatz moderner Techniken im Massengeschäft aufzuspüren. § 25a KWG soll die Erkennung von Geldwäsche in allen Geschäftssparten, vor allem auch im weitgehend anonym und elektronisch ablaufenden Massengeschäft ermöglichen.[946]

Welche - technischen - Systeme für dieses sog. „Geldwäschemonitoring" zum Einsatz kommen sollen und welche einzelnen Transaktionen und Geschäftsarten letztlich einer Untersuchung unterworfen werden müssen, gibt das Gesetz nicht vor. Die Entscheidung, nach welchen Parametern Zahlungsströme überwacht werden sollen, hat vielmehr das jeweilige Kreditinstitut selbst auf Grundlage einer eigenen Gefährdungsanalyse zu treffen.[947] Die gesetzliche Regelung ist sehr unbestimmt. Die Interpretationen in der Literatur sind deswegen unterschiedlich. Zum einen wird in § 25a Abs. 1 Nr. 4 KWG die Verpflichtung zu einem anlaßunabhängigen Kontenscreening mit Profilbildung für jeden Kunden gesehen.[948] Zum anderen sollen nur bestimmte Geschäfts- und

---

[944] Die Rasterung auf Grund des § 25a Abs. 1 Nr. 4 KWG und die z. B. in § 98a StPO vorgesehene „Rasterfahndung" sind dabei nicht deckungsgleich. Anders als das bankinterne „Research-System" setzt eine Rasterfahndung die Durchsuchung von Datenbeständen *verschiedener* Rechtsträger voraus, vgl. *Bergles/Eul*, BKR 2002, 556 Fn. 2.
[945] Vgl. Ziffer 30 der Verlautbarung des Bundesaufsichtsamtes für das Kreditwesen (seit 01.05.2002: BaFin) über Maßnahmen der Kreditinstitute zur Bekämpfung und Verhinderung der Geldwäsche vom 30. März 1998, abgedruckt in: *Fülbier/Aepfelbach*, Geldwäschegesetz, Anhang III.1, S. 487 (505 f.).
[946] So die Begründung der Bundesregierung zu ihrem Gesetzentwurf vom 18.01.2002 (Viertes Finanzmarktförderungsgesetz), BT-Drucks. 14/8017, Besonderer Teil, zu Artikel 6 Nr. 25 (§ 25a KWG), S. 124. Kritisch zur Anwendung der Monitoring-Systeme auf das Massengeschäft *F. Herzog/Christmann*, WM 2003, 11 f.; *Scherp*, WM 2003, 1257.
[947] Vgl. dazu die Begründung der Bundesregierung zu ihrem Gesetzentwurf vom 18.01.2002 (Viertes Finanzmarktförderungsgesetz), BT-Drucks. 14/8017, Besonderer Teil, zu Artikel 6 Nr. 25 (§ 25a KWG), S. 125 f.
[948] In diese Richtung bereits *F. Herzog*, WM 1996, 1761 - damals bezogen auf die dem § 25a Abs. 1 Nr. 4 KWG ähnliche Regelung des § 14 Abs. 2 Nr. 2 GwG (Vgl. dazu gleich unter sub bb) aaa), S. 163 ff.). Die Ermöglichung einer umfassenden und permanenten Überwachung des (finanziellen) Verhaltens aller Bankkunden, also die Befugnis zu einer anlaßunabhängigen Rasterung aller Konten, wird auch heute in § 25a Abs. 1 Nr. 4 KWG gesehen, vgl. *Bergles/Eul*, BKR 2002, 561; *U. Braun*, in: Boos/Fischer/Schulte-Mattler (Hrsg.), Kreditwesengesetz, § 25a Rz. 166; *F. Herzog/Christmann*, WM 2003, 10; *Jahn*, DRiZ 2002, 324. Eine bedenkliche, weil umfassende Rasterung aller Bankkundendaten fürchteten z. T. auch die am Gesetzgebungsverfahren beteiligten Parteien, vgl. die Gründe des Bundesrates in seiner Anrufung des Vermittlungsausschusses zum Vierten Finanzmarktförderungsgesetz vom 02.05.2002, BT-Drucks. 14/8958, zu Art. 6 Nr. 25 (§ 25a KWG), S. 2; ebenso die Bedenken des Zentralen Kreditausschusses (ZKA) in dessen Stellungnahme zum Regierungsentwurf des Vierten Finanzmarktförderungsgesetzes vom 30.11.2001.

Kundentypen, die unter Geldwäschegesichtspunkten besonders risikoreich sind, mit Monitoring-Systemen überwacht werden.[949]

Insgesamt werden den Banken mit § 25a Abs. 1 Nr. 4 KWG aktive Aufklärungspflichten auferlegt, welche die Pflicht zur Vorhaltung von Kontoinformationen nach § 24c KWG im Zuge der Geldwäschebekämpfung ergänzen.

bb) Ergänzung bestehender Rechte und Pflichten

Beide Vorschriften, § 24c KWG und § 25a Abs. 1 Nr. 4 KWG, komplettieren Vorschriften aus dem Geldwäschegesetz und aus dem Kreditwesengesetz, die schon vor dem Erlaß des Vierten Finanzmarktförderungsgesetzes geltendes Recht waren.

aaa) §§ 11, 14 Abs. 2 GwG

Die Überwachung nach § 25a Abs. 1 Nr. 4 KWG hat nach dem Willen des Gesetzgebers präventiven Charakter.[950] Diese sog. „Research-Maßnahmen" bilden die Grundlage für weitere Nachforschungen der Bank, damit sie ihre Verpflichtungen aus dem Geldwäschegesetz erfüllen kann.[951] Zu diesen Obligationen gehört vor allem die Anzeige von Verdachtsfällen der Geldwäsche nach § 11 GwG, die im weiteren Verlauf zu Ermittlungsmaßnahmen der Strafverfolgungsbehörden führen kann. Von der herrschenden Meinung wird die Verdachtsanzeige als Strafanzeige im Sinne des § 158 StPO verstanden.[952] Für eine so verstandene Anzeige muß jedoch die Schwelle des Anfangsverdachts im Sinne von § 152 StPO nicht überschritten sein.[953] Das entspricht auch den Gegebenheiten in den Kreditinstituten, die die Verdachtsfälle an die Strafverfolgungsbehörden weiterleiten sollen. Denn die Mitarbeiter der Institute sind strafrechtlich und strafprozessual nicht derart ausgebildet, daß sie stets einen Anfangsverdacht im Sinne der StPO prüfen könnten.[954] Darüber hinaus fordert die BaFin in ihren

---

[949] *Escher*, BKR 2002, 661, unter Berufung auf die Begründung der Bundesregierung zu ihrem Gesetzentwurf vom 18.01.2002 (Viertes Finanzmarktförderungsgesetz), BT-Drucks. 14/8017, Besonderer Teil, zu Artikel 6 Nr. 25 (§ 25a KWG), S. 125.

[950] Vgl. die Begründung der Bundesregierung zu ihrem Gesetzentwurf vom 18. 01. 2002 (Viertes Finanzmarktförderungsgesetz), BT-Drucks. 14/8017, Besonderer Teil, Zu Artikel 6 Nr. 25 (§ 25a KWG), S. 125: „§ 25a Abs. 1 Nr. 4 KWG verlangt nunmehr (...) als effektives Präventivinstrument gegen die Geldwäsche eine strenge `know-your-customer-policy´ der Kreditinstitute, (...)."

[951] Vgl. die Begründung der Bundesregierung, aaO.

[952] *Fülbier*, in: Fülbier/Aepfelbach, Geldwäschegesetz, § 11 Rz. 103. Vgl. dazu auch *Scherp*, WM 2003, 1256 m. w. N. in Fn. 27.

[953] *Findeisen*, in: Hadding/Hopt/Schimansky (Hrsg.), Basel II: Folgen für Kreditinstitute und ihre Kunden, Bankgeheimnis und Bekämpfung von Geldwäsche, S. 112 f.; *Fülbier*, aaO, § 11 Rz. 112; *Kleinknecht/Meyer-Goßner*, Strafprozeßordnung, § 158 Rz. 2. Danach ist die Strafanzeige eine bloße Anregung für die Prüfung, ob ein Anlaß zu Ermittlungen durch die Strafverfolgungsbehörden besteht.

[954] Darauf weisen zu Recht *P. Kirchhof*, in: Hadding/Hopt/Schimansky (Hrsg.), Basel II: Folgen für Kreditinstitute und ihre Kunden, Bankgeheimnis und Bekämpfung von Geldwäsche, S. 91, und *Scherp*, WM 2003, 1256, hin. Die Mitarbeiter der Institute werden vor allem fachlich nicht dazu in der Lage sein zu beurteilen, ob der angezeigte Sachverhalt den Tatbestand eines Strafgesetzes er-

Rundschreiben, daß Verdachtsanzeigen schon dann erfolgen sollen, wenn nicht „zweifelsfrei ausgeschlossen werden kann", daß der Straftatbestand der Geldwäsche i. S. v. § 261 StGB vorliegt.[955] Auf Grund dieser Konstellation werden viele Verdachtsanzeigen erfolgen, ohne daß ein echtes strafprozessuales Verdachtskriterium erfüllt sein müßte. Gepaart mit den Vorgaben des § 25a Abs. 1 Nr. 4 KWG wird die Zahl der - im Ergebnis auch unbegründeten - Verdachtsanzeigen stetig ansteigen.[956] Die Prüfungspflicht, ob ein strafprozessualer Anfangsverdacht vorliegt oder nicht, trifft dann erst die Ermittlungsbehörden, bei denen die Verdachtsanzeigen eingehen.[957]

Den Anforderungen des § 25a Abs. 1 Nr. 4 KWG entspricht weitgehend auch § 14 Abs. 2 Nr. 2 GwG, dessen ausdrückliche Zielsetzung im Vergleich zum Kreditwesengesetz jedoch ausschließlich auf der Bekämpfung der Geldwäsche und der Verhinderung der Finanzierung terroristischer Vereinigungen beruht.[958] Insgesamt wird mit § 25a Abs. 1 Nr. 4 KWG die präventive Bekämpfung der Geldwäsche erleichtert.

bbb) § 44 Abs. 1 KWG

Mit § 24c KWG sollen neben der Bekämpfung der Geldwäsche und des Terrorismus auch die Eingriffsbefugnisse der BaFin nach § 44 Abs. 1 KWG vorbereitet werden.[959] Denn nach § 44 Abs. 1 KWG hat die Bundesanstalt schon seit jeher das Recht, uneingeschränkt, d. h. auch in Bezug auf alle Geschäftsbeziehungen der Banken mit einzelnen Kunden, Auskunft und Vorlage der entsprechenden Unterlagen zu verlangen. Der Sache nach geht diese Befugnis sogar über § 24c KWG hinaus, da im Rahmen des § 44 Abs. 1 KWG nicht nur die Kontenstammdaten einzelner Kunden, sondern auch die Inhaltsdaten der einzelnen Kontoverbindungen eingesehen werden können.[960] Das automatisierte Abrufverfahren nach § 24c KWG unterstützt die Zugriffsrechte nach § 44 Abs. 1 KWG insofern, als die BaFin schnell und auf einen Blick feststellen kann, bei welchen Kreditinstituten eine bestimmte Person Konten unterhält. Auf Grund dieses Abrufergebnisses können gezielt weitere Nachfragen - z. B. zu Kontoinhaltsdaten - nach § 44 Abs. 1 KWG an die Institute gerichtet werden.[961] Ein besonderer Anlaß für

---

füllt oder womöglich strafrechtlich gerechtfertigt ist. Zu diesem Erfordernis vgl. *Joachimski/Haumer*, Strafverfahrensrecht, S. 44.

[955] Eilrundschreiben der BaFin 1/2003 (Q) vom 08.01.2003.
[956] Diese realistische Prognose stellen *F. Herzog/Christmann*, WM 2003, 12; *Jacob*, WM 2002, 279; *Scherp*, WM 2003, 1257, auf.
[957] *Scherp*, aaO, 1256.
[958] Die Sicherung „gegen betrügerische Handlungen zu Lasten des Instituts" bleibt damit eine spezifische Aufgabe im Rahmen des Kreditwesengesetzes.
[959] Begründung der Bundesregierung zu ihrem Gesetzentwurf vom 18.01.2002 (Viertes Finanzmarktförderungsgesetz), BT-Drucks. 14/8017, Besonderer Teil, zu Artikel 6 Nr. 23 (§ 24c KWG), S. 122, 123.
[960] *U. Braun*, in: Boos/Fischer/Schulte-Mattler (Hrsg.), Kreditwesengesetz, § 44 Rz. 44; *Höche*, Die Bank 2002, 197; *Samm*, in: Beck/Samm (Hrsg.), Kreditwesengesetz, § 44 Rz. 31.
[961] Vgl. die Begründung der Bundesregierung zu ihrem Gesetzentwurf vom 18.01.2002 (Viertes Finanzmarktförderungsgesetz), BT-Drucks. 14/8017, Besonderer Teil, zu Artikel 6 Nr. 23 (§ 24c KWG), S. 123.

die Sachverhaltsermittlung muß nicht vorliegen.[962] Immerhin sind die Zugriffsrechte nach § 44 Abs. 1 KWG aber allein auf die Zwecke der Bankenaufsicht begrenzt.[963]

§ 24c KWG erleichtert und beschleunigt damit den Gebrauch bereits bestehender Auskunftsrechte nach § 44 Abs. 1 KWG, jedenfalls soweit es sich um die Erfüllung von Aufgaben der Bankaufsicht handelt.

c) Das „Geldwäschebekämpfungsgesetz" vom 08.08.2002[964]

Einen letzten großen Baustein der Sicherheitsgesetze aus dem Jahr 2002 stellt das Geldwäschebekämpfungsgesetz dar, in dem Zugriffsrechte auf Kontoinformationen implementiert wurden, die einen unmittelbaren Bezug zu § 24c KWG aufweisen. Gem. § 5 Abs. 3 Satz 4 GwG hat das Bundeskriminalamt die Befugnis, die BaFin um Auskünfte nach § 24c Abs. 3 KWG zu ersuchen.[965]

aa) Die Zentralstellenfunktion des Bundeskriminalamtes

Hintergrund dieser neuen Ermittlungsbefugnis ist die Einrichtung einer Zentralstelle für Verdachtsanzeigen beim Bundeskriminalamt gem. § 5 Abs. 1 Satz 1 GwG, die allerdings die Verdachtsanzeigepflicht an die zuständigen Strafverfolgungsbehörden nicht entbehrlich macht.[966] Der Zusammenhang des Auskunftsrechts nach § 24c Abs. 3 KWG mit der Zentralstellenfunktion ergibt sich aus der Aufgabenzuweisung des § 5 Abs. 1 und 2 GwG, insbesondere des § 5 Abs. 1 Satz 2 Nr. 1 und 2 GwG: Danach soll die beim Bundeskriminalamt eingerichtete Zentralstelle die durch die Verdachtsanzeigen erhaltenen Daten mit bei anderen Stellen gespeicherten Daten abgleichen (sog. „Clearing").[967] Die bei den Banken nach § 24c KWG vorgehaltenen Kontoinformationen dienen - neben weiteren Datenbeständen bei anderen öffentlichen und nichtöffentlichen Stellen[968] - primär dem zentralen Datenabgleich. Informationen und Zusammenhänge von Straftaten, die durch diesen Informationsabgleich gewonnen werden, sollen gem. § 5 Abs. 1 Satz 2 Nr. 2 GwG an die Strafverfolgungsbehörden weitergeleitet werden.

---

[962] *Samm*, in: Beck/Samm (Hrsg.), Kreditwesengesetz, § 44 Rz. 51. *U. Braun* weist jedoch zu Recht darauf hin, daß immerhin die Grenzen der Verhältnismäßigkeit gelten, so daß nur bei einer im Einzelfall näher zu bestimmenden „aufsichtlichen Relevanz" ein Auskunftsrecht bestehen soll, vgl. *U. Braun*, in: Boos/Fischer/Schulte-Mattler (Hrsg.), Kreditwesengesetz, § 44 Rz. 42 ff., insbes. 45.
[963] *U. Braun*, aaO, § 44 Rz. 2.
[964] Gesetz zur Verbesserung der Bekämpfung der Geldwäsche und der Bekämpfung der Finanzierung des Terrorismus (Geldwäschebekämpfungsgesetz), vom 08. August 2002, BGBl. I, S. 3105 ff.
[965] § 5 GwG wurde durch Artikel 1 Nr. 6 des Geldwäschebekämpfungsgesetzes, BGBl. I 2002, S. 3106, neu gefaßt.
[966] Vielmehr sind die Kreditinstitute nach dem neuen § 11 Abs. 1 Satz 1 GwG verpflichtet, sowohl gegenüber den Strafverfolgungsbehörden als auch gegenüber dem Bundeskriminalamt die Verdachtsfälle anzuzeigen.
[967] Zu § 5 Abs. 3 Satz 4 GwG umfassend *F. Herzog/Christmann*, WM 2003, 11 f.
[968] Die Befugnis des Bundeskriminalamtes zur Datenerhebung bei weiteren öffentlichen und nicht öffentlichen Stellen ergibt sich aus dem Verweis des § 5 Abs. 3 Sätze 1, 2 GwG auf die Vorschrift des § 7 Abs. 2 Satz 1 BKAG. Vgl. dazu bereits oben S. 160 f.

bb) Erweiterung des Katalogs der Bedarfsträger nach § 24c Abs. 3 KWG

§ 5 Abs. 3 Satz 4 GwG erweitert damit den Kreis der mittelbaren Bedarfsträger des § 24c Abs. 3 KWG. Entgegen der Auffassung der Bundesregierung hat die Norm nicht nur deklaratorische Funktion, weil § 24c Abs. 3 Satz 1 Nr. 2 KWG die Auskunftsrechte von Strafverfolgungsbehörden, zu denen grundsätzlich auch das Bundeskriminalamt rechnet[969], bereits vorsieht.[970] Als Zentralstelle für Verdachtsanzeigen i. S. v. § 5 GwG nimmt das Bundeskriminalamt nämlich keineswegs ausschließlich Strafverfolgungsaufgaben wahr.[971] Die Zentralstellen- und die Strafverfolgungsaufgaben des Bundeskriminalamtes sind vielmehr streng zu trennen.[972] Dies gilt trotz der Befugnis des Bundeskriminalamtes, nach § 7 Abs. 5 BKAG die bei der Zentralstelle gespeicherten Daten auch zur Erfüllung der Strafverfolgungsaufgaben nach § 4 BKAG zu nutzen; dazu zählt auch die Strafverfolgung auf dem Gebiet der international organisierten Geldwäsche. Insgesamt ist es also nicht selbstverständlich, daß auf Grund des die Strafverfolgung unterstützenden § 24c Abs. 3 Satz 1 Nr. 2 KWG das Bundeskriminalamt als Zentralstelle Daten abruft. § 5 Abs. 3 Satz 4 GwG kommt deshalb nicht nur deklaratorische, sondern konstitutive Funktion zu.

d) Zwischenergebnis

§ 24c KWG ist nur ein Bruchteil eines komplexen Amalgams an neuen Regelungen zur Geldwäsche- und Terrorismusbekämpfung, welches insgesamt zu einer erheblichen Ausweitung der Informationszugriffe auf die Bankkunden führt. Dabei steigen sowohl der Umfang der erfaßten Informationen als auch die Zahl der von den verschiedenen Maßnahmen betroffenen Kunden.[973] Ohne sämtliche Regelungen im einzelnen einer verfassungsrechtlichen Prüfung unterziehen zu wollen, können dem Zusammenspiel der dargestellten Neuregelungen doch einige wichtige Trends entnommen werden, die bei der verfassungsrechtlichen Untersuchung des § 24c KWG eine Rolle spielen.

aa) Präventive Ausrichtung der Eingriffsbefugnisse

Kennzeichnend für alle Neuregelungen einschließlich des § 24c KWG ist deren präventiver Charakter. Auf die im Polizei- und Strafrecht klassischen Einschreitschwellen einer qualifizierten Gefahr oder eines qualifizierten Verdachts wird überwiegend nicht

---

[969] Das BKA nimmt nach § 4 BKAG bestimmte Aufgaben der Strafverfolgung wahr.
[970] Vgl. die Begründung der Bundesregierung zu ihrem Gesetzentwurf vom 08.04.2002 (Geldwäschebekämpfungsgesetz), BT-Drucks. 14/8739, zu Artikel 1 Nr. 6 (§ 5 GwG), S. 14.
[971] Vgl. § 5 Abs. 1 Satz 1 GwG: „Das Bundeskriminalamt (...) unterstützt als Zentralstelle (...) die Polizeien des Bundes und der Länder bei der Verhütung und Verfolgung der Geldwäsche (...)." Neben der Verfolgung der genannten Straftaten obliegt dem BKA also auch die im Vorfeld der Strafverfolgung liegende Straftatenverhütung i. S. einer vorbeugenden Bekämpfung von Straftaten, vgl. *Ahlf*, in: Ahlf/Daub/Lersch/Störzer, Bundeskriminalamtgesetz, § 2 Rz. 19.
[972] So werden dem BKA als Zentralstelle Befugnisse nach § 7 ff. BKAG eingeräumt; die Befugnisse der StPO stehen dem BKA hingegen nur zu, wenn § 4 BKAG dem BKA Ermittlungsaufgaben zuweist, vgl. *Lersch*, in: Ahlf/Daub/Lersch/Störzer, Bundeskriminalamtgesetz, § 4 Rz. 2.
[973] *F. Herzog/Christmann*, WM 2003, 12 ff.

zurückgegriffen. Vielmehr reicht großenteils die bloße Erforderlichkeit zur Aufgabenerfüllung der jeweiligen Behörde aus, um die entsprechenden Kontoinformationen abzurufen oder bei der entsprechenden Stelle anzufordern.[974] Man gewinnt bei den neuen Befugnissen der Sicherheits- und Aufsichtsbehörden den Eindruck, daß sie nicht mehr auf die Abklärung eines bereits vorhandenen Anfangsverdachts zielen, sondern vielmehr auf die Schöpfung eines Anfangsverdachts gerichtet sind.[975]

Interessant ist diese „vorbeugende Verbrechensbekämpfung"[976] deshalb, weil sie bei Beeinträchtigungen des Rechts auf informationelle Selbstbestimmung mit einer Rechtsposition kollidiert, die auf Grund ihrer Spezifika ihrerseits eine präventive Schutzrichtung aufweist. Das weite Schutzbereichs- und Informationseingriffsverständnis des informationellen Selbstbestimmungsrechts setzt daher bereits bei präventiven und vermeintlich harmlosen Zugriffen auf scheinbar belanglose Kontoinformationen an.[977]

bb) Verstärkte Einbeziehung von Privaten in die staatliche Informationsbeschaffung

Auffällig ist des weiteren, daß verstärkt Private - hier die privatrechtlich organisierten Kreditinstitute - in die Zusammenarbeit mit Geheimdiensten, Bundeskriminalamt und BaFin miteinbezogen sind. Neben aktiven Aufklärungspflichten im Rahmen der § 25a Abs. 1 Nr. 4 KWG, § 14 Abs. 2 Nr. 2 GwG treffen die Banken vor allem organisatorische und finanzielle Lasten. Die Vorhaltung der Kontoinformationen nach § 24c KWG und das damit verbundene Obligo der Kostentragung[978] sind das beste Beispiel dafür.

aaa) Verfassungsrechtliche Einordnung der Inpflichtnahme Privater

Verfassungsrechtlich problematisch ist die staatliche Inpflichtnahme Privater zur Erfüllung öffentlicher Aufgaben.[979] Mit den Kreditinstituten handeln private Rechtssubjekte, die selbst privatwirtschaftlich tätige Grundrechtsträger sind.[980] Ein unmittelbares „Eingreifen" des Staates in die Grundrechte der Bankkunden scheidet von vornherein aus. Der Informationseingriff erfordert aber staatliches, jedenfalls dem Staat zurechen-

---

[974] Vgl. z. B. § 5 Abs. 3 Satz 4 GwG; § 24c Abs. 2 KWG.
[975] *F. Herzog/Christmann*, WM 2003, 9.
[976] Zu diesem Terminus *Scherp*, WM 2003, 1257 m. w. N. in Fn. 39.
[977] Vgl. dazu die Ergebnisse in Teil 2 der Arbeit auf S. 78 ff. (101 f.) und auf S. 106 ff. (113 f.).
[978] § 24c Abs. 5 Satz 1 KWG.
[979] Hinsichtlich der rechtlichen Qualifizierung der Einbindung privater Banken in die Bankaufsicht und die Geldwäschebekämpfung des § 24c KWG sind verschiedene Möglichkeiten zu unterscheiden. Neben dem Konzept der Beleihung kann der Staat Private als Verwaltungshelfer heranziehen oder durch „Indienstnahme" zur Erfüllung bestimmter sachlicher oder persönlicher Leistungen verpflichten. Zu den verschiedenen Anforderungen an die Einbindung Privater vgl. sogleich die Ausführungen unten auf S. 176 f. mit Fn 1028 ff.
[980] Das gilt auch, soweit die Banken in die Geldwäsche- und Terrorismusbekämpfung einbezogen werden, vgl. *P. Kirchhof*, in: Hadding/Hopt/Schimansky (Hrsg.), Basel II: Folgen für Kreditinstitute und ihre Kunden, Bankgeheimnis und Bekämpfung von Geldwäsche, S. 89.

bares Handeln.[981] Ob ein solches angenommen werden kann, wenn Banken gegenüber ihren Kunden Maßnahmen der Geldwäscheverhinderung treffen, ist umstritten. Einerseits wird in den Tätigkeiten der Banken in staatlichem Auftrag die Erfüllung einer hoheitlichen Aufgabe mit der Konsequenz gesehen, daß das Handeln der Banken gegenüber ihren Kunden einen Informationseingriff darstellt.[982] Das informationelle Selbstbestimmungsrecht beansprucht demzufolge als grundrechtliches Abwehrrecht gegen den die Kreditinstitute in die Pflicht nehmenden Staat eine unmittelbare Wirkung.[983] Andererseits wird eine unmittelbare Erfüllung öffentlicher Aufgaben im Sinne einer Funktionsübertragung auf die Banken mit der Begründung abgelehnt, die Kreditinstitute erfüllten mit der Geldwäscheverhinderung primär eigene Geschäftszwecke und handelten daher überwiegend in eigenem und nicht in staatlichem Interesse.[984] Dieser Meinung zufolge stellten die Maßnahmen der Kreditinstitute gegenüber ihren Kunden keine Informationseingriffe dar. Freilich kann dann zwischen Bank und Bankkunde die - begrenzte - Ausstrahlungswirkung des informationellen Selbstbestimmungsrechts zwischen Privaten zum Tragen kommen.[985]

bbb) Die Figur des mittelbaren Grundrechtseingriffs

Hilfreich für die Lösung dieses Problems ist die Figur des mittelbaren Grundrechtseingriffs. Danach ist für die Frage, ob ein Grundrechtseingriff vorliegt, nicht mehr ausschlaggebend, ob der Staat selbst unmittelbar handelt.[986] Ein Grundrechtseingriff ist vielmehr auch dann anzunehmen, wenn die Beeinträchtigung des Grundrechts eines Dritten durch das Handeln eines Privaten verursacht wird, der zu diesem Handeln von seiten des Staates angehalten wird.[987] Gebietet also der Staat den Banken per Gesetz ein bestimmtes Vorgehen, dann greift der Staat selbst - mittelbar - in das informationelle Selbstbestimmungsrecht des betroffenen Bankkunden ein.[988]

---

[981] BVerfGE 66, 39 (60).
[982] *F. Herzog*, WM 1996, 1757; *ders.*, WM 1999, 1916; *ders./Christmann*, WM 2003, 9. In die Richtung von *F. Herzog* zielen auch die Aussagen *P. Kirchhofs*, der die privaten Banken bei den vom Staat aufgegebenen Maßnahmen gegenüber den Bankkunden als Verwaltungshelfer einstuft, vgl. *P. Kirchhof*, in: Hadding/Hopt/Schimansky (Hrsg.), Basel II: Folgen für Kreditinstitute und ihre Kunden, Bankgeheimnis und Bekämpfung von Geldwäsche, S. 90 ff. Die Tätigkeit von Verwaltungshelfern ist dem Staat zurechenbar, vgl. *Maurer*, Allgemeines Verwaltungsrecht, § 23 Rz. 60. Auch das Bundesverfassungsgericht hat in einem vergleichbaren Fall, in dem privatrechtlich organisierte Telekommunikationsunternehmen durch staatliche Anordnungen zu Datenübermittlungen von Kommunikationsdaten privater Dritter verpflichtet wurden, die Informationseingriffe der öffentlichen Gewalt zugeordnet, vgl. BVerfGE 107, 299 (313 f.).
[983] *F. Herzog*, WM 1999, 1916.
[984] *Findeisen*, WM 1998, 2419; *ders.*, in: Hadding/Hopt/Schimansky (Hrsg.), Basel II: Folgen für Kreditinstitute und ihre Kunden, Bankgeheimnis und Bekämpfung von Geldwäsche, S. 116 ff.; *Scherp*, WM 2003, 1258.
[985] *Scherp*, aaO. Vgl. zur Figur der mittelbaren Drittwirkung auch die Ausführungen in Teil 2 dieser Arbeit auf S. 108 f. mit Fn 558.
[986] Zum modernen Eingriffsverständnis vgl. bereits die Ausführungen in Teil 2, S. 105 f.
[987] *Bleckmann/Eckhoff*, DVBl. 1988, 377; *Siekmann/Duttge*, Staatsrecht I: Grundrechte, Rz. 175.
[988] So jüngst auch BVerfGE 107, 299 (313 f.) bzgl. der staatlichen Inanspruchnahme privatrechtlich organisierter Telekommunikationsunternehmen.

Die Konstruktion des mittelbaren Grundrechtseingriffs unterliegt jedoch einer Bedingung: Die von den privaten Banken ausgehenden Grundrechtsbeschränkungen der Bankkunden müssen dem Staat zurechenbar sein.[989] Zurechenbar kann die Datenverarbeitung der Kreditinstitute dem Staat nur sein, wenn der die Banken verpflichtende Gesetzgeber maßgeblichen Einfluß auf deren Umsetzung hat. Die Vorgaben der Legislative müssen kausal für das Tätigwerden der Kreditinstitute sein. Die Zurechenbarkeit kann unter diesen Gesichtspunkten im Fall des § 24c KWG ohne weiteres bejaht werden.[990]

Fest steht damit, daß die Datenverarbeitungsmaßnahmen der Kreditinstitute aus verfassungsrechtlicher Sicht Eingriffscharakter besitzen können. Sie stellen potentielle mittelbare Grundrechtseingriffe dar.

cc) Heimlichkeit des Informationszugriffs

Gemeinsam ist sämtlichen neuen Zugriffsrechten auf Kontoinformationen, daß sie ohne Wissen des jeweils betroffenen Bankkunden erfolgen. Zwar ist die Informationserhebung zum Teil gegenüber den um Auskunftserteilung gebetenen Kreditinstituten nicht heimlich.[991] Ebenso wissen die Banken um eine eventuelle Weiterverarbeitung der übermittelten Daten bei einer Verdachtsanzeige nach § 11 GwG. Gegenüber den möglicherweise in ihrem Recht auf informationelle Selbstbestimmung betroffenen Bankkunden erfolgt die Informationserhebung und -verarbeitung aber stets im Verborgenen. Dementsprechend werden in § 24c KWG die Institute verpflichtet, für die Heimlichkeit des automatisierten Abrufs Sorge zu tragen[992] bzw. an anderer Stelle gesetzlich dazu angehalten, den Umstand und den Inhalt der erteilten Auskünfte nicht an die von der Abfrage betroffenen Kunden weiterzugeben[993]. Die Intensität möglicher Informationseingriffe steigt auf Grund der Form der heimlichen Datenerhebung bei den Banken. Um so höher muß daher die Rechtfertigung für die Eingriffsgesetze ausfallen. Das gilt auch für § 24c KWG.[994]

---

[989] So schon BVerfGE 66, 39 (60). Zur Zurechenbarkeit in der Literatur vgl. *Bleckmann/Eckhoff*, aaO, 377 f.; *Höfelmann*, Das Grundrecht auf informationelle Selbstbestimmung anhand der Ausgestaltung des Datenschutzrechts und der Grundrechtsnormen der Landesverfassungen, S. 159.

[990] Das ergibt sich schon angesichts des erheblichen aufsichtsrechtlichen Drucks, dem die Banken bei ihrer Tätigkeit ausgesetzt sind. Darüber hinaus übt der Gesetzgeber durch die bußgeldbewehrte Ausgestaltung der Bankpflichten nach § 56 Abs. 4 KWG maßgeblich seinen Einfluß auf die Banken aus und steuert so gezielt deren Tätigwerden gegenüber den betroffenen Bankkunden. *F. Herzog* weist zu Recht darauf hin, daß eine derart ausgestaltete Inpflichtnahme der Banken verstärkt zu Beeinträchtigungen der betroffenen Bankkunden führen wird, vgl. *F. Herzog*, in: Hadding/Hopt/Schimansky (Hrsg.), Basel II: Folgen für Kreditinstitute und ihre Kunden, Bankgeheimnis und Bekämpfung von Geldwäsche, S. 72.

[991] Vgl. die Auskunftsrechte der Behörden gem. § 8 Abs. 5 BVerfSchG, § 7 Abs. 2 Satz 1 BKAG.

[992] § 24c Abs. 1 Satz 6 KWG.

[993] Vgl. § 8 Abs. 9 Satz 10 BVerfSchG, § 11 Abs. 5 GwG.

[994] Zur Form der Datenerhebung als maßgeblichem Kriterium bei der Festlegung der Eingriffsintensität vgl. bereits die Ausführungen in Teil 2 der Arbeit, S. 112 f., 136.

dd) Unübersichtlichkeit und Uneinheitlichkeit der Regelungstechnik

Der Gesamtkomplex der neuen Regelungen, welche Informationserhebungen bei Banken über Geschäftsbeziehungen einzelner Bankkunden ermöglichen, ist unübersichtlich und hinsichtlich der inhaltlichen Ausgestaltung der einzelnen Normen auch uneinheitlich.[995]

aaa) Unübersichtlichkeit des Normenkomplexes

Das hat primär mit der Vielzahl der Regelungsorte und einer umfassenden Verweisungstechnik zu tun. So ist zwar bei einem Blick in § 24c KWG für den betroffenen Bankkunden ersichtlich, daß auch die zuständigen Strafverfolgungsbehörden gem. § 24c Abs. 3 Satz 1 Nr. 2 KWG berechtigt sind, mittelbar Daten aus den bei den Kreditinstituten vorgehaltenen Kontodateien abzurufen. Erst aus der Verweisung in § 5 Abs. 3 Satz 4 GwG ergibt sich jedoch, daß mit den in § 24c Abs. 3 KWG genannten öffentlichen Stellen keine erschöpfende Aufzählung der mittelbaren Bedarfsträger vorliegt, sondern auch das Bundeskriminalamt in seiner Funktion als Zentralstelle für Verdachtsanzeigen auf die Kontoinformationen zugreifen kann. Da es in seiner Funktion als Zentralstelle handelt, kann es nicht ohne weiteres den Strafverfolgungsbehörden zugerechnet werden.[996] Ab dem 01.04.2005 wird zusätzlich das Bundesamt für Finanzen auf die Datenbestände des § 24c KWG zugreifen können, was sich wiederum erst aus Normen außerhalb des § 24c KWG, hier § 93 Abs. 7, Abs. 8, § 93b Abs. 2 AO, ergibt.[997] Inwieweit hier noch das Gebot des Bundesverfassungsgerichts eingehalten wird, wonach der einzelne wissen soll, wer was wann bei welcher Gelegenheit über ihn weiß, ist - jedenfalls bezogen auf die Summe der Neuregelungen - höchst zweifelhaft.[998] Wie das eben genannte Beispiel zeigt, kommt der Beachtung des Transparenzgebots auch im Rahmen der Prüfung des § 24c KWG eine besondere Bedeutung zu.

bbb) Uneinheitlichkeit des Systems der formellen und materiellen Rechtmäßigkeitsvoraussetzungen

Daneben fällt bei einer Gesamtbetrachtung der Zugriffsrechte auf, daß die einzelnen Regelungen nicht gut aufeinander abgestimmt sind.[999] Insbesondere fehlen sachge-

---

[995] Zu diesem Fazit gelangen auch *F. Herzog*, in: Hadding/Hopt/Schimansky (Hrsg.), Basel II: Folgen für Kreditinstitute und ihre Kunden, Bankgeheimnis und Bekämpfung von Geldwäsche, S. 78; *ders./Christmann*, WM 2003, 12 ff.
[996] Vgl. zur Zentralstellenfunktion des Bundeskriminalamtes oben, S. 159 f.
[997] §§ 93 Abs. 7 und 8, 93b AO werden durch Artikel 2 (Änderung der Abgabenordnung) des Gesetzes zur Förderung der Steuerehrlichkeit vom 23. Dezember 2003, BGBl. I, S. 2928 (2931 f.), in die Abgabenordnung eingefügt. Gem. Artikel 4 Abs. 2 (Inkrafttreten) dieses Gesetzes, ebda, S. 2932, treten die Abrufbefugnisse für steuerliche Zwecke zum 01. April 2005 in Kraft. Vgl. zu dieser Thematik bereits die Anmerkungen in den Fn. 885 und 915.
[998] Vgl. BVerfGE 65, 1 (43).
[999] Es kommt beispielsweise im Hinblick auf die sowohl von § 24c KWG als auch von den Regelungen des Geldwäschegesetzes bezweckte Bekämpfung der Geldwäsche zu Wertungswidersprüchen, soweit § 24c Abs. 1 KWG dem Wortlaut nach nur „Kreditinstitute" i. S. v. § 1 Abs. 1 KWG erfaßt. Finanzdienstleistungsinstitute und Finanzunternehmen i. S. v. § 1 Abs. 1a, Abs. 3 KWG fallen

rechte Abstufungen der formellen wie auch der materiellen Rechtfertigungsanforderungen.[1000] Eine Orientierung an der Trennungslinie zwischen Polizei und Geheimdiensten findet nicht mehr statt.[1001] Im Gegenteil: Datenschutzrechtlich wie rechtsstaatlich erforderliche Sicherungsmechanismen wie der Einsatz unabhängiger Kontrollorgane oder der Einbau spürbarer Einschreitschwellen sind am ehesten in den neuen Regelungen zu Geheimdienstbefugnissen zu finden[1002], während im polizeirechtlichen Ermittlungsbereich wirksame Kontrollen der Datenerhebung und -weitergabe nicht vorgesehen sind[1003] und nennenswerte Einschreit- oder Übermittlungsschwellen fehlen[1004]. Damit wurden im Ergebnis die vom Bundesverfassungsgericht aufgestellten Anforderungen konterkariert.[1005] Daß daneben sowohl für die neuen Zugriffsrechte der Geheimdienste als auch für die Befugnisse des Bundeskriminalamtes eine zeitliche

---

demnach im Gegensatz zu § 2 Abs. 1 i. V. m. §. 1 Abs. 4 Satz 1 GwG nicht darunter. Das überrascht insoweit, als grundsätzlich auch Finanzdienstleistungsinstitute den Kontrollen der BaFin gem. § 44 Abs. 1 KWG unterfallen, der nach den Vorstellungen des Gesetzgebers den neuen § 24c KWG gerade ergänzen soll. Vgl. zu diesem Abstimmungsproblem eingehend *Escher*, BKR 2002, 659; *Kokemoor*, in: Beck/Samm (Hrsg.), Kreditwesengesetz, § 24c Rz. 14.
Letztlich wird man - entgegen *Escher* und *Kokemoor*, ebda - die „ungenaue" Formulierung als Redaktionsversehen werten müssen. Denn wie sich aus der Regierungsbegründung ergibt, sollten nach dem Willen des Gesetzgebers von § 24c KWG neben den Kreditinstituten auch die Finanzdienstleistungsinstitute erfaßt sein, vgl. die Begründung der Bundesregierung zu ihrem Gesetzentwurf vom 18.01.2002 (Viertes Finanzmarktförderungsgesetz), BT-Drucks. 14/8017, Besonderer Teil, zu Artikel 6 Nr. 23 (§ 24c KWG), S. 122.

[1000] *Scherp*, WM 2003, 1259, spricht von einer „unklaren Bekämpfungsstrategie".
[1001] *F. Herzog/Christmann*, WM 2003, 12; *Rublack*, DuD 2002, 203. Ähnlich *Garstka*, NJ 2002, 524; *Nolte*, DVBl. 2002, 574 mit Fn. 9.
[1002] So setzen die Befugnisse nach § 8 Abs. 5 BVerfSchG bzw. § 2 Abs. 1a BNDG beispielsweise die Erforderlichkeit des Kontoabrufs für die jeweilige Aufgabenerfüllung voraus. Diese Aufgabenbereiche sind gem. § 3 Abs. 1 Nr. 2 - 4 BVerfSchG, § 2 Abs. 1a Satz 1, § 1 Abs. 2 Satz 1 BNDG und § 5 Abs. 1 Satz 3 Nr. 1 - 4 und 6 G 10-Gesetz an qualifizierte und erhebliche Gefahrsituationen geknüpft. Darüber hinaus sehen die Befugnisnormen im geheimdienstlichen Bereich neben repressiven auch präventive Kontrollmechanismen wie z. B. die Einschaltung der nach § 1 Abs. 2 G 10-Gesetz vorgesehenen G 10-Kommission vor, vgl. § 8 Abs. 9 Sätze 4 und 6 BVerfSchG, § 2 Abs. 1a Satz 4 BNDG. Die Kontrolle der G 10-Kommission erstreckt sich i. S. v. § 15 Abs. 5 G 10 auf die gesamte Erhebung, Verarbeitung und Nutzung der personenbezogenen Daten, die gem. § 8 Abs. 5 BVerfSchG von den Kreditinstituten eingeholt werden dürfen, vgl. § 8 Abs. 9 Satz 7 BVerfSchG. Das entspricht den Vorgaben des Bundesverfassungsgerichts an eine umfassende Datenschutzkontrolle, vgl. BVerfGE 100, 313 (361 f., 401 f.).
[1003] Anfragen des Bundeskriminalamtes nach § 7 Abs. 2 BKAG unterliegen keiner neutralen Prüfung, etwa in Form eines Richtervorbehalts, obwohl die Ermittlungen auch auf Inhalts- und nicht nur auf Stammdaten von Bankkonten gerichtet sein können.
[1004] Laut § 7 Abs. 2 Satz 1 BKAG müssen lediglich Sachverhalte vorhanden sein, auf die die Ermittlungen des Bundeskriminalamtes gestützt werden; auf einen bestehenden Anfangsverdacht im strafprozessualen Sinne oder auf eine bestimmte Gefahrenkategorie kommt es jedoch nicht an. Das ergibt sich schon aus § 7 Abs. 2 Satz 3 BKAG, demzufolge es bei der Anhängigkeit eines strafprozessualen Ermittlungsverfahrens auf das Einvernehmen mit der zuständigen Strafverfolgungsbehörde ankommt. Umgekehrt bedarf es also keines Bezuges zu strafprozessualen Voraussetzungen der Ermittlung, wenn ein solches Verfahren nicht anhängig ist.
[1005] Zu den spezifischen Anforderungen an Einschreit- und Übermittlungsschwellen vgl. unten S. 225 ff.

Befristung bis einschließlich 10.01.2007[1006] vorgesehen ist, kann in diesem Zusammenhang nur wenig beruhigen. Denn die Wirksamkeit dieser formalen Schranke wird wesentlich davon abhängen, welche Kriterien für die Evaluierung herangezogen werden, der das BVerfSchG, das BNDG, das MADG und § 7 Abs. 2 BKAG unterzogen werden sollen.[1007] Eine routinemäßige Verlängerung über den 10.01.2007 hinaus bleibt zu befürchten.[1008]

§ 24c KWG kann mit seinen Regelungen folglich nicht in ein nachvollziehbares System aus datenschutzrechtlichen Sicherungsmechanismen eingeordnet werden. Inwieweit seine Ausgestaltung den Anforderungen an einen Schutz der informationellen Selbstbestimmung gerecht wird, muß gesondert festgestellt werden, nachdem die Intensität der in § 24c KWG vorgesehenen Eingriffe ermittelt worden ist.

2. Die Normzwecke des § 24c KWG vor dem Hintergrund des Gesetzgebungskontextes

Vor dem Hintergrund der eben beschriebenen Normzusammenhänge sind die gesetzgeberischen Ziele des § 24c KWG leicht auszumachen. Durch die Positionierung im Kreditwesengesetz erhalten die Normzwecke des § 24c KWG eine spezifisch bankaufsichtsrechtliche Färbung. Insgesamt erfolgt der automatisierte Abruf von Kontoinformationen nach § 24c KWG aber unter zwei verschiedenen Aspekten.[1009]

a) Abruf zu Zwecken der Institutsaufsicht

Das Gesetz selbst nennt als ersten Schutzzweck des automatisierten Datenabrufs die Erfüllung der aufsichtlichen Aufgaben der BaFin.[1010] Diese Aufgaben sind nicht abschließend im Kreditwesengesetz[1011] genannt, sondern finden sich darüber hinaus auch im Geldwäschegesetz, dessen Durchführung neben anderen Stellen die BaFin gem. § 16 Nr. 2, 3 GwG überwacht. Auch die Geldwäschebekämpfung und das damit in Verbindung stehende Erkennen terroristischer Finanztransaktionen zählen zu den Aufgaben der Institutsaufsicht, soweit durch die Geldwäsche die Institute mißbraucht werden.[1012] Darüber hinaus zielt § 24c KWG unter aufsichtsrechtlichen Gesichtspunkten

---

[1006] Art. 22 Abs. 2 TerrorBekG (Inkrafttreten), BGBl. 2002 I, S. 395.
[1007] Art. 22 Abs. 3 TerrorBekG (Inkrafttreten), BGBl. 2002 I, S. 395, schreibt vor, daß § 7 Abs. 2 BKAG vor Ablauf des 10.01.2007 zu evaluieren ist. Ob es bei dieser Evaluierung zur notwendigen Gesamtabwägung zwischen Sicherheit und Freiheit kommen wird, steht zu bezweifeln, vgl. *Denninger*, StV 2002, 101.
[1008] *T. Groß*, KJ 2002, 13. Kritisch gegenüber den praktischen Auswirkungen der Befristung auch *F. Herzog/Christmann*, WM 2003, 9 f.; *Rublack*, DuD 2002, 206.
[1009] Von den Schutzzwecken des § 24c KWG sind die steuerlichen Zwecke zu trennen, deretwegen ab 01.04.2005 auch das Bundesamt für Finanzen gem. §§ 93 Abs. 7, 8, 93b AO auf die Daten i. S. v. § 24c Abs. 1 KWG zugreifen kann. Vgl. dazu Fn. 885, 915.
[1010] Vgl. § 24c Abs. 2, Abs. 3 Satz 1 Nr. 1 KWG.
[1011] Dort in § 6 KWG.
[1012] Dieses Ziel ergibt sich gleichwohl auch aus dem Aufgabenkatalog des § 6 KWG. Nach § 6 Abs. 2 a. E. KWG hat die BaFin auch Mißständen entgegenzuwirken, die erhebliche Nachteile für die Gesamtwirtschaft herbeiführen können. Beispielhaft für solche Mißstände wird hier der Mißbrauch

insbesondere auf die Bekämpfung des illegalen Schattenbankenwesens und des unerlaubten Betreibens von Bank- und Finanzdienstleistungen, worauf § 24c Abs. 2 KWG explizit hinweist.[1013]

§ 24c KWG sieht an zwei Stellen einen Abruf zu institutsaufsichtlichen Zwecken vor. Nach Abs. 2 darf die BaFin ausschließlich zu solchen Zwecken einen Abruf initiieren.[1014] Darüber hinaus können gem. § 24c Abs. 3 Satz 1 Nr. 1 KWG weitere Aufsichtsbehörden i. S. v. § 9 Abs. 1 Satz 4 Nr. 2 KWG[1015] „zur Erfüllung ihrer aufsichtlichen Aufgaben" bei der BaFin um Auskunft nach § 24c KWG ersuchen.[1016]

b) Abruf zu Zwecken der Strafverfolgung und der Geldwäsche- und Terrorismusbekämpfung

Die Pflicht, Kontodateien für den automatisierten Abruf vorzuhalten, dient nicht nur institutsaufsichtlichen Zwecken. Im Kontext der Terrorismusbekämpfung ist § 24c KWG auch unter Aspekten der umfassenden Geldwäsche- und Terrorismusbekämpfung installiert worden.[1017] Erst im Laufe des Gesetzgebungsverfahrens wurde z. B. § 24c Abs. 3 Satz 1 Nr. 3 KWG im Finanzausschuß kreiert.[1018] Durch dieses Auskunftsrecht kann das Bundesministerium für Wirtschaft und Technologie mit seinen aus dem Außenwirtschaftsgesetz[1019] und den Rechtsakten der EG[1020] ergebenden Kompe-

---

von Instituten zur Geldwäsche genannt, vgl. *Fülbier*, in: Boos/Fischer/Schulte-Mattler (Hrsg.), Kreditwesengesetz, § 6 Rz. 54.

[1013] Teilweise wird die Verfolgung unerlaubter Bankgeschäfte nicht als Zweck akzeptiert, auf den sich die laufende Aufsicht über lizensierte Kreditinstitute nach dem KWG berufen könnte, vgl. *Höche*, Die Bank 2002, 201. Denkbar ist aber immerhin, daß ein bereits der laufenden Aufsicht unterliegendes Institut verbotene oder nicht von der Erlaubnis erfaßte Geschäfte betreibt. Zudem werden bei bereits lizensierten Banken oftmals sog. „Poolkonten" geführt, die für die Abwicklung eines Untergrundbankensystems entscheidend sein können, vgl. *Lindemann*, in: Boos/Fischer/Schulte-Mattler (Hrsg.), Kreditwesengesetz, § 44c Rz. 17; Begründung der Bundesregierung zu ihrem Gesetzentwurf vom 18.01.2002 (Viertes Finanzmarktförderungsgesetz), BT-Drucks. 14/8017, Besonderer Teil, zu Artikel 6 Nr. 23 (§ 24c KWG), S. 122 f. Daher ist es im Ergebnis trotz vereinzelter Kritik nicht zu beanstanden, wenn der Gesetzgeber auch das Aufspüren unerlaubter Bank- und Finanzdienstleistungsgeschäfte zu den Aufsichtszwecken rechnet.

[1014] Soweit die BaFin zur Erfüllung ihrer eigenen Aufsichtstätigkeit nach § 24c Abs. 2 KWG Daten abruft, besteht von der Zielsetzung und der Zuständigkeit her Deckungsgleichheit zu § 44 Abs. 1 KWG, der durch § 24c KWG flankiert werden soll.

[1015] Daß § 24c Abs. 3 Satz 1 Nr. 1 KWG von § 9 Abs. 1 *Satz 3* KWG spricht, ist ein Redaktionsversehen, *Kokemoor*, in: Beck/Samm (Hrsg.), Kreditwesengesetz, § 24c Rz. 34.

[1016] Zu diesen Behörden zählen die Deutsche Bundesbank mit ihren Aufgaben nach § 7 KWG sowie andere Personen und Einrichtungen, deren sich die BaFin bei der Durchführung ihrer Aufgaben bedienen kann, § 4 Abs. 3 FinDAG. Vgl. dazu die Kommentierung von *Schwirten*, in: Boos/Fischer/Schulte-Mattler (Hrsg.), Kreditwesengesetz, § 4 FinDAG Rz. 6.

[1017] *Schily*, WM 2003, 1252.

[1018] Beschlußempfehlung des Finanzausschusses zum Regierungsentwurf des Gesetzes zur weiteren Fortentwicklung des Finanzplatzes Deutschland (Viertes Finanzmarktförderungsgesetz) vom 20.03.2002, BT-Drucks. 14/8600, zu Art. 6 Nr. 23, S. 106.

[1019] Das Bundesministerium für Wirtschaft und Technologie ist nach § 2 Abs. 2 Satz 1 AWG zu Beschränkungsanordnungen im Außenwirtschaftsverkehr befugt.

[1020] Dabei hatte der Finanzausschuß insbesondere die Verordnung (EG) Nr. 2580/2001 des Rates vom 27.12.2001 (ABl. EG 2001, Nr. L 344, S. 70; geändert durch Verordnung [EG] Nr. 745/2003 der

tenzen gezielt Beschränkungen desjenigen Kapital- und Zahlungsverkehrs veranlassen, der der Finanzierung des Terrorismus dient. Bei diesen Maßnahmen geht es um den Schutz hoch angesiedelter Rechtsgüter i. S. v. § 7 Abs. 1 AWG[1021] bzw. um Befugnisse gegenüber Personen, die eine terroristische Handlung begehen, zu begehen versuchen oder sich an deren Begehung beteiligen[1022].

Neben § 24c Abs. 3 Satz 1 Nr. 3 KWG dient auch § 24c Abs. 3 Satz 1 Nr. 2 KWG Zwecken, die außerhalb der Institutsaufsicht liegen. Die Wortlautfassung des zweiten Halbsatzes geht über die geldwäsche- und terrorismusbekämpfungsorientierte Zielsetzung hinaus, wenn von der Auskunftsberechtigung zuständiger Behörden und Gerichte zur Verfolgung und Ahndung von Straftaten gesprochen wird.[1023] Die an die Nr. 2 anknüpfende Regelung des § 5 Abs. 3 Satz 4 GwG, dessen Funktion ausschließlich in der Ermöglichung von Auskünften zur Geldwäsche- und Terrorismusbekämpfung liegt[1024], zeigt, daß diese Ziele den eigentlichen Hintergrund für § 24c Abs. 3 Satz 1 Nr. 2 KWG bilden. Zu demselben Ergebnis führt die Exegese des ersten Halbsatzes von Nr. 2, der eine Erfüllung der deutschen Verpflichtungen aus § 1 des Zusatzprotokolls zum Rechtshilfeübereinkommen garantieren soll.

Als Ergebnis ist festzuhalten, daß der Gesetzgeber mit der Institutsaufsicht und der Strafverfolgung, insbesondere in Form der Geldwäsche- und Terrorismusbekämpfung, in § 24c KWG unterschiedliche Schutzzwecke verfolgt.

III. Ein- und Abgrenzung der zu untersuchenden Problematik

Im Zusammenhang mit § 24c KWG werden unterschiedliche Probleme diskutiert. In einem letzten Schritt vor der verfassungsrechtlichen Prüfung des § 24c KWG gilt es, den Untersuchungsgegenstand von Problemkreisen abzugrenzen, die mit der Frage der Vereinbarkeit staatlicher Eingriffe in das Recht auf informationelle Selbstbestimmung unmittelbar nichts zu tun haben.

Insbesondere sind Überlegungen zu möglicherweise verletzten Rechten der Banken selbst und zu den rechtlichen Auswirkungen der Tätigkeiten der Kreditinstitute gegenüber ihren Bankkunden abzuheben. Auch die Frage, ob § 24c KWG möglicherweise erst im Verbund mit den anderen Regelungen zur Kontrolle der Finanzströme einen „additiven" Eingriff darstellt, soll hier nicht weiter untersucht werden.

Kommission vom 28.04.2003, ABl. EG 2003, Nr. L 106, S. 22) im Blick, vgl. die Einzelbegründung des Finanzausschusses in seinem Bericht zu dem Gesetzentwurf des Vierten Finanzmarktförderungsgesetzes vom 21.03.2002, BT-Drucks. 14/8601, Einzelbegründung, zu Artikel 6 Nr. 23 (§ 24c KWG), S. 24.

[1021] Schutzgüter sind die Sicherheit der Bundesrepublik Deutschland, das friedliche Zusammenleben der Völker und die auswärtigen Beziehungen der Bundesrepublik Deutschland.

[1022] Gelder solcher Personen oder Vereinigungen können laut Art. 2 Abs. 1 und Abs. 3 der Verordnung (EG) Nr. 2580/2001, ABl. EG 2001, Nr. L 344, S. 70, z. B. eingefroren werden. Vgl. zu den Möglichkeiten laut dieser Verordnung die Kommentierung von *Kokemoor*, in: Beck/Samm (Hrsg.), Kreditwesengesetz, § 24c Rz. 47.

[1023] Laut *Kokemoor* ist der Wortlaut „zu weit geraten", vgl. *Kokemoor*, aaO, § 24c Rz. 37.

[1024] Vgl. insoweit die in § 5 Abs. 1 und 2 GwG genannten Ziele, auf die § 5 Abs. 3 Satz 4 GwG verweist.

1. Von § 24c KWG betroffene (Grund-)Rechte der Banken

Immer wieder werden im Zusammenhang mit § 24c KWG auch eventuelle Rechtsverletzungen der vom Staat in die Pflicht genommenen Banken diskutiert.[1025] Die Banken werden durch die Vorgaben des § 24c KWG in die Erfüllung öffentlicher Aufgaben (Geldwäsche- und Terrorismusbekämpfung) (mit) einbezogen.[1026] Mit der Erbringung dieser Dienste kommen die Kreditinstitute nicht nur ihren Aufgaben nach, zu denen es sicherlich auch gehört, die Legalität des eigenen Handelns im eigenen Interesse zu überwachen. Vielmehr geht die Mitwirkung bei der Geldwäsche- und Terrorismusbekämpfung über das geschäftsübliche, bankaufsichtsinterne Maß hinaus und dient damit (auch) der Erfüllung öffentlicher Aufgaben.[1027]

a) Rechtliche Einordnung der staatlichen Inpflichtnahme

Die rechtlichen Gestaltungsmöglichkeiten für eine Inpflichtnahme Privater zur Erfüllung öffentlicher Aufgaben sind vielfältig. Dementsprechend groß ist die Bandbreite der Vorschläge hinsichtlich der Funktion der Kreditinstitute im Rahmen des § 24c KWG: Sie werden in diesem Zusammenhang als Beliehene[1028], als private Verwaltungshelfer[1029] oder als „Indienstgenommene"[1030] eingestuft. Richtig ist es, wenn *Paul*

[1025] Aus der Perspektive der Banken argumentieren z. B. *Höche*, Die Bank 2002, 196 ff.; *Scherp*, WM 2003, 1254 ff. Auch hier werden Überlegungen zu einem „additiven" Eingriff in Grundrechte der Banken angestellt, wenn z. B. verschiedene Gesetze vorschreiben, daß mehrere öffentliche Aufgaben zu gleicher Zeit durch denselben Personenkreis - hier die Kreditwirtschaft - unentgeltlich zu erfüllen sind, vgl. *Lücke*, DVBl. 2001, 1474 f.

[1026] Zu weit geht es deshalb, wenn *Findeisen* die Tätigkeit der Kreditinstitute bei der Geldwäscheverhinderung *ausschließlich* im eigenen Interesse als „verantwortungsbewußte Risikomanager" sieht, vgl. *Findeisen*, WM 1998, 2419; *ders.*, in: Hadding/Hopt/Schimansky (Hrsg.), Basel II: Folgen für Kreditinstitute und ihre Kunden, Bankgeheimnis und Bekämpfung von Geldwäsche, S. 117 f.; *Scherp*, WM 2003, 1258.
Gegen die extreme Position von *Findeisen*, ebda, wenden sich daher zu Recht *F. Herzog*, WM 1999, 1619, und *P. Kirchhof*, in: Hadding/Hopt/Schimansky (Hrsg.), Basel II: Folgen für Kreditinstitute und ihre Kunden, Bankgeheimnis und Bekämpfung von Geldwäsche, S. 92.

[1027] *P. Kirchhof*, aaO.

[1028] In diese Richtung denkt - jedenfalls bezogen auf § 25a Abs. 1 Nr. 4 KWG - *F. Herzog*, in: Hadding/Hopt/Schimansky (Hrsg.), Basel II: Folgen für Kreditinstitute und ihre Kunden, Bankgeheimnis und Bekämpfung von Geldwäsche, S. 77. Ähnlich *Dahm*, WM 1996, 1285 ff. Mit § 24c KWG werden den Kreditinstituten jedoch keine staatlichen Kompetenzen zur selbständigen hoheitlichen Wahrnehmung von Verwaltungsaufgaben übertragen. Zum Begriff des Beliehenen *Maurer*, Allgemeines Verwaltungsrecht, § 23 Rz. 56.

[1029] So *P. Kirchhof*, in: Hadding/Hopt/Schimansky (Hrsg.), Basel II: Folgen für Kreditinstitute und ihre Kunden, Bankgeheimnis und Bekämpfung von Geldwäsche, S. 90 ff. Vgl. zum Begriff und zur Funktion des Verwaltungshelfers auch *Kopp/Ramsauer*, Verwaltungsverfahrensgesetz, § 1 Rz. 59.

[1030] Eine „Indienstnahme Privater" sieht *Lücke* zwar nicht explizit in den Pflichten des § 24c KWG, aber doch in den vielfältigen gesetzlichen Pflichten der Kreditinstitute im Zusammenhang mit der Geldwäschebekämpfung, vgl. *Lücke*, DVBl. 2001, 1474 f. mit zahlreichen Beispielen für entsprechende Bankenpflichten im Fn. 39. Vgl. zum Begriff der „Indienstnahme Privater" grundlegend *H. P. Ipsen*, AöR Bd. 90 (1965), S. 417 ff. Aus neuerer Zeit *Burgi*, Funktionale Privatisierung und Verwaltungshilfe, S. 82 f., 251 ff.; *Stober*, Allgemeines Wirtschaftsverwaltungsrecht, § 40 II; *Wolff/Bachof/Stober*, Verwaltungsrecht, Bd. 1, § 42 Rz. 11. Nach der Rechtsprechung des Bun-

Kirchhof von privater Verwaltungshilfe spricht[1031], auch wenn die Banken im Hinblick auf die in § 24c KWG geregelten Aufgaben nicht *ausschließlich* im Interesse des Staates tätig werden. Denn die Institute nehmen im Rahmen des § 24c KWG bloße organisatorische und technische Hilfstätigkeiten wahr, zu denen sie kraft Gesetz und verwaltungsinterner Vorgaben[1032] detailliert angewiesen werden.[1033] Sie werden somit als Werkzeug in die Erledigung hoheitlicher Aufgaben eingeschaltet.[1034] Bei einer solchen Inanspruchnahme muß der Gesetzgeber bei der Ausgestaltung seiner Normen freilich im Hinblick auf die Rechtspositionen der Banken einige entscheidende Voraussetzungen erfüllen.[1035]

b) Betroffene Grundrechte der Banken

Von der staatlichen Einbindung in die Verwaltungstätigkeit sind insbesondere auch Grundrechtspositionen der Kreditinstitute betroffen. Am heftigsten ist in diesem Zusammenhang die Regelung des § 24c Abs. 5 KWG umstritten, wonach die Kreditinstitute in ihrem Verantwortungsbereich auf eigene Kosten alle Vorkehrungen zu treffen haben.[1036] Darüber hinaus treffen die Banken die Kosten der BaFin, die dieser beim

---

desverfassungsgerichts ist eine Indienstnahme nur zulässig, wenn zwischen den in die Pflicht genommenen Privaten und der übertragenen öffentlichen Aufgabe eine gewisse „Verantwortungsbeziehung" besteht, vgl. BVerfGE 95, 173 (187) - Pflicht zur Warnung vor Schäden des Tabakkonsums. Anders als bei Beleihung und Verwaltungshilfe üben Indienstgenommene keine Hoheitsfunktion aus, vgl. *Fülbier*, in: Fülbier/Aepfelbach, Geldwäschegesetz, § 11 Rz. 106; *Stober*, ebda.

[1031] Vgl. *P. Kirchhof*, in: Hadding/Hopt/Schimansky (Hrsg.), Basel II: Folgen für Kreditinstitute und ihre Kunden, Bankgeheimnis und Bekämpfung von Geldwäsche, S. 90 ff.

[1032] Zur technischen Umsetzung des Datenabrufsystems ist beispielsweise die Schnittstellenspezifikation BaFin - Kreditinstitute (Version 1.5), S. 11 f., die dem Rundschreiben 17/2002 der BaFin vom 26.09.2002, GZ Z12-O1918-30/02, beigefügt ist, zu beachten. Mittlerweile liegt ein neuer Entwurf der Schnittstellenspezifikation vor, vgl. „Schnittstellenspezifikation BaFin - Kreditinstitute" (Version 2.1.6), die einem Schreiben der BaFin vom 21.07.2004, Gz. IT3 - O 1918 - 0054/04, beigefügt ist.

[1033] Durch die aufwendige elektronische Aufbereitung und Bereitstellung der Kontodateien zum Abruf treffen die Kreditinstitute Aufzeichnungs- und Aufbewahrungspflichten organisatorisch-technischer Art.

[1034] Deswegen scheidet hier die Figur der „Indienstnahme Privater" aus. Sie kommt allenfalls bei der Pflicht der Kreditinstitute zur Zahlung der Überwachungskosten nach § 16 FinDAG (§ 51 KWG a. F.) in Betracht, da die Institute insoweit keine Hoheitsfunktion ausüben, vgl. *Stober*, Allgemeines Wirtschaftsverwaltungsrecht, § 40 II. Zu wenig differenzierend geht *Lücke*, DVBl. 2001, 1475 Fn. 39, vor, wenn er auch die Pflichten aus dem Geldwäschegesetz pauschal im Zusammenhang mit der Indienstnahme nennt. Eine „Inpflichtnahme" der Banken wird hingegen im Rahmen des § 11 GwG (Geldwäscheverdachtsanzeige) bejaht, vgl. *Fülbier*, in: Fülbier/Aepfelbach, Geldwäschegesetz, § 11 Rz. 106.

[1035] *P. Kirchhof*, in: Hadding/Hopt/Schimansky (Hrsg.), Basel II: Folgen für Kreditinstitute und ihre Kunden, Bankgeheimnis und Bekämpfung von Geldwäsche, S. 90 ff., nennt insgesamt vier Voraussetzungen: 1. Einen klar und maßvoll definierten Auftrag, 2. Die Geeignetheit des Beauftragten nach der Qualifikation seines Personals und nach den technischen Vorkehrungen, 3. Vereinbarkeit der Verwaltungshilfe mit dem Bankgeschäft und der Vertrauenspartnerschaft zum Bankkunden, 4. Niedrige Kosten und fachgerechte Bemessung derselben.

[1036] *Kokemoor*, BKR 2004, 144 f.; *Scherp*, aaO, 1258 f. *Stein*, in: Boos/Fischer/Schulte-Mattler (Hrsg.), Kreditwesengesetz, § 24c Rz. 13. Vgl. zur Parallelproblematik bei § 90 Abs. 6 TKG a. F.

Vollzug des § 24c KWG entstehen und die gem. § 16 FinDAG auf die Institute nach einem bestimmten Verteilungsschlüssel umgelegt werden.[1037] Die Banken erfüllen damit die ihnen nach § 24c KWG auferlegten Pflichten unentgeltlich.[1038] Schließlich kann man auch an eine Verletzung von Elementen des informationellen Selbstbestimmungsrechts der Kreditinstitute selbst denken.[1039]

Ob der Gesetzgeber die Grenzen der Inanspruchnahme Privater beachtet oder durch diese staatlichen Verpflichtungen tatsächlich Grundrechte der Banken wie z. B. Art. 12 Abs. 1 GG, Art. 14 Abs. 1 GG oder Art. 3 Abs. 1 GG verletzt hat, soll in dieser Arbeit jedoch nicht untersucht werden.[1040]

(jetzt § 112 Abs. 5 TKG n. F.) die Kommentierungen von *Ehmer*, in: Büchner/Ehmer u. a. (Hrsg.), Telekommunikationsgesetz, § 90 Rz. 36 ff., § 88 Rz. 41 ff., insbes. Rz. 44 ff., 63 f., 65 f.; *Löwnau-Iqbal*, in: Scheurle/Mayen (Hrsg.), Telekommunikationsgesetz, § 88 Rz. 14, § 90 Rz. 24.

[1037] Die Kreditinstitute tragen daher nach neuer Rechtslage im Ergebnis 100 % der Kostenlast des automatisierten Abrufverfahrens, obwohl es bei den Ermittlungsbefugnissen der BaFin nicht ausschließlich um Schutzzwecke der Institutsaufsicht, sondern in verstärktem Maße auch um Zwecke der Strafverfolgung und der Terrorismusbekämpfung geht, vgl. dazu oben S. 171 f. Vorschläge des Bundesrates im Gesetzgebungsverfahren, die auf eine Entschärfung der „Kostenlawine" für die Banken zielten, indem sie die Kosten der BaFin von der Umlage nach § 16 FinDAG (§ 51 KWG a. F.) ausnehmen wollten, konnten sich im Ergebnis gegen die Widerstände der Bundesregierung nicht durchsetzen, vgl. die Stellungnahme des Bundesrates zum Gesetzentwurf der Bundesregierung vom 18.01.2002 (Viertes Finanzmarktförderungsgesetz), BT-Drucks. 14/8017, Anlage 2, Nr. 60 (zu Artikel 6 Nr. 23, § 24c Abs. 8 - neu - KWG), S. 170, sowie die Gegenäußerung der Bundesregierung zu der Stellungnahme des Bundesrates zum Gesetzentwurf der Bundesregierung vom 18.01.2002 (Viertes Finanzmarktförderungsgesetz), BT-Drucks. 14/8017, Anlage 3, zu Nr. 60 (Artikel 6, § 24c Abs. 8 - neu - KWG), S. 183 f. Insgesamt zur rechtlichen Problematik der Umlage nach § 16 FinDAG vgl. *Lindemann*, in: Boos/Fischer/Schulte-Mattler (Hrsg.), Kreditwesengesetz, § 16 FinDAG Rz. 50 ff.

[1038] Die verfassungsrechtliche Problematik der unentgeltlichen Indienstnahme Privater für die Erfüllung (auch) öffentlicher Aufgaben wurde schon früh von *H. P. Ipsen*, AöR Bd. 90 (1965), S. 421 ff., behandelt. Vgl. dazu aus neuerer Zeit auch *P. Kirchhof*, in: Hadding/Hopt/Schimansky (Hrsg.), Basel II: Folgen für Kreditinstitute und ihre Kunden, Bankgeheimnis und Bekämpfung von Geldwäsche, S. 94; *Lücke*, DVBl. 2001, 1474 f.

[1039] Nach der hier vertretenen Auffassung kommt insoweit allerdings nur ein spezialgesetzlicher Schutz außerhalb der Art. 2 Abs. 1 GG i. V. m. Art. 1 Abs. 1 GG in Frage, vgl. dazu die Überlegungen in Teil 2, S. 94 ff.

[1040] Ausführlich zu den möglicherweise verletzten Grundrechten der Banken in Fällen der Kostentragungspflicht staatlich verordneter Abrufsysteme *Ehmer*, in: Büchner/Ehmer u. a. (Hrsg.), Telekommunikationsgesetz, § 88 Rz. 41 ff., insbes. Rz. 44 ff., 63 f., 65 f. Spezielle Überlegungen zum grundrechtlichen Schutz des Bankgeheimnisses privatrechtlicher wie auch öffentlich-rechtlicher Kreditinstitute stellt darüber hinaus *Huhmann*, Die verfassungsrechtliche Dimension des Bankgeheimnisses, S. 384 ff., 415 f., an. Dessen Ausführungen beziehen sich explizit auch auf Fragen der Durchbrechung des Bankgeheimnisses der Banken auf Grund der im Kreditwesengesetz vorgesehenen Auskunftsrechte der BaFin, vgl. *Huhmann*, ebda, S. 410 ff., 416.

2. Zulässigkeit der Auslagerung der nach § 24c Abs. 1 KWG vorzuhaltenden Kontodateien

Eng verbunden mit den organisatorischen und pekuniären Pflichten der Kreditinstitute ist die Problematik der Auslagerung[1041] der nach § 24c Abs. 1 KWG vorzuhaltenden Kundendateien auf bankexterne Drittunternehmen.[1042] Unter organisatorischen und unter Kostengesichtspunkten ist es für die Banken oftmals rentabler, die Verwaltung der automatisierten Datensätze an externe, hoch spezialisierte Dienstleister, meist „Nichtinstitute", zu delegieren.[1043] Ein solches „Outsourcing" von Bankenpflichten wirft sowohl bankaufsichtsrechtlich als auch datenschutzrechtlich Probleme auf.[1044] Datenschutzrechtlich ist die Zulässigkeit einer solchen Auslagerung nach § 11 BDSG zu beurteilen.[1045] Eine danach mögliche „Auftragsdatenverarbeitung" ist von einer an den allgemeinen Vorschriften einer Datenübermittlung[1046] zu messenden „Funktionsübertragung" zu unterscheiden.[1047] Im Hinblick auf die möglicherweise betroffenen Rechte und das in diesem Kontext mitbetroffene Bankgeheimnis der Bankkunden ist aber selbst die Zulässigkeit einer Auftragsdatenverarbeitung nach § 11 BDSG fraglich.[1048]

[1041] Unter „Auslagerung" von Geschäftsbereichen ist ein Auftragsverhältnis eines Kredit- oder Finanzdienstleistungsinstituts mit einem anderen Unternehmen zu verstehen, im Rahmen dessen das andere Unternehmen auf Dauer oder zumindest für längere Zeit Geschäftstätigkeiten oder Funktionen (Dienstleistungen) des Instituts wahrnimmt.

[1042] Allgemein zu den Problemen der Auslagerung von Bankbereichen *Braun*, in: Boos/Fischer/Schulte-Mattler (Hrsg.), Kreditwesengesetz, § 25a Rz. 550 ff., insbes. Rz. 635 ff. (Sicherheit und Datenschutz); *Escher*, BKR 2002, 660; *Hoeren*, DuD 2002, 736 ff.; *Köndgen*, NJW 2004, 1290 m. w. N. in Fn. 31; *Steding/Meyer*, BB 2001, 1693 ff.; *v. Westphalen*, WM 1999, 1810 ff.; *Zerwas/Hanten/Bühr*, ZBB 2002, 17 ff. Vgl. dazu auch das Rundschreiben 11/2001 des Bundesaufsichtsamts für das Kreditwesen (heute: BaFin) zur „Auslagerung von Bereichen auf ein anderes Unternehmen gemäß § 25a Abs. 2 KWG" vom 06. Dezember 2001, I3-272 A-2/89, abgedruckt in ZBB 2002, 66 ff.

[1043] Das „Outsourcing" von Bankdienstleistungen ist nicht erst seit Einführung der §§ 24c, 25a KWG ein viel diskutiertes Phänomen, vgl. *Escher*, aaO; *Steding/Meyer*, aaO, 1693.

[1044] Hinsichtlich der bankaufsichtsrechtlichen Problematik hat § 25a Abs. 2 KWG immerhin Klarheit über die prinzipielle Zulässigkeit der Auslagerung „wesentlicher Bereiche" geschaffen, vgl. *Braun*, in: Boos/Fischer/Schulte-Mattler (Hrsg.), Kreditwesengesetz, § 25a Rz. 551.

[1045] Zur Auftragsdatenverarbeitung nach § 11 BDSG vgl. allgemein *Dolderer/v. Garrel/Müthlein/Schlumberger*, RDV 2001, 223 ff.; *Evers/Kiene*, DuD 2003, 341 ff.; *dies.*, NJW 2003, 2726 ff.; *Gola/Schomerus*, Bundesdatenschutzgesetz, § 11; *Niedermeier/Schröcker*, RDV 2001, 90 ff.; *Walz*, in: Simitis (Hrsg.), Bundesdatenschutzgesetz, § 11.

[1046] Zu den grds. Anforderungen an Datenübermittlungen vgl. §§ 15, 16, 28, 29 BDSG.

[1047] Datenschutzrechtlich besteht der Unterschied zwischen diesen beiden Formen der Auslagerung hauptsächlich darin, daß bei der Auftragsdatenverarbeitung der Auftragnehmer nicht als „Dritter" i. S. v. §§ 3 Abs. 4 Nr. 3, Abs. 8 Satz 2 BDSG zu qualifizieren ist, also keine Datenübermittlung im Sinne der Datenschutzvorschriften in Rede steht. Zu der im übrigen schwierigen Abgrenzung vgl. *E. Ehmann*, in: Abel (Hrsg.), Bundesdatenschutzgesetz, § 11, S. 172 f.; *Gola/Schomerus*, Bundesdatenschutzgesetz, § 11 Rz. 6 ff.; *Niedermeier/Schröcker*, RDV 2001, 92 ff.; *Steding/Meyer*, BB 2001, 1697 ff.; *Walz*, in: Simitis (Hrsg.), Bundesdatenschutzgesetz, § 11 Rz. 18 ff.; *v. Westphalen*, WM 1999, 1815 f.

[1048] Der im BDSG geregelte Datenschutz verdrängt das Bankgeheimnis nicht. Als gesetzlich nicht näher geregeltes Berufsgeheimnis bleibt das Bankgeheimnis vielmehr neben den allgemeinen Datenschutzgesetzen anwendbar, auch wenn sich deren Anwendungsbereiche überschneiden, vgl. § 1

Mit den angesprochenen Problemen der externen Verwaltung von Bankkundendaten ist unmittelbar nur das Verhältnis des Bankkunden zu seinem Kreditinstitut und nicht das Verhältnis Bankkunde - Staat berührt. Eine unmittelbare Verpflichtung zur Auslagerung der Kundendateien von seiten des Staates besteht für die Banken nicht.[1049] Auch setzt der Gesetzgeber mit den Vorgaben des § 24c KWG keine faktischen Bedingungen der Art, daß die Auslagerung der Kontodateien eine zwingende Folge staatlichen Handelns und damit ein mittelbarer Grundrechtseingriff ist.[1050]

Da es bei diesem Problemkreis also nicht unmittelbar um die Zulässigkeit staatlicher Eingriffe in das Recht auf informationelle Selbstbestimmung der Bankkunden geht, werden Überlegungen dazu im Rahmen der vorliegenden Untersuchung nicht weiter verfolgt.

3. Keine Untersuchung der auf § 24c KWG gestützten Einzelmaßnahmen der Kreditinstitute und der Verwaltung

Die vorliegende Untersuchung konzentriert sich auf die Frage der Verfassungsmäßigkeit des § 24c KWG. Auf die darüber hinausgehende Verfassungsmäßigkeit konkreter Einzelmaßnahmen von Kreditinstituten und Behörden, die auf § 24c KWG gestützt werden, kommt es nicht an.[1051] Insbesondere die Frage, nach welchen Maßstäben die Datenverarbeitungsmaßnahmen der Kreditinstitute - verfassungsrechtlich[1052] und datenschutzrechtlich[1053] - zu beurteilen sind, wird aus dieser Untersuchung ausgeblendet.

Abs. 3 Satz 2 BDSG. Ob das Bankgeheimnis die Übertragung personenbezogener Daten im Rahmen des „Outsourcing" neben den datenschutzrechtlichen Bestimmungen zuläßt, ist umstritten, vgl. *Zerwas/Hanten/Bühr*, ZBB 2002, 28. Einen Verstoß gegen das Bankgeheimnis nehmen dabei *Fisahn*, CR 1995, 636, und *Steding/Meyer*, BB 2001, 1700 f., an.

[1049] § 24c KWG verlangt nicht, daß die Kontodateien von den Instituten selbst vorgehalten werden müssen. Eine Auslagerung an externe Dienstleister ist somit möglich, aber nicht verbindlich vorgeschrieben, vgl. *Kokemoor*, in: Beck/Samm (Hrsg.), Kreditwesengesetz, § 24c Rz. 23 m. w. N.

[1050] Dem Staat ist die Auslagerung der Datenverwaltung somit nicht mehr zurechenbar; vgl. zur Problematik des mittelbaren Grundrechtseingriffs und des Kriteriums der Zurechenbarkeit *Bleckmann/Eckhoff*, DVBl. 1988, 377 f.

[1051] Wenn es auf die Verfassungsmäßigkeit einer auf § 24c KWG beruhenden Maßnahme der vollziehenden oder rechtsprechenden Gewalt ankäme, müßte freilich - inzident - auch die Verfassungsmäßigkeit des Gesetzes untersucht werden, vgl. dazu das anschauliche Prüfungsschema bei *Pieroth/Schlink*, Staatsrecht II Grundrechte, Rz. 345 ff.

[1052] Vgl. dazu oben die Überlegungen zum mittelbaren Grundrechtseingriff, S. 168 ff.

[1053] Das Bundesdatenschutzgesetz unterscheidet mit der Gegenüberstellung von öffentlichen (§§ 12 ff. BDSG) und nicht-öffentlichen Stellen (§§ 27 ff. BDSG) zwischen zwei sachlichen Teilanwendungsbereichen, was im Detail zu differenzierenden Regelungen führt. Welche konkreten Anforderungen an die verschiedenen Datenverarbeitungsphasen zu stellen sind, hängt nach datenschutzrechtlichem Verständnis also primär davon ab, ob die Banken im Rahmen des § 24c KWG als öffentliche oder als nicht-öffentliche Stellen tätig werden. Entscheidendes Differenzierungskriterium ist, ob durch die Banken hoheitliche Aufgaben der öffentlichen Verwaltung erfüllt werden. Dann gelten auch für die an sich als nicht öffentliche Stellen zu qualifizierenden privaten Kreditinstitute die datenschutzrechtlichen Vorgaben für öffentliche Stellen, vgl. § 2 Abs. 4 Satz 2 BDSG.

4. Abgrenzung zu ausschließlichen Eingriffen in Art. 19 Abs. 4 GG

Der nachfolgenden verfassungsrechtlichen Analyse dient allein Art. 2 Abs. 1 GG i. V. m. Art. 1 Abs. 1 GG als Prüfungsmaßstab. Verfassungsrechtliche Fragen, die ausschließlich das Grundrecht des Art. 19 Abs. 4 GG betreffen, werden nicht behandelt; auf die Frage der gerichtlichen Durchsetzbarkeit etwaiger Auskunftsansprüche wird nicht eingegangen.[1054] Angesprochen wird hingegen die Problematik der Beschränkung der Benachrichtigung bei heimlichen Datenverarbeitungsmaßnahmen.[1055] Den Anspruch auf Mitteilung der Datenverarbeitung ordnet das Bundesverfassungsgericht nämlich nicht ausschließlich Art. 19 Abs. 4 GG, sondern auch dem jeweiligen Spezialfreiheitsrecht zu.[1056] Die Grundrechte sind in diesen Fällen im Verbund betroffen. Auch das informationelle Selbstbestimmungsrecht rückt damit ins Blickfeld.

5. Die Geldwäsche- und Terrorismusbekämpfung als „additiver" Eingriff

Auch der interessanten Überlegung, ob nicht gerade durch die Summe der zur Geldwäsche- und Terrorismusbekämpfung geschaffenen Normen in das Recht auf informationelle Selbstbestimmung der Bankkunden eingegriffen wird (additiver Grundrechtseingriff), soll nicht weiter nachgegangen werden.[1057] Die nachfolgende verfassungsrechtliche Prüfung widmet sich ausschließlich § 24c KWG als Prüfungsgegenstand.

[1054] Vgl. BVerfGE 101, 106 (121 f.).

[1055] Das Bundesverfassungsgericht sieht in der Eingrenzung der Mitteilungspflicht einen eigenständigen Eingriff, vgl. BVerfGE 109, 279 (363 f.). Hier soll die Problematik der eingeschränkten Benachrichtigung im Rahmen der Schranken-Schranken behandelt werden (verfahrensrechtliche und organisatorische Pflichten des Gesetzgebers zur Sicherung des Rechts auf informationelle Selbstbestimmung), vgl. dazu Teil 2, S. 149 ff.

[1056] Zu Art. 10 GG vgl. BVerfGE 100, 313 (365, 398 f.), zu Art. 13 Abs. 1 GG vgl. BVerfGE 109, 279 (363 f.).

[1057] Dazu umfassend *Lücke*, DVBl. 2001, 1469 ff.

B. Die Vereinbarkeit des staatlichen Datenabrufs nach § 24c KWG mit dem Recht der Bankkunden auf informationelle Selbstbestimmung

Zu klären bleibt, ob § 24c KWG das Recht der Bankkunden auf informationelle Selbstbestimmung gem. Art. 2 Abs. 1 GG i. V. m. Art. 1 Abs. 1 GG verletzt, soweit er die Einrichtung des automatisierten Abrufverfahrens anordnet und unmittelbar für staatliche Stellen Zugriffsrechte auf Kontoinformationen ermöglicht. Für eine derartige Verletzung des Art. 2 Abs. 1 GG i. V. m. Art. 1 Abs. 1 GG müßte § 24c KWG in den Schutzbereich dieses Rechts eingreifen; dieser Eingriff dürfte verfassungsrechtlich nicht gerechtfertigt sein.

Das informationelle Selbstbestimmungsrecht kommt freilich als Prüfungsmaßstab nur in Frage, wenn kein spezielleres Grundrecht die durch § 24c KWG betroffenen Daten und das darauf bezogene Verfügungsrecht schützt.

I. Anwendbarkeit des informationellen Selbstbestimmungsrechts aus Art. 2 Abs. 1 GG i. V. m. Art. 1 Abs. 1 GG

Das weite Schutzbereichsverständnis des informationellen Selbstbestimmungsrechts aus Art. 2 Abs. 1 GG i. V. m. Art. 1 Abs. 1 GG führt dazu, daß Teilaspekte dieses „Rechts auf Datenschutz"[1058] bereits durch andere Freiheitsgrundrechte geschützt werden. Gegenüber solchen speziellen Gewährleistungen tritt das informationelle Selbstbestimmungsrecht als subsidiäres Auffanggrundrecht zurück.[1059]

Was das Verfügungsrecht über die durch § 24c KWG betroffenen Kontoinformationen betrifft, kommen spezielle Freiheitsgewährleistungen jedoch grundsätzlich nicht in Frage. Denken könnte man allenfalls an die speziellen Schutzwirkungen der Art. 12 Abs. 1 und 14 Abs. 1 GG, soweit die Kontoinformationen im Kontext freier beruflicher Entfaltung stehen. Geht es mit dem Schutz der Kontoinformationen schwerpunktmäßig zugleich um den Schutz von Betriebs- oder Geschäftsgeheimnissen, können partiell Art. 12 Abs. 1 und 14 Abs. 1 GG vorrangig sein.[1060]

Da sich § 24c KWG aber auf alle Kontoarten und damit auch auf private Konten bezieht, die nicht ausschließlich beruflichen Geschäftszwecken dienen, bleibt genügend Raum für die Anwendbarkeit des informationellen Selbstbestimmungsrechts aus Art. 2 Abs. 1 GG i. V. m. Art. 1 Abs. 1 GG.

[1058] So bezeichnet der Zweite Senat des Bundesverfassungsgerichts bisweilen das Grundrecht auf informationelle Selbstbestimmung, vgl. BVerfG NJW 1995, 2839 (2840).

[1059] Vgl. zum Verhältnis des informationellen Selbstbestimmungsrechts zu Spezialfreiheitsrechten die Ausführungen in Teil 2 der Arbeit auf S. 96 ff.

[1060] Zur Spezialität der Art. 12 Abs. 1, 14 Abs. 1 GG gegenüber dem Recht auf informationelle Selbstbestimmung aus Art 2 Abs. 1 GG i. V. m. Art. 1 Abs. 1 GG vgl. die Ausführungen in Teil 2 der Arbeit auf S. 98.

II. Eröffnung des Schutzbereichs

Zunächst müßte der Schutzbereich des Rechts auf informationelle Selbstbestimmung durch die Regelungen des § 24c KWG eröffnet sein. D. h., das vom informationellen Selbstbestimmungsrecht geschützte Verhalten müßte in den Lebensbereich fallen, den § 24c KWG regelt.[1061] Das ist sowohl in sachlicher als auch in persönlicher Hinsicht erforderlich.

1. Sachlicher Schutzbereich

Der sachliche Schutzbereich des informationellen Selbstbestimmungsrechts ist eröffnet, wenn die Befugnis des einzelnen Bankkunden, grundsätzlich selbst über Preisgabe und Verwendung seiner persönlichen Daten zu bestimmen, unter die Bestimmungen des § 24c KWG fällt. Mithin müßten der Schutz personenbezogener Daten und/oder die Entscheidungsfreiheit darüber in Rede stehen.[1062]

a) Personenbezogene Daten als Schutzgut

Schutzgut des Rechts auf informationelle Selbstbestimmung sind allein personenbezogene Daten.[1063] Mit den nach § 24c Abs. 1 Satz 1 Nr. 1 und 2 KWG in die Auskunftsdatei einzuspeisenden Daten müßten „Einzelangaben über persönliche oder sachliche Verhältnisse einer bestimmten oder bestimmbaren natürlichen Person" i. S. d. § 3 Abs. 1 BDSG Gegenstand des automatisierten Abrufverfahrens sein.

aa) Einzelangaben

Den Tatbestand des personenbezogenen Datums erfüllen nur Einzelangaben, d. h. Aussagen über die Verhältnisse einer einzelnen Person. Davon abzugrenzen sind Sammelangaben über Personengruppen oder sog. aggregierte Daten; bei ihnen kann nicht ohne weiteres eine Angabe aus der Datenhäufung auf eine einzelne Person projiziert werden.[1064]

Zwar werden in den Kundendatenbanken gem. § 24c Abs. 1 Satz 1 KWG die Datensätze mehrerer Konten und der dazugehörigen Informationen zusammengefaßt, um einen einheitlichen und gezielten Datenzugriff zu gewährleisten.[1065] Innerhalb dieser

---

[1061] Der Schutzbereich des Grundrechts ist daher der grundrechtlich geschützte Lebensbereich, also der Bereich, den die Grundrechtsnorm aus der Lebenswirklichkeit als Schutzgegenstand herausschneidet, vgl. *Pieroth/Schlink*, Grundrechte Staatsrecht II, Rz. 197. *K. Hesse* spricht insoweit vom „Normbereich" des Grundrechts, vgl. *K. Hesse*, Grundzüge des Verfassungsrechts der Bundesrepublik Deutschland, Rz. 46.

[1062] Zum geschützten Verhalten des informationellen Selbstbestimmungsrechts vgl. die Ausführungen in Teil 2 auf S. 93 f.

[1063] Zum Schutzgut des informationellen Selbstbestimmungsrechts vgl. die Ergebnisse in Teil 2, S. 83 ff., 101 ff.

[1064] *Dammann*, in: Simitis (Hrsg.), Bundesdatenschutzgesetz, § 3 Rz. 16; *Gola/Schomerus*, Bundesdatenschutzgesetz, § 3 Rz. 3.

[1065] Die Kundendatenbanken der einzelnen verpflichteten Institute enthalten Dateien zu jeweils allen für § 24c KWG relevanten Kontoinformationen des betreffenden Instituts.

Datensammlung bleiben jedoch die Datensätze der verschiedenen Konten getrennt, so daß die Informationen nach wie vor eine Aussage über die Kontoverhältnisse jedes einzelnen Bankkunden zulassen.[1066] Eine datenschutzrechtlich irrelevante Datenaggregation steht nicht in Rede, handelt es sich doch bei den in das Abrufsystem aufzunehmenden Werten um Einzelangaben.

bb) Persönliche oder sachliche Verhältnisse

Die Informationen nach § 24c Abs. 1 Satz 1 KWG müßten darüber hinaus persönliche oder sachliche Verhältnisse der betroffenen Bankkunden beschreiben, also Daten, die Aussagen über den Betroffenen selbst oder über einen auf ihn beziehbaren Sachverhalt treffen[1067]

aaa) Konto- oder Depotnummer

Konto- und Depotnummer sowie der Tag ihrer Errichtung und Auflösung gem. § 24c Abs. 1 Satz 1 Nr. 1 KWG beschreiben einen auf den Konto- oder Depotinhaber beziehbaren Sachverhalt. Bei diesen Informationen handelt es sich um Angaben über sachliche Verhältnisse des jeweils Betroffenen.

bbb) Name, Geburtstag, Anschrift

Die nach § 24c Abs. 1 Satz 1 Nr. 2 KWG vorzuhaltenden Angaben beinhalten bei natürlichen Personen den Geburtstag, den Namen und zum Teil die Anschrift.[1068] Alle drei Informationen beschreiben den Betroffenen selbst und tragen insbesondere zu dessen Identifizierung bei. Es geht damit um Angaben über persönliche Verhältnisse der Betroffenen.[1069]

Insgesamt handelt es sich bei allen in das Abrufsystem einzustellenden Informationen um Angaben über persönliche oder sachliche Verhältnisse im oben genannten Sinn.

[1066] Innerhalb der Kundendatenbanken müssen die verpflichteten Kreditinstitute separate Kontodatensätze für den selektiven Abruf durch die BaFin vorhalten. D. h., Gegenstand des Auskunftsersuchens nach § 24c KWG ist stets ein Datensatz, der sämtliche Daten für ein bestimmtes Konto zu einem bestimmten Zeitpunkt beinhaltet. Zu Begriff und Inhalt dieser Kontodatensätze vgl. die „Schnittstellenspezifikation BaFin - Kreditinstitute" (Version 1.5), S. 9, 34 ff., die dem Rundschreiben 17/2002 der BaFin vom 26.09.2002, Gz. Z12-O1918-30/02, beigefügt ist.
[1067] *Gola/Schomerus*, Bundesdatenschutzgesetz, § 3 Rz. 4.
[1068] Die Anschrift wird nur bei den abweichend wirtschaftlich Berechtigten i. S. v. § 8 Abs. 1 GwG gefordert, vgl. § 24c Abs. 1 Satz 1 Nr. 2 KWG, 3. Var.
[1069] *Dammann*, in: Simitis (Hrsg.), Bundesdatenschutzgesetz, § 3 Rz. 10; *E. Ehmann*, in: Abel (Hrsg.), Bundesdatenschutzgesetz, § 3, S. 32; *Gola/Schomerus*, Bundesdatenschutzgesetz, § 3 Rz. 5.

ccc) Schutzwürdigkeit dieser Daten

Eine Kategorisierung der genannten Angaben derart, daß ihnen die Schutzwürdigkeit auf Grund vermeintlicher Trivialität oder Belanglosigkeit abginge[1070], ist mit dem präventiven Schutzzweck des informationellen Selbstbestimmungsrechts nicht vereinbar.[1071] Die genannten Angaben genießen unabhängig von ihrer konkreten persönlichkeitsrechtlichen Relevanz den Schutz des Rechts auf informationelle Selbstbestimmung.

cc) Personenbezogenheit der Informationen

Die relevanten Daten müßten schließlich personenbezogen i. S. d. § 3 Abs. 1 BDSG sein, d. h. Bezug zu einer bestimmten oder bestimmbaren Person aufweisen. Auf eine bestimmte Person beziehen sich die genannten Daten, wenn sich aus den Angaben ergibt, daß sie nur mit dieser Person in Verbindung stehen.[1072] Sinn und Zweck des Datenabrufs nach § 24c KWG ist es, nicht nur einzelne Daten zu einem Konto, sondern den kompletten Kontodatensatz für ein bestimmtes Konto zu ermitteln. Dieser enthält alle von den verpflichteten Banken und Kreditinstituten vorzuhaltenden Daten für ein Konto zu einem bestimmten Zeitpunkt. Mit dem Abruf eines Kontodatensatzes werden also stets neben der Kontonummer und den Daten der Errichtung und evtl. der Auflösung des betreffenden Kontos die Identifikationsdaten zu Kontoinhaber, Verfügungsberechtigten und abweichend wirtschaftlich Berechtigten i. S. v. § 8 Abs. 1 GwG übermittelt.[1073] Die Kontodaten sind mit dem Namen des Kontoinhabers auf dem sog. Kontostammblatt[1074] verbunden, so daß sich aus Inhalt und Zusammenhang des jeweiligen Kontodatensatzes der Personenbezug unmittelbar herstellen läßt. Die nach § 24c KWG vorzuhaltenden Daten weisen einen Bezug zu einer bestimmten Person auf; sie sind mithin personenbezogene Daten i. S. v. § 3 Abs. 1 BDSG. Das Schutzgut des informationellen Selbstbestimmungsrechts ist damit betroffen.

[1070] Zum Teil wird angeführt, Daten wie Name und Adresse seien belanglos für den Persönlichkeitsschutz und daher schon nicht Teil des Schutzbereichs des informationellen Selbstbestimmungsrechts, vgl. *Vogelgesang*, Grundrecht auf informationelle Selbstbestimmung?, S. 148 f.
[1071] Vielmehr gibt es unter den Bedingungen der hier in Rede stehenden automatisierten Datenverarbeitung keine „belanglosen Daten" mehr, vgl. dazu oben Teil 2, S. 86 f.
[1072] *Dammann*, aaO, § 3 Rz. 20.
[1073] Vgl. zum Kontodatensatz als Gegenstand des Abrufs nach § 24c KWG die „Schnittstellenspezifikation BaFin - Kreditinstitute" (Version 1.5), S. 9, 34 ff., die dem Rundschreiben 17/2002 der BaFin vom 26.09.2002, Gz. Z12-O1918-30/02, beigefügt ist.
[1074] Jeder Kontodatensatz enthält sog. Kontostammdatensätze oder ein sog. Kontostammblatt, auf dem die Daten zu Kontoinhaber, Verfügungsberechtigtem und abweichend wirtschaftlich Berechtigtem zusammengefaßt sind. Vgl. dazu die „Schnittstellenspezifikation BaFin - Kreditinstitute" (Version 1.5), S. 34, die dem Rundschreiben 17/2002 der BaFin vom 26.09.2002, Gz. Z12-O1918-30/02, beigefügt ist.
Den Begriff Kontostammblatt verwendet auch *Kokemoor*, in: Beck/Samm (Hrsg.), Kreditwesengesetz, § 24c Rz. 17.

b) Selbstbestimmung über die Kontoinformationen als geschütztes Verhalten

Der freie und selbstbestimmte Umgang mit den von § 24c KWG betroffenen Daten ist durch das Recht auf informationelle Selbstbestimmung geschützt.[1075] Diese Entscheidungsfreiheit wird von den Regelungen des § 24c KWG eingeschränkt; dies insbesondere vor dem Hintergrund der Heimlichkeit des Datenabrufs.[1076] Neben dem Moment der Entscheidungsfreiheit spielt freilich auch die Abwehrkomponente des informationellen Selbstbestimmungsrechts eine Rolle: Die durch die Zugriffsrechte betroffenen Kontoinhaber sollen durch das informationelle Selbstbestimmungsrecht gegen eine staatlicherseits veranlaßte, unbegrenzte Erhebung, Speicherung, Verwendung und Weitergabe ihrer Bank- und Identifikationsdaten geschützt werden.[1077]

c) Zwischenergebnis

Mit der Einrichtung eines automatisierten Abrufverfahrens hinsichtlich der in § 24c Abs. 1 Satz 1 KWG enumerierten Angaben regelt der Gesetzgeber einen Bereich, der unter den inhaltlichen Schutz des informationellen Selbstbestimmungsrechts fällt.[1078] Der sachliche Schutzbereich ist eröffnet.[1079]

2. Persönlicher Schutzbereich

In persönlicher Hinsicht sind von den durch § 24c Abs. 1 Satz 1 KWG erfaßten Daten sowohl natürliche als auch juristische Personen betroffen.[1080]

a) Ausschluß juristischer Personen

Auch wenn die Daten juristischer Personen von § 24c KWG betroffen sind, genießen diese Rechtsträger den durch Art. 2 Abs. 1 GG i. V. m. Art. 1 Abs. 1 GG vermittelten Schutz informationeller Selbstbestimmung nicht. Ein derartiges Recht juristischer Personen des Privatrechts ist wegen Art. 19 Abs. 3 GG weder möglich noch geboten. Juristische Personen fallen nicht unter den Schutzbereich des informationellen Selbstbe-

---

[1075] Vgl. zu dem vom informationellen Selbstbestimmungsrecht geschützten Verhalten die Ausführungen in Teil 2 auf S. 93 f.
[1076] Vgl. § 24c Abs. 1 Satz 6 KWG.
[1077] Zur abwehrrechtlichen Dimension des Rechts auf informationelle Selbstbestimmung neben dem Aspekt der grundsätzlichen Entscheidungsfreiheit vgl. oben Teil 2, S 93.
[1078] Daß das Abrufverfahren das Recht auf informationelle Selbstbestimmung tangiert, berücksichtigt die Bundesregierung in ihrer Gesetzesbegründung, vgl. Begründung der Bundesregierung zu ihrem Gesetzentwurf vom 18.01.2002 (Viertes Finanzmarktförderungsgesetz), BT-Drucks. 14/8017, Besonderer Teil, zu Artikel 6 Nr. 23 (§ 24c KWG), S. 123.
[1079] In diese Richtung geht auch eine Entscheidung des VG Trier, das ebenfalls Informationen über private Kontoverbindungen dem Schutzbereich des informationellen Selbstbestimmungsrechts unterstellt hat, vgl. VG Trier NJW 2002, 3268 (3269).
[1080] § 24c KWG kommt es auf die Erfassung aller Konten und Depots in zentralen Dateien an, nicht darauf, wer Inhaber eines Kontos ist. Daß auch juristische Personen als Konto- bzw. Depotinhaber in Betracht kommen, ergibt sich aus einem Umkehrschluß zu § 24c Abs. 1 Satz 1 Nr. 2 KWG, wonach der Geburtstag nur bei natürlichen Personen zu speichern ist.

stimmungsrechts in seiner generellen Ausprägung gem. Art. 2 Abs. 1 GG i. V. m. Art. 1 Abs. 1 GG.[1081]

b) Differenzierung bei natürlichen Personen - Begrenzung auf Konto- oder Depotinhaber

Soweit § 24c KWG Datensätze natürlicher Personen betrifft, fallen deren nach dieser Vorschrift vorzuhaltenden Konto- und Depotinformationen unter den persönlichen Schutzbereich des Rechts auf informationelle Selbstbestimmung. Hinsichtlich der Personengruppen, die vom automatisierten Abrufverfahren betroffen sind, gilt es jedoch in bezug auf das hier abgesteckte Untersuchungsziel zu differenzieren. Neben den Identifikationsdaten der jeweiligen Konto- bzw. Depotinhaber (Name und Geburtstag) sind auch die Identifikationsdaten der Verfügungsberechtigten (Name und Geburtstag) und die Identifikationsdaten der abweichend wirtschaftlich Berechtigten i. S. v. § 8 Abs. 1 GwG (Name und Anschrift) betroffen.[1082] Für alle drei genannten Kontoberechtigten ist der persönliche Schutzbereich des Rechts auf informationelle Selbstbestimmung eröffnet.

Die Untersuchung der Verfassungsmäßigkeit des § 24c KWG soll sich jedoch ausschließlich auf die möglicherweise verletzten Rechte der Bankkunden i. S. d. Konto- bzw. Depotinhaber beschränken. Die Problematik der potentiellen Grundrechtsverletzung von sonstigen Verfügungsberechtigten und abweichend wirtschaftlich Berechtigten wird im Rahmen dieser Arbeit ausgeblendet.[1083]

c) Zwischenergebnis

Für die hier interessierende Gruppe der Konto- oder Depotinhaber ist der persönliche Schutzbereich des informationellen Selbstbestimmungsrechts eröffnet, soweit es sich bei den Betroffenen um natürliche Personen handelt.

3. Ergebnis

Insgesamt ist der Schutzbereich des Rechts auf informationelle Selbstbestimmung hinsichtlich der in § 24c Abs. 1 Satz 1 KWG aufgeführten Daten natürlicher Personen eröffnet. Die Analyse beschränkt sich dabei allein auf die Rechtspositionen der Konto- bzw. Depotinhaber i. S. v. § 24c Abs. 1 Satz 1 Nr. 2 KWG, 1. Var.

III. Eingriff

Fraglich ist, ob § 24c KWG durch die Anordnung der Einrichtung eines automatisierten Abrufverfahrens sowie durch die Einräumung staatlicher Zugriffsbefugnisse auf

---

[1081] Zur Anwendbarkeit des informationellen Selbstbestimmungsrechts aus Art. 2 Abs. 1 i. V. m. Art. 1 Abs. 1 GG auf juristische Personen des Privatrechts vgl. ausführlich in Teil 2, S. 94 ff.
[1082] Vgl. § 24c Abs. 1 Satz 1 Nr. 2 KWG.
[1083] Zur Abgrenzung der vorliegenden Untersuchung von anderen Fragestellungen bezüglich § 24c KWG vgl. bereits oben, S. 175 ff.

Kontoinformationen Eingriffe in den Schutzbereich des Rechts auf informationelle Selbstbestimmung ermöglicht.

1. Die Regelungen des § 24c KWG als Informationseingriffe

Unter einem Informationseingriff ist jedes staatliche Handeln zu verstehen, das dem einzelnen die Ausübung des informationellen Selbstbestimmungsrechts ganz oder teilweise unmöglich macht, es sei denn, der Betroffene hat in die jeweilige Datenverwendung eingewilligt. Damit stellt jede sich am Grundrechtsträger vorbei vollziehende, nicht durch seine Entscheidung abgedeckte Verwendung der sich auf seine Person beziehenden Daten einen Eingriff dar.[1084] Die Regelungen des § 24c KWG ermöglichen gleich in mehrfacher Hinsicht Eingriffe in das informationelle Selbstbestimmungsrecht der Konto- und Depotinhaber.

a) Die Einrichtung des automatisierten Abrufverfahrens, § 24c Abs. 1 KWG

Eingriffscharakter besitzt bereits die gesetzliche Anordnung der Erfassung der relevanten Daten in einem automatisierten Abrufsystem nach § 24c Abs. 1 KWG. Durch die Einrichtung einer solchen Online-Verbindung wird für die an das Computersystem angeschlossene BaFin die Möglichkeit eröffnet, jederzeit auf die bei den speichernden Stellen vorhandenen Kontoinformationen zuzugreifen.[1085] Durch die Implementierung des Abrufverfahrens werden die Angaben über die betroffenen Konto- und Depotinhaber sowohl der BaFin als auch den anderen mittelbaren Bedarfsträgern bereits verfügbar gemacht.[1086] Durch die Schaffung elektronischer Übermittlungswege wird zugleich die Basis für den nachfolgenden konkreten Abruf und eine weitere Datenübermittlung bereitet.[1087] Schon in dem Einstellen der personenbezogenen Daten in das automatisierte System liegt also eine Datenverwendung, die die Ausübung des Selbstbestimmungsrechts der betroffenen Bankkunden jedenfalls teilweise unmöglich macht. Sie stellt daher einen Eingriff dar, der einer Rechtfertigung bedarf.

b) Der Datenabruf nach § 24c Abs. 2 KWG

Ein Informationseingriff liegt auch in dem konkreten Datenabruf durch die BaFin vor, den § 24c Abs. 2 KWG zur Erfüllung von Aufgaben des Bankaufsichtsrechts ermöglicht.[1088] Mit Hilfe des Abrufs kann sich die BaFin als Bedarfsträger endgültig Kenntnis über einzelne Datensätze aus den Datenbanken der Kreditinstitute verschaffen,

---

[1084] Vgl. zum Verständnis des Informationseingriffs Teil 2 dieser Arbeit, dort S. 106 ff.
[1085] Zur Möglichkeit des jederzeitigen Abrufs vgl. § 24c Abs. 1 Satz 5 KWG.
[1086] *Gola/Schomerus* ist deshalb Recht zu geben, wenn sie feststellen, daß der Dritte - hier die BaFin - bereits mit der Einrichtung des automatisierten Abrufverfahrens die Verfügungsgewalt über die Daten der Betroffenen erhält, vgl. *Gola/Schomerus*, Bundesdatenschutzgesetz, § 10 Rz. 4.
[1087] Deswegen wird der Einrichtung des Abrufverfahrens aus der Perspektive des betroffenen Grundrechtsträgers eine entscheidende grundrechtliche Relevanz beigemessen, vgl. *E. Ehmann*, in: Simitis (Hrsg.), Bundesdatenschutzgesetz, § 10 Rz. 4.
[1088] Zu den unterschiedlichen Zielrichtungen des § 24c KWG vgl. bereits oben, S. 173 ff.

wenn sie mit bestimmten „Anhaltsdaten" eine Abfrage einleitet.[1089] Durch den Abruf verlassen die entsprechenden Informationen den Herrschaftsbereich der Kreditinstitute und gelangen in Gestalt der Datenverarbeitungssysteme der BaFin in den Herrschaftsbereich der abrufenden Stelle. Der Abruf ermöglicht also neben dem den Bankkunden betreuenden Kreditinstitut einem Dritten die Kenntnisnahme der gespeicherten Informationen.[1090] Auch darin liegt eine Verwendung der personenbezogenen Daten des § 24c Abs. 1 Satz 1 KWG, die grundsätzlich nicht von der Einwilligung der betroffenen Grundrechtsträger abgedeckt ist und daher Eingriffscharakter besitzt. Die durch den Abruf erfolgende Beeinträchtigung des Rechts auf informationelle Selbstbestimmung bedarf insoweit ebenfalls einer entsprechenden Eingriffsrechtfertigung.

c) Abruf und Übermittlung der abgerufenen Daten in den Fällen des Auskunftsersuchens

Die Zahl der dritten Personen, die Einsicht in die nach § 24c Abs. 1 Satz 1 KWG vorgehaltenen Daten nehmen können, wird durch die Regelung des § 24c Abs. 3 Sätze 1 und 2 KWG zusätzlich erweitert. Dort ermöglicht das Gesetz einen Datenabruf durch die BaFin zum Zweck der Datenübermittlung an die in § 24c Abs. 3 Satz 1 Nr. 1 - 3 KWG genannten Behörden. Bei dieser Datenübermittlung handelt es sich um einen weiteren Informationseingriff, weil sich durch die Übermittlung der Kreis derer erweitert, die Kenntnis von den personenbezogenen Daten der Konto- und Depotinhaber i. S. v. § 24c Abs. 1 Satz 1 KWG erlangen und davon Gebrauch machen können.[1091] Der Abruf der Kontoinformationen erfolgt hier auch zur Erfüllung aufsichtsfremder Zwecke (v. a. Geldwäsche- und Terrorismusbekämpfung). Es handelt sich um eine weitere

---

[1089] Mit „Anhaltsdaten" ist ein Minimum an Informationen gemeint, die für eine Datensuche nach § 24c Abs. 2 KWG erforderlich sind. Hintergrund ist die datenschutzrechtliche Notwendigkeit eines hohen Übereinstimmungsgrades von abgefragten und - nach der Suche - ausgegebenen Kontodatensätzen. Die BaFin selbst verlangt als „Anhaltsdaten" für ihre und die von den mittelbaren Bedarfsträgern veranlaßten Recherchen mindestens eine Kontonummer oder einen Namen, vgl. „Schnittstellenspezifikation BaFin - Kreditinstitute" (Version 1.5), S. 15 (Punkt 2.5.2 Abfragelogik), die dem Rundschreiben 17/2002 der BaFin vom 26.09.2002, Gz. Z12-01918-30/02, beigefügt ist.

[1090] Erst mit dem einzelnen Abruf beschafft sich die BaFin endgültig die bis dato bei den Kreditinstituten vorgehaltenen Kontoangaben. Auch wenn also die BaFin bereits mit der Einrichtung des automatisierten Abrufverfahrens grundsätzlich Verfügungsgewalt über die Daten erhalten hat, kann sie erst mit Hilfe des Abrufs und unter Erfüllung der an den jeweiligen Abruf geknüpften Voraussetzungen eine konkrete Verfügungsmöglichkeit über die einzelnen Kontoinformationen begründen. Die tatsächliche Möglichkeit der Kenntnisnahme der Daten besteht erst nach einem erfolgreichen Abruf. Der Grad der Beeinträchtigung des informationellen Selbstbestimmungsrechts steigt somit erkennbar mit der Durchführung eines Datenabrufs nach § 24c Abs. 2 KWG an. In Anbetracht dessen ist aus der Perspektive des betroffenen Grundrechtsträgers nicht nur die Einrichtung der Abfragemöglichkeiten, sondern darüber hinaus gerade auch der konkrete Abruf entscheidend. Vgl. zur Perspektive der betroffenen Grundrechtsträger E. Ehmann, in: Simitis (Hrsg.), Bundesdatenschutzgesetz, § 10 Rz. 4, der jedoch an dieser Stelle der Kommentierung allein auf die erhebliche Beeinträchtigung der Grundrechtspositionen durch die Einrichtung des Abrufverfahrens als solches hinweist.

[1091] Zur Eingriffsqualität des Vorgangs der Datenübermittlung vgl. exemplarisch BVerfGE 100, 313 (367).

Datenverarbeitung, die das Recht des Dateninhabers, grundsätzlich selbst über die Verwendung seiner Daten zu verfügen, unmöglich macht. Auch die Datenweitergabe, die § 24c Abs. 3 KWG zuläßt, stellt deshalb einen Eingriff dar, der wegen des gegenüber Abs. 2 verschiedenen Verwendungszusammenhangs einer gesonderten Eingriffsrechtfertigung bedarf.

d) Unerheblichkeit der Eingriffsintensität

Daß mit den genannten gesetzlichen Regelungen grundsätzlich nur die Kontostammdaten und nicht auch die Kontoinhaltsdaten eingesehen werden können[1092], spielt für die Qualifizierung der gesetzlichen Maßnahmen als Eingriffe keine Rolle.[1093] Die Eingriffsintensität ist erst bei der Festlegung der konkreten Anforderungen an die Eingriffsrechtfertigung ausschlaggebend.[1094]

e) Fehlen einer eingriffsausschließenden Einwilligung[1095]

§ 24c KWG sieht für die genannten Maßnahmen keine Einwilligung der betroffenen Grundrechtsträger in die jeweilige Datenverwendung vor. Auf Grund der Heimlichkeit des Abrufs und der sich daran anschließenden Maßnahmen geht das Gesetz vielmehr ersichtlich davon aus, daß die Einrichtung des automatisierten Verfahrens sowie die vorgesehenen Abrufe und Übermittlungen wenn nicht gegen den Willen, so doch auf jeden Fall ohne das Wissen und damit ohne eine konkrete Zustimmung der Betroffenen erfolgen werden.

Auch der Umstand, daß die Konto- und Depotinhaber die Daten, die gem. § 24c Abs. 1 KWG in das Abrufverfahren einbezogen werden, dem jeweiligen Kreditinstitut im Rahmen des Bankvertrages freiwillig preisgegeben haben, kann keine eingriffsausschließende Wirkung haben. Die Offenbarung der personenbezogenen Daten erfolgt im Rahmen der Bankbeziehung unter strenger Zweckbezogenheit, d. h. nur zum Zweck der Kontoeröffnung, der Kreditgewährung etc.[1096] Eine Preisgabe über die bankvertraglichen Zwecke hinaus für die mit § 24c KWG verfolgten Ziele der Bankaufsicht oder der Geldwäschebekämpfung kann schon mangels des Eigeninteresses der Bankkunden nicht angenommen werden.

Insgesamt fehlt es im Rahmen des § 24c KWG an einer eingriffsausschließenden Einwilligung der betroffenen Grundrechtsträger hinsichtlich der genannten Informationseingriffe.[1097] Das hat zur Folge, daß die von § 24c KWG angeordnete Einrichtung des automatisierten Abrufverfahrens, die vorgesehenen Abrufe und die möglichen Über-

---

[1092] Vgl. zu dieser unterschiedlichen Datenklassifizierung oben Teil 2, S. 84 ff. sowie Teil 3, S. 137.
[1093] Von einem „Eingriff" in das informationelle Selbstbestimmungsrecht gehen daher sogar die Autoren aus, die wegen der Begrenzung des Zugriffsrechts auf die Kontostammdaten eine „schwerwiegende" Beeinträchtigung des Grundrechts ablehnen, vgl. *Kokemoor*, in: Beck/Samm (Hrsg.), Kreditwesengesetz, § 24c Rz. 43; *Müller*, DuD 2002, 602 f.
[1094] Vgl. dazu die Begründung in Teil 2, S. 88 f.
[1095] Dazu Teil 2, S. 103.
[1096] *Huhmann*, Die verfassungsrechtliche Dimension des Bankgeheimnisses, S. 125.
[1097] Zur eingriffsausschließenden Wirkung der Einwilligung vgl. Teil 2, S. 112.

mittlungen der Daten an dritte Stellen einer Eingriffsrechtfertigung bedürfen, um verfassungsmäßig zu sein.

IV. Verfassungsrechtliche Rechtfertigung der durch § 24c KWG ermöglichten Informationseingriffe

Zu einer Verletzung der Konto- und Depotinhaber in ihrem Recht auf informationelle Selbstbestimmung führen die Regelungen des § 24c KWG nur dann nicht, wenn die Informationseingriffe verfassungsrechtlich gerechtfertigt sind. Gerechtfertigt sind Eingriffe immer dann, wenn sich der Gesetzgeber der von der Verfassung für das jeweilige Grundrecht vorgesehenen Schranken bedient und dabei die Beschränkungen beachtet, die für den konkreten Schrankengebrauch gelten (Schranken-Schranken).

1. § 24c KWG als Schranke des Rechts auf informationelle Selbstbestimmung

Die Regelungen des § 24c KWG, die Informationseingriffe ermöglichen, müßten unter den Schrankenbegriff des Art. 2 Abs. 1 GG i. V. m. Art. 1 Abs. 1 GG fallen. Das ist der Fall, wenn die Anordnungen in § 24c Abs. 1, Abs. 2, Abs. 3 Sätze 1 und 2 KWG dem Schutz der Rechte anderer dienen oder Teil der verfassungsmäßigen Ordnung i. S. v. Art. 2 Abs. 1 GG sind. Da es bei den Schutzzwecken des § 24c KWG - Bankaufsicht, Terrorismus- und Geldwäschebekämpfung sowie Strafverfolgung im weiteren Sinn - nicht unmittelbar um den Schutz subjektiver (Grund-)Rechtspositionen anderer (Grund-) Rechtsträger geht, scheidet die Schranke der Rechte anderer aus.[1098] § 24c KWG könnte aber Teil des selbständigen Schrankenelements der „verfassungsmäßigen Ordnung" sein.

Unter verfassungsmäßiger Ordnung ist die gesamte formell und materiell mit der Verfassung in Einklang stehende Rechtsordnung zu verstehen. Diesem weiten Schrankenverständnis liegt das Konzept eines einfachen Gesetzesvorbehalts zu Grunde. Danach bedarf jeder Informationseingriff zu seiner Rechtfertigung eines formellen Gesetzes.[1099] Bei § 24c KWG handelt es sich um ein formelles Parlamentsgesetz. Als solches kommt es als Schranke des informationellen Selbstbestimmungsrechts in Betracht.

2. Die Verfassungsmäßigkeit des § 24c KWG

Den Anforderungen des Begriffs der verfassungsmäßigen Ordnung wird § 24c KWG darüber hinaus nur gerecht, wenn es sich dabei um eine formell und materiell verfassungsmäßige Norm handelt. Nur wenn die Schranken-Schranken von seiten des Gesetzgebers eingehalten wurden, lassen sich die Informationseingriffe des § 24c KWG verfassungsrechtlich rechtfertigen.

[1098] Zum Verständnis der Schranke der „Rechte anderer" neben der Schranke der verfassungsmäßigen Ordnung vgl. die Ausführungen in Teil 2, S. 115 f.
[1099] Zur weiten Auslegung der „verfassungsmäßigen Ordnung" vgl. Teil 2, S. 115 f., 129 ff.

a) Formelle Verfassungsmäßigkeit des § 24c KWG

Die Regelungen des § 24c KWG sind formell verfassungsgemäß, wenn der Bundesgesetzgeber zu deren Erlaß kompetent war und das Gesetzgebungsverfahren nach Art. 76 ff. GG ordnungsgemäß durchlaufen worden ist.

aa) Gesetzgebungskompetenz des Bundesgesetzgebers

Der Bund ist für die Regelungen des § 24c KWG nur zuständig, soweit ihm das Grundgesetz dafür ausdrücklich Gesetzgebungsbefugnisse verleiht oder sich seine Zuständigkeit aus ungeschriebenen Bundeskompetenzen ergibt.[1100] Grundsätzlich, d. h. soweit die Bundesverfassung für den Bund keine Kompetenzen vorsieht, haben die Bundesländer das Gesetzgebungsrecht, Art. 30, 70 Abs. 1 GG.

aaa) Ausschließliche Gesetzgebungskompetenz des Bundes

Eine ausschließliche Kompetenz zum Erlaß des § 24c KWG könnte sich aus den Vorschriften der Art. 71, 73 GG ergeben. Dann müßte der von § 24c KWG geregelte Sachbereich unter einen der in Art. 73 GG enumerierten Kompetenztitel fallen.[1101]

(1) Art. 73 Nr. 5 GG, Waren- und Zahlungsverkehr mit dem Auslande

Soweit § 24c Abs. 3 Satz 1 Nr. 3 KWG gezielten Beschränkungen des (internationalen) Kapital- und Zahlungsverkehrs dienen soll, ist der Titel aus Art. 73 Nr. 5 GG betroffen. Schon dem Wortlaut nach wird der vom Außenwirtschaftsgesetz geregelte Waren- und Kapitalverkehr von der Materie des Art. 73 Nr. 5 GG erfaßt.[1102] Dies gilt auch für die darauf bezogenen Beschränkungen nach § 7 Abs. 1 AWG, deren gezielter Durchführung § 24c Abs. 3 Satz 1 Nr. 3 KWG dienen soll. Daß allein die Nr. 3 des § 24c Abs. 3 Satz 1 KWG im Kontext des Außenwirtschaftsgesetzes und damit im Kontext des Art. 73 Nr. 5 GG gesehen werden kann, steht einer Zuordnung jedenfalls dieses Regelungsteils zu diesem Kompetenztitel grundsätzlich nicht entgegen. Einzelne Vorschriften eines Gesetzes können durchaus unterschiedlichen Kompetenzmaterien zuzuordnen sein.[1103] Andererseits dürfen einzelne Vorschriften eines Gesetzes, noch dazu wie hier einzelne Absätze und Sätze eines Paragraphen, nicht isoliert betrachtet werden. Vielmehr ist auf den Kontext zu achten, in dem die Einzelbestimmung steht.[1104] Hier könnte die Regelung der Nr. 3 des § 24c Abs. 3 Satz 1 KWG derart eng mit den restlichen Vorschriften des § 24c KWG verzahnt sein, daß insgesamt der

---

[1100] Art. 70 Abs. 1 a. E. GG: „soweit dieses Grundgesetz nicht dem Bunde Gesetzgebungsbefugnisse verleiht".
[1101] Über den Katalog des Art. 73 GG sieht das Grundgesetz auch noch an anderen Stellen ausdrücklich ausschließliche Befugnisse des Bundesgesetzgebers vor, vgl. z. B. Art. 21 Abs. 3, 38 Abs. 3 GG. Solche außerhalb des Katalogs des Art. 73 GG vorgesehenen Bundesgesetzgebungskompetenzen kommen hier aber von vornherein nicht in Betracht.
[1102] BVerfG NJW 2004, 2213 (2214).
[1103] *Degenhart*, Staatsrecht I, Rz. 127.
[1104] BVerfGE 98, 265 (299).

Schwerpunkt der Materie auf einem anderen Sachbereich, sei es auf einem Titel der Länder, sei es auf einer anderen Bundeskompetenz liegt.

(2) Art. 73 Nr. 10 a. E. GG, internationale Verbrechensbekämpfung

Wirft man einen Blick auf die Gesetzesbegründung und auf Teile des § 24c KWG, dann könnte Art. 73 Nr. 10 GG der einschlägige Kompetenztitel sein. Denn die den § 24c KWG insgesamt prägenden Normzwecke der Geldwäsche- und Terrorismusbekämpfung[1105] sind wesentlicher Bestandteil der internationalen Verbrechensbekämpfung.[1106] Ausweislich der Gesetzesmaterialien handelt es sich aber bei der Geldwäsche- und Verbrechensbekämpfung nicht um den einzigen Normzweck des § 24c KWG. Vielmehr dient das Gesetz - laut Aussage der Regierungsbegründung sogar primär - auch Zwecken der Bankaufsicht.[1107] Ob Art. 73 Nr. 10 a. E. GG der richtige Kompetenztitel für die Regelungen des § 24c KWG ist, hängt also zunächst davon ab, welchem Normzweck die Regelung primär dient.[1108]

bbb) Konkurrierende Gesetzgebungskompetenz des Bundes

Die bankaufsichtlich motivierte Regelung des § 24c KWG könnte demnach auf einer konkurrierenden Kompetenz des Bundes beruhen, Art. 72, 74, 74a GG. Dann müßte der von § 24c KWG geregelte Sachbereich schwerpunktmäßig unter einen der in Art. 74 Abs. 1, 74a GG enumerierten Kompetenztitel fallen und eine Regelung der Materie durch den Bund erforderlich sein i. S. d. Art. 72 Abs. 2 GG.

(1) Art. 74 Abs. 1 Nr. 1 GG, das gerichtliche Verfahren

Soweit § 24c Abs. 3 Satz 1 Nr. 2 KWG der Verfolgung und Ahndung von Straftaten dient, könnte Art. 74 Abs. 1 Nr. 1 GG als Kompetenztitel in Frage kommen.[1109] Da § 24c KWG insgesamt aber im Kreditwesengesetz verankert ist, ist fraglich, ob der primäre Normzweck auf der Unterstützung der Strafverfolgung liegt.

[1105] Vgl. zu den einzelnen Normzwecken des § 24c KWG oben, S. 173 ff.
[1106] Z. B. im Rahmen der Zusammenarbeit über ein europäisches Polizeirecht (Europol), vgl. *Sannwald*, in: Schmidt-Bleibtreu/F. Klein (Hrsg.), Kommentar zum Grundgesetz, Art. 73 Rz. 137; *Umbach*, in: Umbach/Clemens (Hrsg.), Grundgesetz, Bd. II, Art. 73 Rz. 80.
[1107] Gegenäußerung der Bundesregierung zur Stellungnahme des Bundesrates zum Gesetzentwurf der Bundesregierung vom 18.01.2002 (Viertes Finanzmarktförderungsgesetz), BT-Drucks. 14/8017, Anlage 3, zu Nr. 53 (Artikel 6, § 24c KWG), S. 183 f.
[1108] *Degenhart*, Staatsrecht I, Rz. 130.
[1109] Die Regelung der StPO, in der die wesentlichen Befugnisse der Strafverfolgungsbehörden und -gerichte niedergelegt sind, stützt sich auf Art. 74 Abs. 1 Nr. 1 GG. Insbesondere zählt auch das strafprozessuale Ermittlungsverfahren zur Kompetenz für das gerichtliche Verfahren. Vgl. dazu umfassend *Maunz*, in: Maunz/Dürig, Grundgesetz, Bd. IV, Art. 74 Rz. 79 ff.; *Pieroth*, in: Jarass/Pieroth, Grundgesetz, Art. 74 Rz. 8.

(2) Art. 74 Abs. 1 Nr.11 GG, Recht der Wirtschaft

Die Regelung der Bankaufsicht, in dessen Kontext § 24c KWG erlassen worden ist, zählt vielmehr zum Recht der Wirtschaft nach Art. 74 Abs. 1 Nr. 11 GG. Dort ist das Bankwesen explizit genannt.[1110] Die Bankaufsicht ist Teil des Bankwesens.[1111] Es handelt sich bei den Vorschriften der Bankaufsicht generell um Regelungen mit wirtschaftsregulierendem und wirtschaftslenkendem Inhalt.[1112] Ob der Titel insgesamt für die Materie des § 24c KWG in Betracht kommt, hängt jedoch in entscheidender Weise davon ab, ob die bankaufsichtlichen Zwecke auch den Schwerpunkt des § 24c KWG ausmachen. Sollte der primäre Normzweck hingegen auf der Verbrechensbekämpfung liegen, kommt als Kompetenztitel Art. 73 Nr. 10 a. E. GG in Betracht.[1113]

(3) Ermittlung des primären Normzwecks des § 24c KWG

Für die Subsumtion der Regelung des § 24c KWG unter einen der in Betracht kommenden Kompetenztitel kommt es also entscheidend darauf an, welchem Normzweck § 24c KWG primär dient.[1114] Geht man von den Erwägungen der Bundesregierung aus, die § 24c KWG auf den Weg gebracht hat, dann dient § 24c KWG primär bankaufsichtlichen Zwecken.[1115] Dieser Einschätzung stehen die ersten Statistiken aus der Praxis entgegen: Danach bearbeitete die BaFin in den ersten sieben Wochen nach dem Start des Abrufsystems insgesamt 2200 Anfragen. Darunter waren 1600 Anfragen der Staatsanwaltschaften und Polizeien; nur ca. 400 Anfragen kamen aus der BaFin

---

[1110] Soweit es sich bei Kreditinstituten um öffentlich-rechtliche Anstalten, insbes. Sparkassen, handelt, steht die Gesetzgebung über das formelle Sparkassenrecht (Verfassung und Organisation) den Ländern zu. Nur das materielle Sparkassenrecht unterliegt der Kompetenz des Art. 74 Abs. 1 Nr. 11 GG. Da es sich bei Aufsichtsvorschriften um materielle Regelungen hinsichtlich Geschäftspolitik und Wirtschaftsführung handelt, unterliegen dem Kreditwesengesetz nach Art. 74 Abs. 1 Nr. 11 GG neben den privaten Banken auch die öffentlich-rechtlichen Sparkassen, vgl. *Maunz*, in: Maunz/Dürig, Grundgesetz, Bd. IV, Art. 74 Rz. 146.

[1111] Neben der Bundesaufsicht durch die BaFin unterliegen öffentlich-rechtliche Kreditinstitute parallel der Staatsaufsicht (Anstaltsaufsicht) der Länder. Zum Verhältnis der Aufsicht nach dem KWG und der Staatsaufsicht durch die Länder vgl. *Lindemann*, in: Boos/Fischer/Schulte-Mattler (Hrsg.), Kreditwesengesetz, Kommentierung zu § 52 KWG.

[1112] Die Bankaufsicht stellt einen besonderen Fall der Gewerbeaufsicht dar, der auch vorbeugende Überwachungsfunktion eignet, *Fülbier*, in: Boos/Fischer/Schulte-Mattler (Hrsg.), Kreditwesengesetz, § 6 Rz. 2.

[1113] Ob statt des Titels aus Art. 74 Abs. 1 Nr. 11 GG dem Bund eine Kompetenz nach Art. 74 Abs. 1 Nr. 11 GG zusteht, spielt keine entscheidende Rolle. Es handelt sich insoweit ausnahmslos um Titel derselben Kompetenzart, die den gleichen Voraussetzungen (Art. 72 Abs. 2 GG) unterliegen. Eine thematische Zuordnung muß jedoch zwischen den Titeln nach Art. 73 und Art. 74 GG erfolgen, da es hier um die Überschneidung verschiedener Gesetzgebungskompetenzarten geht, vgl. BVerfGE 80, 124 (132). Vgl. dazu auch *Bethge*, Verfassungsrecht, S. 37; *Pieroth*, in: Jarass/Pieroth, Grundgesetz, Art. 70 Rz. 4.

[1114] So *Degenhart*, Staatsrecht I, Rz. 130.

[1115] Gegenäußerung der Bundesregierung zu der Stellungnahme des Bundesrates zum Gesetzentwurf der Bundesregierung vom 18.01.2002 (Viertes Finanzmarktförderungsgesetz), BT-Drucks. 14/8017, Anlage 3, zu Nr. 53 (Artikel 6, § 24c KWG), S. 183 f.

selbst.[1116] Knapp ¾ aller Anfragen erfolgten somit zu aufsichtsfremden Zwecken, mithin zu Zwecken der Strafverfolgung, in deren Zusammenhang die Geldwäsche- und Terrorismusbekämpfung eine maßgebliche Rolle spielt.[1117] Freilich sollte man den ersten Zahlen nach einer Anlaufphase von sieben Wochen noch nicht voll trauen. Immerhin zeigt diese Statistik aber, daß eine eindeutige Zuordnung zu einem der von § 24c KWG verfolgten Zwecke nicht ohne weiteres möglich ist.

(4) Unmittelbar durch § 24c KWG geregelte Materie

Kommt wie hier nach den Normzwecken des § 24c KWG eine Zuordnung zu mehreren Materien unterschiedlicher Gesetzgebungskompetenzen in Betracht, dann ist darauf abzustellen, welche Materie das Gesetz unmittelbar regelt.[1118] Schon der Regelungsort im Rahmen des Kreditwesengesetzes zeigt, daß der bankaufsichtsrechtliche Kontext im Vordergrund steht. Das allein kann freilich nur ein Indiz sein. Aber auch inhaltlich knüpft § 24c KWG unmittelbar an die Aufgaben der BaFin als zentraler Bankaufsichtsbehörde an. Sowohl in § 24c Abs. 2 als auch in § 24c Abs. 3 KWG regelt das Gesetz unmittelbar nur die Tätigkeiten der BaFin im Rahmen des Abrufverfahrens, ohne dieser Behörde Kompetenzen oder Befugnisse einzuräumen, die in andere Rechtsbereiche gehören.[1119] Daß die Tätigkeit der BaFin, z. B. über die Auskunftsersuchen nach § 24c Abs. 3 Satz 1, 2 KWG, mittelbar auch anderen Rechtsträgern zur Erfüllung ihrer Aufgaben[1120] dient, ändert daran nichts; die eigentliche Befugnis zur Verwendung der Daten durch die sog. mittelbaren Bedarfsträger ergibt sich aus den speziellen Rechtsvorschriften, z. B. aus der StPO[1121]. Trotz der unterschiedlichen

---

[1116] Diese Angaben stammen aus dem Jahresbericht der BaFin aus dem Jahr 2003, S. 72, abrufbar unter www.bafin.de (20.07.2004).

[1117] Auch in der Literatur wird vermehrt darauf hingewiesen, daß es sich bei § 24c KWG nicht um eine Regelung handelt, die „primär" Bankaufsichtszwecken dient, vgl. *F. Herzog*, in: Hadding/Hopt/Schimansky (Hrsg.), Basel II: Folgen für Kreditinstitute und ihre Kunden, Bankgeheimnis und Bekämpfung von Geldwäsche, S. 71; *Reischauer/Kleinhans*, Kreditwesengesetz, § 24c Rz. 1.

[1118] Das Bundesverfassungsgericht selbst geht bei der Frage, ob eine gesetzliche Regelung in den tatbestandlichen Ermächtigungsrahmen einer Kompetenzvorschrift fällt, nicht einheitlich vor; vgl. dazu die Nachweise bei *Pieroth*, in: Jarass/Pieroth, Grundgesetz, Art. 70 Rz. 4. Doch prüft auch das Bundesverfassungsgericht bevorzugt, ob das Kompetenzthema unmittelbarer oder nur mittelbarer Regelungsgegenstand ist, vgl. *R. Scholz*, in: Starck (Hrsg.), Bundesverfassungsgericht und Grundgesetz, Bd. II, S. 267. Dafür sprechen auch Wendungen des Gerichts, wonach es für die thematische Zuordnung zu einem Kompetenztitel auf die unmittelbare Wirkung (BVerfGE 78, 249 [266]) oder darauf ankommt, mit welchem Kompetenzbereich eine Regelung enger „verzahnt" ist (BVerfGE 98, 145 [158]).

[1119] Insoweit unterscheidet sich § 24c KWG von Regelungen, in denen der übermittelnden Behörde - wie hier der BaFin - eigene Befugnisse zur Prüfung darüber eingeräumt werden, ob die zu eigenen Zwecken erlangten Daten auch für andere - hier aufsichtsfremde - Zwecke erforderlich sind. Einen solchen Fall hatte das Bundesverfassungsgericht zu entscheiden, ordnete diese Befugnisse aber als Sekundärzwecke dem kompetenzbegründenden Primärzweck der Auslandsaufklärung nach Art. 73 Nr. 1 GG unter, vgl. BVerfGE 100, 313 (372).

[1120] Die nach anderen Kompetenzmaterien zu beurteilen sind.

[1121] Im Fall des Auskunftsersuchens nach § 24c Abs. 3 Satz 1 Nr. 2 KWG von seiten der Strafverfolgungsbehörden.

Normzwecke knüpft das Gesetz damit unmittelbar nur an die Regelung der bankaufsichtsrechtlichen Tätigkeit der BaFin an. Fragen der internationalen Verbrechensbekämpfung werden nicht unmittelbar behandelt.

(5) Zwischenergebnis

Art. 74 Abs. 1 Nr. 11 GG ist der einschlägige Kompetenztitel für § 24c KWG, da die Regelung unmittelbar an die Tätigkeiten der BaFin anknüpft.

ccc) **Erforderlichkeit gem. Art. 72 Abs. 2 GG**

Damit sich der Bund gegenüber den Ländern auf eine Kompetenz nach Art. 74 Abs. 1 Nr. 11 GG berufen kann, muß die Regelung des § 24c KWG den Anforderungen des Art. 72 Abs. 2 GG genügen. D. h., § 24c KWG müßte zur Herstellung gleichwertiger Lebensverhältnisse im Bundesgebiet, zur Wahrung der Rechtseinheit oder zur Wahrung der Wirtschaftseinheit im gesamtstaatlichen Interesse erforderlich sein.[1122]

Das gesamtstaatliche Interesse erfordert es, daß im Bereich der Kreditwirtschaft einheitliche Aufsichtsbedingungen herrschen. Würden in Teilen der Bundesrepublik unterschiedliche Aufsichtsregelungen gegenüber den Kreditinstituten gelten, könnte das erhebliche Nachteile für die gesamte Kreditwirtschaft und damit für die Gesamtwirtschaft mit sich bringen. Eine unterschiedlich strenge Überwachung der Kreditinstitute könnte die Funktionsfähigkeit der Kreditwirtschaft partiell verschlechtern. Deswegen sind rechtlich einheitliche Bedingungen für die kreditwirtschaftliche Betätigung vonnöten. Die Regelung des § 24c KWG ist zur Wahrung der Wirtschaftseinheit im gesamtstaatlichen Interesse i. S. d. Art. 72 Abs. 2 GG erforderlich.

ddd) **Zwischenergebnis**

Der Bund hat gem. Art. 72, 74 Abs. 1 Nr. 11 GG die konkurrierende Gesetzgebungskompetenz zum Erlaß des § 24c KWG. Er ist somit gesetzgebungskompetent.

bb) Gesetzgebungsverfahren

Das Gesetzgebungsverfahren wurde ordnungsgemäß i. S. von Art. 76 ff. GG durchlaufen. Der Bundestag beschloß das Gesetz am 22.03.2002 gem. Art. 77 Abs. 1 Satz 1 GG mit der erforderlichen einfachen Abstimmungsmehrheit und leitete es ordnungsgemäß an den Bundesrat gem. Art. 77 Abs. 1 Satz 2 GG weiter.[1123] Nach Anrufung des Vermittlungsausschusses durch den Bundesrat gem. Art. 77 Abs. 2 Satz 1 GG legte dieser eine geänderte Fassung des § 24c KWG vor[1124], über die der Bundestag gem.

[1122] Seit BVerfGE 106, 62 (143 ff.), ist endgültig klar, daß es sich um *drei* Varianten der Erforderlichkeitsklausel handelt.
[1123] Plenarprotokoll des Deutschen Bundestags, 228. Sitzung vom 22.03.2002.
[1124] Beschlußempfehlung des Vermittlungsausschusses zu dem Gesetz zur weiteren Fortentwicklung des Finanzplatzes Deutschland (Viertes Finanzmarktförderungsgesetz) vom 15.05.2002, BT-Drucks. 14/9096, S. 2.

Art. 77 Abs. 2 Satz 5 GG mit der erforderlichen Mehrheit Beschluß faßte[1125]. Das Gesetz kam daraufhin gem. Art. 78 Var. 1 GG zustande, weil der Bundesrat am 31.05.2002 dem Gesetz mehrheitlich zustimmte.[1126] § 24c KWG wurde im Rahmen des Vierten Finanzmarktförderungsgesetzes am 21.06.2002 vom Bundespräsidenten nach Gegenzeichnung durch den Bundeskanzler und die zuständigen Minister ausgefertigt und am 26.06.2002 ordnungsgemäß im Bundesgesetzblatt nach Art. 58 Satz 1, Art. 82 Abs. 1 Satz 1 GG verkündet.[1127]

cc) Ergebnis

§ 24c KWG ist insgesamt formell verfassungsgemäß zustande gekommen.

b) Materielle Verfassungsmäßigkeit des § 24c KWG

Entscheidend ist, daß die Eingriffsregelungen des § 24c KWG neben den formellen auch den materiellen Verfassungsmäßigkeitsanforderungen genügen. Dazu müßten insbesondere die spezifischen Rechtfertigungselemente für einen Eingriff in das informationelle Selbstbestimmungsrecht bei der Ausgestaltung des § 24c KWG beachtet worden sein. Vor dem Hintergrund des Transparenzgebots gewinnen die Kriterien des Parlamentsvorbehalts, der Normenklarheit und der Verhältnismäßigkeit besondere Bedeutung.[1128]

Die Handhabung der genannten Rechtfertigungsanforderungen ist im konkreten Einzelfall von der Art der Datenerhebung sowie der jeweiligen Eingriffsintensität abhängig.[1129] Daß es sich bei sämtlichen Datenverarbeitungsschritten im Rahmen des § 24c KWG um eine individualisierte, nicht anonymisierte Datenverwendung zu Vollzugszwecken handelt, wurde bereits geklärt.[1130] Damit sind die Rechtfertigungsanforderungen an die Informationseingriffe von Anfang an höher als bei einer Datenverarbeitung zu rein statistischen Zwecken.[1131] Die weitere Frage der konkreten Eingriffsintensität ist - je nach Eingriffsstufe (Einrichtung des Abrufverfahrens, Abruf der Daten zu Eigenzwecken der BaFin, Weitergabe der Daten an mittelbare Bedarfsträger) - differenziert zu beantworten. Auf diese Unterschiede wird sogleich näher eingegangen (sub aa). Im Anschluß daran wird, ausgehend vom jeweiligen Gewicht der konkreten Eingriffstufe, für jeden Informationseingriff gesondert die materielle Verfassungsmäßigkeit untersucht (sub bb) - ee).

[1125] Plenarprotokoll des Deutschen Bundestags, 237. Sitzung vom 17.05.2002.
[1126] Protokoll des Bundesrates, 776. Sitzung vom 31. Mai 2002, S. 264 f.
[1127] Vgl. BGBl. I, 2002, S. 2010 ff.
[1128] Vgl. dazu die ausführlichen Erläuterungen in Teil 2 auf S. 139 ff.
[1129] Vgl. oben Teil 2, S. 134 ff.
[1130] Vgl. dazu die Ausführungen in Teil 2, S. 134 f.
[1131] BVerfGE 65, 1 (45 f.).

aa) Ermittlung der Intensität der Informationseingriffe

Die Intensität der Informationseingriffe hängt von mehreren Kriterien ab.[1132]

aaa) Form der Datenverarbeitung

Zunächst kommt es für die Schwere der Eingriffe darauf an, wie stark der Grad der Selbstbestimmung im Hinblick auf die Form der Datenverarbeitung ist. Neben freiwilligen Datenangaben, die hier ausscheiden, reicht das Spektrum der Datenverarbeitungs- und -erhebungsformen von der Datenverwendung ohne Wissen des Betroffenen bis hin zu Datenangaben in Erfüllung einer Obliegenheit. Die heimliche Informationsaufbereitung stellt den schwerwiegendsten Eingriff dar.[1133]

(1) Die Einrichtung des Abrufverfahrens als Datenverarbeitung bei Dritten

Eine Differenzierung ist zwischen der bloßen Einrichtung des Abrufverfahrens und den Eingriffen des Abrufs und der Datenübermittlung geboten. Die Einrichtung des automatisierten Abrufverfahrens erfolgt bei den Kreditinstituten. Damit findet die Erhebung und/oder Speicherung der Daten aus der Perspektive der Grundrechtsträger bei Dritten und damit ohne Kenntnis der Betroffenen statt.[1134] Immerhin ist aus § 24c Abs. 1 KWG ersichtlich, welche Daten in die Datenverarbeitungsanlagen eingestellt werden.[1135] Die Aufbereitung der Konto- und Depotinformationen mit Hilfe der Kreditinstitute liegt von der Intensität her zwischen einer völlig heimlichen Zusammenstellung der erforderlichen Angaben und einer Direkterhebung beim Betroffenen: Der jeweilige Konto- und Depotinhaber kann bei einem Blick ins Gesetz in Erfahrung bringen, welche seiner Daten in den Abrufsystemen vorgehalten werden.[1136] Ein gewisser Grad an Transparenz wird also noch gewahrt. Die Form der Datenerhebung weist auf einen mittelschweren Eingriff hin.

(2) Der Datenabruf und die Übermittlung an Dritte

Die Intensität des Eingriffs erhöht sich mit den Eingriffsstufen des konkreten Datenabrufs und der gegebenenfalls sich daran anschließenden Datenübermittlung an mittelbare Bedarfsträger, § 24c Abs. 2, 3 KWG; dies deshalb, weil im Gegensatz zur Einrichtung des Verfahrens der Abruf und die Datenweitergabe völlig im Verborgenen stattfinden.[1137] Ob also tatsächlich Daten aus den Datenbanken des § 24c KWG den

---

[1132] Vgl. zu den Kriterien im einzelnen Teil 2, S. 135 ff.
[1133] Vgl. Teil 2, S. 136.
[1134] Datenverarbeitung „ohne Kenntnis" kann heimliche Erhebung, aber auch Erhebung bei Dritten sein, vgl. *Gola/Schomerus*, Bundesdatenschutzgesetz, § 19a Rz. 2.
[1135] Das Informationsbereitstellungsverfahren erfolgt anders als der darauffolgende Datenabruf offen, vgl. *Kokemoor*, in: Beck/Samm (Hrsg.), Kreditwesengesetz, § 24c Rz. 30.
[1136] Deswegen ist auch die Wertung des einfachen Gesetzgebers richtig, wenn er gem. §§ 19a Abs. 2 Nr. 3, 33 Abs. 2 Nr. 4 BDSG von einer Benachrichtigung des betroffenen Grundrechtsträgers absieht, sobald und soweit die Speicherung und die Übermittlung personenbezogener Daten durch Gesetz ausdrücklich vorgesehen ist.
[1137] *Kokemoor*, in: Beck/Samm (Hrsg.), Kreditwesengesetz, § 24c Rz. 30.

verschiedenen Normzwecken zugeführt werden, bleibt sowohl dem Kreditinstitut als auch den betroffenen Konto- und Depotinhabern völlig verschlossen, § 24c Abs. 1 Satz 6 KWG. Die Transparenz, der Grad an möglicher Selbstbestimmung, wird damit gegenüber der Einrichtung des Abrufverfahrens als solcher weiter verringert. Anders als dort weiß der betroffene Grundrechtsträger nicht mehr genau, wer über das Kreditinstitut hinaus was, wann und in welchem Zusammenhang über ihn weiß, sondern nur noch, wer was in welchem Zusammenhang wissen könnte. Bezogen auf die Form der Datenerhebung stellen der Datenabruf und die Datenweitergabe an Dritte einen schwerwiegenderen Eingriff als die bloße Einrichtung des Abrufsystems dar.

bbb) Art und Umfang der betroffenen Daten

Daneben spielen Art und Umfang der von § 24c KWG betroffenen Daten für das Gewicht der verschiedenen Eingriffsstufen eine entscheidende Rolle.[1138]

(1) Art der Daten

Bei den Konto- und Depotinformationen handelt es sich nicht um „intime Daten", die einen absoluten Schutz genießen. Sie lassen für sich genommen keine Erstellung eines vollständigen Persönlichkeitsprofils zu.[1139] Darüber hinaus haben die Angaben auch keinen sog. „sensitiven" Charakter, für den der einfache Gesetzgeber mit Blick auf das informationelle Selbstbestimmungsrecht per se besondere Schutzmechanismen vorgesehen hat.[1140] Bei den Kontoinformationen handelt es sich jedoch um Daten, die dem besonderen Vertrauensverhältnis zwischen Bank und Bankkunden unterliegen. Denn jedenfalls die personenbezogenen Identifikationsdaten gem. § 24c Abs. 1 Satz 1 Nr. 2 KWG hat der jeweilige Kontoinhaber dem Kreditinstitut für ein bestimmtes Bankgeschäft unter der erkennbaren Bedingung der Geheimhaltung anvertraut. Die erhöhte Schutzwürdigkeit dieser unter das Bankgeheimnis fallenden Daten

---

[1138] Vgl. Teil 2, S. 137.

[1139] Die Verarbeitung allein von Kontostammdaten betrifft nicht den innersten, geheimsten und intimsten Bereich des Menschen. Der persönliche Bereich ist zwar durch die Verarbeitung der Kontodaten betroffen, nicht aber der höchstpersönliche Kernbereich. Vgl. dazu bereits die Überlegungen zum Bankgeheimnis in Teil 2, S. 99 ff.

[1140] In Umsetzung von Art. 8 Abs. 1 der EG-Datenschutzrichtlinie (Richtlinie 95/46/EG des Europäischen Parlaments und des Rates vom 24. Oktober 1995, ABl. EG Nr. L 281/31 vom 23.11.1995) hat auch der deutsche Gesetzgeber in § 3 Abs. 9 BDSG „besondere Arten personenbezogener Daten" benannt, deren Erhebung und Verarbeitung besonderen Restriktionen unterliegt (vgl. §§ 13 Abs. 2, 14 Abs. 5, 6, 28 Abs. 6 - 9, 29 Abs. 5 BDSG). Zu diesen Angaben über die rassische und ethnische Herkunft, politische Meinungen, religiöse oder philosophische Überzeugungen, Gewerkschaftszugehörigkeit, Gesundheit oder Sexualleben zählen die von § 24c Abs. 1 Satz 1 KWG erfaßten Informationen nicht.
Kritisch zur Kategorie dieser sog. „sensitiven Daten" äußert sich vor allem *Simitis*, der in erster Linie auf den Verwendungszusammenhang und nicht auf die Art der Daten rekurriert, vgl. *Simitis*, in: Brem/Druey/Kramer/Schwander (Hrsg.), FS zum 65. Geburtstag von Mario M. Pedrazzini, S. 469 ff. Zur Problematik auch *Weber*, CR 1995, 300 f.

ist bei der verfassungsrechtlichen Beurteilung des § 24c KWG besonders zu berücksichtigen.[1141]

(2) Umfang der Daten

Was den Umfang der in das Abrufsystem einzustellenden Angaben angeht, sind zwei Aspekte auseinanderzuhalten, die sich auf die Intensität des Eingriffs gegenläufig auswirken. Einerseits nimmt die Schwere der Grundrechtsbeeinträchtigung ab, wenn man die Tatsache bedenkt, daß durch sämtliche Informationseingriffe nur die Kontostammdaten betroffen sind.[1142] Inhaltsdaten wie Informationen über Kontostände sind nicht unmittelbarer Regelungsgegenstand des § 24c KWG. Andererseits nimmt aber die Eingriffsintensität im Hinblick auf die Einbeziehung aller Kundenkonten i. S. des § 154 Abs. 2 Satz 1 AO zu.[1143] Anders als z. B. § 25b KWG, der sich nur auf Kreditinstitute bezieht, das Giro- und Einlagengeschäft betreiben[1144], erfaßt § 24c Abs. 1 Satz 1 Nr. 1 KWG mit dem Begriff des Kontos alle buch- und rechnungsmäßigen Darstellungen einer Geschäftsbeziehung, insbesondere auch Konten bei Bausparkassen, Kapitalanlagegesellschaften und Kreditkartenunternehmen.[1145] Auf „echte Bankkonten" und Wertpapierdepots ist der sachliche Anwendungsbereich des § 24c Abs. 1 KWG dem Wortlaut nach gerade nicht beschränkt.[1146] Wegen dieser pauschalen Einbeziehung aller Kontoarten in die Erfassungspflichten des § 24c KWG nimmt die Schwere des Eingriffs zu.[1147]

[1141] Zur besonderen Schutzwürdigkeit der Bankdaten auf Grund des Bankgeheimnisses vgl. die Ausführungen in Teil 2, S. 88 ff. Daß es sich bei den von § 24c KWG betroffenen Informationen um besonders „sensible Daten" (wenn auch nicht „sensitive" i. S. d. BDSG) handelt, betont die Bundesregierung in ihrer Gesetzesbegründung, vgl. Begründung der Bundesregierung zu ihrem Gesetzentwurf vom 18.01.2002 (Viertes Finanzmarktförderungsgesetz), BT-Drucks. 14/8017, Besonderer Teil, zu Artikel 6 Nr. 23 (§ 24c KWG), S. 123. Ebenso *Stein*, in: Boos/Fischer/Schulte-Mattler (Hrsg.), Kreditwesengesetz, § 24c Rz. 11.
[1142] Richtig sind daher die Einschätzungen von *Kokemoor*, in: Beck/Samm (Hrsg.), Kreditwesengesetz, § 24c Rz. 43, und *Müller*, DuD 2002, 603, die auf Grund dessen die Schwere des Informationseingriffs relativieren.
[1143] *Zubrod*, WM 2003, 1217.
[1144] Vgl. § 25b Abs. 1 Satz 1 KWG.
[1145] *Stein*, in: Boos/Fischer/Schulte-Mattler (Hrsg.), Kreditwesengesetz, § 24c Rz. 4 m. w. N. zur Definition des Kontobegriffs; *Zubrod*, WM 2003, 1217.
[1146] Dies trotz des hinsichtlich der Geldwäschebekämpfung praktischen Bedürfnisses, die Überwachung primär auf solche Konten zu erstrecken, die dem Giro- und Einlagengeschäft dienen, vgl. *Escher*, BKR 2002, 659.
[1147] Die Schwere des Eingriffs reduziert sich auch nicht durch die von § 24c Abs. 7 KWG vorgesehene Möglichkeit, einzelne Kreditinstitute von den Pflichten des § 24c Abs. 1 KWG zu befreien. Denn diese Ausnahmeregelung soll als Härtefallregelung primär den wirtschaftlichen Interessen der Banken dienen, für die die Implementierung des Systems eine unzumutbare finanzielle Härte darstellen würde. Der Grundrechtsschutz der betroffenen Kontoinhaber steht nicht im Vordergrund. Vgl. dazu das Schreiben des Bundesministeriums der Finanzen an den Zentralen Kreditausschuß vom 16.12.2002, Gz. VII B 7 - WK 5023 - 1166/02 sowie die Aussagen von *Schily* in WM 2003, 1252. Im übrigen müßten auch Institute, die gem. Abs. 7 von ihren Verpflichtungen nach § 24c KWG befreit werden, die Daten des § 24c Abs. 1 Satz 1 KWG in anderer Form - etwa über ein be-

(3) Fazit

Hinsichtlich Art und Umfang der von § 24c Abs. 1 Satz 1 KWG erfaßten Daten liegt ein mittelschwerer Eingriff vor. Während die Vertraulichkeit der betroffenen Angaben besonderer Berücksichtigung bedarf, führt andererseits die Zusammenfassung allein von Kontostammdaten nicht zu einer schwerwiegenden Beeinträchtigung.

ccc) Verwendungszusammenhang

Die in den Systemen des § 24c KWG gespeicherten Konto- und Depotinformationen dienen den hauptsächlichen Normzwecken der Institutsaufsicht und der Terrorismus- und Geldwäschebekämpfung sowie der Strafverfolgung im weiteren Sinn. Für diese Zwecke können die Daten jederzeit durch die BaFin abgerufen und gegebenenfalls an mittelbare Bedarfsträger weitergeleitet werden.

(1) Abruf als Datenerhebung und Datenübermittlung

Werden Daten wie hier durch die BaFin bei Dritten beschafft, so liegen datenschutzrechtlich der Tatbestand der Datenerhebung und zugleich die Datenverarbeitungsphase der Übermittlung vor.[1148] Auch der Datenabruf wird nach dem Verständnis des Bundesdatenschutzgesetzes als Datenübermittlung, d. h. als Bekanntgabe gespeicherter personenbezogener Daten an einen Dritten definiert.[1149] Neben der Datenübermittlung der Kreditinstitute an die BaFin prägt das Element der aktiven Datenbeschaffung den Vorgang des Datenabrufs. Die BaFin erhebt damit Daten bei den Kreditinstituten als Dritten i. S. d. Bundesdatenschutzgesetzes, § 13 Abs. 1, 1a BDSG.[1150] Die Erhebung der Daten setzt eine Aktivität der erhebenden Stelle voraus, durch die diese willentlich Kenntnis von den Daten erhält oder die Verfügungsmöglichkeit über die Daten begründet.[1151] Der Einordnung des Abrufs als Datenerhebung steht nicht entgegen, daß die BaFin bereits mit der Einrichtung des automatisierten Abrufverfahrens auf Grund der jederzeitigen Möglichkeit des Abrufs die potentielle Verfügungsgewalt über die Daten hat. Konkret über die Informationen verfügen kann die BaFin vielmehr erst nach dem Abruf, mit dem sie willentlich die Kenntnis bestimmter Datensätze be-

---

sonders auszugestaltendes manuelles Meldewesen - für die BaFin bereithalten, vgl. Schreiben des Bundesverbandes deutscher Banken vom 28.10.2002, Gz. R 1.6 - Hc/Ed, S. 2.

[1148] Vgl. zu diesem parallelen Phänomen *Dammann*, in: Simitis (Hrsg.), Bundesdatenschutzgesetz, § 15 Rz. 44; *Gola/Schomerus*, Bundesdatenschutzgesetz, § 3 Rz. 24.

[1149] Vgl. § 3 Abs. 4 Satz 2 Nr. 3b BDSG. Wie bei jeder Datenübermittlung kommt es für die Frage der Rechtmäßigkeit des Abrufs entscheidend auf die speichernde Stelle an, die die Daten übermittelt. Freilich zeigt § 10 Abs. 4 Satz 1 BDSG, daß, anders als sonst bei Datenübermittlungen, die Verantwortung für die Zulässigkeit des einzelnen Abrufs überwiegend der Dritte - hier also die BaFin - trägt. Dennoch differenziert das Bundesdatenschutzgesetz zwischen Übermittlungen von seiten öffentlicher Stellen (§§ 15, 16 BDSG) und von seiten nicht öffentlicher Stellen (§§ 28, 29 BDSG). Der Funktion der übermittelnden Stelle kommt somit jedenfalls einfachgesetzlich für die Beurteilung der Rechtmäßigkeit der Datenübermittlung eine entscheidende Rolle zu.

[1150] § 24c Abs. 2 KWG ist jedoch insoweit eine lex specialis zu der Erhebungsbefugnis des § 13 Abs. 1, Abs. 1a BDSG.

[1151] *Sokol*, in: Simitis (Hrsg.), Bundesdatenschutzgesetz, § 13 Rz. 11.

zweckt. Erst durch den Abruf gelangen die Daten von den Rechnersystemen der Kreditinstitute über Zwischenserver auf die Rechenanlagen der Bundesanstalt und damit in den Herrschaftsbereich der abrufenden Stelle.[1152] Der Abruf stellt neben einer Übermittlung i. S. d. Bekanntgabe an einen Dritten auch ein aktives Beschaffen von Daten, mithin also eine Erhebung dar.

(2) Weitergabe der Daten an mittelbare Bedarfsträger als Datenübermittlung

Die nach § 24c Abs. 3 KWG vorgesehene Weitergabe der abgerufenen Daten an die ersuchenden Behörden (mittelbare Bedarfsträger) ist eine Datenübermittlung.[1153] Die Abfrageergebnisse gibt die BaFin auf diesem Wege den ersuchenden Stellen bekannt.

(3) Gefahr drohender Nachteile für die Grundrechtsträger

Daß neben der Datenerhebung zu Zwecken der Institutsaufsicht auch Übermittlungen der Kontodatensätze an außerhalb der BaFin liegende Stellen zu aufsichtsfremden Zwecken möglich sind, begründet eine besondere Schwere des Informationseingriffs. Diese Übermittlung bildet die Basis für eine Ausweitung des Personenkreises, der Kenntnis von den Konto- und Depotinformationen erhält. Bei Datenübermittlungen besteht immer die Gefahr, daß sich an die Kenntnisnahme der Dritten Maßnahmen anschließen, die zu - beispielsweise strafrechtlichen[1154] - Nachteilen führen.[1155] Erschwerend kommt hinzu, daß der Betroffene auf Grund der Heimlichkeit des Abrufs nie exakt weiß, zu welchen Zwecken seine Daten letztlich verarbeitet werden. Er muß stets mit mehreren Verwendungsoptionen rechnen.

(a) Datenübermittlung nach § 24c Abs. 3 Satz 1 Nr. 2, 3 KWG als intensivster Eingriff.

Wegen der Erhöhung der Eingriffsintensität auf Grund des neuen Verwendungszusammenhangs, in den eine Datenweitergabe die Daten endgültig stellt, handelt es sich bei der Datenübermittlung nach § 24c Abs. 3 KWG um die intensivste der drei Eingriffsstufen. Da die Gefahr, im Anschluß an die Datenübermittlung mit weiteren Maßnahmen konfrontiert zu werden, ihr volles Gewicht erst durch den Schritt der Datenweitergabe erhält, sind demgegenüber die vorgelagerten Eingriffsstufen des § 24c KWG weniger schwerwiegend. Auch der Abruf zu Zwecken der Institutsaufsicht nach § 24c Abs. 2 KWG, der rechtstechnisch ebenfalls eine Datenübermittlung darstellt, ist gegenüber den Befugnissen des § 24c Abs. 3 Satz 1 Nr. 2 und 3 KWG nicht so gravierend. Denn die Abrufe nach § 24c Abs. 2 KWG - wie auch die des § 24c Abs. 3 Satz 1 Nr. 1 KWG - erfolgen zu Zwecken der Institutsaufsicht, welche allein den ordnungs-

---

[1152] *Sokol*, aaO.
[1153] Insoweit ist § 24c Abs. 3 KWG eine lex specialis zu § 15 BDSG.
[1154] In den Fällen der Weiterleitung der Daten an Strafverfolgungsbehörden.
[1155] Vgl. zu den spezifischen Gefahren der Übermittlung BVerfGE 100, 313 (391); BVerfG NJW 2004, 2213 (2220 ff.).

gemäßen Ablauf der Bankgeschäfte und nicht personenbezogene Gefahren- oder Verdachtssituationen im Blick hat.[1156] Maßnahmen gegen die vom Abruf betroffenen Konto- und Depotinhaber werden von seiten der BaFin im Anschluß an die Datenabfrage unmittelbar nicht getroffen. Vielmehr dient § 24c KWG primär als Basis für weitere Maßnahmen nach §§ 44 ff. KWG, die sich allein gegen die Kreditinstitute und gegen mit diesen verbundene Adressaten richten.[1157] Die Gefahr unmittelbarer Nachteile für die betroffenen Grundrechtsträger ist beim Datenabruf der BaFin zu eigenen, aufsichtsrechtlichen Zwecken geringer als bei Abrufen zu Zwecken nach § 24c Abs. 3 Satz 1 Nr. 2, 3 KWG. Dementsprechend ist die Eingriffsintensität bei den letztgenannten Informationseingriffen am stärksten.

(b) Möglichkeit der Datenkombinationen.

Insgesamt bieten die Datenbestände des § 24c Abs. 1 Satz 1 KWG die Basis für vielfältige Möglichkeiten der Datenkombination, was zu erheblichen Nachteilen für die betroffenen Dateninhaber führen kann.[1158] Insbesondere können die Informationen in bestimmten Rechtsbereichen wie beispielsweise dem Steuerrecht erst einen Verdacht begründen, der zu nachteilhafter Ermittlungstätigkeit führen kann.[1159] Diese Brückenfunktion der Angaben relativiert den Umstand, daß es sich „nur" um sog. Kontostammdaten handelt, die verarbeitet werden können. Vielmehr bestätigt sie die Auffassung des Bundesverfassungsgerichts, daß es ein „belangloses" Datum unter den Bedingungen der modernen Datenverarbeitung nicht mehr geben kann.[1160] Eine derartige Kombinierbarkeit der Kontoinformationen erhöht die Eingriffsintensität.

(4) Fazit

Insgesamt tragen die verschiedenen Verwendungsmöglichkeiten auf allen Eingriffsstufen zu einer Steigerung der Eingriffsintensität bei. Die vorgesehenen Datenübermittlungen bergen auf Grund der ihnen immanenten Breitenwirkung ein großes Risikopotential für das Recht auf informationelle Selbstbestimmung. Am intensivsten sind die Datenübermittlungen nach § 24c Abs. 3 Satz 1 Nr. 2 und 3 KWG, weil sie unmittelbar zu Maßnahmen führen können, die den betroffenen Grundrechtsträgern zum Nachteil gereichen.

[1156] Insoweit ist die Situation mit der vom Bundesverfassungsgericht in BVerfGE 100, 313 ff. entschiedenen Sachlage vergleichbar, als es mit der Beurteilung der Telefonüberwachung zur Auslandsaufklärung durch die Geheimdienste ebenfalls nicht um vornehmlich personenbezogene Gefahrensituationen ging, BVerfGE 100, 313 (383).

[1157] Einen Überblick über die von den Ermittlungsrechten der BaFin Betroffenen bietet die Kommentierung von *U. Braun*, in: Boos/Fischer/Schulte-Mattler (Hrsg.), Kreditwesengesetz, § 44 Rz. 6.

[1158] Daß die Daten des § 24c Abs. 1 Satz 1 KWG die Basis für weitere Ermittlungen der BaFin nach § 44 KWG schaffen sollen, betont die Bundesregierung explizit in ihrer Gesetzesbegründung, vgl. die Begründung der Bundesregierung zu ihrem Gesetzentwurf vom 18.01.2002 (Viertes Finanzmarktförderungsgesetz), BT-Drucks. 14/8017, Besonderer Teil, zu Artikel 6 Nr. 23 (§ 24c KWG), S. 123.

[1159] Vgl. zu dieser Gefahr für den Bereich des Steuerrechts *Zubrod*, WM 2003, 1215 f.

[1160] BVerfGE 65, 1 (45).

ddd) Art der Datenverarbeitung

Wegen der nicht anonymisierten, automatischen Datenverarbeitung im Rahmen des § 24c KWG („automatisiertes Abrufverfahren") handelt es sich insgesamt um staatliche Maßnahmen mit hoher Eingriffsintensität.[1161]

eee) Gefahr des Mißbrauchs

Schließlich ist für die Bemessung des Eingriffsgewichts das Mißbrauchspotential der staatlichen Maßnahmen zu beachten.[1162] Für einen automatisierten Abruf spricht hier die Tatsache, daß nicht automatisierten Verfahren ein weitaus größeres Mißbrauchspotential eignen kann. Gegenüber solchen nicht automatisierten Methoden ist Systemen wie dem des § 24c KWG generell der Vorzug zu geben.[1163]

Dennoch birgt auch die umfangreiche automatische Datensammlung des § 24c KWG technische und rechtliche Risiken, die die Rechtfertigungsanforderungen an die verschiedenen Informationseingriffe beeinflussen:

- Erstens bietet der umfassende und aktuelle Datenbestand sämtlicher Konto- und Depotstammdaten der von § 24c Abs. 1 Satz 1 KWG erfaßten Kreditinstitute eine ideale Plattform für weit mehr staatliche Stellen als die, die § 24c KWG als unmittelbare und mittelbare Bedarfsträger vorsieht. Der Reiz der schnellen Verfügbarkeit für diverse staatliche Aufgaben birgt die Gefahr, daß auch Stellen, die nicht explizit zum Datenabruf befugt sind, in einer Art und Weise auf die Daten des § 24c KWG zugreifen, die von den betroffenen Grundrechtsträgern unbemerkt bleibt. Dies gilt um so mehr, als die Datenabrufe nach § 24c KWG heimlich erfolgen.[1164]

- Zweitens bieten computergesteuerte Abrufsysteme immer eine willkommene Angriffsfläche für nicht zugriffsberechtigte Computerspezialisten. Man kann nie ausschließen, daß neben nicht berechtigten staatlichen Stellen auch sog. Hacker via computergesteuerter Programme in der Lage sind, in die Datenbestände der Kreditinstitute einzudringen.[1165]

- Drittens ist datenschutzrechtlich die Vorhaltung zahlreicher Datensätze in einem System brisant, weil technisch der unbegrenzte Abruf der Datensätze möglich ist.[1166] Eine Komplettrasterung aller Daten aus der Kontodatei ist im-

---

[1161] Vgl. dazu allgemein Teil 2, S. 134 f., 138.
[1162] Zum Mißbrauchsrisiko als Eingriffskriterium vgl. Teil 2, S. 138 f.
[1163] *E. Ehmann*, in: Simitis (Hrsg.), Bundesdatenschutzgesetz, § 10 Rz. 31.
[1164] Das Argument, nicht berechtigte staatliche Stellen würden schon wegen Art. 20 Abs. 3 GG (Bindung an Gesetz und Recht) nicht auf die Daten des § 24c Abs. 1 KWG zugreifen, überzeugt nicht. Das betont zu Recht *Zubrod*, WM 2003, 1216.
[1165] Auf diesen möglichen Mißbrauch durch unbefugte Dritte weisen insbes. die Kommentatoren des § 90 TKG a. F. (§ 112 TKG in der Fassung des Telekommunikationsgesetzes vom 22. Juni 2004, BGBl. I, S. 1190 ff.) hin, der dem Gesetzgeber des § 24c KWG als Vorbild diente, vgl. *Ehmer*, in: Büchner/Ehmer u. a. (Hrsg.), Telekommunikationsgesetz, § 90 Rz. 16 f.; *Löwnau-Iqbal*, in: Scheurle/Mayen (Hrsg.), Telekommunikationsgesetz, § 90 Rz. 13.
[1166] *Gola/Schomerus*, Bundesdatenschutzgesetz, § 10 Rz. 3.

merhin denkbar und stellt damit ein zusätzliches rechtliches Risiko für diejenigen Personen dar, deren Datensätze überhaupt nicht unter die Voraussetzungen eines Abrufs oder einer Datenweitergabe fallen.[1167]
- Am intensivsten sind die Eingriffsstufen des Datenabrufs nach § 24c Abs. 2 KWG und der Datenübermittlung an mittelbare Bedarfsträger gem. § 24c Abs. 3 KWG. Denn das Mißbrauchsrisiko wird bei diesen Datenverarbeitungsschritten zunächst dadurch gesteigert, daß § 24c Abs. 1 Satz 6 KWG die Überwachung des ordnungsgemäßen Abrufs von seiten der verpflichteten Kreditinstitute völlig ausschließt. Auch stichprobenartige Überprüfungen, wie sie grundsätzlich vom einfachen Gesetzgeber für automatisierte Abrufverfahren vorgesehen sind[1168], können nicht stattfinden. Darüber hinaus prüft aber auch die BaFin die Berechtigung eines Auskunftsersuchens einer staatlichen Stelle, an die sie die Daten nach § 24c Abs. 3 KWG weiterleitet, grundsätzlich nicht.[1169] Die Verantwortung für die Rechtmäßigkeit des im Verborgenen erfolgenden Abrufs trägt vielmehr die ersuchende Stelle, § 24c Abs. 3 Satz 4 KWG.[1170] Auf Grund dieser Regelungstechnik steigt die potentielle Gefahr, daß entweder unverhältnismäßig hohe Mengen an Datensätzen abgerufen werden oder die für die Datenübermittlung erforderlichen Übermittlungsschwellen nicht eingehalten werden. Auch die Gefahr, daß nicht autorisierte staatliche Stellen auf die Daten zugreifen, wächst durch die genannte Regelungsmethode nochmals. Vor dem Hintergrund dieser Normgestaltung handelt es sich bei dem Datenabruf nach § 24c Abs. 2 KWG, erst Recht aber bei einem Abruf zu Zwecken der Weiterübermittlung nach § 24c Abs. 3 KWG, um besonders intensive Informationseingriffe.[1171]

Insgesamt bestehen somit auf allen Eingriffsstufen Mißbrauchsrisiken, denen es zur Wahrung der Verhältnismäßigkeit durch technische Anforderungen und rechtliche Barrieren zu begegnen gilt.

[1167] Insbesondere die Form der Stapelverarbeitung i. S. des § 10 Abs. 4 Satz 4 BDSG (Abruf und Übermittlung eines Gesamtbestandes personenbezogener Daten) ist unter Verhältnismäßigkeitsgesichtspunkten bedenklich, vgl. *E. Ehmann*, in: Simitis (Hrsg.), Bundesdatenschutzgesetz, § 10 Rz. 75; *Ehmer*, aaO, § 90 Rz. 21; *Kokemoor*, in: Beck/Samm (Hrsg.), Kreditwesengesetz, § 24c Rz. 26.
[1168] Vgl. § 10 Abs. 4 Satz 3 BDSG.
[1169] Die BaFin wird gem. § 24c Abs. 3 Satz 3 KWG nur tätig, wenn ein „besonderer Anlaß" besteht. Dieser Anlaß muß nicht im Auskunftsersuchen selbst begründet sein; auch Hinweise Dritter kommen in Frage, vgl. *Kokemoor*, in: Beck/Samm (Hrsg.), Kreditwesengesetz, § 24c Rz. 49.
[1170] Der Verweis in § 24c Abs. 3 Satz 5 KWG auf § 4b KWG stellt jedoch klar, daß bei Auskünften der BaFin an ausländische Stellen (z. B. im Rahmen der internationalen Rechtshilfe nach § 24c Abs. 3 Satz 1 Nr. 2 KWG) die Verantwortung für die Übermittlung doch die BaFin trägt und nicht die ersuchende Stelle. Die Regelung des § 24c Abs. 3 Satz 4 KWG kann sich also nur auf inländische ersuchende Stellen beziehen, vgl. *Stein*, in: Boos/Fischer/Schulte-Mattler (Hrsg.), Kreditwesengesetz, § 24c Rz. 12.
[1171] *Gola/Schomerus*, Bundesdatenschutzgesetz, § 15 Rz. 8.

fff) Zwischenergebnis

Die Intensität des Informationseingriffs verändert sich auf Grund des konkreten Verarbeitungszusammenhangs. Sie steigt bei Datenabrufen und damit verbundenen Datenübermittlungen an mittelbare Bedarfsträger an:

- Während die Einrichtung des automatisierten Abrufverfahrens als solche bei einer Zusammenschau aller Eingriffskriterien nur eine mittelschwere Beeinträchtigung des Rechts auf informationelle Selbstbestimmung darstellt, sind die Datenabrufe zu Zwecken der Institutsaufsicht nach § 24c Abs. 2 KWG auf Grund der völligen Heimlichkeit und auf Grund der potentiell steigenden Mißbrauchsmöglichkeiten bereits intensivere Informationseingriffe. Dies gilt auch unter Berücksichtigung der Tatsache, daß es bei der Datenverarbeitung „nur" um Kontostammdaten geht; diese können nämlich die entscheidende Basis für weitere Ermittlungen bilden und damit zu Datenkombinationen führen, die - im Bankaufsichtsrecht jedenfalls mittelbar - weitere nachteilige Beeinträchtigungen der Grundrechtsträger nach sich ziehen können. Da aber unmittelbare Maßnahmen gegen die Betroffenen von seiten der Bankaufsichtsbehörden nicht drohen, handelt es sich insgesamt bei Datenabrufen nach § 24c Abs. 2 und § 24c Abs. 3 Satz 1 Nr. 1 KWG noch nicht um schwere Eingriffe in das informationelle Selbstbestimmungsrecht.

- Besonders schwerwiegend sind hingegen die Datenabrufe zu aufsichtsfremden Zwecken nach § 24c Abs. 3 Satz 1 Nr. 2, 3 KWG. Diese erfolgen nicht nur völlig heimlich, sondern tragen das zusätzliche Risiko unmittelbarer Nachteile für die Betroffenen mit sich. Auch hier relativiert die Möglichkeit der Datenkombinationen den Umstand, daß nur Kontostammdaten übermittelt werden können. Zudem ist das Mißbrauchspotential dieser Befugnisse besonders groß, da die Verantwortung für Auskunftsersuchen allein die anfragenden Stellen tragen und weder den Kreditinstituten noch der BaFin effektive Kontrollmöglichkeiten zur Verfügung stehen.

Insgesamt wachsen also die Rechtfertigungsanforderungen mit dem Vollzug der einzelnen Eingriffsstufen an. Insbesondere für die Informationseingriffe nach § 24c Abs. 3 Satz 1 Nr. 2, 3 KWG werden besonders hohe Rechtsgüter zur Rechtfertigung erforderlich sein.

bb) Besondere Anforderungen an die materielle Verfassungsmäßigkeit der Einrichtung des automatisierten Abrufverfahrens, § 24c Abs. 1 KWG

An der mittelschweren Eingriffsintensität der Einrichtung des automatisierten Abrufverfahrens nach § 24c Abs. 1 KWG ist die Handhabung einiger Schranken-Schranken gesondert auszurichten.

aaa) Wahrung des Parlamentsvorbehalts

Vor dem Hintergrund des für das informationelle Selbstbestimmungsrecht maßgeblichen Transparenzgebots müßte die Einrichtung des automatisierten Abrufverfahrens dem Grundsatz des Parlamentsvorbehalts genügen. Danach sind die für das informationelle Selbstbestimmungsrecht wesentlichen grundrechtsrelevanten Entscheidungen vom parlamentarischen Gesetzgeber selbst festzulegen.[1172]

(1) § 24c KWG als bereichsspezifische Regelung

Dem Wesentlichkeitsgedanken trägt § 24c KWG ausreichend Rechnung. Er stellt, was die Einrichtung des automatisierten Abrufverfahrens angeht, eine bereichsspezifische Regelung dar und gestaltet die allgemeinen Anforderungen des § 10 BDSG spezialgesetzlich aus.[1173] Dabei legt § 24c KWG in einer dem Parlamentsvorbehalt genügenden Art und Weise die Ziele und den Umfang des automatisierten Datenabrufs offen. Die für das Recht auf informationelle Selbstbestimmung wesentlichen Angaben über Anlaß und Zweck des Abrufverfahrens (§ 24c Abs. 2, 3 KWG), über die vorzuhaltenden Daten (§ 24c Abs. 1 KWG) und über die zum Abruf berechtigten Stellen (§ 24c Abs. 2 KWG) hat der parlamentarische Bundesgesetzgeber selbst festgelegt. Darüber hinaus treffen § 24c Abs. 5 und 6 KWG die essentiellen Entscheidungen hinsichtlich des notwendigen technischen Datenschutzes. Insbesondere ordnet das formelle Gesetz den Einsatz spezieller technischer Geräte an, die zur Sicherstellung der Vertraulichkeit und des Schutzes vor unberechtigten Zugriffen notwendig sind.

(2) Delegation der technischen Ausgestaltung

Daß § 24c Abs. 5, 6 KWG die näheren Vorgaben für die technische Ausgestaltung des Abrufsystems an die BaFin in Zusammenarbeit mit dem Bundesamt für Informationssicherheit delegiert, steht der Wahrung des Parlamentsvorbehalts nicht entgegen und statuiert kein Delegationsverbot. Der Parlamentsvorbehalt führt nicht zu einer parlamentarischen Durchnormierungspflicht des jeweils grundrechtsrelevanten Sachverhalts. Vielmehr darf und muß sich der Gesetzgeber ungeachtet der Bedingtheiten des Parlamentsvorbehalts auf die Regelung des Wesentlichen beschränken. Der gesetzesausführenden Verwaltung muß Substanz zum Ausführen bleiben.[1174] Überdies lassen für den hier betroffenen Sektor flexible Verwaltungsentscheidungen mehr Möglichkeiten für eine gebotene Anpassung der Vorgaben an den jeweiligen Stand der Technik als „starre Gesetze". Mit den in den Abs. 5 und 6 beschriebenen Leitlinien für den technischen Standard hat der Gesetzgeber das Grundrechtswesentliche geregelt. Die detaillierte Durchführung durfte er der Verwaltung überlassen.

[1172] Vgl. zum Parlamentsvorbehalt die Erläuterungen in Teil 2, S. 139 ff.
[1173] Damit genügt er den Anforderungen des Bundesverfassungsgerichts, das eine bereichsspezifische Regelung von Eingriffen fordert, die das informationelle Selbstbestimmungsrecht betreffen, vgl. BVerfGE 65, 1 (46).
[1174] Vgl. zur Delegationsbefugnis des parlamentarischen Gesetzgebers die Anmerkungen in Teil 2, S. 129 mit Fn. 703 und S. 139 ff.

(3) Zwischenergebnis

Den Anforderungen des Parlamentsvorbehalts wird die Regelung der Einrichtung des automatisierten Abrufverfahrens nach § 24c KWG gerecht.

bbb) Beachtung des Gebots der Normenklarheit

Die Regelungen des § 24c Abs. 1, 5, 6 KWG erfüllen auch die Anforderungen, die Art. 2 Abs. 1 i. V. m. Art. 1 Abs. 1 GG sowie Art. 20 Abs. 3 GG an die Bestimmtheit und die Normenklarheit von Eingriffsgesetzen in das informationelle Selbstbestimmungsrecht stellen.[1175]

(1) Hinreichend präzise Zweckbindung

Warum der Gesetzgeber ein Abrufsystem mit Konto- und Depotinformationen ins Leben gerufen hat, ergibt sich zwar nicht ausdrücklich aus § 24c Abs. 1 KWG, wird aber hinreichend ersichtlich aus den sich an die Einrichtung des Abrufverfahrens anschließenden Absätzen 2 und 3 des § 24c KWG. Daraus geht hervor, daß die vorgehaltenen Datensätze institutsaufsichtlichen und aufsichtsfremden Zwecken, u. a. der Strafverfolgung, dienen sollen. Inwieweit diese unterschiedlichen Zweckbestimmungen auch den gesteigerten Bestimmtheitsanforderungen an die Datenerhebung und die Datenübermittlung an Dritte genügen, muß im Rahmen dieser gesondert zu untersuchenden Informationseingriffe beurteilt werden.[1176] Darüber hinaus kommt es mit der Einrichtung eines automatisierten Verfahrens auf die Gewinnung eines aktuellen und vollständigen Überblicks über die für die Zweckerreichung erforderlichen Daten an.[1177] Das ergibt sich aus der Natur eines solchen Abrufverfahrens und wird im übrigen aus den Gesetzesmaterialien deutlich.[1178] Daß § 24c Abs. 1 Satz 5 KWG jederzeit einen Datenabruf ermöglicht, zeigt zudem, daß der Gesetzgeber auf eine zeitnahe Recherche Wert legt, die ohne Verzögerungen durchgeführt werden kann.[1179]

(2) Bestimmtheit der Verarbeitungsanforderungen im übrigen

Auch die anderen Parameter der Einrichtung des Abrufverfahrens sind hinreichend klar in § 24c Abs. 1, 5, 6 festgelegt. Insbesondere sind in § 24c Abs.1 Satz 1 KWG abschließend die in das Abrufsystem einzustellenden Daten genannt. Aus der Perspektive des betroffenen Grundrechtsträgers ist die Rechtslage, d. h. hier die Motivation des Gesetzgebers zur Schaffung eines automatisierten Kontoabrufverfahrens, ausreichend aus der Norm selbst erkennbar. Den Anforderungen an die Bestimmtheit

---

[1175] Zu den Anforderungen an den Grundsatz der Normenklarheit im Kontext des Rechts auf informationelle Selbstbestimmung vgl. Teil 2, S. 142 ff.
[1176] Dazu gleich im Anschluß sub cc), S. 220 ff., und sub dd), S. 228 ff.
[1177] *Kokemoor*, in: Beck/Samm (Hrsg.), Bundesdatenschutzgesetz, § 24c Rz. 7 ff.
[1178] Begründung der Bundesregierung zu ihrem Gesetzentwurf vom 18.01.2002 (Viertes Finanzmarktförderungsgesetz), BT-Drucks. 14/8017, Besonderer Teil, zu Artikel 6 Nr. 23 (§ 24c KWG), S. 123.
[1179] Dazu *Kokemoor*, in: Beck/Samm (Hrsg.), Bundesdatenschutzgesetz, § 24c Rz. 8.

und Normenklarheit genügen daher die Vorschriften des § 24c KWG, soweit sie die Einrichtung des automatisierten Abrufverfahrens anordnen.

(3) Keine Datensammlung auf Vorrat

Zum Zeitpunkt der Datenfixierung in den Computersystemen des Abrufverfahrens sind die aktuellen und künftigen Bedarfsfälle für einen Abruf klar umschrieben (gewesen). Bei der Speicherung der Kontoinformationen handelt es sich nicht um eine unzulässige Sammlung der Daten auf Vorrat zu unbestimmten oder noch nicht bestimmbaren Zwecken. Daß die Konto- und Depotangaben des § 24c Abs. 1 Satz 1 KWG de facto „vorrätig" gehalten werden, ist unschädlich, da es für das Verbot der Vorratssammlung auf die Unbestimmbarkeit des Verarbeitungszwecks ankommt.[1180]

(4) Zwischenergebnis

Die Einrichtung des Abrufverfahrens nach § 24c Abs. 1 KWG entspricht - in Zusammenschau mit den anderen Absätzen des § 24c KWG - den Grundsätzen der Normenklarheit. Eine unzulässige Datensammlung auf Vorrat wird wegen der ausreichenden Zweckumschreibung nicht veranlaßt.

ccc) Wahrung des Übermaßverbots

Eingriffe in das Recht auf informationelle Selbstbestimmung sind nur verfassungsmäßig, wenn sie im überwiegenden Allgemeininteresse unter Wahrung des Grundsatzes der Verhältnismäßigkeit erfolgen. Die Einrichtung des automatisierten Abrufverfahrens nach § 24c KWG müßte dem Schutz eines spezifizierten Allgemeininteresses dienen und zur Erreichung dieses Ziels geeignet und erforderlich sein. Überdies dürfte sie nicht außer Verhältnis zur Bedeutung des überwiegenden Allgemeininteresses und zu den von den Grundrechtsträgern hinzunehmenden Einbußen stehen.[1181]

(1) Verfolgung eines legitimen Ziels im Allgemeininteresse

Die Implementierung der Kontodatensätze nach § 24c Abs. 1 KWG dient mittelbar - durch die Verarbeitungsschritte des konkreten Datenabrufs und einer etwaigen Datenweitergabe an dritte Behörden - den Zwecken der Aufsicht über die Institute i. S. der §§ 6 Abs. 1, 1 Abs. 1b KWG sowie der aufsichtsunabhängigen Strafverfolgung, insbesondere der Geldwäsche- und Terrorismusbekämpfung. Unmittelbar soll die Einführung eines automatisierten Systems dazu beitragen, zeitnah einen aktuellen und vollständigen Überblick über die zur Zielerreichung notwendigen Informationen zu erhalten.

[1180] Zur Datenspeicherung auf Vorrat vgl. bereits die Ausführungen in Teil 2, S. 143.
[1181] Zu den Besonderheiten des Verhältnismäßigkeitsgrundsatzes im Rahmen des informationellen Selbstbestimmungsrechts vgl. Teil 2, S. 145 ff.

(a) Institutsaufsicht

Bei der Aufsicht der BaFin über die Institute i. S. d. § 1 Abs. 1b KWG handelt es sich um eine besondere Form der Gewerbeaufsicht, die neben dem Schutz der Institutsgläubiger in ihrer Gesamtheit vor allem dem Schutz des Vertrauens der Öffentlichkeit in die Funktionsfähigkeit und Glaubwürdigkeit der Kreditwirtschaft dient.[1182] Die Bedeutung eines funktionierenden Bankensystems ist vor dem Hintergrund eines hohen Stellenwerts von Geldeigentum sehr groß. Das Bundesverfassungsgericht sieht im Geldeigentum gar das wichtigste Fundament individueller Freiheit, weil es dem jeweiligen Eigentümer einen grundlegenden Freiraum im vermögensrechtlichen Bereich sichert.[1183] Um das Geld als „geprägte Freiheit"[1184] zur Entfaltung bringen zu können, muß es aber auf der anderen Seite dort überwacht werden, wo es als Basis für kriminelle Machenschaften, insbesondere als Instrument für Geldwäsche und zur Finanzierung des Terrorismus dienen kann. Die umfassende Aufsicht der BaFin über die Kreditwirtschaft als den Ort, wo in entscheidender Weise die Weichen für einen freiheitsrechtlichen Gebrauch oder für einen Mißbrauch des Geldes gestellt werden, ist ein wichtiges Instrument zur Sicherung öffentlicher Interessen.[1185] Daß es zu den aufsichtlichen Tätigkeiten der BaFin gehört, auch die Geldwäsche zu bekämpfen[1186], ist vor dem genannten Hintergrund konsequent. Insgesamt handelt es sich bei den Aufgaben der Institutsaufsicht, denen die Einrichtung des Abrufverfahrens nach § 24c KWG unter anderem dient, um ein wichtiges legitimes Ziel, das es im Interesse der Allgemeinheit zu schützen gilt.

(b) Geldwäsche- und Terrorismusbekämpfung

Auch soweit es bei der Einrichtung des Abrufsystems um die Bekämpfung der Geldwäsche, der Finanzierung des Terrorismus und um die Strafverfolgung im allgemeinen über den Bereich der Bankaufsicht hinaus geht, steht der Schutz wichtiger Allgemeingüter in Rede. Sowohl die Verfolgung von Straftaten von erheblicher Bedeutung und die Verbrechensbekämpfung[1187] als auch die Sicherheit des Staates[1188] verkörpern hohe Rechtsgüter und damit legitime Ziele im Sinne des eingriffsmoderierenden Verhältnismäßigkeitsgrundsatzes.

(c) Effizienz der Aufsichtstätigkeit

Unmittelbarer Grund für die Einrichtung gerade eines automatisierten Abrufsystems ist die Effizienz eines solchen Modells. Denn zeitnah, aktuell und vollständig

---

[1182] *Fülbier*, in: Boos/Fischer/Schulte-Mattler (Hrsg.), Kreditwesengesetz, § 6 Rz. 2.
[1183] BVerfGE 97, 350 (370).
[1184] BVerfG, aaO.
[1185] P. *Kirchhof*, in: Hadding/Hopt/Schimansky (Hrsg.), Basel II: Folgen für Kreditinstitute und ihre Kunden, Bankgeheimnis und Bekämpfung von Geldwäsche, S. 88 f.
[1186] *Fülbier*, in: Boos/Fischer/Schulte-Mattler (Hrsg.), Kreditwesengesetz, § 6 Rz. 54.
[1187] BVerfG NJW 2002, 3231; BVerfGE 103, 21 (33); 107, 299 (321 ff.).
[1188] BVerfGE 96, 171 (184, 186); 100, 313 (382) – insbesondere im Hinblick auf die Gefahren der international organisierten Kriminalität (Geldwäsche) und des internationalen Terrorismus. Zum Schutz vor Terror vgl. auch VG Trier NJW 2002, 3268 (3269).

kann ein Überblick über die zur Aufsicht notwendigen Daten am besten mit einem Online-Abruf bewerkstelligt werden.[1189] Der hinter diesen Überlegungen stehende Effizienzgedanke ist legitim und dient, bezogen auf die genannten mittelbaren Zwecke der Datenspeicherung, ebenfalls dem öffentlichen Allgemeininteresse.

(d) Fazit

Die Einrichtung des automatisierten Abrufverfahrens nach § 24c KWG dient legitimen Zwecken, die den Schutz spezifizierter Allgemeininteressen im Blick haben.

(2) Geeignetheit des Mittels

Das Mittel zur Erreichung der genannten Zwecke ist die Einrichtung eines automatisierten Abrufverfahrens. Geeignet ist dieses Mittel i. S. d. Verhältnismäßigkeit bereits dann, wenn es die Zielerreichung in irgendeiner Weise fördert.[1190] Das ist bei § 24c KWG zu bejahen. Denn mit im Online-Betrieb vorgehaltenen Kontodatensätzen kann sich die zugriffsberechtigte BaFin ohne Zeitverzögerung einen Überblick über Bankverbindungen von Personen verschaffen, bezüglich derer sie keine vollständigen Datensätze vorliegen hat. Auf der Grundlage der durch die Abfrage erlangten Suchergebnisse können dann nach anderen Befugnisnormen weitere Ermittlungen beim jeweiligen Kreditinstitut gezielt eingeleitet werden, so daß ein eventueller Mißbrauch der Kreditwirtschaft rechtzeitig unterbunden werden kann. Ebenso können die Konto- und Depotinformationen die Aufgabenerfüllung der mittelbaren Bedarfsträger nach § 24c Abs. 3 KWG erleichtern und fördern. Die Einrichtung des Abrufverfahrens ist ein geeignetes Mittel.

(3) Erforderlichkeit des Mittels

Nach der Rechtsprechung müßte die Einrichtung des automatisierten Abrufverfahrens gem. § 24c KWG zum Schutz der oben genannten öffentlichen Interessen unerläßlich sein.[1191] Mit anderen Worten: Der hier in Rede stehende Informationseingriff ist nur erforderlich, wenn er nicht auch durch ein gleich wirksames, aber die Grundrechtsträger weniger belastendes Mittel erreicht werden könnte.[1192] Ob der Bundesgesetzgeber mit seinen Regelungen des § 24c KWG diesem datenschutzrechtlichen Mindesteingriffsgebot genügt, ist in mehrfacher Hinsicht fraglich.

(a) Mildere Datenerhebungsformen

Da hier eine Informationsgewinnung nichtanonymisierter Daten bei Dritten und nicht unmittelbar beim Betroffenen selbst vorliegt, könnte man zuerst an eine mögliche Anonymisierung der Angaben oder an eine direkte Erhebung der Informa-

---

[1189] Vgl. dazu eingehend *Schily*, WM 2003, 1252.
[1190] BVerfGE 67, 157 (173); 96, 10 (23).
[1191] Vgl. zum Grundsatz des Mindesteingriffsgebots die Erläuterungen in Teil 2, S. 147 ff.
[1192] Vgl. z. B. BVerfGE 92, 262 (273).

tionen bei den betroffenen Grundrechtsträgern denken. Beide aus der Perspektive der Betroffenen milderen Alternativen scheiden jedoch schon im Hinblick auf die Schutzzwecke des § 24c KWG aus. Eine Anonymisierung wäre mit den Vollzugszwecken der Norm nicht kompatibel und eine Erhebung direkt beim Betroffenen würde jedenfalls in den Fällen der Geldwäsche- und Terrorismusbekämpfung die Realisierung des Normziels gefährden.[1193]

(b) Genereller Verzicht auf das Abrufverfahren

In Anbetracht der Fülle an Eingriffsmöglichkeiten auf den Sektoren der Bankaufsicht und der Geldwäschebekämpfung ist fraglich, ob daneben noch die Einrichtung eines automatisierten Abrufverfahrens not tut.[1194] Dies ist zu verneinen, wenn man bei der Ausschöpfung der gesetzlichen Möglichkeiten vor der Einführung des § 24c KWG die Ziele dieser Vorschrift genauso gut hätte verfolgen können. Prima facie reichen auch die anderen Instrumentarien aus, um die Vorgaben des § 24c KWG zu erreichen.[1195] So konnte und kann die BaFin nach § 44 Abs. 1 KWG von jedem Kreditinstitut umfassend Auskunft auch zu einzelnen Geschäftsverbindungen verlangen. In Fällen, in denen der BaFin aber nur Hinweise zu einer Person ohne Bezug zu einem bestimmten Kreditinstitut vorliegen, müßte die Behörde vor der Einleitung gezielter Ermittlungen erst an alle ca. 2400 Institute[1196] in Deutschland ein Auskunftsersuchen schicken und bei Einschaltung diverser Verwaltungsebenen auf entsprechende Antwort warten.[1197] Neben dem erheblich größeren Zeitaufwand stellt der automatisierte Abruf gegenüber den vorher erforderlichen Auskunftsersuchen der Bundesanstalt schon aus datenschutzrechtlicher Perspektive die mildere Variante dar.[1198] Selbst wenn man Zweifel hinsichtlich der Notwendigkeit zeitnaher Aufklärung der Sachverhalte des § 24c KWG haben sollte: Die Einschätzungsprärogative des Gesetzgebers gestattet diesem doch die legislative Umsetzung dieser Präferenz.[1199]

Was den Bereich der aufsichtsexternen Geldwäschebekämpfung durch die Strafverfolgungsbehörden angeht, scheint ebenfalls die umfangreiche Verpflichtung der Kreditinstitute zum Geldwäschemonitoring und zu Geldwäscheverdachtsanzeigen als „Einbahnstraße" von den Instituten zu den Strafverfolgungsbehörden auszureichen.[1200] Nur können auch hier auf Grund konkreter Hinweise an die entsprechende Staatsanwalt-

---

[1193] Zu dieser Gefahr im Rahmen des § 24c KWG auch *Müller*, DuD 2002, 603 f.
[1194] Vgl. zu den verschiedenen Ansatzpunkten die Übersicht auf S. 158 ff.
[1195] *Höche* spricht insoweit von einem Vollzugsdefizit hinsichtlich der vor der Einführung des § 24c KWG bereits geltenden Gesetze, vgl. *Höche*, Die Bank 1997, 197.
[1196] Vgl. zur Anzahl der beaufsichtigten Kreditinstitute im Jahr 2003 den Jahresbericht der BaFin aus dem Jahr 2003, S. 88, Tabelle 10, abrufbar unter www.bafin.de (20.07.2004).
[1197] *Kokemoor*, in: Beck/Samm (Hrsg.), Kreditwesengesetz, § 24c Rz. 8.
[1198] Ein auf die personenbezogenen Kontodaten bezogenes Auskunftsersuchen an alle ca. 2400 Kreditinstitute in Deutschland kann durch den automatisierten Abruf, der heimlich erfolgt, vermieden werden. Vgl. zu dem so bewirkten Schutz des Bankkunden *Kokemoor*, in: Beck/Samm (Hrsg.), Kreditwesengesetz, § 24c Rz. 24.
[1199] Zur Bedeutung der gesetzgeberischen Einschätzungsprärogative vgl. *Jarass*, in: Jarass/Pieroth, Grundgesetz, Art. 20 Rz. 87; *Pieroth/Schlink*, Grundrechte Staatsrecht II, Rz. 287.
[1200] Vgl. §§ 25a Abs. 1 Satz 1 Nr. 4 KWG, 11 GwG.

schaft bei der Strafverfolgungsbehörde schon Verdachtssituationen entstanden sein, die zu raschem Handeln zwingen, noch bevor der einzelne Geldwäschebeauftragte eines Kreditinstituts auf den Fall aufmerksam wird und seiner Anzeigepflicht nachkommt. Insgesamt ist daher dem Gesetzgeber in seiner Einschätzung Recht zu geben, daß der automatisierte Abruf wegen zeitnaher Recherchen notwendig ist.[1201] Die Einrichtung des automatisierten Abrufverfahrens nach § 24c KWG als solches ist und bleibt damit erforderlich.

(c) Erforderlichkeit der erfaßten Datenmenge

Ein weiterer Diskussionspunkt im Zusammenhang mit der Frage nach der verfassungsrechtlichen Verhältnismäßigkeit des § 24c KWG betrifft die von § 24c Abs. 1 Satz 1 KWG erfaßte Menge der Konto- und Depotinformationen.[1202] Wie bereits bei der Ermittlung der Eingriffsintensität angesprochen, bezieht sich § 24c Abs. 1 Satz 1 Nr. 1 KWG dem Wortlaut nach auf alle Kontoarten i. S. v. § 154 Abs. 2 Satz 1 AO. Unter Konto ist damit jede Rechnung zu verstehen, die von seiten des Kreditinstituts im Rahmen einer laufenden Geschäftsbeziehung für Kunden geführt wird und in der Zu- und Abgänge von Vermögensgegenständen erfaßt werden.[1203] Ob für die mit § 24c KWG verfolgten Ziele tatsächlich alle Konten in diesem Sinne überwacht werden müssen, ist vor dem Hintergrund des Mindesteingriffsgebots äußerst fraglich.

α) Den in § 24c Abs. 2 KWG genannten Zwecken der Institutsaufsicht sowie den aufsichtsfremden Geldwäsche- und Terrorismusbekämpfungsbestrebungen dienen zur Aufklärung typischerweise nur Konten, auf denen Geld gewaschen wird bzw. über die Gelder transferiert werden, mit denen terroristische Aktivitäten finanziert werden sollen. Für geldwäscherelevante Sachverhalte kommt es vor allem auf Konten und Wertpapierdepots an, auf denen Einlagen geführt werden oder für die Zahlungsverkehrstransaktionen im Wege des Girogeschäfts zugelassen sind.[1204]

β) Darüber hinaus können aber Abrufe laut § 24c Abs. 3 Satz 1 Nr. 2, 3 KWG auch für allgemeine Zwecke der Strafverfolgung und der gezielten Beschränkung des Wirtschafts- und Zahlungsverkehrs veranlaßt werden. In diesem Zusammenhang kommt es auf die Geldwäscherelevanz des betroffenen Kontos nicht mehr entscheidend an. Aus ermittlungstechnischen Gründen und zur Sicherstellung des jeweiligen Strafzwecks kann es geboten sein, Guthaben auf Konten oder Depots einzufrieren. Für diese Zwecke sind auch Konten geeignet,

---

[1201] Begründung der Bundesregierung zu ihrem Gesetzentwurf vom 18.01.2002 (Viertes Finanzmarktförderungsgesetz), BT-Drucks. 14/8017, Besonderer Teil, zu Artikel 6 Nr. 23 (§ 24c KWG), S. 123.
[1202] Kritisch hierzu *Zubrod*, WM 2003, 1217.
[1203] *Stein*, in: Boos/Fischer/Schulte-Mattler (Hrsg.), Kreditwesengesetz, § 24c Rz. 4 m. w. N.
[1204] *Escher*, BKR 2002, 659.

die ausschließlich der Verwaltung von Guthaben und nicht dem Zahlungsverkehr dienen.[1205]

γ) (Kredit-)Kartenkonten hingegen, die beispielsweise allein der Umsatzabrechnung mittels Lastschrifteinzug dienen, gehören nicht zu den Konten, die für die aufsichtlichen oder aufsichtsfremden Zwecke relevant sind.[1206] Derart eingesetzte Kreditkartenkonten stellen zwar Konten i. S. d. § 154 Abs. 2 Satz 1 AO dar.[1207] Ihrer konkreten Funktion nach dienen sie aber nicht den Zwecken des § 24c KWG. Soweit Konten also Funktionen betreffen, die nicht den Normzwekken dienen, ist ihre Überwachung im Kontext des § 24c KWG nicht erforderlich. Fraglich ist, ob § 24c Abs. 1 Satz 1 Nr. 1 KWG im Hinblick auf solche Kontofunktionen dem verfassungsrechtlichen Mindesteingriffsgebot ausreichend Rechnung trägt.

δ) Zur Verfassungswidrigkeit führt die pauschale Einbeziehung sämtlicher Konten i. S. d. § 154 Abs. 2 Satz AO erst dann, wenn eine Möglichkeit verfassungskonformer Auslegung des § 24c Abs. 1 Satz 1 Nr. 1 KWG nicht mehr besteht.[1208] Der Grundsatz verfassungskonformer Gesetzesauslegung verlangt, daß bei einem Gesetz, das mehrere Möglichkeiten der Exegese offen hält, derjenigen Gesetzesinterpretation der Vorzug zu geben ist, welche die Feststellung der Verfassungskonformität zuläßt. Für die Deutung sind die anerkannten Auslegungsmethoden heranzuziehen.[1209] Im vorliegenden Fall jedenfalls führt die teleologische Interpretation des Begriffs Konto i. S. v. § 24c Abs. 1 Satz 1 Nr. 1 KWG dazu, unabhängig von der Kontoart nur solche Kontofunktionen überwachen zu lassen, die für die genannten Normzwecke des § 24c KWG relevant sind. Diese teleologische Interpretation ist jedoch nur zulässig, soweit sie mit dem ausdrücklichen Wortlaut der entsprechenden Gesetzespassage in Einklang gebracht werden kann.[1210] Die Norm knüpft nur an den Begriff des Kontos i. S. v. § 154 Abs. 2 Satz 1 AO, nicht an den Begriff der Kontofunktion an. Da solche Konten ihrer Art nach allesamt für die Zwecke des § 24c KWG relevant sein können, ist es gerechtfertigt, alle Kontoarten in das Abrufsystem zu inte-

---

[1205] Daß es auf einen Geldwäschebezug oder einen aufsichtlichen Bezug bei einem Kontoabruf nach § 24c Abs. 3 Satz 1 Nr. 2 KWG nicht entscheidend ankommt, stellt das Bundesministerium der Finanzen in einem Schreiben an den Zentralen Kreditausschuß (c/o Bundesverband deutscher Banken e. V.) dar, vgl. Schreiben des Bundesministeriums der Finanzen vom 16.12.2002, Gz. VII B 7 - WK 5023 - 1166/02, S. 1 f.

[1206] Insoweit ist die Auslegung bei *Escher* zutreffend, vgl. *Escher*, BKR 2002, 659.

[1207] Darauf weist das Bundesfinanzministerium in einem Schreiben an den Zentralen Kreditausschuß explizit hin, vgl. Schreiben des Bundesministeriums der Finanzen vom 15.01.2003, Gz. VII B 7 - Wk 5023 - 26/03, S. 1.

[1208] Zur Figur der „verfassungskonformen Auslegung" vgl. u. a. *Degenhart*, Staatsrecht I, Rz. 633; *K. Hesse*, Grundzüge des Verfassungsrechts der Bundesrepublik Deutschland, Rz. 79 ff.; *Schlaich/Korioth*, Das Bundesverfassungsgericht, Rz. 440 ff., insbes. Rz. 442 ff.

[1209] *Degenhart*, aaO.

[1210] Gegen den Wortlaut ist eine verfassungskonforme Auslegung nicht möglich, vgl. *K. Hesse*, Grundzüge des Verfassungsrechts der Bundesrepublik Deutschland, Rz. 80 m. w. N.

grieren.[1211] Daneben bleibt eine Reduzierung innerhalb dieser Kontoarten auf bestimmte aufsichts- oder strafverfolgungsrelevante Kontofunktionen möglich, ohne den Wortlaut des § 24c Abs. 1 Satz 1 Nr. 1 KWG zu ignorieren. Im Ergebnis läßt die Norm daher eine verfassungskonforme Interpretation dahingehend zu, daß eine Überwachung von Konten ohne aufsichts- oder ermittlungsrechtliches Interesse auf Grund deren spezifischer Funktionen nicht erforderlich ist. Soweit Konten diesen Funktionen dienen, unterliegen sie nicht dem automatisierten Abrufverfahren des § 24c KWG. Diesem verfassungsrechtlichen Erfordernis trägt die Praxis voll Rechnung.[1212]

(d) Fehlende Alternativen zum Abrufsystem

Schließlich fehlt es an milderen Lösungsvorschlägen zur Umsetzung des gesetzgeberischen Ziels. Es wurde bereits darauf hingewiesen, daß die bisher vorhandenen Zugriffsbefugnisse keine genauso effektive Überwachung der Kontoinformationen gewährleisten können. Darüber hinaus stellten alternative Lösungsvorschläge zum automatisierten Abrufsystem wie beispielsweise die ursprünglich von seiten der Bundesregierung vorgeschlagene Einrichtung einer sog. „Kontenevidenzzentrale"[1213] keinesfalls ein milderes Mittel zur Gewinnung eines vollständigen, aktuellen und zeitnahen Überblicks über die Kontolandschaft dar.[1214] Mangels milderer, gleich effektiver Alternativen zum automatisierten Abrufsystem ist § 24c KWG auch unter diesem Gesichtspunkt erforderlich.

(e) Fazit

Die Einrichtung des automatisierten Abrufverfahrens ist trotz der umfangreichen Datenmengen, die in das System eingestellt werden, erforderlich. Dabei ist § 24c Abs. 1 Satz 1 Nr. 1 KWG dahingehend verfassungskonform auszulegen, daß nur solche Kontofunktionen einer Überwachung bedürfen, die für die Normzwecke des § 24c KWG Relevanz besitzen. Das ist beispielsweise bei (Kredit-)Kartenkonten, die allein der Umsatzabrechnung mittels Lastschrifteinzug dienen, nicht der Fall.

[1211] Daher sollen auch (Kredit-)Kartenkonten, die vergleichbar mit einem Girokonto auf Guthabenbasis geführt werden und auf die bzw. von denen Überweisungen auf und von Konten Dritter veranlaßt werden können, in die Datei nach § 24c Abs. 1 Satz 1 KWG eingestellt werden, vgl. Schreiben des Bundesministeriums der Finanzen vom 15.01.2003, Gz. VII B 7 - Wk 5023 - 26/03, S. 2.

[1212] Soweit (Kredit-)Kartenkonten ausschließlich solchen Funktionen dienen, sind sie von der Regelung des § 24c KWG ausgenommen, vgl. Schreiben des Bundesministeriums der Finanzen vom 15.01.2003, Gz. VII B 7 - Wk 5023 - 26/03.

[1213] Das Bundesministerium der Finanzen forderte unmittelbar nach den Terroranschlägen des 11. September 2001 die Einrichtung einer zentralen Datei bei der BaFin, in der alle Kontostammdaten von Giro-, Spar- und Depotkonten gespeichert werden sollten, vgl. das Maßnahmepaket des Bundesministeriums der Finanzen vom 05.10.2001 mit dem Titel „Finanzierungsströme des Terrorismus austrocknen - Stabilität der Finanzmärkte sichern", Gz. F.185 (D.80).

[1214] Zu den Bedenken gegen eine solche „Kontenevidenzzentrale" vgl. *Jahn*, ZRP 2002, 110 f.; *Kokemoor*, in: Beck/Samm (Hrsg.), Kreditwesengesetz, § 24c Rz. 10; *Müller*, DuD 2002, 601 f.

(4) Angemessenheit

Die Einrichtung des automatisierten Abrufverfahrens muß schlußendlich auch verhältnismäßig im engeren Sinne sein, d. h. sie darf nicht außer Verhältnis zu den mit ihr verfolgten Zwecken stehen. Im Rahmen einer Güterabwägung zwischen dem Recht der betroffenen Bankkunden auf informationelle Selbstbestimmung und den durch § 24c KWG zu sichernden Allgemeininteressen ist festzustellen, ob letztere die grundrechtlichen Positionen der Konto- und Depotinhaber überwiegen. Nur dann kann von einem verfassungsmäßigen überwiegenden Allgemeininteresse gesprochen werden, das eine Einschränkung des Rechts auf informationelle Selbstbestimmung endgültig rechtfertigt.[1215]

(a) Abstrakte Bewertung der sich gegenüberstehenden Rechtsgüter

Weder dem Recht auf informationelle Selbstbestimmung noch den durch § 24c KWG zu schützenden Rechtsgütern kann im Rahmen der vorzunehmenden Abwägung von vornherein ein genereller Vorrang eingeräumt werden.[1216] Einerseits handelt es sich bei dem Schutz der Funktionsfähigkeit der Kreditwirtschaft und bei der Geldwäsche- und Terrorismusbekämpfung um äußerst gewichtige Rechtsgüter, deren Schutz Grundlage verfassungsrechtlich verbürgter Freiheiten ist. Vor allem der an rechtsstaatlichen Garantien ausgerichteten Strafverfolgung und Verbrechensbekämpfung, zu der die Geldwäsche- und Terrorismusbekämpfung unzweifelhaft zählen, weist das Bundesverfassungsgericht immer wieder im Hinblick auf die Idee der Gerechtigkeit einen hohen Rang zu.[1217] Andererseits eignet dem im Recht auf freie Entfaltung der Persönlichkeit wurzelnden Recht auf informationelle Selbstbestimmung per se kein geringerer Rang.

(b) Abwägung

Das Ergebnis muß also in einer Abwägung gefunden werden. Es ist zu ermitteln, welchen der genannten Prinzipien im Fall des § 24c KWG das größere Gewicht zukommt.

α) Bei der Abwägung muß zunächst das besondere Interesse der betroffenen Bankkunden an der Geheimhaltung der erfaßten Daten berücksichtigt werden. Diesem besonderen Interesse an Geheimnisschutz trägt die Regelung des § 24c

---

[1215] Zu den besonderen Anforderungen an die Verhältnismäßigkeitsprüfung im Rahmen des Rechts auf informationelle Selbstbestimmung vgl. bereits Teil 2, S. 145 ff.
[1216] Das Bundesverfassungsgericht betont grundsätzlich, daß dem Schutz des allgemeinen Persönlichkeitsrechts und dem darin wurzelnden informationellen Selbstbestimmungsrecht kein Vorrang gegenüber dem Schutz anderer Rechtsgüter gebührt, vgl. BVerfGE 35, 202 (225); 75, 369 (380). Andererseits stellt das Gericht immer wieder heraus, daß dem Recht auf informationelle Selbstbestimmung auch nicht von vorneherein eine geringere Relevanz eignet, vgl. BVerfGE 80, 367 (375); 84, 192 (195). Ein Vorrang des allgemeinen Persönlichkeitsrechts nimmt das Gericht jedoch ausnahmsweise in den Fällen des zu schützenden Kindeswohls an, vgl. BVerfGE 75, 201 (218); BVerfG NJW 1988, 3010; in diese Richtung auch BVerfGE 101, 361 (385 f.).
[1217] BVerfGE 80, 367 (375); 100, 313 (382).

Abs. 5 KWG dadurch ausreichend Rechnung, daß sie die Anschaffung der zur Sicherstellung der Vertraulichkeit und des Schutzes vor unberechtigten Zugriffen erforderlichen Geräte auf seiten der Kreditinstitute anordnet. Darüber hinaus werden gem. Abs. 6 den Verpflichteten von seiten der BaFin die technischen Angaben vorgegeben, die notwendig sind, um in ihrem Bereich Datenschutz und Datensicherheit zu gewährleisten.[1218] Zur vertraulichen Behandlung der gespeicherten Daten sind die jeweiligen Bankmitarbeiter schon kraft des mit den Kunden geschlossenen Bankvertrages verpflichtet.[1219] Darüber hinaus unterliegen die Institute der ständigen Kontrolle des betriebseigenen Datenschutzbeauftragten[1220] sowie der BaFin nach § 25a Abs. 1 Satz 2 KWG. Danach sind die verpflichteten Kreditinstitute zur Einhaltung der gesetzlichen Bestimmungen, insbesondere auch der Datenschutzgesetze angehalten.[1221] Verstöße dagegen kann die BaFin als Aufsichtsbehörde mit diversen Maßnahmen ahnden.[1222] Insgesamt wird das besondere Geheimhaltungsinteresse der Bankkunden durch § 24c KWG und die diese Norm flankierenden Regelungen des Kreditwesengesetzes ausreichend geschützt.

β) Das im Rahmen der Eingriffsintensität geschilderte Mißbrauchsrisiko ist durch die Konstruktion des § 24c KWG ebenfalls minimiert. Zum einen sorgen wiederum technische Vorgaben auf Grund der Absätze 5 und 6 dafür, daß unberechtigte Zugriffe auf die Datenbanken der Kreditinstitute oder auf die im Transfer befindlichen Daten nur schwer möglich sind.[1223] Zum anderen ist der

---

[1218] Diese Angaben befinden sich in der „Schnittstellenspezifikation BaFin - Kreditinstitute" (Version 1.5), die dem Rundschreiben 17/2002 der BaFin vom 26.09.2002, Gz. Z12-O1918-30/02, beigefügt ist. Nach einem neuen Entwurf der Schnittstellenspezifikation soll das Datenschutzniveau sogar noch erhöht werden, vgl. „Schnittstellenspezifikation BaFin - Kreditinstitute" (Version 2.1.6), die einem Schreiben der BaFin vom 21.07.2004, Gz. IT3 - O 1918 - 0054/04, beigefügt ist.

[1219] Der Bankvertrag ist Ursprung des Bankgeheimnisses. Danach sind die Banken und deren Mitarbeiter verpflichtet, die ihr im Rahmen der mit dem Kunden eingegangenen Geschäftsverbindung bekannt gewordenen Tatsachen nicht unbefugt zu offenbaren. Dieser Grundsatz hat Ausdruck in § 2 Abs. 1 der AGB-Banken gefunden. Vgl. dazu *Huhmann*, Die verfassungsrechtliche Dimension des Bankgeheimnisses, S. 29 ff.
Zudem sind die Personen, die personenbezogene Daten erheben oder verarbeiten, generell nach § 5 BDSG auf das Datengeheimnis verpflichtet.

[1220] Ein Beauftragter für den Datenschutz ist nach § 4f BDSG zu bestellen. Er hat auf die Einhaltung des Datenschutzes im jeweiligen Unternehmen hinzuwirken, § 4g BDSG.

[1221] Nach § 25a Abs. 1 Satz 1 Nr. 1 KWG muß jedes Kreditinstitut über geeignete Regelungen zur Steuerung, Überwachung und Kontrolle der gesetzlichen Bestimmungen verfügen (sog. „Compliance-Regelungen"), vgl. *U. Braun*, in: Boos/Fischer/Schulte-Mattler (Hrsg.), Kreditwesengesetz, § 25a Rz. 86 ff.

[1222] *U. Braun*, aaO, § 25a Rz. 26 ff.

[1223] Das Sicherheitsniveau des Auskunftsverfahrens berücksichtigt sowohl den sicheren Datentransfer als auch einen Zugangsschutz für die Systeme der verpflichteten Kreditinstitute sowie eine Abfragevertraulichkeit mittels einer datenbanklogischen Blackbox, vgl. „Schnittstellenspezifikation BaFin - Kreditinstitute" (Version 1.5), S. 14, die dem Rundschreiben 17/2002 der BaFin vom 26.09.2002, Gz. Z12-O1918-30/02, beigefügt ist. Nach einem neuen Entwurf der Schnittstellenspezifikation soll das Datenschutzniveau sogar noch erhöht werden, vgl. „Schnittstellenspezifikation BaFin - Kreditinstitute" (Version 2.1.6), die einem Schreiben der BaFin vom 21.07.2004, Gz. IT3 - O 1918 - 0054/04, beigefügt ist.

Kreis der unmittelbar zugriffsberechtigten Stellen auf die BaFin beschränkt. Eine unmittelbare Online-Anbindung besteht nur zwischen der BaFin und den Datenbanken der Kreditinstitute.[1224] Damit wird die Angriffsfläche für potentielle Hacker auf einen Übermittlungsweg reduziert. Dieser ist durch diverse Verschlüsselungstechniken vor unberechtigten Zugriffen gesichert.[1225] Gegenüber dem technisch immer bestehenden Restrisiko ist der vorliegende Eingriff auf Grund der Natur der abrufbaren Daten nicht derartig gravierend, daß das Verfahren als solches deswegen unverhältnismäßig wäre. Vielmehr ist das Restrisiko eines unberechtigten Zugriffs auf die Kontostammdaten den betroffenen Kunden im Hinblick auf den hohen Rang der zu sichernden öffentlichen Interessen zumutbar.

Daß auf der Basis der vorgehaltenen Daten eine Komplettrasterung denkbar wäre oder mißbräuchliche Datenkombinationen auf Grund unberechtigter Zugriffe anderer staatlicher Behörden erfolgen könnten, führt nicht bereits zur Unverhältnismäßigkeit der Einrichtung des Verfahrens selbst. Vielmehr kommt es insoweit auf die verhältnismäßige Ausgestaltung der sich an die Installierung der Auskunftsdateien anschließenden Informationseingriffe (Abruf, Weitergabe der Daten) an.

γ) Angesichts der Minimierung der bestehenden Risiken für das Recht auf informationelle Selbstbestimmung überwiegen hinsichtlich der Einrichtung des automatisierten Abrufverfahrens die öffentlichen Interessen. Auch hier fällt ins Gewicht, daß es bei der Bankaufsicht und der geldwäsche- und terrorismusbezogenen Strafverfolgung um besonders wichtige öffentliche Interessen geht. Den betroffenen Konto- und Depotinhabern ist es vor diesem Hintergrund im Einzelfall zumutbar, daß ihre Kontostammdaten für die genannten Zwecke automatisiert vorgehalten werden. Insgesamt ist die Einrichtung des automatisierten Abrufverfahrens verhältnismäßig.

ddd) Zwischenergebnis

Die Einrichtung des automatisierten Abrufverfahrens als solche ist materiell und damit insgesamt verfassungsmäßig. Sie ist als Informationseingriff verfassungsrechtlich gerechtfertigt und verstößt daher nicht gegen die Rechte der von § 24c KWG betroffenen Konto- und Depotinhaber auf informationelle Selbstbestimmung.

[1224] Jedenfalls im Rahmen des § 24c KWG. Beachte jedoch den ab 01.04.2005 in Kraft tretenden § 93b AO, wonach künftig auch das Bundesamt für Finanzen unmittelbar zu steuerlichen Zwecken auf die Daten des § 24c Abs. 1 Satz 1 KWG zugreifen darf. Vgl. dazu bereits oben Fn. 885 und 915.

[1225] Insbesondere trägt dem Datenschutz die Software-Komponente „DataCrypt" Rechnung, welche zur Konvertierung und Verschlüsselung eingesetzt wird, vgl. „Schnittstellenspezifikation BaFin - Kreditinstitute" (Version 1.5), S. 8, die dem Rundschreiben 17/2002 der BaFin vom 26.09.2002, Gz. Z12-O1918-30/02, beigefügt ist. Die auf „DataCrypt" basierende Verschlüsselungstechnik soll jedoch nach den aktuellen Plänen der BaFin zugunsten eines insgesamt sichereren Systems (generell kein Datentransfer mehr über das Internet) aufgegeben werden, vgl. die geplante „Schnittstellenspezifikation BaFin - Kreditinstitute" (Version 2.1.6), die einem Schreiben der BaFin vom 21.07.2004, Gz. IT3 - O 1918 - 0054/04, beigefügt ist.

cc) Besondere Anforderungen an die materielle Verfassungsmäßigkeit des § 24c Abs. 2 KWG

Fraglich ist, ob neben der Einrichtung des Abrufverfahrens als solcher auch die gesetzliche Ausgestaltung der Abrufmöglichkeit durch die BaFin für die in § 24c Abs. 2 KWG genannten Zwecke verfassungsrechtlich gerechtfertigt ist. Dazu müßten vom Bundesgesetzgeber die einzelnen Eingriffskautelen beachtet worden sein.

aaa) Wahrung des Parlamentsvorbehalts

Auch § 24c Abs. 2 KWG und die damit in Verbindung stehenden anderen Absätze des § 24c KWG legen die Voraussetzungen eines konkreten Datenabrufs bereichsspezifisch fest. Es handelt sich um Spezialbestimmungen gegenüber den allgemeinen Datenschutzgesetzen, die die Zulässigkeit der Übermittlung und Erhebung von Daten bei Dritten regeln.[1226] Auch die Vorschrift des § 10 BDSG ist eine lex generalis gegenüber § 24c Abs. 2, 4 KWG.[1227] Soweit die Passagen des § 24c KWG jedoch datenschutzrechtliche Punkte nicht ausdrücklich regeln, greifen die allgemeinen datenschutzrechtlichen Normen ein.[1228]

Der Bundesgesetzgeber hat die für das Grundrecht auf informationelle Selbstbestimmung wesentlichen Punkte selbst geregelt und damit dem Parlamentsvorbehalt ausreichend Rechnung getragen. § 24c Abs. 2 KWG bestimmt mit der BaFin den unmittelbar Abrufberechtigten, regelt mit den Kriterien des Abrufs „einzelner" Daten, der Erforderlichkeit des einzelnen Abrufs und der besonderen Eilbedürftigkeit im Einzelfall die wesentlichen Voraussetzungen des Abrufs und trifft die wesentlichen verfahrensrechtlichen Anforderungen mit der Festsetzung der Protokollierung in § 24c Abs. 4 KWG. Darüber hinaus wurde bereits mit der Einrichtung des Verfahrens festgelegt, welche Datensätze abrufbar sind. Die Zwecke der Kontoabfrage gibt § 24c Abs. 2

[1226] Insbesondere ist § 24c Abs. 2 KWG gem. § 1 Abs. 3 BDSG eine lex specialis zu § 13 Abs. 1, 1a BDSG. Vgl. dazu auch *Zubrod*, WM 2003, 1215.

[1227] Die Abrufbedingungen des § 24c Abs. 1, 2 KWG sind gegenüber § 10 BDSG teilweise verschärft; denn anders als in § 10 Abs. 4 Satz 3 BDSG kann das die Daten speichernde Kreditinstitut auf Grund der Anordnung des § 24c Abs. 1 Satz 6 KWG (Heimlichkeit des Abrufs) nicht die Überprüfung der Zulässigkeit des Abrufs durch geeignete Stichprobenverfahren sicherstellen. Da diese Verschärfung aber zumindest auch dem Schutz des Kunden dient (das Vertrauensverhältnis zwischen Bank und Kunde wird durch Abrufe auf Grund deren heimlicher Vornahme nicht gestört), ist sie akzeptabel. Vgl. dazu *F. Herzog/Christmann*, WM 2003, 10; *Löwnau-Iqbal*, in: Scheurle/Mayen (Hrsg.), Telekommunikationsgesetz, § 90 Rz. 12. Der dem § 24c KWG als Vorbild dienende § 90 Abs. 2 TKG a. F. ist heute in § 112 TKG n. F. (Telekommunikationsgesetz vom 22.06.2004, BGBl. I, S. 1190 [1229 f.]) geregelt.

[1228] Vgl. dazu beispielhaft unten sub ee), S. 253 ff. (Auskunftsrechte). Die subsidiäre Geltung des BDSG ist die Konsequenz aus § 1 Abs. 3 BDSG, der den Vorrang von Spezialvorschriften des Bundes nur gewährt, *soweit* diese mit den allgemeinen Vorschriften des BDSG deckungsgleich sind. Außerhalb der Deckungsgleichheit bleibt es bei der Anwendung des BDSG, vgl. *Walz*, in: Simitis (Hrsg.), Bundesdatenschutzgesetz, § 1 Rz. 169.

KWG ebenfalls selbst vor.[1229] Dem Parlamentsvorbehalt genügt die Ausgestaltung des einzelnen Abrufs voll und ganz.

bbb) Beachtung des Gebots der Normenklarheit

Der Gesetzgeber hat bei der Formulierung des § 24c Abs. 2 KWG im Ergebnis auch das Gebot der Normenklarheit beachtet. Denn neben der Benennung der auskunftsberechtigten BaFin lassen sich Anlaß, Zweck und Grenzen des Informationseingriffs aus der Vorschrift - jedenfalls durch Auslegung - eindeutig erkennen. Das trägt der relativ großen Intensität dieses Eingriffs ausreichend Rechnung.

(1) Anlaß des Datenabrufs

Anlaß des Datenabrufs durch die BaFin muß ein besonders eilbedürftiger Einzelfall sein, zu dessen Überprüfung die BaFin die Angaben des § 24c Abs. 1 Satz 1 KWG benötigt. Die Formulierung zeigt, daß der Anlaß keine Regelfallsituation oder eine in einer Vielzahl von Fällen auftretende Lage betrifft, sondern nur besonders dringliche und unaufschiebbare individuelle Sachverhalte.[1230] Die Voraussetzung der Eilbedürftigkeit hat primär deklaratorischen und für die BaFin warnenden Charakter, weil den meisten zu erfüllenden Aufgaben der BaFin per se eine große Eilbedürftigkeit eignet.[1231]

(2) Zweck des Datenabrufs

Auch die Zwecke des Datenabrufs gehen aus § 24c Abs. 2 KWG klar hervor. Danach dürfen die Anfragen der BaFin an die Datenbanken der Kreditinstitute nur gerichtet werden, soweit dies zur Erfüllung der Aufgaben der BaFin nach dem Kreditwesengesetz oder dem Geldwäschegesetz notwendig ist. Daß § 24c Abs. 2 KWG selbst nur beispielhaft einzelne, für den Abruf besonders wichtige Aufgabenfelder der Bankaufsicht herausgreift[1232], steht der Normenklarheit und Transparenz dieses Gesetzesabschnitts nicht entgegen. Vielmehr ist auf Grund des Hinweises auf die verschiedenen Gesetze, die der BaFin aufsichtliche Tätigkeiten zuweisen, leicht anhand der einschlägigen Normen zu ermitteln, wie weit die Aufgaben der BaFin sowohl nach § 6 KWG als auch nach §§ 16, Nr. 2, 3, 17 Abs. 4 Satz 1 i. V. m. § 17 Abs. 1, 2 und 3 GwG reichen. Die Zwecke sind somit insgesamt präzise beschrieben.

(3) Grenzen des Datenabrufs

Schließlich ergeben sich auch die Grenzen des Datenabrufs aus § 24c Abs. 2 KWG. Neben der bereits erwähnten Begrenzung der besonderen Eilbedürftigkeit im

---

[1229] Es geht also bei der Eigenabfrage der BaFin um die Erfüllung der aufsichtlichen Aufgaben nach dem KWG und dem GwG.
[1230] *Kokemoor*, in: Beck/Samm (Hrsg.), Kreditwesengesetz, § 24c Rz. 28.
[1231] *Kokemoor*, aaO; *Müller*, DuD 2002, 602.
[1232] Vgl. den Wortlaut des § 24c Abs. 2 KWG „insbesondere".

Einzelfall nennt das Gesetz hier die Erforderlichkeit des Datenabrufs zur Erfüllung der aufsichtlichen Aufgaben neben der Auflage, daß nur „einzelne Daten" aus der Datei nach § 24c Abs. 1 Satz 1 KWG eingeholt werden dürfen. Während den Wendungen der Erforderlichkeit und der besonderen Eilbedürftigkeit im Einzelfall eher eine Warnfunktion im Hinblick auf den mit dem Abruf verbundenen Eingriff in das Recht auf informationelle Selbstbestimmung zukommt[1233], schränkt die Begrenzung des Abrufs auf „einzelne Daten" das Zugriffsrecht der BaFin erheblich ein. Liest man diese Voraussetzung zusammen mit dem Erfordernis der Einzelfallbezogenheit, so ergibt sich daraus, daß nur einzelne Kontodatensätze, nicht aber die Kontodatei des § 24c Abs. 1 Satz 1 KWG insgesamt oder nennenswerte Teile davon abgerufen werden dürfen.[1234] Die Grenzen des Datenabrufs sind hinreichend klar und präzise formuliert. Sowohl die betroffenen Grundrechtsträger als auch die auf normenklare Vorgaben angewiesene Verwaltung sowie die Gerichte können sich auf die Parameter des Datenabrufs zu Zwecken der Institutsaufsicht einstellen.[1235] Die Regelung des § 24c Abs. 2 KWG genügt dem Grundsatz der Normenklarheit.

(4) Sonstige Voraussetzungen des Datenabrufs

Eine ausdrückliche Regelung fehlt indes hinsichtlich der Frage, ob Anfragen der BaFin nach § 24c Abs. 2 KWG auch möglich sind, wenn der Behörde nur unvollständige Namensangaben[1236] oder nur unvollständige Daten zu einer nach § 24c Abs. 1 Satz 1 Nr. 2 KWG zu identifizierenden Person vorliegen.[1237] Fraglich ist, ob durch das Schweigen des Gesetzes zu dieser Problematik der Regelung insgesamt die verfassungsrechtlich gebotene Transparenz fehlt. Intransparent ist die Vorschrift nur dann, wenn auch durch verfassungskonforme Auslegung kein eindeutiges Ergebnis erreicht werden kann. Dem Wortlaut nach ist eine Abfrage unvollständiger Daten zwar nicht ausgeschlossen.[1238] Mit den hohen Bestimmtheitsanforderungen, die sich auf Grund des erheblichen Eingriffs in das informationelle Selbstbestimmungsrecht ergeben, ist jedoch eine verfassungskonforme Auslegung dahin, daß unvollständige Angaben für eine Abfrage ausreichen, nicht vereinbar.[1239] Die Risiken einer Abfrage steigen für Personen, die mit den Zielpersonen der BaFin-Anfrage im Ergebnis nicht überein-

---

[1233] *Kokemoor*, in: Beck/Samm (Hrsg.), Kreditwesengesetz, § 24c Rz. 28.
[1234] *Ehmer*, in: Büchner/Ehmer u. a. (Hrsg.), Telekommunikationsgesetz, § 90 Rz. 21; *Kokemoor*, aaO, § 24c Rz. 26.
[1235] Auf die Bedeutung des Grundsatzes der Normenklarheit für Bürger, Verwaltung und Gerichte weist das Bundesverfassungsgericht immer wieder hin, vgl. jüngst BVerfG NJW 2004, 2213 (2215).
[1236] Bei einer Abfrage mit unvollständigen Namensangaben spricht man von sog. „Jokerabfragen", bei denen für fehlende oder unbekannte Namensbestandteile sog. „Jokerzeichen" gesetzt werden, vgl. *Kokemoor*, in: Beck/Samm (Hrsg.), Kreditwesengesetz, § 24c Rz. 26.
[1237] Z. B. nur der Vorname oder nur das Geburtsdatum.
[1238] Insoweit ist *Kokemoor*, in: Beck/Samm (Hrsg.), Kreditwesengesetz, § 24c Rz. 26, Recht zu geben.
[1239] Es fehlt insoweit an einer hinreichend klaren Rechtsgrundlage, vgl. *Ehmer*, in: Büchner/Ehmer u. a. (Hrsg.), Telekommunikationsgesetz, § 90 Rz. 21; *Löwnau-Iqbal*, in: Scheurle/Mayen (Hrsg.), Telekommunikationsgesetz, § 90 Rz. 5. A. A. aber *Kokemoor*, in: Beck/Samm (Hrsg.), Kreditwesengesetz, § 24c Rz. 26, der auch „Jokerabfragen" zulassen will, solange die Zahl der Ergebnisdatensätze in der Praxis hinreichend eingegrenzt ist.

stimmen, enorm an. Liegt beispielsweise nur der Nachname „Müller" für eine Abfrage vor, ist die Wahrscheinlichkeit besonders groß, daß neben der gewünschten Zielperson unzählige Daten von Betroffenen (mit-)übermittelt werden, die für die Recherche der BaFin völlig irrelevant sind.[1240] Auf Grund dieses erhöhten Risikos für das Selbstbestimmungsrecht und der damit verbundenen Intensivierung und Ausweitung des Grundrechtseingriffs ist aus Transparenzgründen eine explizite gesetzliche Zulassung solcher unvollständiger Anfragen vonnöten.[1241] In Verbindung damit müßten vom Gesetzgeber[1242] die Parameter dafür vorgegeben werden, welche Mindestanforderungen für eine Abfrage nötig sind.[1243]

Da Abfragen mit unvollständigen Angaben mangels ausdrücklicher Regelung im Hinblick auf den Grundrechtsschutz nicht zulässig sind, bleibt als Auslegungsmöglichkeit nur noch das Erfordernis vollständiger Abfragedaten. Da es bei der Recherche im Rahmen des § 24c KWG ja gerade darum geht, Identifikationsdaten einzelner Personen mit Kontoinformationen zu kombinieren, reichen als vollständige Abfragedaten entweder die Angaben zur Konto- bzw. Depotnummer nach § 24c Abs. 1 Satz 1 Nr. 1 KWG oder vollständige Personendaten zum Konto- bzw. Depotinhaber nach § 24c Abs. 1 Satz 1 Nr. 2 KWG aus. Daß § 24c Abs. 2 KWG zu der Frage der Zulässigkeit unvollständiger Anfragedaten keine Stellung nimmt, steht seiner Normenklarheit insgesamt somit nicht im Wege. Vielmehr ist das Schweigen des Gesetzes in diesem Punkt so auszulegen, daß solche Abfragen mangels ausdrücklicher gesetzlicher Grundlage unzulässig sind.[1244]

ccc) Wahrung des Übermaßverbots

Die Ermöglichung des konkreten Datenabrufs müßte in seiner gesetzlichen Ausgestaltung verhältnismäßig sein. D. h. die Abrufe müßten im überwiegenden Allgemeininteresse einem legitimen Ziel dienen, zu dessen Erreichung der Abruf einzelner Kontodatensätze geeignet, erforderlich und angemessen ist.

[1240] Im Ergebnis ist also jedenfalls ein hoher Übereinstimmungsgrad von abgefragten und ausgegebenen Datensätzen zu fordern, vgl. *Kokemoor*, aaO.

[1241] Das fordert zu Recht auch *Löwnau-Iqbal*, in: Scheurle/Mayen (Hrsg.), Telekommunikationsgesetz, § 90 Rz. 5.

[1242] Das kann auch der Verordnungsgeber sein, vgl. § 112 Abs. 3 Satz 1 TKG n. F., vgl. BGBl. I, 2004, S. 1190 (1229 f.).

[1243] Diesem Erfordernis trägt die Neufassung des § 90 TKG a. F. Rechnung, die jetzt in § 112 TKG zu finden ist. In § 112 Abs. 1 Satz 4 Nr. 2, Abs. 3 Satz 1 Nr. 3 TKG n. F. wird explizit der Abruf von Telekommunikationsdaten unter Verwendung unvollständiger Abfragedaten erlaubt und der Verordnungsgeber dazu aufgefordert, Mindestanforderungen an den Umfang der einzugebenden Abfragedaten sowie Aussagen zum zulässigen Umfang der zu übermittelnden Treffer festzulegen. Zu finden ist die Neufassung des § 112 des Telekommunikationsgesetzes (TKG) vom 22. Juni 2004 in BGBl. I, S. 1190 (1229 f.).

[1244] Daß die BaFin mit ihren der Schnittstellenspezifikation niedergelegten Vorgaben den Anforderungen an Jokerabfragen *in der Praxis* gerecht wird, kann das Fehlen der notwendigen *gesetzlichen* Ermächtigung nicht ersetzen. Die genauen Vorgaben der BaFin finden sich in der „Schnittstellenspezifikation BaFin - Kreditinstitute" (Version 1.5), S. 15, die dem Rundschreiben 17/2002 der BaFin vom 26.09.2002, Gz. Z12-O1918-30/02, beigefügt ist.

(1) Verfolgung eines legitimen Ziels im Allgemeininteresse

Bei der ordnungsgemäßen Erfüllung der Aufgaben der Institutsaufsicht, denen ein Datenabruf nach § 24c Abs. 2 KWG dient, handelt es sich um ein wichtiges legitimes Ziel, das es im Interesse der Allgemeinheit zu schützen gilt. Insbesondere die Geldwäschebekämpfung und das Vorgehen gegen die Finanzierung des Terrorismus auf dem Sektor der Kreditwirtschaft dienen wichtigen Allgemeininteressen, die grundsätzlich geeignet sind, erhebliche Eingriffe in das Recht auf informationelle Selbstbestimmung, wie sie durch § 24c Abs. 2 KWG ermöglicht werden, zu rechtfertigen.[1245]

(2) Geeignetheit des Datenabrufs

Der Datenabruf von seiten der BaFin kann die Erreichung dieses Zwecks - Schutz des Vertrauens in die Kreditwirtschaft - erheblich fördern, weil er zeitnah einen umfassenden und aktuellen Überblick über Kontenbeziehungen einzelner Personen ermöglicht. Mit den Kontoinformationen des § 24c KWG erhält die BaFin auch in Situationen, in denen sie zunächst nur die Identifikationsdaten eines potentiellen Kontoinhabers kennt, kontobezogene Daten, die sie als Basis für weitere, gezielte Maßnahmen gegen einzelne Kreditinstitute braucht. Mit Hilfe der Brückenfunktion des § 24c KWG, der die Verbindung zwischen einzelnen Personen und damit in Kontakt stehenden Kreditinstituten herstellt, kann die BaFin ihre aufsichtlichen Aufgaben schnell und gezielt durchführen. Auf Grund dieser erheblichen Zweckförderung ist der Datenabruf zur Aufgabenerfüllung der BaFin geeignet.

(3) Erforderlichkeit des Datenabrufs

Mildere, gleich effektive Mittel zur Erreichung der Aufsichtszwecke gibt es derzeit nicht in Fällen, in denen der BaFin lediglich die Person eines potentiellen Kontoinhabers bekannt ist und in denen es auf eine zügige Ermittlung ankommt. Darauf wurde bereits im Rahmen der Erforderlichkeitserwägungen zur Einrichtung des Abrufverfahrens hingewiesen.[1246] Insbesondere die bisher praktizierte Methode der BaFin, wonach Auskunftsersuchen stets an alle Banken in Deutschland mittels eines komplizierten Verteilungssystems über die Landeszentralbanken gerichtet wurden, war aus datenschutzrechtlicher Sicht nicht das mildere Mittel.[1247] Freilich ist ein Rekurs auf den automatisierten Datenabruf erst dann notwendig, wenn eine Recherche im Einzelfall gem. § 24c Abs. 2 KWG besonders eilbedürftig ist. Andernfalls muß die BaFin sich der anderen zur Verfügung stehenden aufsichtsrechtlichen Mittel bedienen.[1248] Der Datenabruf nach § 24c Abs. 2 KWG ist unter diesen zusätzlichen Einschränkungen auch erforderlich.

[1245] Vgl. bezogen auf den gegenüber Art. 2 Abs. 1 GG i. V. m. Art. 1 Abs. 1 GG speziellen Art. 10 GG BVerfGE 100, 313 (382).
[1246] Vgl. oben S. 212 ff.
[1247] Vgl. dazu *Müller*, DuD 2002, 601 f.
[1248] *Kokemoor*, in: Beck/Samm (Hrsg.), Kreditwesengesetz, § 24c Rz. 28.

(4) Angemessenheit des Datenabrufs

Die gesetzliche Fassung der Zugriffsberechtigung der BaFin müßte schlußendlich auch verhältnismäßig im engeren Sinne sein. Dazu dürfte der erhebliche Eingriff in das Recht auf informationelle Selbstbestimmung nicht außer Verhältnis zu dem Allgemeininteresse Bankaufsicht stehen, welches mit § 24c Abs. 2 KWG verfolgt wird. Der Eingriff muß also im Hinblick auf das Schutzgut den Grundrechtsbetroffenen zumutbar sein.

(a) Angemessenheit der Übermittlungsschwellen

Im Gesetzgebungsverfahren zu § 24c KWG wurde von verschiedenen Seiten moniert, daß für einen Datenabruf der BaFin in Eigeninitiative nur die beim Grundsatz der Normenklarheit genannten Grenzen vorgesehen sind. Übermittlungsschwellen i. S. eines Anfangsverdachts für eine Straftat, wie sie im Strafprozeßrecht gefordert werden, sieht § 24c Abs. 2 KWG nicht vor.[1249] Im Hinblick auf die Erheblichkeit des Grundrechtseingriffs, insbesondere in Anbetracht der Tatsache, daß die durch § 24c Abs. 2 KWG gewonnenen Daten die Basis für gezielte Zugriffe der BaFin auch auf Kontoinhalte nach § 44 KWG bilden können, erscheint die Zumutbarkeit einer solchen Maßnahme für die Grundrechtsträger äußerst zweifelhaft.

α) Auch das Bundesverfassungsgericht stellt in seinen Entscheidungen hohe Anforderungen an die sog. Einschreit- oder Übermittlungsschwellen. Dies gilt namentlich dann, wenn sich an die aus der Übermittlung folgenden Kenntnisnahme der personenbezogenen Daten Maßnahmen gegenüber den die Informationen betreffenden Personen anschließen.[1250] Der Erste Senat fordert in seiner zu Art. 10 GG ergangenen Entscheidung vom 14. Juli 1999 besonders hohe Übermittlungsschwellen, wenn personenbezogene Angaben zunächst verdachtslos zu ausschließlich strategischen Kontrollzwecken gewonnen und dann an Strafverfolgungsbehörden zu personenbezogenen Ermittlungs- und Strafverfolgungszwecken weitergegeben werden. Eine Übermittlung könne hier nur auf der Grundlage einer tatsächlichen Basis erfolgen, die die Annahme eines Tatverdachts rechtfertigt.[1251]

β) Ein solcher vergleichbarer Sachverhalt liegt indes im Fall des § 24c Abs. 2 KWG (noch) nicht vor. Der Abruf und damit die Übermittlung/Erhebung der Daten in diesem Sinne erfolgen ausschließlich und zunächst nur zu Zwecken der Bankaufsicht. Diese richtet sich unmittelbar nicht gegen die betroffenen

---

[1249] Die Kritik kam sowohl von seiten des Finanzausschusses als auch von seiten des Bundesrates, vgl. den Bericht des Finanzausschusses zu dem Gesetzentwurf der Bundesregierung - Drucksache 14/8017 - vom 21.03.2002, BT-Drucks. 14/8601, Punkt I. 6 (Allgemeines/Ausschußempfehlung), S. 8 ff.; Unterrichtung des Vermittlungsausschusses durch den Bundesrat in der Anrufung des Vermittlungsausschusses vom 02.05.2002, BT-Drucks. 14/8958, zu Artikel 6 Nr. 23 (§ 24c KWG), S. 1 f.

[1250] BVerfGE 100, 313 (391 ff.); BVerfG NJW 2004, 2213 (2220 ff.). Zu den hohen Anforderungen an die Übermittlungsschwellen außerhalb der nachrichtendienstlichen Tätigkeit vgl. auch VG Trier NJW 2002, 3268 (3270 f.).

[1251] BVerfGE 100, 313 (394).

Grundrechtsträger, sondern ausschließlich an die Institute i. S. d. § 1 Abs. 1b KWG und die damit in Verbindung stehenden Personen i. S. d. § 44 Abs. 1 KWG.[1252] Daß die BaFin mit den Mitteln des § 44 KWG auch Recherchen bezüglich einzelner Bankkonten durchführen und damit den Eingriff nach § 24c Abs. 2 KWG zunächst vertiefen kann, ändert an diesem Befund nichts. Unmittelbare rechtliche Sanktionen drohen dem einzelnen Bankkunden von seiten der BaFin nicht.[1253]

γ) Konkrete Maßnahmen gegen die betroffenen Grundrechtsträger mit unmittelbar nachteiliger Wirkung drohen erst, wenn die durch die BaFin gewonnenen Informationen beispielsweise an die Strafverfolgungsbehörden im Rahmen einer zusätzlichen Datenübermittlung weitergereicht werden.[1254]. Es reicht daher aus, wenn dem Problem der angemessenen Eingriffsschwellen erst auf der Ebene dieser konsekutiven Übermittlungsbefugnisse begegnet wird.[1255]

δ) § 24c Abs. 2 KWG dient ausschließlich Zwecken der Bankaufsicht. Rechtliche Maßnahmen gegen die betroffenen Bankkunden drohen von dieser Seite nicht unmittelbar. Da die Norm zudem mit der Bekämpfung der Geldwäsche und des internationalen Terrorismus den Schutz vor Gefahren von erheblichem Gewicht im Blick hat, ist die Regelung auch ohne verdachtsbezogene Übermittlungsschwellen angemessen. Darüber hinaus tragen in § 24c Abs. 2 KWG immerhin gewisse Eingriffsvoraussetzungen den Interessen der Betroffenen in Anbetracht des allein aufsichtsbezogenen Eingriffscharakters ausreichend Rechnung. § 24c Abs. 2 KWG ist angemessen.

(b) Angemessenheit der rechtsstaatlichen Kontrolle

Zweifelhaft ist, ob das Gesetz der Schwere des Eingriffs, insbesondere der Heimlichkeit des Vorgehens, mit ausreichenden rechtsstaatlichen Sicherungen begegnet. Ein Manko könnte insoweit darstellen, daß § 24c Abs. 2 KWG keine dem Datenabruf vorgeschaltete neutrale Kontrollinstanz vorsieht.[1256] Vielmehr beschränkt sich die Norm in § 24c Abs. 4 KWG darauf, die Umstände eines jeden Datenabrufs für Datenschutzzwecke zu protokollieren. Dieses gesetzgeberische Konzept läuft auf eine nachträgliche Kontrolle des Abrufs durch den Bundesbeauftragten für den Datenschutz

---

[1252] Vgl. zu den durch die Maßnahmen nach § 44 KWG Betroffenen die Übersicht bei *U. Braun*, in: Boos/Fischer/Schulte-Mattler (Hrsg.), Kreditwesengesetz, § 44 Rz. 6. Zu den einzelnen Maßnahmen der BaFin und deren Adressaten vgl. *Fülbier*, ebda, § 6 Rz. 9 ff.

[1253] *Mittelbar* können auch die Betroffenen von den Maßnahmen der BaFin berührt werden: So wirkt sich faktisch eine Anordnung an ein Institut gem. § 6a Abs. 1 Nr. 2 KWG, in welcher Verfügungen von einem bestimmten Konto untersagt werden, mittelbar auch auf den betroffenen Kontoinhaber aus. Adressat der Anordnung ist aber das Kreditinstitut.

[1254] Vgl. dazu die Ermächtigungen in § 9 Abs. 1 Satz 4 KWG oder in § 13 GwG.

[1255] In diesem Sinne BVerfGE 100, 313 (384). So knüpft z. B. § 13 GwG für die Übermittlung der Daten an die Strafverfolgungsbehörden eine Tatsachenbasis und an das Vorliegen bestimmter Straftaten und legt somit ausreichende Übermittlungsschwellen fest.

[1256] Vgl. dazu die kritische Stellungnahme des Bundesrates zum Gesetzentwurf der Bundesregierung vom 18.01.2002 (Viertes Finanzmarktförderungsgesetz), BT-Drucks. 14/8017, Anlage 2, Nr. 54 (zu Artikel 6 Nr. 23, § 24c KWG), S. 168.

hinaus.[1257] Die Notwendigkeit verfahrensrechtlicher Sicherungen, die bei einem heimlichen Datenabruf eine vom Betroffenen unabhängige Kontrolle ermöglichen, wird von den Verfassungsgerichten immer wieder betont;[1258] insbesondere auf die (gesetzlich vorgesehene) Einhaltung des Richtervorbehalts wird besonderer Wert gelegt.[1259] Im Hinblick auf die im Zusammenhang mit den Übermittlungsschwellen genannten Besonderheiten des Abrufs nach § 24c Abs. 2 KWG reicht für die Sicherung der Betroffenenrechte insoweit jedoch die ex-post-Kontrolle der Datenschutzbeauftragten aus. Da keine unmittelbaren weiteren Repressionen von seiten der Bankaufsicht gegenüber den Betroffenen drohen, wird die nachträgliche Kompensation der eingeschränkten Kontrollmöglichkeiten durch die Rechte des Bundesbeauftragten für den Datenschutz wieder wettgemacht.[1260] Das liegt vor allem auch daran, daß, anders als beispielsweise bei Eingriffen des Bundeskriminalamtes[1261], die Protokollierung nicht nur stichprobenartig, sondern lückenlos vorgenommen wird.[1262] Die rechtsstaatliche, datenschutzrechtlich geprägte Kontrolle ist damit insgesamt angemessen.

(c) Angemessenheit der Mißbrauchsbegrenzung im übrigen

Auch die darüber hinausgehende Mißbrauchsbegrenzung des § 24c KWG ist im Hinblick auf das Recht auf informationelle Selbstbestimmung erforderlich und damit im Ergebnis angemessen. So müssen die angesprochenen Protokolldaten nach § 24c Abs. 4 Satz 3 KWG mindestens 18 Monate aufbewahrt werden, um einen effektiven nachträglichen Rechtsschutz des betroffenen Bürgers in den Fällen des Datenmißbrauchs zu ermöglichen.[1263] Darüber hinaus ordnet das Gesetz ein notwendiges Verbot der Zweckänderung für sämtliche Protokolldaten an.[1264] Daß die Kreditinstitute nach § 24c Abs. 1 Satz 6 KWG sicherzustellen haben, daß ihnen (und auch den Kunden) Datenabrufe nicht zur Kenntnis gelangen, steht der Angemessenheit der Datenabrufe nicht entgegen. Zwar steht diese Konzeption im Widerspruch zu § 10 Abs. 4 Satz 3

[1257] *Kokemoor*, in: Beck/Samm (Hrsg.), Kreditwesengesetz, § 24c Rz. 53.
[1258] Vgl. BVerfGE 65, 1 (46); 100, 313 (361 f.); SächsVerfGH DVBl. 1996, 1423 (1432 ff.). Vgl. dazu insgesamt *Groß*, KJ 2002, 11.
[1259] Vgl. jüngst zu Spezialgewährleistungen des informationellen Selbstbestimmungsrechts BVerfGE 107, 299 (325 f.) - Art. 10 GG; BVerfGE 109, 279 (357 ff.) - Art. 13 Abs. 1 GG.
[1260] Dieser hat vor allem das Recht zur Beanstandung, wenn andere Instrumentarien wie Beratungen, Empfehlungen und Vorschläge nicht zum Erfolg geführt haben, § 25 BDSG. Da er im übrigen keine ausreichenden Befugnisse hat, um die Rechte der Betroffenen effektiv durchzusetzen, obliegt ihm darüber hinaus die Information der betroffenen Bankkunden jedenfalls soweit, als es um die Sicherung der Betroffenenrechte nach §§ 4 und 6 (Auskunfts-, Berichtigungs-, Löschungsansprüche) geht, vgl. *Dammann*, in: Simitis (Hrsg.), Bundesdatenschutzgesetz, § 25 Rz. 16 ff.
[1261] Vgl. § 11 Abs. 6 BKAG.
[1262] Vgl. § 24c Abs. 4 Satz 1 KWG: Kontrolle bei „jedem Abruf".
[1263] Auf Anregung des Bundesrates wurde aus Gründen eines effektiveren Datenschutzes die Aufbewahrungsfrist von ursprünglich 12 Monaten auf 18 Monate heraufgesetzt. Die Interessen des Bürgers an einer längeren Aufbewahrung, die allein eine nachträglich Kontrolle ermöglicht, sind somit ausreichend gewahrt. Vgl. die Stellungnahme des Bundesrates zum Gesetzentwurf der Bundesregierung vom 18.01.2002 (Viertes Finanzmarktförderungsgesetz), BT-Drucks. 14/8017, Anlage 2, Nr. 58 (zu Artikel 6 Nr. 23, § 24c Abs. 4 KWG), S. 169.
[1264] § 24c Abs. 4 Satz 2 KWG.

BDSG, der bei automatisierten Datenabrufen stichprobenartige Überprüfungen durch die datenspeichernde Stelle vorschreibt. Im Rahmen des § 24c KWG dient diese Vorkehrung aber auch dem Schutz des Bankkunden: Die Vertragsbeziehung und das Verhältnis des Bankkunden zu seiner Bank werden durch den Abruf nicht in Mitleidenschaft gezogen. Unter diesem Gesichtspunkt ist auch die Heimlichkeit des Abrufs angemessen.[1265] Auch sorgt § 9 KWG mit der Verschwiegenheitsverpflichtung der Mitarbeiter der BaFin und der Personen, an die die Daten von der BaFin weitergegeben werden, für einen ausreichenden Geheimnisschutz im Hinblick auf das betroffene Bankgeheimnis.[1266] Zudem sieht das Gesetz in den Absätzen 5 und 6 auch ausreichende technische Sicherungen vor, die die Vertraulichkeit und die Unversehrtheit der abgerufenen Daten gewährleisten.

(d) Fazit

Insgesamt ist die von § 24c Abs. 2 KWG vorgesehene Möglichkeit des Datenabrufs zu Zwecken der Bankaufsicht durch die BaFin angemessen. Damit ist die Regelung insgesamt verhältnismäßig.

ddd) Zwischenergebnis

Auch die Ausgestaltung des Datenabrufs nach § 24c Abs. 2 KWG ist materiell und damit insgesamt verfassungsmäßig. Sie ist als Informationseingriff verfassungsrechtlich gerechtfertigt; sie verstößt also nicht gegen die Rechte der von § 24c KWG betroffenen Konto- und Depotinhaber auf informationelle Selbstbestimmung. Unter Bestimmtheits- und Verhältnismäßigkeitsgesichtspunkten gilt das jedoch nur, soweit für den Abruf keine unvollständigen Abfragedaten eingesetzt werden.

dd) Besondere Anforderungen an die materielle Verfassungsmäßigkeit des § 24c Abs. 3 KWG

Zu klären bleibt, ob auch der intensivste Informationseingriff des § 24c KWG, nämlich die Übermittlung von Kontoinformationen an mittelbare Bedarfsträger gem. § 24c Abs. 3 KWG, den materiellen Schranken-Schranken des Rechts auf informationelle Selbstbestimmung gerecht wird.

aaa) Wahrung des Parlamentsvorbehalts

Wie die anderen Informationseingriffe des § 24c KWG legt auch § 24c Abs. 3 KWG die Voraussetzungen einer Datenübermittlung an um Auskunft ersuchende Dritte bereichsspezifisch fest.[1267] Was die grundrechtswesentlichen Entscheidungen hinsichtlich

---

[1265] *Kokemoor*, in: Beck/Samm (Hrsg.), Kreditwesengesetz, § 24c Rz. 24. Kritisch jedoch trotz dieses Schutzaspekts *F. Herzog/Christmann*, WM 2003, 10.
[1266] Zur Einordnung des § 9 KWG in den Geheimnisschutz vgl. *Walz*, in: Simitis (Hrsg.), Bundesdatenschutzgesetz, § 1 Rz. 181.
[1267] § 24c Abs. 3 KWG ist insoweit eine lex specialis zu § 15 BDSG.

dieser Übermittlungen angeht, hat der Bundesgesetzgeber den Anforderungen des Parlamentsvorbehalts entsprochen. So benennen die Nummern 1 bis 3 des § 24c Abs. 3 Satz 1 KWG explizit die jeweiligen mittelbaren Bedarfsträger.[1268] Auch die wesentlichen verfahrensrechtlichen Anforderungen hinsichtlich der Übermittlung hat der Gesetzgeber in Abs. 3 Sätze 2 bis 5, Abs. 4 und Abs. 6 hinreichend festgelegt.[1269] Darüber hinaus kann man den Ermächtigungen zum Auskunftsersuchen auch die wesentlichen Voraussetzungen entnehmen, die bei einer Anfrage an die BaFin von seiten des mittelbaren Bedarfsträgers einzuhalten sind. Hinsichtlich § 24c Abs. 3 Satz 1 Nr. 1 KWG ergeben sich kraft des Verweises auf Abs. 2 dieselben Grenzen für einen Abruf wie bei Eigenabrufen der BaFin.[1270] Dem Wortlaut nach beschränken sich die Nr. 2 und 3 dagegen auf die Erforderlichkeit des Abrufs für die Aufgabenerfüllung der jeweiligen ersuchenden öffentlichen Stelle, ohne zusätzlich auf die Grenzen des § 24c Abs. 2 KWG zu verweisen.[1271] Damit legt der Gesetzgeber immerhin - wenn auch sehr weite - Grenzen fest. Ob diese im Hinblick auf das Recht auf informationelle Selbstbestimmung im Einzelfall auch inhaltlich ausreichend sind, ist keine Frage des Parlamentsvorbehalts, sondern der Normenklarheit bzw. der Verhältnismäßigkeit.[1272]

Fest steht, daß § 24c Abs. 3 Satz 1 KWG insgesamt nicht gegen die Erfordernisse des Parlamentsvorbehalts verstößt.

bbb) Beachtung des Gebots der Normenklarheit

Was die Überlegungen zu Datenabrufen mit unvollständigen Abfragedaten angeht, gilt für alle mittelbaren Bedarfsträger des § 24c Abs. 3 Satz 1 KWG das zu § 24c Abs. 2 KWG Gesagte.[1273]

Ob die Formulierungen des § 24c Abs. 3 Satz 1 Nr. 1 bis 3 KWG darüber hinaus dem Grundsatz der Normenklarheit entsprechen, ist hinsichtlich der Nr. 2 und 3 sehr zweifelhaft.

[1268] Selbst wenn sich aus der jeweiligen Nummer des § 24c Abs. 3 Satz 1 KWG nicht unmittelbar die konkrete Behörde herauslesen läßt, ist diese ohne weiteres über die Normenverweise zu ermitteln. So ergibt sich z. B. aus § 2 Abs. 1 AWG, daß die zuständige nationale Behörde für Beschränkungen des Kapital- und Zahlungsverkehrs nach dem Außenwirtschaftsgesetz das Bundesministerium für Wirtschaft und Technologie ist.

[1269] Insbesondere legt § 24c Abs. 6 Satz 1 KWG fest, daß die Maßnahmen der Datensicherheit nicht nur den Abruf von seiten der BaFin, sondern auch die Weiterübermittlung an die mittelbaren Bedarfsträger umfassen müssen.

[1270] Neben der Erforderlichkeit des Auskunftsersuchens für die Erfüllung der in Nr. 1 angesprochenen Aufsichtsaufgaben kommt es demnach auch auf die Beschränkung des Abrufs auf einzelne Daten und auf die besondere Eilbedürftigkeit im Einzelfall an.

[1271] Deshalb kommt *Kokemoor* zu dem richtigen Schluß, daß bei Abfragen nach Ersuchen nach § 24c Abs. 3 Satz 1 Nr. 2 und 3 KWG grundsätzlich weder eine besondere Eilbedürftigkeit im Einzelfall gefordert wird noch der Abruf auf einzelne Daten beschränkt zu sein braucht, vgl. *Kokemoor*, in: Beck/Samm (Hrsg.), Kreditwesengesetz, § 24c. Rz. 39, 41.

[1272] Es geht also um qualitative, nicht um quantitative Fragen.

[1273] Vgl. oben S. 221 ff.

(1) § 24c Abs. 3 Satz 1 Nr. 1 KWG

Auf Grund der Verweisung des § 24c Abs. 3 Satz 1 Nr. 1 KWG auf die Voraussetzungen des Abs. 2 KWG gilt für diese Übermittlungsberechtigung hinsichtlich der Normenklarheit nichts anderes als für die Abruferlaubnis nach § 24c Abs. 2 KWG. (Mittelbar) Abrufberechtigte, Anlaß, Zweck und Grenzen des Datenabrufs sind - jedenfalls über die Verweisung - ausreichend und klar normiert.[1274]

(2) § 24c Abs. 3 Satz 1 Nr. 2 KWG

Was Auskunftsberechtigte, Anlaß und Zweck der Nr. 2 betrifft, hat der Gesetzgeber eine ausreichend bestimmte Regelung erlassen. Denn mit der Verfolgung und Ahndung einer Straftat wird der konkrete Anlaß klar, dem das Auskunftsersuchen dienen soll.[1275] Zweck ist demnach die Sicherstellung der Strafverfolgung und der Verbrechensbekämpfung. Der Schutz der Rechtspflege insgesamt als eines anerkannten Rechtsguts steht in Rede. Darüber hinaus ergibt sich deutlich aus § 24c Abs. 3 Satz 1 Nr. 2 KWG, daß die Ziele der Strafverfolgung und die Ahndung von Straftaten nicht nur national, sondern auch international im Rahmen der Leistung internationaler Rechtshilfe in Strafsachen mit den Mitteln des § 24c KWG erreicht werden sollen. Der Verweis auf die für die Aufgaben jeweils zuständigen Behörden und Gerichte ist ausreichend.

Unter verfassungsrechtlichen Gesichtspunkten bedenklich ist die Formulierung des § 24c Abs. 3 Satz 1 Nr. 2 KWG jedoch, wenn es um die Beschreibung der Grenzen des Auskunftsersuchens geht. Insoweit bedient sich § 24c Abs. 3 Satz 1 Nr. 2 KWG generalklauselartiger Wendungen, die vor dem Hintergrund der hohen Intensität des Informationseingriffs genauer auf ihre ausreichende Bestimmtheit hin untersucht werden müssen.

(a) Erfüllung der gesetzlichen Aufgaben

Der Wortlaut der Nr. 2 bezieht sich auf die „Erfüllung ihrer gesetzlichen Aufgaben", also auf alle gesetzlichen Aufgaben der genannten Behörden und Gerichte.[1276] Damit könnte der Gesetzgeber zu vage Aussagen getroffen haben, wenn man berücksichtigt, daß es sich um eine Datenübermittlung handelt, der auf Grund ihrer heimlichen Vornahme und ihres Mißbrauchsrisikos besondere Intensität eignet.

α) Die vom Bundesverfassungsgericht entschiedenen Fälle, in denen es bisher auf eine besonders präzise Bestimmung des Aufgabenfeldes und des Verwendungszwecks ankam, zeichneten sich dadurch aus, daß die Datenübermittlung stets mit einer Zweckänderung gegenüber der ursprünglichen Datenerhebung

---

[1274] Parallel läuft auch die ausdrücklich bankaufsichtliche Zweckbindung. Lediglich die Art der Aufsichtsbehörde variiert.
[1275] Insbesondere schichtet die Legislative den Anwendungsbereich des § 24c Abs. 3 Satz 1 Nr. 2 KWG deutlich von der vorgelagerten Phase der Straftatenverhütung ab.
[1276] *Kokemoor*, in: Beck/Samm (Hrsg.), Kreditwesengesetz, § 24c Rz. 37.

verbunden war.[1277] Insoweit ist die Datenweitergabe der BaFin an die mittelbaren Bedarfsträger gem. § 24c Abs. 3 Satz 2 KWG prima facie nicht mit diesen Fällen vergleichbar. Denn die Abrufe durch die BaFin erfolgen von Anfang an zu Zwecken der ersuchenden Stellen und nicht zu Eigenzwecken der BaFin. Die Weiterleitung von der BaFin erfolgt also zu denselben Zwecken, deretwegen die BaFin die Daten bei den verpflichteten Kreditinstituten abgerufen hat.

β) Schon die Einrichtung des automatisierten Abrufverfahrens erfolgt neben den Zielsetzungen des § 24c Abs. 2 KWG (Bankaufsicht) zu den Zwecken des § 24c Abs. 3 Satz 1 KWG (z. B. auch zu Strafverfolgungszwecken).[1278] Darin liegt die Besonderheit des Systems des § 24c KWG: Der betroffene Konto- und Depotinhaber muß von Anfang an mit einer Verwendung seiner Daten zu unterschiedlichen Zwecken rechnen, nämlich mit einer Verwendung zu ausschließlich bankaufsichtsrechtlichen Aufgaben und daneben mit einer Verwendung zur gezielten Strafverfolgung. Da der Abruf in allen Fällen heimlich erfolgt, weiß der Grundrechtsträger nicht, wann und zu welchen Zwecken abgerufen wird. Er muß also stets mit einem unterschiedlichen Verwendungszusammenhang rechnen. Aus der Perspektive des Bankkunden stellt sich damit das System des § 24c KWG nicht anders dar als die vom Bundesverfassungsgericht geregelten Fälle der Zweckänderung mittels Datenweitergabe. Auch dort muß der Betroffene immer mit zwei möglichen Verwendungszusammenhängen rechnen, was die Intensität des Eingriffs - wie auch im vorliegenden Fall - erhöht: Die Transparenz der Datenverarbeitung wird durch die unterschiedlichen Verwendungsmöglichkeiten, die § 24c KWG vorsieht, zusätzlich getrübt.

γ) In den Fällen der Datenübermittlung, an die eine Zweckänderung geknüpft ist bzw. bei denen grundsätzlich verschiedene Verwendungsoptionen bestehen, reicht eine pauschale Bezugnahme auf alle gesetzlichen Aufgaben der Empfangsbehörde nicht mehr aus. Dies jedenfalls dann nicht, wenn das Aufgabenfeld wie hier weit gefächert ist.[1279] Deshalb ist fraglich, ob § 24c Abs. 3 Satz 1 Nr. 2 KWG noch den Anforderungen an die gebotene Normklarheit genügt.

δ) Betrachtet man die Formulierung der Nr. 2 genauer, dann ergibt sich eine Einschränkung des Anwendungsbereichs dadurch, daß Auskunftsersuchen nur zur Wahrnehmung solcher Aufgaben erfolgen dürfen, die sich auf „die Leistung der internationalen Rechtshilfe in Strafsachen sowie im Übrigen" auf die „Verfolgung und Ahndung von Straftaten" beziehen. Insgesamt wird also der Bereich der gesetzlichen Aufgaben, der sich im Rahmen der internationalen Rechtshilfe[1280] sowie auf nationaler Ebene[1281] auch auf die Verfolgung und

---

[1277] So in BVerfGE 100, 313 (388 ff.); BVerfG NJW 2004, 2213 (2220 ff.).
[1278] Zu den verschiedenen Normzwecken des § 24c KWG vgl. bereits oben, S. 173 ff.
[1279] Generell kritisch zu Generalklauseln *Denninger*, in: v. *Schoeler* (Hrsg.), Informationsgesellschaft oder Überwachungsstaat?, S. 120 f.; *Simitis*, DuD 2000, 715.
[1280] Laut Art. 3 des Übereinkommens über die Rechtshilfe in Strafsachen zwischen den Mitgliedstaaten der Europäischen Union vom 29.05.2000, ABl. EG 2000 Nr. C 197 vom 12.07.2000, erstreckt sich die Rechtshilfe auch auf die Verfolgung von Ordnungswidrigkeiten.
[1281] So ist beispielsweise die Staatsanwaltschaft als Strafverfolgungsbehörde in bestimmten Fällen auch für die Verfolgung von Ordnungswidrigkeiten zuständig, vgl. Nr. 269 - 271 der Richtlinien

Ahndung von Ordnungswidrigkeiten erstreckt, auf den Sektor der Straftatenverfolgung beschränkt.[1282] Eine Präzisierung und Eingrenzung auf den abgrenzbaren Bereich der Straftatenverfolgung findet damit trotz der Formulierung „für die Erfüllung ihrer gesetzlichen Aufgaben" statt. Im Ergebnis ist damit dem Gebot der Normenklarheit hinsichtlich der Aufgabenabgrenzung gerade noch Genüge getan.

(b) Erforderlichkeit für die Aufgabenerfüllung

Überdies wird als ausdrückliche Grenze des § 24c Abs. 3 Nr. 2 KWG nur der allgemeine Grundsatz der Erforderlichkeit benannt, der als Teil des Verhältnismäßigkeitsgrundsatzes bei Grundrechtseingriffen ohnehin zu beachten ist. Aus dem Gesetzestext sind keine weiteren Übermittlungs- bzw. Eingriffsschwellen ersichtlich. Insbesondere die in § 24c Abs. 2 KWG genannten Kriterien der „einzelnen Daten" und der „besonderen Eilbedürftigkeit im Einzelfall" tauchen hier nicht auf.[1283] Gerade im Hinblick auf die höhere Eingriffsintensität des Auskunftsersuchens nach § 24c Abs. 3 Satz 1 Nr. 2 KWG müßten aber die Beschränkungen in Bezug auf die Verarbeitung der personenbezogenen Kontoinformationen über die Grenzen des § 24c Abs. 2 KWG hinausgehen und für die Betroffenen klar erkennbar sein.

α) Das Bundesverfassungsgericht beurteilt die Anforderungen an die Einschreit- bzw. Übermittlungsschwellen neben der Eingriffsintensität immer auch danach, wie gewichtig das Rechtsgut ist, das durch den jeweiligen Eingriff geschützt werden soll. Dabei gilt die grundsätzliche Regel, daß die Eingriffsschwellen um so niedriger angesetzt werden dürfen, je gewichtiger das zu schützende Rechtsgut ist. Weitet der Gesetzgeber hingegen wie hier den Katalog der Schutzgüter auf alle Straftaten aus, ohne nach besonders gewichtigen Straftaten oder besonders bedeutenden Gefahrenbereichen zu differenzieren, müssen die Übermittlungsschwellen hoch angesetzt werden.[1284]

β) Zu diesem Punkt wird in der Literatur zum einen auf die Gesetzesmaterialien verwiesen, denen zufolge Maßnahmen nach § 24c Abs. 3 Satz 1 Nr. 2 KWG nur zulässig sein sollen, wenn nach strafprozessualen Maßstäben „zureichende tatsächliche Anhaltspunkte" für das Vorliegen einer Straftat bestehen; als Eingriffsschwelle soll ergo der strafprozessuale Anfangsverdacht dienen.[1285] Zum anderen wird hinsichtlich der in § 24c Abs. 2 KWG explizit genannten Eingriffsgrenzen argumentiert, diese Maßnahmen seien im Rahmen des § 24c Abs.

---

für das Strafverfahren und das Bußgeldverfahren (RiStBV), abgedruckt in: *Kleinknecht/Meyer-Goßner*, Strafprozeßordnung, Anhang Nr. 15.

[1282] Die Verfolgung von Ordnungswidrigkeiten läßt kein Auskunftsersuchen gem. § 24c KWG zu, *Kokemoor*, in: Beck/Samm (Hrsg.), Kreditwesengesetz, § 24c Rz. 37.
[1283] *Kokemoor*, aaO, § 24c Rz. 39.
[1284] Vgl. BVerfGE 100, 313 (392 f.); 107, 299 (321 ff.).
[1285] Vgl. die Begründung der Bundesregierung zu ihrem Gesetzentwurf vom 18.01.2002 (Viertes Finanzmarktförderungsgesetz), BT-Drucks. 14/8017, Besonderer Teil, zu Artikel 6 Nr. 23 (§ 24c KWG), S. 123. In diesem Sinne auch *Kokemoor*, in: Beck/Samm (Hrsg.), Kreditwesengesetz, § 24c Rz. 37.

3 KWG doch jedenfalls dem Erforderlichkeitsgebot immanent und bräuchten daher nicht explizit genannt zu werden.[1286] Insgesamt wird damit auf hinreichend hohe Übermittlungsschwellen verwiesen, die den genannten Anforderungen entsprechen sollen.

γ) Die beiden genannten Interpretationsansätze reichen jedoch - auch in Kombination - nicht aus, um die in Rede stehende Passage des § 24c KWG verfassungsrechtlich zu rechtfertigen.[1287] Der Transparenzgedanke des Rechts auf informationelle Selbstbestimmung verlangt vielmehr bei schwerwiegenden Grundrechtsbeeinträchtigungen wie der vorliegenden eine präzise und eindeutige Festlegung der Grenzen des Eingriffs im Gesetz selbst. Dies gilt in diesem Fall um so mehr, als vor dem Hintergrund der Tatsache, daß der Gesetzgeber die Anforderungen in Abs. 2 KWG explizit geregelt hat, nicht verständlich ist, warum er dies im Rahmen des Abs. 3 nicht tut. Zudem zeigen andere Gesetze, daß dieser verfassungswidrige Zustand ohne weiteres durch entsprechende Formulierungen behoben werden kann.[1288] Der gesetzestechnischen Machbarkeit steht somit nichts entgegen.[1289]

(c) Zwischenergebnis

§ 24c Abs. 3 Satz 1 Nr. 2 KWG verstößt gegen den Grundsatz der Normenklarheit, soweit er als Grenze des Auskunftsersuchens nur die Erforderlichkeit für die Aufgabenerfüllung nennt. Darüber hinausgehende Begrenzungen, die die Gesetzesinitiatoren sogar selbst für erforderlich hielten, sind aus dem Gesetzestext nicht erkennbar. Wegen dieses Verstoßes ist § 24c Abs. 3 Satz 1 Nr. 2 KWG mit dem Recht auf informationelle Selbstbestimmung unvereinbar und daher verfassungswidrig.

(3) § 24c Abs. 3 Satz 1 Nr. 3 KWG

Schließlich müßten auch in Nr. 3 des § 24c Abs. 3 Satz 1 KWG Abrufberechtigte, Anlaß, Zweck und Grenzen des Informationseingriffs eindeutig erkennbar sein.

(a) Abrufberechtigte, Anlaß.

Der Anlaß eines Auskunftsersuchens nach § 24c Abs. 3 Satz 1 Nr. 3 KWG ist aus dem Gesetz erkennbar. Es geht um Fragen der Beschränkung des Kapital- und

---

[1286] Kokemoor, aaO, § 24c Rz. 41.
[1287] Anders argumentiert das Bundesverfassungsgericht freilich bei der Erhebung rein statistischer Angaben. Hier reicht es für eine ausreichende Normenklarheit aus, wenn sich die Voraussetzungen für den Informationseingriff den Gesetzesmaterialien entnehmen lassen, vgl. BVerfGE 65, 1 (54). Auf Grund der hohen Anforderungen an das Transparenzgebot im vorliegenden Fall reicht ein solcher Rückgriff auf die Regierungsbegründung nicht aus.
[1288] Vgl. z. B. § 7 Abs. 4 Satz 2 G 10-Gesetz.
[1289] Gerade der Aspekt der gesetzestechnischen Realisierbarkeit und das im Rahmen des informationellen Selbstbestimmungsrechts besonders wichtige Transparenzgebot stehen auch einer verfassungskonformen Auslegung in diesem Fall entgegen. Ähnlich BVerfGE 100, 313 (396).

Zahlungsverkehrs. Daß für diese Maßnahmen das Bundesministerium für Wirtschaft und Technologie zuständig ist, ergibt sich aus § 2 Abs. 2 Satz 1 AWG, auf den das Gesetz verweist.

(b) Zweck

Zweck der Auskunftsberechtigung nach Nr. 3 ist zum einen die Erfüllung der sich aus dem Außenwirtschaftsgesetz ergebenden Aufgaben. Soweit es um die in Nr. 3 beabsichtigte Beschränkung des Kapital- und Zahlungsverkehrs geht, kann das Ministerium gem. §§ 2 Abs. 2 Satz 1, 7 Abs. 1 AWG solche Beschränkungen im Einzelfall für bestimmte, hoch angesiedelte Rechtsgüter anordnen.[1290] Es geht also darum, eine Gefahr für die in § 7 Abs. 1 AWG genannten Rechtsgüter abzuwenden. Über die Normen des AWG, auf die Nr. 3 verweist, ist der Zweck des Auskunftsersuchens hinreichend deutlich erkennbar.

Daneben läßt Nr. 3 aber auch Eingriffe zu, soweit diese zur Erfüllung von sich aus Rechtsakten der EG ergebenden Aufgaben erforderlich sind, die im Zusammenhang mit der Einschränkung von Wirtschafts- und Finanzbeziehungen stehen. Fraglich ist, ob mit dieser Formulierung dem Gebot der Normenklarheit Rechnung getragen wird. Für sich genommen erscheint auf den ersten Blick die nähere Bestimmung der Rechtsakte der EG im „Zusammenhang mit der Einschränkung von Wirtschafts- und Finanzbeziehungen" zu vage. Es stellen sich indes Fragen. Wie eng soll der Zusammenhang sein? Ab wann liegen Einschränkungen der genannten Art vor? Im Kontext von Nr. 3 sind diese Begriffe jedoch bestimmbar und somit hinreichend normenklar formuliert. Die parallele Nennung der Aufgaben aus dem Außenwirtschaftsgesetz zeigt, daß es sich bei den Aufgaben auf Grund der EG-Rechtsakte um den Schutz vergleichbarer Rechtsgüter handeln muß. Daß Adressat der Zugriffsberechtigung das nach dem AWG zuständige Ministerium ist, konkretisiert darüber hinaus den mittelbaren Bedarfsträger. Über die Brücke des AWG wird ebenfalls deutlich, daß es sich stets um unmittelbare Beschränkungen des Kapital- und Zahlungsverkehrs handeln muß und daß damit auch nur Rechtsakte in Betracht kommen, die in direktem Zusammenhang mit der Regelung solcher Beschränkungen stehen. Diesem Auslegungsergebnis entspricht der ausdrückliche Bezug des Finanzausschusses auf die Verordnung Nr. 2580/2001 des Rates vom 27.12.2001[1291], in der es um gezielte Maßnahmen zum Einfrieren von Geldern und finanziellen Vermögenswerten terroristisch motivierter Personen oder Vereinigungen geht.[1292]

Insgesamt legt damit § 24c Abs. 3 Satz 1 Nr. 3 KWG hinreichend deutlich die Zwecke und Aufgaben fest, für die ein Auskunftsersuchen an die BaFin gerichtet werden kann.

[1290] In Rede stehen die Sicherheit der Bundesrepublik Deutschland, das friedliche Zusammenleben der Völker und die auswärtigen Beziehungen der Bundesrepublik Deutschland.
[1291] Bericht des Finanzausschusses zu dem Gesetzentwurf der Bundesregierung - Drucksache 14/8017 - vom 21.03.2002, BT-Drucks. 14/8601, Einzelbegründung, zu Nummer 23 (§ 24c), S. 24.
[1292] Es geht also um den Schutz vor den Gefahren des Terrors, mithin um den auch in § 7 Abs. 1 AWG explizit genannten Schutz der Sicherheit der Bundesrepublik Deutschland.

(c) Grenzen des Auskunftsersuchens

Auch im Rahmen des § 24c Abs. 3 Satz 1 Nr. 3 KWG wird als ausdrückliche Grenze nur die Erforderlichkeit des Abrufs für die jeweilige Aufgabenerfüllung genannt. Insoweit läuft die Benennung der Grenzen des Auskunftsersuchens parallel zu Nr. 2. Dennoch genügt die bloße Nennung der Erforderlichkeit als Ausprägung des Verhältnismäßigkeitsgrundsatzes, anders als bei Nr. 2, an dieser Stelle den Anforderungen der Normenklarheit. Das hat vor allem zwei Gründe:

Erstens ergibt sich eine weitere Einschränkung unmittelbar aus dem AWG, auf den Nr. 3 explizit hinweist. Danach kommt eine Beschränkung des Kapital- und Zahlungsverkehrs durch das Bundeswirtschaftsministerium nur in Betracht, wenn es darum geht, eine „im einzelnen Falle bestehende Gefahr" abzuwenden.[1293] Einem Ersuchen nach § 24c Abs. 2 KWG ähnlich setzt § 24c Abs. 3 Satz 1 Nr. 3 KWG eine im Einzelfall erforderliche Gefahrenabwehr voraus und beschränkt damit die Abrufberechtigung auf einzelne Datensätze.

Zweitens geht es bei Nr. 3 im Gegensatz zu Nr. 2 des § 24c Abs. 3 Satz 1 KWG nur um den Schutz weniger, hoch angesiedelter Rechtsgüter, die in § 7 Abs. 1 AWG enumeriert sind. Anders als bei Nr. 2 steht also nicht das gesamte Spektrum an möglichen Straftaten in Rede. Da sich der Gesetzgeber bei der Bestimmung der Schutzgüter im Rahmen von Nr. 3 auf wenige hochrangige Rechtsgüter beschränkt und der Schaden, der diesen Rechtsgütern droht, außergewöhnlich groß ist, ist es der Legislative im Gegenzug nicht verwehrt, die Einschreitschwellen niedrig zu halten.[1294] Eine Verdachtsbasis wie in den Fällen des § 24c Abs. 3 Satz 1 Nr. 2 KWG ist hier nicht erforderlich. Die Grenzen der Erforderlichkeit und der Beschränkung auf den Einzelfall reichen aus. Da diese Parameter dem Gesetz hinreichend klar entnommen werden können, wird § 24c Abs. 3 Satz 1 Nr. 3 KWG insgesamt den Anforderungen des Bestimmtheitsgrundsatzes gerecht.

ccc) Wahrung des Übermaßverbots

Schließlich müßten die mittelbaren Zugriffsbefugnisse des § 24c Abs. 3 Satz 1 KWG verhältnismäßig sein.

(1) § 24c Abs. 3 Satz 1 Nr. 1 KWG

Was die Überlegungen zum legitimen Ziel, zur Geeignetheit, zur Erforderlichkeit und zur Angemessenheit der Übermittlungsschwellen und der rechtsstaatlichen Kontrolle angeht, kann auf die Ausführungen zur Verhältnismäßigkeit des § 24c Abs. 2 KWG verwiesen werden.[1295] Da die Verschwiegenheitspflicht des § 9 Abs. 1 KWG gem. § 9 Abs. 1 Satz 5 KWG auch für Personen gilt, die bei den abrufberechtigten Stellen der Nr. 1 arbeiten, ist auch für den Geheimnisschutz in ausreichender Weise gesorgt. Die Ausgestaltung des § 24c Abs. 3 Satz 1 Nr. 1 KWG ist verhältnismäßig.

[1293] Vgl. § 2 Abs. 2 Satz 1 AWG.
[1294] So ganz allgemein BVerfGE 100, 313 (392 f.).
[1295] Vgl. oben, S. 224 ff.

(2) § 24c Abs. 3 Satz 1 Nr. 2 KWG

Fraglich ist, ob auch die mit der Nr. 2 verfolgten Ziele in verhältnismäßiger Weise normiert worden sind. Bei den Zwecken der Strafverfolgung und bei dem Schutz der Rechtspflege im allgemeinen handelt es sich unstreitig um legitime Ziele im Allgemeininteresse.[1296] Diese Anliegen mit den Mitteln des automatisierten Abrufs von Kontoinformationen zu verfolgen, ist auch eine geeignete Methode, da die Informationen aus den Kontodatenbanken die Aufklärung von Straftaten und die Sicherstellung des Strafzwecks fördern können. Mildere, gleich effektive Methoden sind zur Zweckerreichung nicht ersichtlich. Insoweit gilt hier nichts anderes als bei § 24c Abs. 2 KWG. Daß der Gesetzgeber den Datenabruf für die Verfolgung sämtlicher Straftaten für erforderlich hält, erscheint nicht willkürlich und ist daher auf Grund seiner Einschätzungsprärogative hinzunehmen. Fraglich ist aber, ob die durch Nr. 2 vorgesehenen Zugriffsmöglichkeiten vor dem Hintergrund der hohen Intensität des Eingriffs den betroffenen Grundrechtsträgern zumutbar sind.

(a) Angemessenheit der Übermittlungsschwellen

Daß die in Nr. 2 genannte Grenze der Erforderlichkeit des Auskunftsersuchens in Anbetracht der Intensität des Eingriffs und des weiten Spektrums zu verfolgender Straftaten als Übermittlungsschwelle nicht ausreichen kann, wurde bereits im Rahmen des Gebots der Normenklarheit festgestellt. Vielmehr ist ein strafprozessualer Anfangsverdacht zu fordern. Darüber hinaus ist aus Verhältnismäßigkeitsgründen nur der Abruf einzelner Datensätze akzeptabel. Nur im Rahmen einer solchen verfassungskonformen Auslegung hält die Vorschrift die notwendigen Übermittlungsschwellen ein. Aus Transparenzgründen und wegen der besonderen Intensität des Eingriffs scheidet eine verfassungskonforme Auslegung aus.[1297] Wegen fehlender ausdrücklich genannter Übermittlungsschwellen ist Nr. 2 nicht angemessen.

(b) Angemessenheit des Umfangs der zu sichernden Schutzgüter

Unter Zumutbarkeitsgesichtspunkten ist es ebenfalls bedenklich, daß § 24c Abs. 3 Satz 1 Nr. 2 KWG das Auskunftsersuchen zur Verfolgung und Ahndung sämtlicher Straftaten zuläßt und keine Beschränkung auf wenige besonders schwere oder thematisch eingrenzbare Straftaten vornimmt.[1298] Ob deswegen die Angemessenheit der Regelung verloren geht, hängt wesentlich von den Parametern des informationellen Selbstbestimmungsrechts ab.

α) Durch die Ausweitung des § 24c Abs. 3 Satz 1 Nr. 2 KWG auf sämtliche Straftaten erhält die Bestimmung des § 24c KWG hinsichtlich seiner zu schützenden Rechtsgüter insgesamt einen sehr heterogenen Charakter. Während so-

---

[1296] BVerfGE 80, 367 (375); 103, 21 (33).
[1297] Vgl. dazu bereits den Hinweis auf S. 233 in Fn. 1288.
[1298] Vgl. in diese Richtung bereits die Stellungnahme des Bundesrates zum Gesetzentwurf der Bundesregierung vom 18.01.2002 (Viertes Finanzmarktförderungsgesetz), BT-Drucks. 14/8017, Anlage 2, Nr. 54 (zu Artikel 6 Nr. 23, § 24c KWG), S. 168.

wohl die Abrufe der BaFin nach § 24c Abs. 2 als auch die mittelbaren Auskunftsersuchen nach § 24c Abs. 3 Satz 1 Nr. 1 und 3 KWG stets der bankinternen wie auch der bankexternen Geldwäsche- und Terrorismusbekämpfung dienen[1299], weitet § 24c Abs. 3 Satz 1 Nr. 2 KWG dem Wortlaut nach den Katalog der geschützten Rechtsgüter über den Bereich der Geldwäsche- und Terrorismusbekämpfung hinaus aus, indem er sich auf alle Straftaten erstreckt. In einem Schreiben des Bundesministeriums der Finanzen wird sogar explizit betont, daß es für viele der abgerufenen Kontoinformationen nicht auf die Geldwäscherelevanz ankomme; vielmehr könne die Sicherung des Strafzwecks, der sich auch in der Einziehung von Guthaben auf Konten und Depots manifestiert, im Vordergrund stehen.[1300]

β) Diese thematisch nicht eingrenzbare Wortlautfassung des § 24c Abs. 3 Satz 1 Nr. 2 KWG steht in eklatantem Widerspruch zu dem gesetzgeberischen Kontext, in dem § 24c KWG erlassen wurde. Zudem zeigen die Begründungen in den Gesetzesmaterialien, daß es dem Gesetzgeber insbesondere auf die Geldwäsche- und Terrorismusbekämpfung ankommt. Beispielhaft seien hier die Bezugnahmen der Bundesregierung auf Art. 1 des Zusatzprotokolls zu dem Übereinkommen über die Rechtshilfe in Strafsachen vom 16. Oktober 2001 einerseits[1301] und des Finanzausschusses auf die EG-Verordnung Nr. 2580/2001 andererseits[1302] genannt. In beiden Dokumenten ist der Geldwäsche- und Terrorismusbezug offensichtlich.

γ) Vor diesem Hintergrund wird auch der betroffene Grundrechtsträger mit einer Verarbeitung seiner Kontoinformationen primär zu diesen Zwecken rechnen. Weder aus dem Gesetzgebungskontext noch aus den Gesetzesmaterialien kann sich ihm erschließen, inwieweit die Kontodaten anderen Zwecken der Strafverfolgung dienen können. Was die Transparenz des Verfahrens angeht,

---

[1299] Insbesondere der Bezug des Finanzausschusses auf die EG-Verordnung Nr. 2580/2001, in der es um die Bekämpfung der Finanzierung des Terrorismus geht, zeigt, daß die Geldwäsche- und Terrorismusbekämpfung auch außerhalb der Bankaufsicht an erster Stelle stehen, vgl. Bericht des Finanzausschusses zu dem Gesetzentwurf der Bundesregierung - Drucksache 14/8017 - vom 21.03.2002, BT-Drucks. 14/8601, Einzelbegründung, zu Nummer 23 (§ 24c), S. 24.

[1300] Schreiben des Bundesministeriums der Finanzen an den Zentralen Kreditausschuß vom 16.12.2002, Gz. VII B 7 - WK 5023 - 1166/02, S. 1 f.

[1301] Selbst innerhalb der Nr. 2 geht damit die Homogenität der Zielsetzungen verloren. Denn in bezug auf die internationale Rechtshilfe in Strafsachen zielt die Norm ausweislich der Gesetzesmaterialien (Begründung der Bundesregierung zu ihrem Gesetzentwurf vom 18.01.2002 [Viertes Finanzmarktförderungsgesetz], BT-Drucks. 14/8017, Besonderer Teil, zu Artikel 6 Nr. 23 [§ 24c KWG], S. 123) auf die Erfüllung des Art. 1 des Zusatzprotokolls zum Übereinkommen über die Rechtshilfe in Strafsachen, welches speziell zur Bekämpfung der organisierten Kriminalität, insbesondere zur Bekämpfung der Geldwäsche und Finanzkriminalität, erlassen wurde, vgl. Art. 1 des Zusatzprotokolls zum Übereinkommen über die Rechtshilfe in Strafsachen zwischen den Mitgliedstaaten und der Europäischen Union vom 16.10.2001 (Anhang), ABl. EG 2001, Nr. C 326 vom 21.11.2001, S. 2.

[1302] Bericht des Finanzausschusses zu dem Gesetzentwurf der Bundesregierung - Drucksache 14/8017 - vom 21.03.2002, BT-Drucks. 14/8601, Einzelbegründung, zu Nummer 23 (§ 24c), S. 24.

paßt die Strafverfolgung zu anderen als Geldwäsche- oder Terrorismuszwecken nicht in das Konzept des § 24c KWG.

δ) Entscheidend ist jedoch, daß die hohe Eingriffsintensität einer Geltung des § 24c Abs. 3 Satz 1 Nr. 2 KWG für sämtliche Straftaten entgegensteht. Wie das Bundesverfassungsgericht zu Recht fordert, muß bei steigender Eingriffsintensität unbedingt auch die Wertigkeit der zu schützenden Rechtsgüter steigen.[1303] Gerade bei den Datenabrufen zu Zwecken der Strafverfolgung handelt es sich im Rahmen des § 24c KWG um einen sehr schweren Eingriff. Dieser erfordert daher zu seiner Rechtfertigung einen Katalog von Straftaten, deren Verfolgung den Schutz besonders hochrangiger Rechtsgüter zum Ziel hat.[1304] Freilich ist an dieser Stelle bei der Forderung nach qualifizierten, enumerierten Straftaten zu berücksichtigen, daß trotz des erheblichen Eingriffs in das Recht auf informationelle Selbstbestimmung die Abrufe nach § 24c KWG nicht unmittelbar zur Kenntnisnahme von Inhaltsdaten führen können und daß sie deshalb nicht dieselbe Intensität besitzen wie unmittelbare staatliche Zugriffe auf Daten zu Kommunikationsinhalten[1305]; selbst der Eingriff nach § 24c Abs. 3 Satz 1 Nr. 2 KWG weist insoweit eine geringere Nähe zum Kernbereich privater Lebensgestaltung auf als beispielsweise die staatlichen Maßnahmen im Rahmen des sog. „großen Lauschangriffs".[1306] Die hier für die Rechtfertigung zu fordernden Straftaten brauchen daher auch nicht den für die besonders schweren Grundrechtseingriffe von der Verfassung vorgesehenen Begriff der „besonders schweren Straftat" zu erfüllen und damit den Bereich der mittleren Kriminalität deutlich zu überschreiten.[1307] Vielmehr ist auf Grund des oben Gesagten im Bereich des § 24c Abs. 3 Satz 1 Nr. 2 KWG ein Straftatenkatalog ausreichend, aber auch vonnöten, der mit dem strafprozessualen Begriff einer Straftat von erheblicher Bedeutung gleichgesetzt werden kann.[1308] Danach muß eine Straftat mindestens dem Bereich der mittleren Kriminalität zuzuordnen sein, den Rechtsfrieden empfindlich stören und geeignet sein, das Gefühl der Rechtssicherheit der Bevölkerung erheblich zu beeinträchtigen.[1309]

ε) Ob man diesen Katalog im Rahmen des § 24c KWG ausschließlich auf Verbrechen begrenzen muß, ist eine andere Frage.[1310] Vor dem Hintergrund der

---

[1303] BVerfGE 100, 313 (392); 107, 299 (321 f.).

[1304] Die Überlegungen des Bundesrates im Gesetzgebungsverfahren waren also richtig, vgl. die Stellungnahme des Bundesrates zum Gesetzentwurf der Bundesregierung vom 18.01.2002 (Viertes Finanzmarktförderungsgesetz), BT-Drucks. 14/8017, Anlage 2, Nr. 54 (zu Artikel 6 Nr. 23, § 24c KWG), S. 168. Ebenso *Zubrod*, WM 2003, 1215 f.

[1305] Zum für die Eingriffsintensität bedeutsamen Unterschied zwischen sog. Stammdaten und Inhaltsdaten vgl. bereits oben in Teil 2, S. 137.

[1306] Vgl. zu letzterem BVerfGE 109, 279 ff., insbes. 109, 279 (343 ff.).

[1307] Zum Begriff der besonders schweren Straftat vgl. BVerfGE 109, 279 (344).

[1308] Das Bundesverfassungsgericht unterscheidet zwischen dem verfassungsrechtlichen Begriff der besonders schweren Straftat und dem strafprozessualen Begriff der Straftat von erheblicher Bedeutung, BVerfGE 109, 279 (344).

[1309] BVerfGE 103, 21 (33 f.); 107, 299 (321 f.); 109, 279 (344).

[1310] Das Bundesverfassungsgericht läßt sogar in den Fällen der besonders schweren Straftaten i. S. d. Art. 13 Abs. 3 GG die Aufnahme von Vergehenstatbeständen in den Straftatenkatalog zu, so daß

aktuellen Bedeutung der internationalen organisierten Kriminalität und insbesondere in Anbetracht der enormen Bedeutung der Geldwäsche für die Finanzierung des internationalen Terrorismus dürfte es ebenso zulässig sein, Vergehen in den Katalog mit aufzunehmen, die thematisch der Geldwäsche- und Terrorismusbekämpfung zuzuordnen sind und den Tatbestand einer Straftat von erheblicher Bedeutung erfüllen.[1311]

ζ) Insgesamt handelt es sich bei der Erstreckung des Auskunftsersuchens auf alle Straftaten in Anbetracht der Schwere des Grundrechtseingriffs, der durch den Abruf ermöglicht wird, um eine unzumutbare Regelung. § 24c Abs. 3 Satz 1 Nr. 2 KWG ist auch insoweit unangemessen.

(c) Angemessenheit der rechtsstaatlichen Kontrolle

Auch das Fehlen einer Präventivkontrolle ist bedenklich.[1312] Eine dem Auskunftsersuchen vorgeschaltete neutrale Kontrollinstanz ist grundsätzlich bei heimlicher Datenverarbeitung erforderlich.[1313] Im Fall des § 24c Abs. 3 Satz 1 Nr. 2 KWG kann die repressive Datenschutzkontrolle die fehlende präventive Kontrolle nicht ersetzen. Das ergibt sich zum einen daraus, daß hier, anders als in den Fällen des § 24c Abs. 2 KWG, unmittelbare Strafverfolgungsmaßnahmen für den einzelnen Grundrechtsträger drohen. Ein Abruf, der den Abrufvoraussetzungen nicht gerecht wird, kann somit unmittelbar nachteilige Wirkungen gegen Personen haben, die de facto gar nicht verdächtig sind. Eine bloß nachträgliche Kontrolle kann zu spät kommen. Zum anderen ist es nicht Aufgabe der Datenschutzbeauftragten zu kontrollieren, ob die strafprozessualen Verdachtsschwellen im Einzelfall eingehalten worden sind. Aufgabe der Datenschutzbeauftragten ist es vielmehr, auf die Einhaltung der Datenschutzvorschriften, insbesondere auf die Einhaltung des Verarbeitungszwecks zu achten.[1314] Ob auch die strafprozessualen Anforderungen für ein Auskunftsersuchen nach § 24c Abs. 3 Satz 1 Nr. 2 KWG vorliegen, wird der Datenschutzbeauftragte schon fachlich nicht hinreichend sicher beurteilen können, weil er damit in der Praxis nicht zu tun hat. Darüber hinaus

---

eine solche Mitberücksichtigung von Vergehen im Fall des § 24c Abs. 3 Satz 1 Nr. 2 KWG erst recht zulässig ist. Voraussetzung ist lediglich, daß auch diese Vergehen den Tatbestand der Straftat von erheblicher Bedeutung (vgl. oben Fn. 1307, 1308) erfüllen, vgl. BVerfGE 109, 279 (345).

[1311] So z. B. § 261 StGB. Ein gutes Modell hierfür bietet § 13 GwG, der eine Datenübermittlung an die Strafverfolgungsbehörden sowohl beim Verdacht einer Straftat nach § 261 StGB als auch bei einem Verdacht hinsichtlich §§ 129a, 129b StGB gebietet. Vgl. auch § 5 Abs. 1 Satz 3 Nr. 6 G 10-Gesetz, der die Eingriffsbefugnisse auf Geldwäschedelikte von erheblicher Bedeutung beschränkt.

[1312] Vgl. dazu die kritische Stellungnahme des Bundesrates zum Gesetzentwurf der Bundesregierung vom 18.01.2002 (Viertes Finanzmarktförderungsgesetz), BT-Drucks. 14/8017, Anlage 2, Nr. 54 (zu Artikel 6 Nr. 23, § 24c KWG), S. 168.

[1313] BVerfGE 65, 1 (46); 100, 313 (361 f.); SächsVerfGH DVBl. 1996, 1423 (1432 ff.).

[1314] Das ergibt sich beispielsweise aus den allgemeinen Vorschriften zum Bundesbeauftragten für den Datenschutz. Nach § 24 Abs. 1 BDSG hat dieser nur die Einhaltung der Vorschriften des BDSG und anderer Vorschriften über den Datenschutz zu kontrollieren. Vgl. dazu auch *Dammann*, in: Simitis (Hrsg.), Bundesdatenschutzgesetz, § 24 Rz. 8 ff.

haben die Datenschutzbeauftragten keine ausreichenden Befugnisse, um die Rechte der Betroffenen effektiv durchzusetzen.[1315]

Insgesamt wird damit die bloße ex-post-Kontrolle durch die zuständigen Datenschutzbeauftragten der durch § 24c Abs. 3 Satz 1 Nr. 2 KWG veranlaßten hohen Eingriffsintensität nicht gerecht.[1316] Es fehlt zur rechtsstaatlich gebotenen Sicherung der Betroffenenrechte an einer neutralen Kontrollinstanz, die präventiv den einzelnen Auskunftsersuchen vorgeschaltet ist.[1317] Auch wegen einer fehlenden neutralen Kontrollinstanz ist § 24c Abs. 3 Satz 1 Nr. 2 KWG unangemessen.

(d) Angemessenheit der Mißbrauchsbegrenzung im übrigen

Im übrigen ist die Mißbrauchsbegrenzung des § 24c KWG angemessen. Das gilt zum einen für die vorgeschriebene Protokollierung der Abrufe und der damit gewährleisteten Datenschutzkontrolle gem. § 24c Abs. 4 KWG. Daneben ist auch die Regelung des § 24c Abs. 3 Sätze 3 und 4 KWG nicht zu beanstanden. Danach überprüft die BaFin nur bei besonderem Anlaß die Zulässigkeit des Auskunftsersuchens. Daß die ersuchende Stelle die vor allem datenschutzrechtliche Verantwortung für den Abruf trägt, ist dem Konzept des Datenabrufs wesensimmanent.[1318] Eine nachträgliche Kontrolle der Zulässigkeit erfolgt dann durch die für die ersuchenden Behörden zuständigen Datenschutzstellen.[1319] § 24c Abs. 3 Satz 5 KWG trägt darüber hinaus der Besonderheit des Datenabrufs durch ausländische Stellen ausreichend Rechnung, indem er diesbezüglich auf die Regelung des § 4b BDSG verweist. Danach trägt in den Fällen der Datenübermittlung an ausländische Stellen ausnahmsweise doch die BaFin die Verantwortung für die Zulässigkeit des Abrufs.[1320] Den Geheimnisschutz berücksichtigen neben den technischen Sicherungen des § 24c Abs. 5, 6 KWG die Vorschriften des § 9 KWG.

(e) Fazit

§ 24c Abs. 3 Satz 1 Nr. 2 KWG ist mit Blick auf den erheblichen Eingriff in die Rechte der Bankkunden in zweifacher Hinsicht unangemessen. Erstens beschränkt

---

[1315] *Dammann*, aaO, § 25 Rz. 16.

[1316] Auf Grund der geschilderten Schwachpunkte der Datenschutzkontrolle allein durch die Datenschutzbeauftragten betrachtet *Groß* diese Form der unabhängigen Kontrolle zu Recht als „abgeschwächte Form" gegenüber der Kontrolle durch einen unabhängigen Richter oder eine unabhängige Kommission, vgl. *Groß*, KJ 2002, 11.

[1317] Muster für ein solches Verfahren könnte z. B. die Präventivkontrolle nach § 8 Abs. 9 Satz 4 BVerfSchG sein. Andererseits sprechen systematische Gründe eher dafür, die unabhängige G 10-Kommission nur für kommunikationsbezogene Kontrollen einzusetzen, vgl. *Rublack*, DuD 2002, 203. Im Fall des § 24c KWG bliebe dann die Kontrolle durch einen Richter vorzugswürdig, vgl. *Zubrod*, WM 2003, 1215 f. Zum Richtervorbehalt als idealer Maßnahme zur Rechtewahrung der Betroffenen auch BVerfGE 107, 299 (325).

[1318] Vgl. dazu auch § 15 Abs. 2 Satz 2 BDSG.

[1319] *Kokemoor*, in: Beck/Samm (Hrsg.), Kreditwesengesetz, § 24c Rz. 49, 53.

[1320] Vgl. § 4b Abs. 5 BDSG. Dazu auch *Stein*, in: Boos/Fischer/Schulte-Mattler (Hrsg.), Kreditwesengesetz, § 24c Rz. 12.

er das Auskunftsrecht nicht auf einen Katalog erheblicher, thematisch mit dem Rest der Regelung vereinbarer Straftaten. Zweitens fehlt es an einer rechtsstaatlich notwendigen Präventivkontrolle durch eine unabhängige Instanz. Der Informationseingriff zugunsten der Strafverfolgungsbehörden ist unangemessen und damit unverhältnismäßig.

(3) § 24c Abs. 3 Satz 1 Nr. 3 KWG

Bei den in § 24c Abs. 3 Satz 1 Nr. 3 KWG zu schützenden hohen Rechtsgütern handelt es sich um legitime Ziele der Allgemeinheit, zu deren Erreichung der automatisierte Kontoabruf geeignet und erforderlich ist. Nr. 3 enthält - mittelbar über die Vorschriften des AWG und die von der Wertigkeit der zu schützenden Rechtsgüter her vergleichbaren EG-Rechtsakte - einen engen Katalog von hoch angesiedelten Rechtsgütern; insoweit ist Nr. 3 angemessen. Wie in Nr. 2 fehlt es aber auch bei Nr. 3 an einer neutralen Kontrollinstanz, die vor jedem Auskunftsersuchen überprüft, ob die Voraussetzungen des § 7 Abs. 1 AWG bzw. der jeweiligen Rechtsnorm der EG erfüllt sind. Das ist im Hinblick auf die Intensität des Eingriffs und die Möglichkeiten des unmittelbaren Vorgehens gegen die betroffenen Grundrechtsträger unangemessen und kann auch nicht durch die nachträgliche Datenschutzkontrolle kompensiert werden.[1321] Im übrigen sind die Mißbrauchsvorkehrungen für Abrufe nach Nr. 3 angemessen. Es gilt insoweit das zur Nr. 2 Gesagte.

Im Ergebnis ist auch § 24c Abs. 3 Satz 1 Nr. 3 KWG wegen einer fehlenden neutralen Kontrollinstanz, die dem Auskunftsersuchen vorgeschaltet ist, unangemessen und damit unverhältnismäßig.

ee) Sonstige, allgemeine Anforderungen an die materielle Verfassungsmäßigkeit der Informationseingriffe des § 24c KWG

Neben den gerade für jede Eingriffsstufe gesondert untersuchten Anforderungen an Parlamentsvorbehalt, Normenklarheit und Verhältnismäßigkeit kommt es für die Verfassungsmäßigkeit des § 24c KWG auf die Beachtung weiterer Schranken-Schranken an. Die Einhaltung dieser Eingriffskautelen kann unabhängig von der konkreten Eingriffsintensität für alle Informationseingriffe des § 24c KWG gemeinsam beurteilt werden.

aaa) Existenz organisatorischer und verfahrensrechtlicher Vorkehrungen

§ 24c KWG beinhaltet die notwendigen organisatorischen und verfahrensrechtlichen Schutzvorkehrungen.[1322] So sieht er in § 24c Abs. 1 Sätze 3 und 4 KWG angemessene Löschungsfristen für überholte Kontodatensätze vor.[1323] Über den innerhalb der Kreditinstitute einzuhaltenden Datenschutz bei der Datenverarbeitung wacht neben dem betrieblichen Datenschutzbeauftragten die BaFin gem. § 25a Abs. 1 Satz 1 Nr. 1, Satz

---
[1321] Vgl. dazu die Überlegungen oben auf S. 239 f.
[1322] Vgl. zu diesen spezifischen Anforderungen im Zusammenhang mit dem Recht auf informationelle Selbstbestimmung Teil 2, S. 149 ff.
[1323] *Kokemoor*, in: Beck/Samm (Hrsg.), Kreditwesengesetz, § 24c Rz. 21.

2 KWG.[1324] Auf die Existenz umfassender nachträglicher Datenschutzkontrolle[1325] und die dazu vorgeschriebene Protokollierung der Abrufdaten bei der BaFin nach § 24c Abs. 4 KWG wurde bereits hingewiesen.[1326] Darüber hinaus sind zwar weder die Löschung solcher Daten, die nach dem Abruf nicht mehr benötigt werden, noch eine Benachrichtigung über die Datenspeicherung und die möglichen Datenübermittlungen explizit vorgeschrieben; diese fehlenden Vorgaben stellen aber keinen verfassungsrechtlich erheblichen Verstoß gegen das informationelle Selbstbestimmungsrecht dar. Was die Löschungspflicht nicht mehr benötigter Daten angeht, greift die allgemeine Regelung des § 20 Abs. 2 Nr. 2 BDSG, der hier zur Anwendung kommt, weil und soweit § 24c KWG diesen Punkt nicht explizit regelt.[1327] Eine Benachrichtigungspflicht gegenüber den betroffenen Bankkunden braucht die Norm hingegen laut Gesetzgeber nicht zu enthalten, da Inhalt und Umfang der gespeicherten Angaben aus ihr hinreichend ersichtlich sind; für die notwendige Transparenz ist somit gesorgt.[1328] Auf Grund der gesetzlich bestehenden Auskunftspflicht nach § 19 BDSG hat der betroffene Grundrechtsträger jederzeit die Möglichkeit zu überprüfen, ob Daten bei der BaFin über ihn vorliegen.[1329] Dem Schutz des informationellen Selbstbestimmungsrechts wird ausreichend genügt.

bbb) Zitiergebot, Art. 19 Abs. 1 Satz 2 GG

Der Anwendungsbereich des Zitiergebots ist umstritten. Um die Warnfunktion des Zitiergebots aufrechtzuerhalten, fordern ein Teil der Literatur und das Bundesverfassungsgericht eine Reduktion auf solche Gesetze, die ausdrücklich i. S. v. Art. 19 Abs. 1 Satz 1 GG darauf hinweisen, daß das betreffende Grundrecht „eingeschränkt" werden kann.[1330] Danach brauchte der Normgeber des § 24c KWG das grundgesetzliche

---

[1324] Vgl. dazu oben S. 218 f. mit Fn. 1219 ff.

[1325] Bei den jeweiligen Empfangsbehörden, vgl. *Kokemoor*, in: Beck/Samm (Hrsg.), Kreditwesengesetz, § 24c Rz. 53.

[1326] Vgl. oben, S. 226 f.

[1327] *Walz*, in: Simitis (Hrsg.), Bundesdatenschutzgesetz, § 1 Rz. 169.

[1328] Diese Vorgehensweise des Gesetzgebers entspricht den allgemeinen datenschutzrechtlichen Grundsätzen, die für die Benachrichtigung bei einer Datenspeicherung oder -übermittlung ohne Kenntnis des Betroffenen vorgesehen sind, vgl. §§ 19a Abs. 2 Nr. 3, 33 Abs. 2 Nr. 4 BDSG. Die Informationspflicht kann für diese Phasen der Datenverarbeitung entfallen, weil die Betroffenen den Inhalt der gesetzlichen Regelung kennen oder leicht in Erfahrung bringen können und daher mit einer Speicherung bzw. Übermittlung der entsprechenden Daten rechnen müssen. Auf Grund dieses Wissens hat der betroffene Grundrechtsträger immer noch die Möglichkeit, bei der Empfangsbehörde mittels seines ihm nach §§ 19, 34 BDSG bestehenden Auskunftsrechts zu prüfen, ob und welche Daten im konkreten Fall übermittelt worden sind. Vgl. zu diesem Komplex Gola/Schomerus, Bundesdatenschutzgesetz, § 19a Rz. 9; *O. Mallmann*, in: Simitis (Hrsg.), Bundesdatenschutzgesetz, § 33 Rz. 78 ff.; *Müller*, DuD 2002, 603 f.

[1329] Freilich kann auch das Auskunftsrecht im Einzelfall ausgeschlossen sein, beispielsweise weil eine Auskunft den Zweck des Datenabrufs gefährden würde, vgl. § 19 Abs. 4 BDSG. Zu dieser Gefährdungsproblematik im Kontext der Geldwäschebekämpfung vgl. § 11 Abs. 3 GwG sowie den Beitrag von *Müller*, DuD 2002, 603 f.

[1330] Vgl. BVerfGE 28, 36 (46); 35, 185 (188). So auch die wohl noch herrschende Meinung, vgl. z. B. *Jarass*, in: Jarass/Pieroth, Grundgesetz, Art. 19 Rz. 2, 3. Auf Vertreter dieser Ansicht verweist auch *H. Dreier*, in: Dreier (Hrsg.), Grundgesetz-Kommentar, Bd. I, Art. 19 I Rz. 20 Fn. 77. *H.*

Zitiergebot nicht zu beachten, da diese Formulierung in Art. 2 Abs. 1 GG nicht enthalten ist.[1331]

Selbst wenn man aber den Geltungsbereich unabhängig von einem expliziten Gesetzesvorbehalt auf alle einschränkbaren Freiheitsrechte ausgedehnt wissen wollte[1332], würde eine Anwendung des Zitiergebots im Fall des Rechts auf informationelle Selbstbestimmung wegen der Weite des Schutzbereichs zu einer inflationären Verwendung des Art. 19 Abs. 1 Satz 2 GG führen.[1333] Das würde den Funktionen des Zitiergebots nicht gerecht. Eine Beachtung des Zitiergebots ist also auch nicht vonnöten, wenn man den Anwendungsbereich grundsätzlich über die explizit einschränkbaren Grundrechte hinaus ausdehnen will.

ccc) **Sonstige Schranken-Schranken**

Zu einer Verletzung sonstiger Schranken-Schranken (Einzelfallgesetzverbot, Art. 19 Abs. 1 Satz 1 GG; Wesensgehaltsgarantie, Art. 19 Abs. 2 GG) führt § 24c KWG nicht. Insoweit ist das Gesetz verfassungsgemäß.

c) **Zwischenergebnis**

Von den drei durch § 24c KWG ermöglichten Informationseingriffen ist einer teilweise verfassungswidrig. Die Ermächtigungen nach § 24c Abs. 3 Satz 1 Nr. 2 und 3 KWG genügen nicht den verschärften Anforderungen an die Normenklarheit und die Verhältnismäßigkeit. Da diese Regelungen mit den restlichen Zugriffsbefugnissen des § 24c KWG nicht derart eng verknüpft sind, daß letztere nur bei Verfassungsmäßigkeit des § 24c Abs. 3 Satz 1 Nr. 2 und 3 KWG Sinn machten, bleiben sie von der Verfassungswidrigkeit der genannten Normpassagen unberührt.[1334] Neben der Einrichtung des automatisierten Abrufverfahrens als solcher sind Abrufe zu Bankaufsichtszwecken nach § 24c Abs. 2, Abs. 3 Satz 1 Nr. 1 KWG hinsichtlich des Grundrechts auf informationelle Selbstbestimmung formell und materiell verfassungsmäßig.

3. **Ergebnis**

§ 24c Abs. 3 Satz 1 Nr. 2 und 3 KWG sind materiell verfassungswidrig. Insoweit verstößt § 24c KWG gegen das Grundrecht der Konto- und Depotinhaber auf informatio-

---

Dreier selbst hingegen möchte den Geltungsbereich des Zitiergebots auf alle einschränkbaren Freiheitsrechte, mithin auch auf die Aspekte des allgemeinen Persönlichkeitsrechts, ausdehnen, vgl. *H. Dreier*, ebda, Art. 19 I Rz. 20, Rz. 22 Fn. 85.

[1331] *Jarass*, in: Jarass/Pieroth, Grundgesetz, Art. 2 Rz. 45.

[1332] So *H. Dreier*, in: Dreier (Hrsg.), Grundgesetz-Kommentar, Bd. I, Art. 19 I Rz. 20 m. w. N. in Fn. 78.

[1333] Insoweit kann die Argumentation von *H. Dreier*, die dieser zur allgemeinen Handlungsfreiheit entwickelt, auf das informationelle Selbstbestimmungsrecht übertragen werden, vgl. *H. Dreier*, aaO, Art. 19 I Rz. 26.

[1334] Das Bundesverfassungsgericht praktiziert zu Recht, wenn auch ohne gesetzliche Ermächtigung, die Teilnichtigkeit von Gesetzen, vgl. dazu *Schlaich/Korioth*, Das Bundesverfassungsgericht, Rz. 384 ff.

nelle Selbstbestimmung. Im übrigen ist die Norm mit dem Recht auf informationelle Selbstbestimmung vereinbar.

Teil 4: Zusammenfassung der Ergebnisse

A. Das informationelle Selbstbestimmungsrecht, das spätestens seit dem Volkszählungsurteil des Bundesverfassungsgerichts im Jahre 1983 eigenständige Bedeutung erlangt hat, ist seit den Terroranschlägen vom 11. September 2001 verstärkt im Fokus der juristischen Diskussion. Grund dafür sind die Reaktionen des deutschen Gesetzgebers auf die Anschläge von New York und Washington D. C. Die neuen Gesetze zur Bekämpfung der Geldwäsche und des Terrorismus führen zu zusätzlichen Beschränkungen der Freiheit auf informationelle Selbstbestimmung. Besonders stark betroffen sind durch die legislativen Maßnahmen die Rechte der Bankkunden, da die Kontrolle der Finanzströme einen entscheidenden Faktor in der Terrorismusbekämpfung darstellt: Die Beschaffung von Kontoinformationen ist ein wesentlicher Bestandteil der meist sicherheitsrechtlich motivierten, staatlichen Informationsvorsorge. Besondere Probleme wirft § 24c KWG auf. Dieser Norm kommt auf Grund ihrer enormen Breitenwirkung besondere Relevanz auf dem Sektor der Überwachung von Kontoinformationen zu. Verfassungsrechtlicher Prüfungsmaßstab ist das Recht auf informationelle Selbstbestimmung der von § 24c KWG betroffenen Bankkunden.

B. Das Grundrecht auf informationelle Selbstbestimmung ist mit Hilfe der klassischen Prüfungsstandards von Schutzbereich, staatlich veranlaßtem Grundrechtseingriff und verfassungsrechtlicher Rechtfertigung zu operationalisieren.

I. Im Volkszählungsurteil vom 15. Dezember 1983 hat das Bundesverfassungsgericht das informationelle Selbstbestimmungsrecht als Ausprägung des allgemeinen Persönlichkeitsrechts anerkannt. Es beinhaltet ein Bestimmungsrecht über die eigenen persönlichen Daten.

II. Unter den Schutzbereich des Rechts auf informationelle Selbstbestimmung fallen alle personenbezogenen Daten, unabhängig von ihrer Art. Es spielt für den Schutz der Daten keine Rolle (mehr), ob sie einer besonders schutzwürdigen Sphäre der Privatheit angehören oder nicht. Auch „belanglose" Daten sind geschützt. Geschütztes Verhalten ist die Preisgabe und die Verwendung der persönlichen Daten. Auch die unter das Bankgeheimnis fallenden Informationen gehören dem Schutzbereich des informationellen Selbstbestimmungsrechts an.

III. Unter einem Informationseingriff ist jede sich am Betroffenen vorbei vollziehende, nicht durch seine Entscheidung abgedeckte Verwendung der sich auf seine Person beziehenden Daten zu verstehen. Vom Informationseingriff werden alle Datenverarbeitungsphasen, mithin der gesamte Umgang mit Daten erfaßt. Die Eingriffsintensität ist für die Qualifizierung einer staatlichen Maßnahme als Eingriff ohne Belang.

IV. Das informationelle Selbstbestimmungsrecht wird nicht absolut gewährleistet. Es ist im Rahmen der Schrankentrias des Art. 2 Abs. 1 GG einschränkbar. Die Schrankenbegriffe des Art. 2 Abs. 1 GG unterliegen im Hinblick auf das informationelle Selbstbestimmungsrecht keiner restriktiven Interpretation. Vielmehr ist auch hier auf Grund der weiten Auslegung der Schranke der verfassungsmäßigen Ordnung von einem einfachen Gesetzesvorbehalt auszugehen. Eingriffe in das informationelle Selbstbestimmungsrecht bedürfen daher stets einer formell-gesetzlichen Grundlage.

V. Verfassungsrechtlich gerechtfertigt ist der Eingriff erst, wenn der Gesetzgeber die spezifischen Eingriffskautelen beachtet. Danach sind Einschränkungen des informationellen Selbstbestimmungsrechts nur im überwiegenden Allgemeininteresse zulässig. Dieses Interesse ist über eine normenklare und bereichsspezifische Zweckbindung für den konkreten Eingriff unter besonderer Beachtung des Gebots der Erforderlichkeit zu aktualisieren. Die Anforderungen an die Verhältnismäßigkeitsprüfung sind bei der Verarbeitung nicht anonymisierter Daten und bei Datenübermittlungen besonders groß.

VI. Zusammenfassend ist zu konstatieren, daß der unterschiedlichen Eingriffsintensität erst auf der Ebene der Schranken-Schranken Rechnung getragen wird. Die verschiedenen Ansätze in der Literatur, die Restriktionen des informationellen Selbstbestimmungsrechts auf der Schutzbereichsebene, beim Eingriff oder durch eine einschränkende Interpretation der Schranken befürworten, können nicht überzeugen. Vielmehr sind in den Fällen des Informationseingriffs erst bei den Anforderungen an das ermächtigende (Parlaments)Gesetz, d. h. bei den Schranken-Schranken, Abstufungen je nach der konkreten Eingriffsintensität vorzunehmen. Nur auf diese Weise kann dem offen konzipierten Schutzbereichskonzept des allgemeinen Persönlichkeitsrechts Rechnung getragen werden, dem auch das informationelle Selbstbestimmungsrecht entspringt. Dem sehr stark individuell geprägten Schutzgut der informationellen Selbstbestimmung kann am besten die elastisch abgestufte Schrankenmechanik des Verhältnismäßigkeitsgrundsatzes genügen. Dieser bildet den eigentlichen dogmatischen Hintergrund für eine notwendig flexible Einzelfallgerechtigkeit.

C. § 24c KWG ist nur teilweise verfassungsgemäß.

I. Bei § 24c KWG handelt es sich um eine Norm des Bankaufsichtsrechts, die einen Abruf von Kontoinformationen im Online-Verfahren ermöglicht. Betroffen sind von dem automatisierten Abrufverfahren ca. 400 Millionen Konten von ca. 60 Millionen Kontoinhabern. Deren Angaben zu Depot oder Bankkonto müssen die jeweiligen Kreditinstitute zum Abruf bereitstellen. Zum Abruf sind gem. § 24c Abs. 2 KWG unmittelbar die BaFin und gem. § 24c Abs. 3 KWG mittelbar weitere staatliche Stellen berechtigt, auf deren Anfrage hin die BaFin Auskunft erteilt. Verfassungsrechtlich besonders problematisch ist, daß das Gesetz die Heimlichkeit der Datenabrufe anordnet.

II. § 24c KWG ist nur ein Ausschnitt aus einem umfangreichen gesetzgeberischen Maßnahmenpaket, das insbesondere zur Bekämpfung der Finanzierung des Terrorismus geschnürt wurde. Neben dem Vierten Finanzmarktförderungsgesetz, in dessen Kontext § 24c KWG in das Kreditwesengesetz eingefügt wurde, haben vor allem das Terrorismusbekämpfungsgesetz und das Geldwäschebekämpfungsgesetz neue Zugriffsbefugnisse für die Stellen der Finanzaufsicht sowie für die Sicherheitsbehörden und die Geheimdienste geschaffen. Insgesamt führt dieses Amalgam an neuen Regelungen zu einer erheblichen Ausweitung der Informationszugriffe auf die Bankkunden. Sowohl der Umfang der erfaßten Informationen als auch die Zahl der von den verschiedenen Maßnahmen betroffenen Bankkunden ist erheblich gestiegen. Auffällig sind bei den neuen Eingriffsbefugnissen deren präventive Ausrichtung, die verstärkte Einbeziehung der Kreditinstitute zur Erfüllung der staatlichen Aufgaben, die Heimlichkeit des staatlichen Vorgehens sowie die Unübersichtlichkeit und Uneinheitlichkeit der gesetzlichen Regelungstechnik.

III. § 24c Abs. 3 Satz 1 Nr. 2 und 3 KWG verstoßen gegen das Recht der Bankkunden auf informationelle Selbstbestimmung. Insoweit ist § 24c KWG verfassungswidrig und nichtig. Im übrigen ist er mit dem informationellen Selbstbestimmungsrecht vereinbar.

1. Das informationelle Selbstbestimmungsrecht aus Art. 2 Abs. 1 GG i. V. m. Art. 1 Abs. 1 GG ist auf § 24c KWG anwendbar. Speziellere grundrechtliche Gewährleistungen stehen hinsichtlich der von § 24c KWG betroffenen Daten nicht zur Verfügung.

2. Sowohl der sachliche als auch der persönliche Schutzbereich des informationellen Selbstbestimmungsrechts sind eröffnet. Die vom Abrufverfahren gem. § 24c Abs. 1 Satz 1 KWG erfaßten personenbezogenen Daten fallen unter den sachlichen Schutzbereich. In persönlicher Hinsicht ist das informationelle Selbstbestimmungsrecht einschlägig, soweit es sich bei den betroffenen Bankkunden um natürliche Personen handelt.

3. § 24c KWG ermöglicht mit der Einrichtung des automatisierten Abrufverfahrens gem. § 24c Abs. 1 KWG, mit der Befugnis zum Datenabruf nach § 24c Abs. 2 KWG und mit dem Recht verschiedener staatlicher Stellen, nach § 24c Abs. 3 KWG um eine Kontoauskunft zu ersuchen, drei Informationseingriffe. Alle drei staatlichen Beeinträchtigungen bedürfen einer verfassungsgemäßen Eingriffsrechtfertigung.

4. Als formelles Parlamentsgesetz stellt § 24c KWG eine ausreichende gesetzliche Grundlage für die Schranke der verfassungsmäßigen Ordnung i. S. v. Art. 2 Abs. 1 GG dar.

5. Den drei durch § 24c KWG geschaffenen Eingriffsmöglichkeiten wohnt eine unterschiedlich intensive Eingriffsintensität inne. Die Intensität des jeweiligen Eingriffs

verändert sich dabei auf Grund des konkreten Verwendungszusammenhangs der Daten.

a) Die Einrichtung des automatisierten Abrufverfahrens als solche stellt nur eine mittelschwere Beeinträchtigung des informationellen Selbstbestimmungsrechts dar.

b) Auf Grund der völligen Heimlichkeit des Datenabrufs und der potentiell gegenüber der bloßen Einrichtung des Verfahrens größeren Mißbrauchsmöglichkeiten handelt es sich bei den Datenübermittlungen zu Zwecken der Institutsaufsicht nach § 24c Abs. 2 KWG und § 24c Abs. 3 Satz 1 Nr. 1 KWG bereits um schwerwiegendere Eingriffe.

c) Am intensivsten sind die Datenabrufe zu Zwecken, die außerhalb der Bankaufsicht liegen. Dies liegt insbesondere daran, daß solche Datenabrufe zu Maßnahmen der abrufenden Stellen führen können, die unmittelbar nachteilhaft für die Betroffenen sind. Zudem ist das Mißbrauchspotential mangels effektiver Kontrollmöglichkeiten besonders groß.

6. Mit der Intensität des Eingriffs wachsen die Rechtfertigungsanforderungen. Daraus ergibt sich für die verfassungsrechtliche Rechtfertigung der einzelnen Eingriffsstufen folgendes Bild:

a) Die Einrichtung des automatisierten Abrufverfahrens ist trotz der umfangreichen Datenmenge, die in das System eingestellt wird, verfassungsrechtlich gerechtfertigt. Die Anordnung des § 24c Abs. 1 KWG ist angesichts des hohen Rangs der zu sichernden Rechtsgüter und im Hinblick auf die ausreichende Sicherung der Betroffenenrechte auch verhältnismäßig.

b) Auch die Möglichkeit des Datenabrufs nach § 24c Abs. 2 KWG ist verfassungsgemäß. Die Möglichkeit eines derartigen Informationseingriffs ist vor allem im Hinblick darauf verfassungsrechtlich gerechtfertigt, daß unmittelbar von seiten der Bankaufsicht keine Nachteile für die betroffenen Bankkunden drohen. Unter Bestimmtheits- und Verhältnismäßigkeitsgesichtspunkten ist die Verfassungsmäßigkeit aber nur dann zu bejahen, wenn und soweit für den Datenabruf keine unvollständigen Abfragedaten verwendet werden.

c) § 24c Abs. 3 Satz 1 KWG ist nur hinsichtlich Nr. 1 verfassungsgemäß. § 24c Abs. 3 Satz 1 Nr. 2 und 3 KWG sind hingegen mit dem Recht der Bankkunden auf informationelle Selbstbestimmung nicht vereinbar. Das gilt für Nr. 2 deshalb, weil dieser Normteil erstens nicht ausreichend klar die Grenzen eines Datenabrufs bestimmt und zweitens nicht den Anforderungen des Verhältnismäßigkeitsgrundsatzes entspricht. In Anbetracht der Schwere des Eingriffs ist es unangemessen (also unverhältnismäßig im engeren Sinne), die Befugnis des Datenabrufs auf die Verfolgung aller Straftaten zu erstrecken, anstatt diese Sanktionen thematisch auf besonders schwere Delikte oder Delikte mit Geldwäsche- und Terrorismusbezug zu beschränken. Darüber hinaus fehlt es an einer präventiven, unabhängigen Kontrollinstanz; Deren Einrichtung ist wegen der Heimlichkeit der Eingriffe rechtsstaatlich geboten. Auch die Verfassungswidrigkeit des § 24c Abs. 3 Satz 1 Nr. 3 KWG folgt aus dem Manko rechtsstaatlicher Kontrolle.

d) Der Verstoß des § 24c Abs. 3 Satz 1 Nr. 2 und 3 KWG gegen das Grundrecht auf informationelle Selbstbestimmung führt zu einer Teilnichtigkeit des § 24c KWG. Die verbleibenden verfassungsgemäßen Teile des § 24c KWG ergeben auch ohne die Nummern 2 und 3 des § 24c Abs. 3 Satz 1 KWG eine sinnvolle Regelung.

Literaturverzeichnis

Achelpöhler, Wilhelm/*Niehaus*, Holger, Rasterfahndung als Mittel zur Verhinderung von Anschlägen islamistischer Terroristen in Deutschland, DÖV 2003, 49 ff.

Ahlf, Ernst-Heinrich: Kommentierung von § 2 BKAG, in: Ahlf, Ernst-Heinrich/ Daub, Ingo E./Lersch, Roland/Störzer, Hans Udo: Bundeskriminalamtgesetz, 2000.

Alexy, Robert: Theorie der Grundrechte, 3. Aufl. 1996.

Antoni, Michael: Kommentierung von Art. 1 und Art. 2 GG, in: Seifert, Karl-Heinz/ Hömig, Dieter (Hrsg.), Grundgesetz für die Bundesrepublik Deutschland, 7. Aufl. 2003.

Arnauld, Andreas von: Strukturelle Fragen des allgemeinen Persönlichkeitsrechts, ZUM 1996, 286 ff.

ders.: Die Freiheitsrechte und ihre Schranken, 1999.

Aulehner, Josef: 10 Jahre „Volkszählungs"-Urteil, CR 1993, 446 ff.

ders.: Polizeiliche Gefahren- und Informationsvorsorge, 1998.

Baader, Emil: Parlamentsvorbehalt, Wesentlichkeitsgrundsatz, Delegationsbefugnis, JZ 1992, 394 ff.

Badura, Peter: Verfassungsrechtliches Gutachten zum Entwurf des Mikrozensus-Gesetzes vom 29.03.1985 für den Innenausschuß des Deutschen Bundestages, Ausschuß-Drucksache 10/75.

Bär, Oliver E.: Das Tatbestandsmerkmal „personenbezogene Daten" bei Eingriffsnormen, BayVBl. 1992, 171 ff.

Bäumler, Helmut: Normenklarheit als Instrument der Transparenz, JR 1984, 361 ff.

ders.: Der neue Datenschutz, in: Bäumler, Helmut (Hrsg.), „Der neue Datenschutz" - Datenschutz in der Informationsgesellschaft von morgen, 1998, S. 1 ff.

Balkhausen, Dieter: Die dritte industrielle Revolution, 1978.

Bamberger, Christian: Verfassungswerte als Schranken vorbehaltloser Freiheitsgrundrechte, 1999.

Baumann, Reinhold: Stellungnahme zu den Auswirkungen des Urteils des Bundesverfassungsgerichts vom 15.12.1983 zum Volkszählungsgesetz 1983, DVBl. 1983, 612 ff.

ders.: Datenschutz drei Jahre nach dem Volkszählungsurteil - Rückblick und Perspektiven, RDV 1987, 118 ff.

Beck, Ulrich: Risikogesellschaft, 1. Auflage 1986.

Benda, Ernst: Privatsphäre und „Persönlichkeitsprofil", in: Leibholz, Gerhard/Faller, Hans Joachim/Mikat, Paul/Reis, Hans (Hrsg.), Menschenwürde und freiheitliche Rechtsordnung, Festschrift für Willi Geiger zum 65. Geburtstag, 1974, S. 23 ff.

ders.: Das Recht auf informationelle Selbstbestimmung und die Rechtsprechung des Bundesverfassungsgerichts zum Datenschutz, DuD 1984, 86 ff.

Bergles, Siegfried/*Eul*, Harald: „Rasterfahndung" zur Geldwäschebekämpfung - ein Konflikt mit dem Datenschutz?, BKR 2002, 556 ff.

Bethge, Herbert: Zur Problematik von Grundrechtskollisionen, 1977.

ders.: Das Persönlichkeitsrecht als Grundrecht - Ausstrahlungen im Bereich von Meinungs-, Presse- und Rundfunkfreiheit, Ufita Bd. 95 (1983), S. 251 ff.

ders.: Aktuelle Probleme der Grundrechtsdogmatik, Der Staat Bd. 24 (1985), S. 351 ff.

ders.: Die Grundrechtsberechtigung juristischer Personen nach Art. 19 Abs. 3 Grundgesetz, 1985.

ders.: Der Grundrechtseingriff, VVDStRL Heft 57 (1998), S. 7 ff.

ders.: Kommentierung von Art. 5 GG, in: Sachs, Michael (Hrsg.), Grundgesetz, 3. Aufl. 2003.

ders.: Zur verfassungsrechtlichen Legitimation informalen Staatshandelns der Bundesregierung, Jura 2003, 327 ff.

ders.: Verfassungsrecht, 2. Aufl. 2004.

Bettermann, Karl August: Hypertrophie der Grundrechte, in: Merten, Detlef/Papier Hans-Jürgen/Schmidt, Karsten/Zeuner, Albrecht (Hrsg.), Staatsrecht - Verfahrensrecht - Zivilrecht, 1988, S. 49 ff.

ders.: Grenzen der Grundrechte, 2. Aufl. 1976.

Bizer, Johann: Ziele und Elemente der Modernisierung des Datenschutzrechts, DuD 2001, 274 ff.

ders.: Politik der inneren Sicherheit, DuD 2002, 741 ff.

Bleckmann, Albert/*Eckhoff*, Rolf: Der „mittelbare" Grundrechtseingriff, DVBl. 1988, 373 ff.

Böckenförde, Ernst-Wolfgang: Grundrechtsgeltung gegenüber Trägern gesellschaftlicher Macht?, in: Posser, Diether/Wassermann, Rudolf (Hrsg.), Freiheit in der sozialen Demokratie, 1975, S. 69 ff.

ders.: Schutzbereich, Eingriff, Verfassungsimmanente Schranken, Der Staat Bd. 42 (2003), S. 165 ff.

Boehme-Neßler, Volker: Datenschutz in der Informationsgesellschaft, K&R 2002, 217 ff.

Brand, Torsten: Rundfunk im Sinne des Artikel 5 Abs. 1 Satz 2 GG, 2002.

Brandner, Hans Erich: Das allgemeine Persönlichkeitsrecht in der Entwicklung durch die Rechtsprechung, JZ 1983, 689 ff.

Braun, Ulrich: Kommentierung von §§ 25a, 44 KWG, in: Boos, Karl-Heinz / Fischer, Reinfrid / Schulte-Mattler, Hermann (Hrsg.), Kreditwesengesetz, 2004.

Bruchner, Helmut: Kommentierung von § 39, in: Schimansky, Herbert/Bunte, Hermann-Josef/Lwowski, Hans-Jürgen (Hrsg.), Bankrechts-Handbuch, Bd. I, 2. Aufl. 2001.

Bull, Hans Peter: Neue Konzepte, neue Instrumente?, ZRP 1998, 310 ff.

ders.: Mehr Datenschutz durch weniger Verrechtlichung - Zur Überarbeitung von Form und Inhalt der Datenschutzvorschriften, in: Bäumler, Helmut (Hrsg.), „Der neue Datenschutz" - Datenschutz in der Informationsgesellschaft von morgen, 1998, S. 25 ff.

Burgi, Martin: Funktionale Privatisierung und Verwaltungshilfe, 1999.

Busch, Jost-Dietrich: Anmerkung zum Urteil des Ersten Senats des Bundesverfassungsgerichts vom 15.12.1983 - 1 BvR 209/83 (Volkszählungsurteil), DVBl. 1984, 385 ff.

Canaris, Claus-Wilhelm: Grundrechte und Privatrecht, AcP Bd. 184 (1984), S. 201 ff.

ders.: Bankvertragsrecht, 1. Teil, 3. Aufl. 1988.

ders.: Grundrechte und Privatrecht, 1999.

Clemens, Thomas: Vorbemerkungen vor Art. 2 ff. GG, in: Umbach, Dieter C./Clemens, Thomas (Hrsg.), Grundgesetz, Bd. I (Art. 1 - 37 GG), 2002.

Dahm, Joachim: Banken im Spannungsfeld zwischen Staat und Kunden, WM 1996, 1285 ff.

ders./Schebesta, Michael/*Schroeter*, Achim/*Weber*, Ahrend: Bankgeheimnis und Bankauskunft in der Praxis, in: Deutscher Sparkassen- und Giroverband e. V. (Hrsg.), 5. Aufl. 1995.

Dammann, Ulrich: Kommentierung von § 3 (Rz. 1 - 256), § 15, § 24, § 25 und § 46 BDSG, in: Simitis, Spiros (Hrsg.), Kommentar zum Bundesdatenschutzgesetz, 5. Aufl. 2003.

Degenhart, Christoph: Die allgemeine Handlungsfreiheit des Art. 2 I GG, JuS 1990, 161 ff.

ders.: Das allgemeine Persönlichkeitsrecht, Art. 2 I i.V. mit Art. 1 I GG, JuS 1992, 361 ff.

ders.: Staatsrecht I, 19. Aufl. 2003.

Denninger, Erhard: Das Recht auf informationelle Selbstbestimmung und Innere Sicherheit, in: v. Schoeler, Andreas (Hrsg.), Informationsgesellschaft oder Überwachungsstaat?, 1986, S. 107 ff.

ders.: Das Recht auf informationelle Selbstbestimmung und Innere Sicherheit, KJ 1985, 215 ff.

ders.: Freiheit durch Sicherheit?, KJ 2002, 467 ff.

ders.: Freiheit durch Sicherheit? Anmerkungen zum Terrorismusbekämpfungsgesetz, StV 2002, 96 ff.

Diederichsen, Uwe: Die Selbstbehauptung des Privatrechts gegenüber dem Grundgesetz, Jura 1997, 57 ff.

Di Fabio, Udo: Rechtliche Rahmenbedingungen neuer Informations- und Kommunikationstechnologien, in: Schulte, Martin (Hrsg), Technische Innovation und Recht, 1997, S. 117 ff.

ders.: Kommentierung von Art. 2 Abs. 1 GG, in: Maunz, Theodor/Dürig, Günter, Kommentar zum Grundgesetz, Bd. I, Loseblatt (39. Lieferung; Stand: Juli 2001).

Doehring, Karl: Das Staatsrecht der Bundesrepublik Deutschland, 3. Aufl. 1984.

Dolderer, Günter/*Garrel,* Gerd von/*Müthlein,* Thomas/*Schlumberger,* Peter: Die Auftragsdatenverarbeitung im neuen BDSG, RDV 2001, 223 ff.

Dreier, Horst: Vorbemerkungen vor Art. 1 GG sowie Kommentierung von Art. 1 Abs. 1 GG, Art. 2 Abs. 1 GG und Art. 19 GG, in: Dreier, Horst (Hrsg.), Grundgesetz, Kommentar, Bd. I, 2. Aufl. 2004.

Drews, Heinz-Ludwig / *Kassel,* Hans / *Leßenich,* Heinz Rudolf: Lexikon Datenschutz und Informationssicherheit, 4. Aufl. 1993.

Dürig, Günter: Die Menschenauffassung des Grundgesetzes, JR 1952, 259 ff.

ders.: Der Grundrechtssatz von der Menschenwürde, AöR Bd. 81 (1956), S. 117 ff.

ders.: Anmerkung zum Urteil des Bundesverfassungsgerichts vom 16.01.1957 - 1 BvR 253/56, JZ 1957, 169 ff.

ders.: Zum „Lüth-Urteil" des Bundesverfassungsgerichts vom 15.1.1958, DÖV 1958, 194 ff.

ders.: Kommentierung von Art. 1 und Art. 2 GG, in Maunz, Theodor/Dürig, Günter, Kommentar zum Grundgesetz, Loseblatt (Stand: 1958).

ders.: Der Grundrechtssatz von der Menschenwürde, in: Schmitt Glaeser, Walter/Häberle, Peter (Hrsg.), Gesammelte Schriften 1952 - 1983, 1984, S. 127 ff.

Duttge, Gunnar: Der Begriff der Zwangsmaßnahme im Strafprozeßrecht, 1995.

ders.: Recht auf Datenschutz?, Der Staat Bd. 36 (1997), S. 281 ff.

ders.: Freiheit für alle oder allgemeine Handlungsfreiheit?, NJW 1997, 3353 ff.

ders.: Was bleibt noch von der Wissenschaftsfreiheit?, NJW 1998, 1615 ff.

Eberle, Carl-Eugen: Datenschutz durch Meinungsfreiheit, DÖV 1977, 306 ff.

ders.: Gesetzesvorbehalt und Parlamentsvorbehalt, DÖV 1984, 485 ff.

Eckhoff, Rolf: Der Grundrechtseingriff, 1992.

Ehmann, Eugen: Kommentierung von § 10 BDSG, in: Simitis, Spiros (Hrsg.), Kommentar zum Bundesdatenschutzgesetz, 5. Aufl. 2003.

ders.: Kommentierung von §§ 3, 10 und 11 BDSG, in: Abel, Horst G. (Hrsg.), Praxiskommentar Bundesdatenschutzgesetz und Teledienstegesetze, 3. Aufl. 2003.

Ehmann, Horst: Informationsschutz und Informationsverkehr im Zivilrecht, AcP Bd. 188 (1988), S. 230 ff.

ders.: Zur Struktur des Allgemeinen Persönlichkeitsrechts, JuS 1997, 193 ff.

ders.: Informations- und Meinungsfreiheit in unserer Kinderzeit und heute, in: Hadding, Walter (Hrsg.), Festgabe Zivilrechtslehrer 1934/1935, 1999, S. 73 ff.

Ehmer, Jörg: Kommentierung von §§ 88, 90 TKG, in: Büchner, Wolfgang / Ehmer, Jörg u.a. (Hrsg.), TKG-Kommentar, 2. Aufl. 2000.

Ehmke, Horst: Wirtschaft und Verfassung, 1961.

ders.: Prinzipien der Verfassungsinterpretation, VVDStRL Bd. 20 (1963), S. 53 ff.

Erichsen, Hans-Uwe: Das Grundrecht aus Art. 2 Abs. 1 GG, Jura 1987, 367 ff.

ders.: Allgemeine Handlungsfreiheit, in: Isensee, Josef/Kirchhof, Paul (Hrsg.), Handbuch des Staatsrechts, Bd. VI, § 152, 2. durchgesehene Aufl. 2001.

Ernst, Marcus A.: Verarbeitung und Zweckbindung von Informationen im Strafprozeß, 1993.

Escher, Markus: Bankaufsichtsrechtliche Änderungen im KWG durch das Vierte Finanzmarktförderungsgesetz, BKR 2002, 652 ff.

Evers, Jürgen/*Kiene*, Lorenz H.: Datenschutzrechtliche Folgen der Ausgliederung von Dienstleistungen, DuD 2003, 341 ff.

dies.: Die Wirksamkeitskriterien der Einwilligungsklauseln und die Auslagerung von Finanzdienstleistungen im Sinne des § 11 BDSG, NJW 2003, 2726 ff.

Fiedler, Herbert: Datenschutznovellierung, CR 1989, 131 ff.

Findeisen, Michael: Bankgeheimnis und Verhinderung der Geldwäsche, in: Hadding, Walther / Hopt, Klaus J. / Schimansky, Herbert (Hrsg.), Basel II: Folgen für Kreditinstitute und ihre Kunden, Bankgeheimnis und Bekämpfung von Geldwäsche, 2004, S. 95 ff.

Fisahn, Andreas: Bankgeheimnis und informationelle Selbstbestimmung, CR 1995, 632 ff.

Frohn, Hansgeorg: Aktuelle Probleme des Gesetzesvorbehalts, ZG 1990, 117 ff.

Fromme, Friedrich Karl: Ein neues Grundrecht ist erfunden, FAZ vom 17.12.1983, S. 12.

Fülbier, Andreas: Kommentierung von § 11 GwG, in: Fülbier, Andreas/Aepfelbach, Rolf R., Kommentar zum Geldwäschegesetz, 4. Aufl. 1999.

ders.: Kommentierung von § 6 KWG, in: Boos, Karl-Heinz / Fischer, Reinfrid/ Schulte-Mattler, Hermann (Hrsg.), Kreditwesengesetz, 2004.

Gallwas, Hans-Ullrich: Faktische Beeinträchtigungen im Bereich der Grundrechte, 1970.

ders.: Der allgemeine Konflikt zwischen dem Recht auf informationelle Selbstbestimmung und der Informationsfreiheit, NJW 1992, 2785 ff.

Gamm, Otto-Friedrich Frhr. von: Persönlichkeitsschutz und Massenmedien, NJW 1979, 513 ff.

Garstka, Hansjürgen: Terrorismusbekämpfung und Datenschutz - Zwei Themen im Konflikt, NJ 2002, 524 f.

Geddert-Steinacher, Tatjana: Menschenwürde als Verfassungsbegriff, 1990.

Geiger, Andreas: Die Einwilligung in die Verarbeitung von persönlichen Daten als Ausübung des Rechts auf informationelle Selbstbestimmung, NVwZ 1989, 35 ff.

Gerhold, Diethelm/*Heil*, Helmut: Das neue Bundesdatenschutzgesetz 2001, DuD 2001, 377 ff.

Geis, Max-Emanuel: Der Kernbereich des Persönlichkeitsrechts, JZ 1991, 112 ff.

Geurts, Matthias/*Koch*, Christian/*Schebesta*, Michael/*Weber*, Ahrend, Bankgeheimnis und Bankauskunft in der Praxis, in: Deutscher Sparkassen- und Giroverband e. V. (Hrsg.), 6. Aufl. 2000.

Glauben, Paul: Das Bankgeheimnis - Rechtsgrundlagen, Inhalt und Grenzen, DRiZ 2002, 104 ff.

Gola, Peter / *Schomerus*, Rudolf: Bundesdatenschutzgesetz, 7. Auflage 2002.

Grabitz, Eberhard: Freiheit und Verfassungsrecht, 1976.

Groß, Gerhard: Das Recht auf informationelle Selbstbestimmung mit Blick auf die Volkszählung 1987, das neue Bundesstatistikgesetz und die Amtshilfe, AöR Bd. 113 (1988), S. 161 ff.

Groß, Thomas: Terrorbekämpfung und Grundrechte, KJ 2002, 1 ff.

Gusy, Christoph: Grundrechtsschutz vor staatlichen Informationseingriffen, VerwArch Bd. 74 (1983), S. 91 ff.

ders.: Informationelle Selbstbestimmung und Datenschutz: Fortführung oder Neuanfang?, KritV Bd. 83 (2000), S. 52 ff.

Heintzen, Markus: Staatliche Warnungen als Grundrechtsproblem, VerwArch Bd. 81 (1990), S. 532 ff.

Helle, Jürgen: Besondere Persönlichkeitsrechte im Privatrecht, 1991.

Herdegen, Matthias: Kommentierung von Art. 1 Abs. 1 GG, in: Maunz, Theodor/Dürig, Günter, Kommentar zum Grundgesetz, Bd. I, Loseblatt (42. Lieferung; Stand: Februar 2003).

Herzog, Felix: Der Banker als Fahnder?, WM 1996, 1753 ff.

ders.: Geldwäschebekämpfung - quo vadis?, WM 1999, 1905 ff.

ders./*Christmann*, Rainer M.: Geldwäsche und „Bekämpfungsgesetzgebung", WM 2003, 6 ff.

ders.: Das Bankgeheimnis - eine Schranke staatlicher und staatlich veranlaßter Ermittlungen?, in: Hadding, Walther / Hopt, Klaus J. / Schimansky, Herbert (Hrsg.), Basel II: Folgen für Kreditinstitute und ihre Kunden, Bankgeheimnis und Bekämpfung von Geldwäsche, 2004, S. 47 ff.

Hesse, Ernst: Die Bindung des Gesetzgebers an das Grundrecht des Art. 2 I GG bei der Verwirklichung einer „verfassungsmäßigen Ordnung", 1968.

Hesse, Konrad: Grundzüge des Verfassungsrechts der Bundesrepublik Deutschland, Neudruck der 20. Auflage 1999.

Hetmank, Sven: Einführung in das Recht des Datenschutzes, JurPC Web-Dok. 67/2002, Abs. 1 - 25.

Hetzer, Wolfgang: Geldwäsche und Terrorismus, ZRP 2002, 407 ff.

Hillenbrand, Thomas: Der geräuschlose Tod des Bankgeheimnisses, Spiegel Online vom 18.11.2004, abgerufen unter www.spiegel.de/wirtschaft.

Hillgruber, Christian: Kommentierung von Art. 2 Abs. 1 GG, in: Umbach, Dieter C./ Clemens, Thomas (Hrsg.), Grundgesetz, Bd. I (Art. 1 - 37 GG), 2002.

Hochhuth, Martin: Relativitätstheorie des Öffentlichen Rechts, 2000.

ders.: Lückenloser Freiheitsschutz und die Widersprüche des Art. 2 Abs. 1 GG, JZ 2002, 743 ff.

Hodenberg, Philipp Frhr. von: Das Bekenntnis des deutschen Volkes zu den Menschenrechten in Art. 1 Abs. 2 GG, 1997.

Höche, Thorsten: Neue gesetzliche Regelungen zur Bekämpfung des Terrorismus und der Geldwäsche, Die Bank 2002, 196 ff.

Hoeren, Thomas: Banken und Outsourcing, DuD 2002, 736 ff.

Höfelmann, Elke: Das Grundrecht auf informationelle Selbstbestimmung anhand der Ausgestaltung des Datenschutzrechts und der Grundrechtsnormen der Landesverfassungen, 1997.

Höfling, Wolfram: Grundrechtstatbestand - Grundrechtsschranken - Grundrechtsschrankenschranken, Jura 1994, 169 ff.

ders.: Kommentierung von Art. 2 GG, in: Friauf, Karl Heinrich/Höfling, Wolfram (Hrsg.), Berliner Kommentar zum Grundgesetz, Bd. 1, Loseblatt (Grundwerk, Stand: Oktober 2000).

ders.: Kommentierung von Art. 1 GG, in: Sachs, Michael (Hrsg.), Grundgesetz, 3. Aufl. 2003.

Hoffmann-Riem, Wolfgang: Datenschutz als Schutz eines diffusen Interesses in der Risikogesellschaft, in: Krämer, Ludwig/Micklitz, Hans-W./Tonner, Klaus (Hrsg.), Recht und diffuse Interessen in der Europäischen Rechtsordnung, Liber amicorum Norbert Reich, 1997, S. 777 ff.

ders.: Informationelle Selbstbestimmung in der Informationsgesellschaft - Auf dem Wege zu einem neuen Konzept des Datenschutzes -, AöR Bd. 123 (1998), S. 513 ff.

ders.: Informationelle Selbstbestimmung als Grundrecht kommunikativer Entfaltung, in: Bäumler, Helmut (Hrsg.), „Der neue Datenschutz" - Datenschutz in der Informationsgesellschaft von morgen, 1998, S. 11 ff.

Horn, Hans-Detlef: Vorbeugende Rasterfahndung und informationelle Selbstbestimmung, DÖV 2003, 746 ff.

Hubmann, Heinrich: Das Persönlichkeitsrecht, 1953.

ders.: Das Persönlichkeitsrecht, 2. veränderte und erweiterte Auflage 1967.

Huhmann, Marcus: Die verfassungsrechtliche Dimension des Bankgeheimnisses, 2002.

Hufen, Friedhelm:. Das Volkszählungsurteil des Bundesverfassungsgerichts und das Grundrecht auf informationelle Selbstbestimmung - eine juristische Antwort auf „1984"?, JZ 1984, 1072 ff.

ders.: Schutz der Persönlichkeit und Recht auf informationelle Selbstbestimmung, in: Badura, Peter/Dreier, Horst (Hrsg.), Festschrift 50 Jahre Bundesverfassungsgericht, Bd. II, 2001, S. 105 ff.

Ipsen, Hans Peter: Gesetzliche Bevorratungsverpflichtung Privater, AöR Bd. 90 (1965), S. 393 ff.

Ipsen, Jörn: Staatsrecht II, 7. Aufl. 2004.

Isensee, Josef: Das Grundrecht auf Sicherheit, 1983.

ders.: Das Grundrecht als Abwehrrecht und als staatliche Schutzpflicht, in: Isensee, Josef/Kirchhof, Paul (Hrsg.), Handbuch des Staatsrechts, Bd. V, § 111, 2., durchgesehene Auflage 2000.

Jacob, Joachim: Verbrechensbekämpfung und Datenschutz nach dem 11. September 2001, WM 2002, 278 f.

Jahn, Joachim: Verschärfte Finanzkontrollen nach Terroranschlägen, ZRP 2002, 109 ff.

ders.: Im Kampf gegen die Geldwäsche naht der Polizeistaat, DRiZ 2002, 324.

Jarass, Hans D.: Das allgemeine Persönlichkeitsrecht im Grundgesetz, NJW 1989, 857 ff.

ders.: Kommentierung von Art. 1 (incl. Vorbemerkungen vor Art. 1 GG), 2 und 20 (ab Rz. 23) GG, in: Jarass, Hans D./Pieroth, Bodo, Grundgesetz für die Bundesrepublik Deutschland, 7. Aufl. 2004.

Jesch, Dietrich: Gesetz und Verwaltung, 2. Aufl. 1968.

Joachimski, Jupp/*Haumer*, Christine: Strafverfahrensrecht, 4. Aufl. 2000.

Kamlah, Ruprecht: Right of Privacy, 1969.

ders.: Datenüberwachung und Bundesverfassungsgericht, DÖV 1970, 361 ff.

Kau, Wolfgang: Vom Persönlichkeitsschutz zum Funktionsschutz, 1989.

Kirchhof, Paul: Rechtsquellen und Grundgesetz, in: Starck, Christian (Hrsg.), Bundesverfassungsgericht und Grundgesetz, Bd. II, 1976, S. 50 ff.

ders.: Bankgeheimnis und Geldwäsche aus verfassungsrechtlicher Sicht, in: Hadding, Walther / Hopt, Klaus J. / Schimansky, Herbert (Hrsg.), Basel II: Folgen für Kreditinstitute und ihre Kunden, Bankgeheimnis und Bekämpfung von Geldwäsche, 2004, S. 79 ff.

Kisker, Gunter: Neue Aspekte im Streit um den Vorbehalt des Gesetzes, NJW 1977, 1313 ff.

Kleb-Braun, Gabriele: Tagebuchaufzeichnungen als Beweismittel, CR 1990, 344 ff.

Kleinknecht, Theodor/*Meyer-Goßner,* Lutz: Strafprozeßordnung, Kommentar, 45. Aufl. 2001.

Kley, Dieter/*Rühmann,* Jürgen: Kommentierung von § 90 BVerfGG, in: Umbach, Dieter C./Clemens, Thomas (Hrsg.), Bundesverfassungsgerichtsgesetz, 1992.

Kloepfer, Michael: Grundrechtstatbestand und Grundrechtsschranken in der Rechtsprechung des Bundesverfassungsgerichts - dargestellt am Beispiel der Menschenwürde, in: Starck, Christian (Hrsg.), Bundesverfassungsgericht und Grundgesetz, Bd. II, 1976, S. 405 ff.

ders.: Der Vorbehalt des Gesetzes im Wandel, JZ 1984, 685 ff.

ders.: Datenschutz als Grundrecht, 1980.

ders.: Leben und Würde des Menschen, in: Badura, Peter/Dreier, Horst (Hrsg.), Festschrift 50 Jahre Bundesverfassungsgericht, Bd. II, 2001, S. 77 ff.

ders.: Geben moderne Technologien und die europäische Integration Anlaß, Notwendigkeit und Grenzen des Schutzes personenbezogener Informationen neu zu bestimmen?, Gutachten D für den 62. Deutschen Juristentag, in: Ständige Deputation des Deutschen Juristentages (Hrsg.), Verhandlungen des zweiundsechzigsten Deutschen Juristentages, Bd. I, 1998.

ders.: Informationszugangsfreiheit und Datenschutz: Zwei Säulen des Rechts der Informationsgesellschaft, DÖV 2003, 221 ff.

Koendgen, Johannes: Die Entwicklung des privaten Bankrechts in den Jahren 1999 - 2003, NJW 2004, 1288 ff.

Konferenz der Datenschutzbeauftragten des Bundes und der Länder und der Datenschutzkommission Rheinland-Pfalz: Auswirkungen des Volkszählungsurteils, Entschließung vom 27./28. März 1984, DÖV 1984, 504 ff.

Kokemoor, Axel: Kommentierung von § 24c KWG, in: Beck, Heinz / Samm, Carl-Theodor, Gesetz über das Kreditwesen, Kommentar, Bd. 1, Loseblatt (Lieferung 101; Stand: Dezember 2003).

ders.: Der Automatisierte Abruf von Kontoinformationen nach § 24c KWG, BKR 2004, 135 ff.

Kopp, Ferdinand O./*Ramsauer,* Ulrich: Verwaltungsverfahrensgesetz, 8. Aufl. 2003.

Koppernock, Martin: Das Grundrecht auf bioethische Selbstbestimmung, 1997

Krause, Peter: Das Recht auf informationelle Selbstbestimmung - BVerfGE 65,1, JuS 1984, 268 ff.

Krauss, Detlef: Der Schutz der Intimsphäre im Strafprozeß, in: Lackner, Karl/Leferenz, Heinz/Schmidt, Eberhard/Welp, Jürgen/Wolff, Ernst Amadeus (Hrsg.), Festschrift für Wilhelm Gallas zum 70. Geburtstag, S. 365 ff.

Krebs, Walter: Vorbehalt des Gesetzes und Grundrechte, 1975.

ders.: Zum aktuellen Stand der Lehre vom Vorbehalt des Gesetzes, Jura 1979, 304 ff.

ders.: Kommentierung von Art. 19 GG, in: Münch, Ingo von/Kunig, Philip (Hrsg.), Grundgesetz-Kommentar, Bd. 1, 5. Aufl. 2000.

Küchenhoff, Günther: Persönlichkeitsschutz kraft Menschenwürde, in: Leibholz, Gerhard/Faller, Hans Joachim/Mikat, Paul/Reis, Hans (Hrsg.), Menschenwürde und freiheitliche Rechtsordnung, Festschrift für Willi Geiger zum 65. Geburtstag, 1974, S. 45 ff.

Kunig, Philip: Der Reiter im Walde, Jura 1990, 523 ff.

ders.: Der Grundsatz informationeller Selbstbestimmung, Jura 1993, 595 ff.

ders.: Kommentierung von Art. 1 und Art. 2 GG, in: Münch, Ingo von/Kunig, Philip (Hrsg.), Grundgesetz-Kommentar, Bd. 1, 5. Aufl. 2000.

Langer, Margit: Informationsfreiheit als Grenze der informationellen Selbstbestimmung, 1992.

Lege, Joachim: Die allgemeine Handlungsfreiheit gemäß Art. 2 I GG, Jura 2002, 753 ff.

Lehnhoff, Jochen: Geplante Kontenüberwachung und Kundenrasterung bei Wertpapiergeschäften gehen zu weit!, WM 2002, 687.

Lepa, Manfred: Der Inhalt der Grundrechte, 6. Aufl. 1990.

Lerche, Peter: Übermaß und Verfassungsrecht, 1961.

ders.: Ausnahmslos und vorbehaltlos geltende Grundrechtsgarantien, in: Däubler-Gmelin, Herta/Kinkel, Klaus/Meyer, Hans/Simon, Helmut (Hrsg.), Gegenrede: Aufklärung - Kritik - Öffentlichkeit, Festschrift für Ernst Gottfried Mahrenholz, 1994, S. 515 ff.

ders.: Übermaß und Verfassungsrecht, 2. Aufl. 1999.

Lersch, Roland: Kommentierung von § 4 BKAG, in: Ahlf, Ernst-Heinrich /Daub, Ingo E./Lersch, Roland/Störzer, Hans Udo: Bundeskriminalamtgesetz, 2000.

Lewinski, Kai von: Kaufleute im Schutzbereich des BDSG, DuD 2000, 39 ff.

Limbach, Jutta: 25 Jahre Bundesdatenschutzgesetz, RDV 2002, 163 ff.

Lindemann, Jan Henning: Kommentierung von §§ 44c, 52 KWG und § 16 FinDAG, in: Boos, Karl-Heinz / Fischer, Reinfrid / Schulte-Mattler, Hermann (Hrsg.), Kreditwesengesetz, 2004.

Lindner, Josef Franz: Die gleichheitsrechtliche Dimension des Rechts auf freie Entfaltung der Persönlichkeit (Art. 2 I GG), NJW 1998, 1208 ff.

Lipphart, Hanns-Rudolf: Grundrechte und Rechtsstaat, EuGRZ 1986, 149 ff.

Listl, Joseph: Die Entscheidungsprärogative des Parlaments für die Errichtung von Kernkraftwerken, DVBl. 1978, 10 ff.

Löwnau-Iqbal, Gabriele: Kommentierung von §§ 88, 90 TKG, in: Scheurle, Klaus-Dieter / Mayen, Thomas (Hrsg.), Telekommunikationsgesetz, 2002.

Loschelder, Wolfgang: Rasterfahndung - Polizeiliche Ermittlung zwischen Effektivität und Freiheitsschutz, Der Staat Bd. 20 (1981), S. 349 ff.

Lübbe-Wolff, Gertrude: Die Grundrechte als Eingriffsabwehrrechte, 1988.

Lücke, Jörg: Der additive Grundrechtseingriff sowie das Verbot der übermäßigen Gesamtbelastung des Bürgers, DVBl. 2001, 1469 ff.

ders.: Die spezifischen Schranken des allgemeinen Persönlichkeitsrechts und ihre Geltung für die vorbehaltlosen Grundrechte, DÖV 2002, 93 ff.

Mallmann, Christoph: Datenschutz in Verwaltungs-Informationssystemen, 1976.

ders.: Das Problem der Privatsphäre innerhalb des Datenschutzes, in: Schneider, Jochen, Datenschutz-Datensicherung, 1971, S. 19 ff.

Mallmann, Otto: Aktuelle Rechtsfragen zum Datenschutz im Bankverkehr, 1988.

ders.: Kommentierung von § 6, § 19 und § 33 BDSG, in: Simitis, Spiros (Hrsg.), Kommentar zum Bundesdatenschutzgesetz, 5. Aufl. 2003.

Marcic, René: Der unbedingte Rechtswert des Menschen, in: Dempf, Alois/Arendt, Hannah/Engel-Janosi, Friedrich (Hrsg.), Politische Ordnung und menschliche Existenz, Festgabe für Eric Voegelin zum 60. Geburtstag, 1962, S. 360 ff.

Maunz, Theodor: Kommentierung von Art. 74 GG, in: Maunz, Theodor/Dürig, Günter, Kommentar zum Grundgesetz, Bd. IV, Loseblatt (23. Lieferung: Stand: Oktober 1984).

Maurer, Hartmut: Allgemeines Verwaltungsrecht, 14. Aufl. 2002.

Meister, Herbert: Orwell, Recht und Hysterie. Eine Bemerkung zum informationellen Selbstbestimmungsrecht, DuD 1984, 162 ff.

Merten, Detlev: Das Recht auf freie Entfaltung der Persönlichkeit, JuS 1976, 345 ff.

Möller, Andreas: Das Vierte Finanzmarktförderungsgesetz, WM 2001, 2405 ff.

Müller, Jürgen: Auswirkungen der unterschiedlichen Auffassungen zum Rechtscharakter des Art. 2 Abs. 1 GG und zu dessen Schranken, 1972.

Müller, Jürgen-Henning: Staatliche Überwachung privater Konten - Ein Erfolg für den Datenschutz?, DuD 2002, 601 ff.

Müller, Ulrich: Die Verletzung des Persönlichkeitsrechts durch Bildnisveröffentlichung, 1985.

Müller-Franken, Sebastian: Die Befugnis zu Eingriffen in Rechtsstellungen des einzelnen durch Betriebsvereinbarungen, 1997.

Münch, Ingo von: Vorbemerkungen zu den Art. 1 - 19 GG, in: Münch, Ingo von/Kunig, Philip (Hrsg.), Grundgesetz-Kommentar, Bd. 1, 5. Aufl. 2000.

Murswiek, Dietrich: Kommentierung von Art. 2 GG, in: Sachs, Michael (Hrsg.), Grundgesetz, 3. Aufl. 2003.

Musielak, Hans-Joachim: Die Bankauskunft nach dem Recht der Bundesrepublik Deutschland, in: Hadding, Walther/Schneider, Uwe H. (Hrsg.), Bankgeheimnis und Bankauskunft in der Bundesrepublik Deutschland und in ausländischen Rechtsordnungen, Untersuchungen über das Spar-, Giro- und Kreditwesen, Abteilung B: Rechtswissenschaft, 1986.

ders.: Grundkurs BGB, 8. Auflage 2003.

Niedermeier, Robert/*Schröcker*, Stefan: Die „Homogene Datenschutzzelle", RDV 2001, 90 ff.

Nipperdey, Hans Carl: Grundrechte und Privatrecht, in: Nipperdey, Hans Carl (Hrsg.), Festschrift für Erich Molitor zum 75. Geburtstag, 1962, S. 17 ff.

ders.: Freie Entfaltung der Persönlichkeit, in: Bettermann, Karl August/Nipperdey, Hans Carl (Hrsg.), Die Grundrechte, Sonderdruck, 1962, S. 741 ff.

Nitsch, Peter: Datenschutz und Informationsgesellschaft, ZRP 1995, 361 ff.

Nolte, Martin: Die Anti-Terror-Pakete im Lichte des Verfassungsrechts, DVBl. 2002, 573 ff.

Oppermann, Thomas: Nach welchen rechtlichen Grundsätzen sind das öffentliche Schulwesen und die Stellung der an ihm Beteiligten zu ordnen?, Gutachten C für den 51. Deutschen Juristentag, in: Ständige Deputation des Deutschen Juristentages (Hrsg.), Verhandlungen des einundfünfzigsten Deutschen Juristentages, Bd. I, 1976.

Ossenbühl, Fritz: Vorrang und Vorbehalt des Gesetzes, in: Isensee, Josef/Kirchhof, Paul (Hrsg.), Handbuch des Staatsrechts, Bd. III, § 62, 2., durchgesehene Auflage 1996.

Papier, Hans-Jürgen: Die finanzrechtlichen Gesetzesvorbehalte und das grundgesetzliche Demokratieprinzip, 1973.

Peters, Hans: Die freie Entfaltung der Persönlichkeit als Verfassungsziel, in: Constantopoulos, Dimitri S./Wehberg, Hans (Hrsg.), Gegenwartsprobleme des internationalen Rechtes und der Rechtsphilosophie, Festschrift für Rudolf Laun zu seinem 70. Geburtstag, 1953, S. 669 ff.

ders.: Das Recht auf freie Entfaltung der Persönlichkeit in der höchstrichterlichen Rechtsprechung, 1963.

ders.: Die freie Entfaltung der Persönlichkeit in der höchstrichterlichen Rechtsprechung, BayVBl. 1965, 37 ff.

Pieroth, Bodo: Der Wert der Auffangfunktion des Art. 2 Abs. 1 GG, AöR Bd. 115 (1990), S. 33 ff.

ders./Schlink, Bernhard: Grundrechte Staatsrecht II, 19. Auflage 2003.

ders./Jarass, Hans D.: Kommentierung von Art. 70 und 74 GG, in: Jarass, Hans D./Pieroth, Bodo, Grundgesetz für die Bundesrepublik Deutschland, 7. Aufl. 2004.

Pietzcker, Jost: Vorrang und Vorbehalt des Gesetzes, JuS 1979, 710 ff.

Pitschas, Rainer: Informationelle Selbstbestimmung zwischen digitaler Ökonomie und Internet, DuD 1998, 139 ff.

Plagemann, Dirk: Anmerkung zum Urteil des BGH vom 09.07.1987 - 4 StR 223/87, NStZ 1987, 570 f.

Podlech, Adalbert: Verfassungsrechtliche Probleme öffentlicher Informationssysteme, DVR 1 (1972, 1973), 149 ff.

ders.: Datenschutz und das Verfassungsrecht, in: Hoffmann, Gerd E./Tietze, Barbara/Podlech, Adalbert (Hrsg.), Numerierte Bürger, 1975, S. 27 ff.

ders.: Kommentierung von Art. 2 Abs. 1 GG, in: Denninger, Erhard/Hoffmann-Riem, Wolfgang/Schneider, Hans-Peter/Stein, Ekkehart (Hrsg.), Kommentar zum Grundgesetz für die Bundesrepublik Deutschland, Reihe Alternativkommentare, 3. Aufl. 2001, Loseblatt.

Poppenhäger, Holger: Informationelle Gewaltenteilung, Zulässigkeit und Grenzen der Nutzung personenbezogener Daten für statistische Zwecke und Zwecke des Verwaltungsvollzugs, NVwZ 1992, 149 ff.

Ramsauer, Ulrich: Die faktischen Beeinträchtigungen des Eigentums, 1980.

Reischauer, Friedrich/*Kleinhans*, Joachim: Kreditwesengesetz, Loseblatt (Ergänzungslieferung Stand: 03/2004).

Rennert, Klaus: Das Reiten im Walde - Bemerkungen zu Art. 2 I GG, NJW 1989, 3261 ff.

Ridder, Helmut: Preisrecht ohne Boden, AöR Bd. 87 (1962), S. 311 ff.

Robbers, Gerhard: Kommentierung von Art. 1 GG, in: Umbach, Dieter C./Clemens, Thomas (Hrsg.), Grundgesetz, Bd. I (Art. 1 - 37 GG), 2002.

Roellecke, Gerd: Kommentierung von Art. 19 I bis III und Art. 20 GG, in: Umbach, Dieter C./Clemens, Thomas (Hrsg.), Grundgesetz, Bd. I (Art. 1 - 37 GG), 2002.

Rogall, Klaus: Informationseingriff und Gesetzesvorbehalt im Strafprozeßrecht, 1992.

Rohlf, Dietwalt: Der grundrechtliche Schutz der Privatsphäre, 1980.

Rosen, Rüdiger von: Allfinanzaufsicht - die reorganisierte Wacht an Rhein und Main als Garant für neues Anlegervertrauen, Kreditwesen 2002, 634 f.

Rosenbaum, Christian: Der grundrechtliche Schutz vor Informationseingriffen, Jura 1988, 178 ff.

Roßnagel, Alexander: Das Recht auf (tele-)kommunikative Selbstbestimmung, KJ 1990, 267 ff.

ders./Pfitzmann, Andreas/*Garstka*, Hansjürgen: Modernisierung des Datenschutzrechts, DuD 2001, 253 ff.

ders./Pfitzmann, Andreas/*Garstka*, Hansjürgen: Modernisierung des Datenschutzrechts, Gutachten im Auftrag des Bundesministeriums des Innern, 2001.

ders.: Modernisierung des Datenschutzrechts - Empfehlungen eines Gutachtens für den Bundesinnenminister, RDV 2002, 61 ff.

Roth, Andreas: Verwaltungshandeln mit Drittbetroffenheit und Gesetzesvorbehalt, 1991.

Roth, Wolfgang: Faktische Eingriffe in Freiheit und Eigentum, 1994.

Rottmann, Frank: Der Vorbehalt des Gesetzes und die grundrechtlichen Gesetzesvorbehalte, EuGRZ 1985, 277 ff.

Rublack, Susanne: Terrorismusbekämpfungsgesetz: Neue Befugnisse für die Sicherheitsbehörden, DuD 2002, 202 ff.

Rupp, Hans Heinrich: Das Grundrecht der Berufsfreiheit, NJW 1965, 993 ff.

ders.: Grundfragen der heutigen Verwaltungsrechtslehre, 2. Aufl. 1991.

Sachs, Michael: Verfassungsrecht II Grundrechte, 2. Aufl. 2003.

ders.: Vorbemerkungen zu Abschnitt I (Vor Art. 1 GG), in: Sachs, Michael (Hrsg.), Grundgesetz, 3. Aufl. 2003.

Samm, Carl-Theodor: Kommentierung von § 44 KWG, in: Beck, Heinz / Samm, Carl-Theodor, Gesetz über das Kreditwesen, Kommentar, Bd. 1, Loseblatt (Lieferung 102, Stand Februar 2004).

Sannwald, Rüdiger: Kommentierung von Art. 73 GG, in: Schmidt-Bleibtreu, Bruno/ Klein, Franz (Hrsg.), Kommentar zum Grundgesetz, 9. Aufl. 1999.

Scherp, Dirk: Gesetze gegen die Geldwäsche und gegen die Finanzierung des Terrorismus - eine stille Verfassungsreform?, WM 2003, 1254 ff.

Schickedanz, Erich: Das informationelle Selbstbestimmungsrecht, BayVBl. 1984, 705 ff.

Schily, Otto: Gesetze gegen die Geldwäsche und gegen die Finanzierung des Terrorismus - eine stille Verfassungsreform?, WM 2003, 1249 ff.

Schlaich, Klaus/*Korioth*, Stefan: Das Bundesverfassungsgericht, 6. Aufl. 2004.

Schlink, Bernhard: Das Recht der informationellen Selbstbestimmung, Der Staat Bd. 25 (1986), S. 233 ff.

Schmidt, Rolf: Die strafprozessuale Verwertbarkeit von Tagebuchaufzeichnungen, Jura 1993, 591 ff.

Schmidt, Walter: Die Freiheit vor dem Gesetz, AöR Bd. 91 (1966), S. 42 ff.

ders.: Die bedrohte Entscheidungsfreiheit, JZ 1974, 241 ff.

ders.: Der Verfassungsvorbehalt der Grundrechte, AöR Bd. 106 (1981), S. 497 ff.

ders.: Die Freiheit im Wandel, in: Faber, Heiko/Frank, Götz (Hrsg.), Demokratie in Staat und Wirtschaft, Festschrift für Ekkehart Stein zum 70. Geburtstag am 24.9.2002, 2002, S. 91 ff.

Schmidt-Bleibtreu, Bruno: Kommentierung von § 90 BVerfGG, in: Maunz, Theodor/ Schmidt-Bleibtreu, Bruno/Klein, Franz/Bethge, Herbert, Bundesverfassungsgerichtsgesetz, Bd. 2, Loseblatt (22. Lieferung; Stand: September 2003).

Schmitt Glaeser, Walter: Schutz der Privatsphäre, in: Isensee, Josef/Kirchhof, Paul (Hrsg.), Handbuch des Staatsrechts, Bd. VI, § 129, 2., durchgesehene Aufl. 2001.

Schnapp, Friedrich E.: Wie macht man richtigen Gebrauch von seiner Freiheit?, NJW 1998, 960.

ders.: Kommentierung von Art. 20 GG, in: Münch, Ingo von/Kunig, Philip (Hrsg.), Grundgesetz-Kommentar, Bd. 2, 5. Aufl. 2001.

Scholz, Georg: Grundgesetz I, 6. Aufl. 1990.

Scholz, Rupert: Das Grundrecht der freien Entfaltung der Persönlichkeit in der Rechtsprechung des Bundesverfassungsgerichts (1. Teil), AöR Bd. 100 (1975), S. 80 ff.

ders.: Das Grundrecht der freien Entfaltung der Persönlichkeit in der Rechtsprechung des Bundesverfassungsgerichts (2. Teil), AöR Bd. 100 (1975), S. 265 ff.

ders.: Ausschließliche und konkurrierende Gesetzgebungskompetenz von Bund und Ländern in der Rechtsprechung des Bundesverfassungsgerichts, in: Starck, Christian (Hrsg.), Bundesverfassungsgericht und Grundgesetz, Bd. II, 1976, S. 252 ff.

ders./Pitschas, Rainer: Informationelle Selbstbestimmung und staatliche Informationsverantwortung, 1984.

Schulte-Mattler, Hermann: Kommentierung zur Neuen Baseler Eigenkapitalübereinkunft (Basel II), in: Boos, Karl-Heinz / Fischer, Reinfrid / Schulte-Mattler, Hermann (Hrsg.), Kreditwesengesetz, 2004.

Schwabe, Jürgen: Die sogenannte Drittwirkung der Grundrechte, 1971.

ders.: Probleme der Grundrechtsdogmatik, 1977.

Schwan, Eggert: Datenschutz, Vorbehalt des Gesetzes und Freiheitsgrundrechte, VerwArch Bd. 66 (1975), S. 120 ff.

Schwirten, Christian: Kommentierung von §§ 1 und 4 FinDAG, in: Boos, Karl-Heinz / Fischer, Reinfrid / Schulte-Mattler, Hermann (Hrsg.), Kreditwesengesetz, 2004.

Seidel, Ulrich: Persönlichkeitsrechtliche Probleme der elektronischen Speicherung privater Daten, NJW 1970, 1581 ff.

ders.: Datenbanken und Persönlichkeitsrecht, 1972.

Sichtermann, Siegfried/*Feuerborn*, Sabine/*Kirchherr*, Roland/*Terdenge*, Reinhold, Bankgeheimnis und Bankauskunft in der Bundesrepublik Deutschland sowie in wichtigen ausländischen Staaten, 3. Aufl. 1984.

Siekmann, Helmut/*Duttge*, Gunnar: Staatsrecht I: Grundrechte, 3. Aufl. 2000.

Simitis, Spiros: Die informationelle Selbstbestimmung - Grundbedingung einer verfassungskonformen Informationsordnung, NJW 1984, 398 ff.

ders.: „Sensitive Daten" - Zur Geschichte und Wirkung einer Fiktion, in: Brem, Ernst/Druey, Jean Nicolas/Kramer, Ernst A./Schwander, Ivo (Hrsg.), Festschrift zum 65. Geburtstag von Mario M. Pedrazzini, 1990, S. 469 ff.

ders.: Die Entscheidung des Bundesverfassungsgerichts zur Volkszählung - 10 Jahre danach, KritV Bd. 77 (1994), S. 121 ff.

ders.: Auf dem Weg zu einem neuen Datenschutzkonzept, DuD 2000, 714 ff.

ders.: Das Volkszählungsurteil oder der lange Weg zur Informationsaskese - (BVerfGE 65, 1), KritV Bd. 83 (2000), S. 359 ff.

ders.: Einleitung: Geschichte - Ziele - Prinzipien, in: Simitis, Spiros (Hrsg.), Kommentar zum Bundesdatenschutzgesetz, 5. Aufl. 2003.

ders.: Kommentierung von § 1 (Rz. 1 - 114) und § 4a BDSG, in: Simitis, Spiros (Hrsg.), Kommentar zum Bundesdatenschutzgesetz, 5. Aufl. 2003.

Sokol, Bettina: Kommentierung von § 13 BDSG, in: Simitis, Spiros (Hrsg.), Kommentar zum Bundesdatenschutzgesetz, 5. Aufl. 2003.

Spindler, Gerald: Kommentierung von § 2 TDG, in: Roßnagel, Alexander (Hrsg.), Recht der Multimedia-Dienste, Loseblatt (5. Ergänzungslieferung; Stand: Dezember 2003).

Sprau, Hartwig: Kommentierung von § 823 BGB, in: Palandt, Otto, Bürgerliches Gesetzbuch, 63. Aufl. 2004.

Starck, Christian: Das „Sittengesetz" als Schranke der freien Entfaltung der Persönlichkeit, in: Leibholz, Gerhard/Faller, Hans Joachim/Mikat, Paul/Reis, Hans (Hrsg.), Menschenwürde und freiheitliche Rechtsordnung, Festschrift für Willi Geiger zum 65. Geburtstag, 1974, S. 259 ff.

ders.: Kommentierung von Art. 1, Art. 2, Art. 5 GG, in: Mangoldt, Hermann von/ Klein, Friedrich/Starck, Christian, Das Bonner Grundgesetz, Bd. 1, 4. Aufl. 1999.

Steding, Ralf/*Meyer*, Guido: Outsourcing von Bankdienstleistungen: Bank- und datenschutzrechtliche Probleme der Aufgabenverlagerung von Kreditinstituten auf Tochtergesellschaften und sonstige Dritte, BB 2001, 1693 ff.

Stein, Björn Christian: Kommentierung von § 24c KWG, in: Boos, Karl-Heinz/Fischer, Reinfrid / Schulte-Mattler, Hermann (Hrsg.), Kreditwesengesetz, 2004.

Steinmüller, Wilhelm: Allgemeine Grundsätze zur rechtlichen Regelung des Datenschutzes, in: Schneider, Jochen, Datenschutz-Datensicherung, 1971, S. 13 ff.

ders./*Lutterbeck*, Bernd/*Mallmann*, Christian u. a.: Grundfragen des Datenschutzes, Gutachten im Auftrag des Bundesministeriums des Innern, Juli 1971, BT-Drucks. VI/3826, Anlage 1, S. 5 ff.

ders.: Das Volkszählungsurteil des Bundesverfassungsgerichts, DuD 1984, 91 ff.

Stern, Klaus: Bearbeitung von § 71 (Die Grundrechtsberechtigung der juristischen Personen), in: Stern, Klaus, Das Staatsrecht der Bundesrepublik Deutschland, Bd. III/1, Allgemeine Lehren der Grundrechte, 1988.

Stober, Rolf: Allgemeines Wirtschaftsverwaltungsrecht, 13. Aufl. 2002.

Störmer, Rainer: Zur Verwertbarkeit tagebuchartiger Aufzeichnungen, Jura 1991, 17 ff.

Sutschet, Holger: Über Informationsverbote zur Wissensgesellschaft?! - Kritische Stellungnahme zum Reformentwurf des Bundesdatenschutzgesetzes vom 6.7.1999 -, RDV 2000, 107 ff.

Tettinger, Peter J.: Der Schutz der persönlichen Ehre im freien Meinungskampf, JZ 1983, 317 ff.

Tiedemann, Paul: Von den Schranken des allgemeinen Persönlichkeitsrechts, DÖV 2003, 74 ff.

Tinnefeld, Marie-Therese: Datenschutz für Aktendaten, CR 1989, 43 ff.

dies.: Persönlichkeitsrecht und Modalitäten der Datenerhebung im Bundesdatenschutzgesetz, NJW 1993, 1117 ff.

dies./Ehmann, Eugen: Einführung in das Datenschutzrecht, 3. Aufl. 1998.

Trute, Hans-Heinrich: Der Schutz personenbezogener Informationen in der Informationsgesellschaft, JZ 1998, 822 ff.

Umbach, Dieter C.: Kommentierung von Art. 73 GG, in: Umbach, Dieter C./Clemens, Thomas (Hrsg.), Grundgesetz, Bd. II (Art. 38 - 146 GG), 2002.

Vogelgesang, Klaus: Grundrecht auf informationelle Selbstbestimmung?, 1. Aufl. 1987.

Wanckel, Endress: Persönlichkeitsschutz in der Informationsgesellschaft, 1999.

Walz, Stefan: Kommentierung von § 1 (Rz. 154 - 195) und 11 BDSG (Rz. 152 - 195), in: Simitis, Spiros (Hrsg.), Kommentar zum Bundesdatenschutzgesetz, 5. Aufl. 2003.

Weber, Martina: EG-Datenschutzrichtlinie, CR 1995, 297 ff.

Weichert, Thilo: Datenschutz für Ausländer, DuD 2002, 423 ff.

Wengert, Georg/*Widmann*, Andreas: Ist die Kontrollmitteilung im Rahmen einer steuerlichen Außenprüfung noch von rechtsstaatlichen Grundsätzen gedeckt?, BB 1998, 724 ff.

Westphalen, Friedrich Graf von: Ausgewählte arbeits- und datenschutzrechtliche Fragen beim „Outsourcing" im Rahmen von § 25a Abs. 2 KWG, WM 1999, 1810 ff.

Wilms, Jan/*Roth*, Jan: Die Anwendbarkeit des Rechts auf informationelle Selbstbestimmung auf juristische Personen i. S. von Art. 19 III GG, JuS 2004, 577 ff.

Wintrich, Josef M.: Die Bedeutung der „Menschenwürde" für die Anwendung des Rechts, BayVBl. 1957, 137 ff.

Wolff, Hans J./*Bachof*, Otto/*Stober*, Rolf: Verwaltungsrecht, Bd. 1, 11. Aufl. 1999.

Wolter, Jürgen: Datenschutz und Strafprozeß, ZStW Bd. 107 (1995), S. 793 ff.

Zerwas, Herbert/*Hanten*, Mathias/*Bühr*, Oliver: Outsourcing bei Instituten in Deutschland, ZBB 2002, 17 ff.

Zippelius, Reinhold: Kommentierung von Art. 1 Abs. 1 und 2 GG, in: Dolzer, Rudolf/Vogel, Klaus/Graßhof, Karin (Hrsg.) Bonner Kommentar zum Grundgesetz, Loseblatt (73. Lieferung, Stand: Mai 1995).

Zubrod, Andreas: Automatisierter Abruf von Kontoinformationen nach § 24c KWG, WM 2003, 1210 ff.

Studien und Materialien zum Öffentlichen Recht

Herausgegeben von Herbert Bethge

Band 1 Hans-Georg Kamann: Die Mitwirkung der Parlamente der Mitgliedstaaten an der europäischen Gesetzgebung. National-parlamentarische Beeinflussung und Kontrolle der Regierungsvertreter im Rat der Europäischen Union im Spannungsfeld von Demokratie und Funktionsfähigkeit des gemeinschaftlichen Entscheidungsverfahrens. 1997.

Band 2 Gerhard Spieß: Der Grundrechtsverzicht. 1997.

Band 3 Stefan Hepach: Der Grundrechtsstatus der Landesmedienanstalten. 1997.

Band 4 Michael Fraas: Sicherheitsrat der Vereinten Nationen und Internationaler Gerichtshof. Die Rechtmäßigkeitsprüfung von Beschlüssen des Sicherheitsrats der Vereinten Nationen im Rahmen des VII. Kapitels der Charta durch den Internationalen Gerichtshof. 1998.

Band 5 Friedrich Loschelder: Die Durchsetzbarkeit von Weisungen in der Bundesauftragsverwaltung. 1998.

Band 6 Gunila Dieterich: Rechtsschutz der deutschen Bundesländer vor dem Bundesverfassungsgericht in Angelegenheiten der Europäischen Union. 1998.

Band 7 Wolfgang Weiß: Die Personenverkehrsfreiheiten von Staatsangehörigen assoziierter Staaten in der EU. Eine vergleichende Analyse der Assoziationsabkommen. 1998.

Band 8 Christian Bamberger: Verfassungswerte als Schranken vorbehaltloser Freiheitsgrundrechte. Vom Verfassungs- zum Gegenseitigkeitsvorbehalt. 1999.

Band 9 Andreas Rohde: Freier Kapitalverkehr in der Europäischen Gemeinschaft. 1999.

Band 10 Herbert Bethge: Rechtsberatung im privaten Rundfunk. Rechtsgutachten, erstattet auf Ansuchen von SAT 1, unter Mitwirkung von Christian von Coelln. 2000.

Band 11 Marcel Vachek: Das Religionsrecht der Europäischen Union im Spannungsfeld zwischen mitgliedstaatlichen Kompetenzreservaten und Art. 9 EMRK. 2000.

Band 12 Kerstin Ebock: Der Schutz grundlegender Menschenrechte durch kollektive Zwangsmaßnahmen der Staatengemeinschaft. Vom Interventionsverbot zur Pflicht zur humanitären Intervention? 2000.

Band 13 Christiane Gucht: Das Zensurverbot im Gefüge der grundrechtlichen Eingriffskautelen. 2000.

Band 14 Markus Ruttig: Der Einfluß des EG-Beihilferechts auf die Gebührenfinanzierung der öffentlich-rechtlichen Rundfunkanstalten. 2001.

Band 15 Jochen Murach: Die Haftung der öffentlichen Hand im Verwaltungsschuldrecht. 2002.

Band 16 Holger Schäfer: Die ungeschriebenen Freiheitsrechte in der schweizerischen Bundesverfassung von 1874 im Vergleich mit dem Grundgesetz. 2002.

Band 17 Alexander Glos: Die deutsche Berufsfreiheit und die europäischen Grundfreiheiten. Ein Strukturvergleich. 2003.

Band 18 Georg Blasberg: Verfassungsgerichte als Ersatzgesetzgeber. Entscheidungsaussprüche bei Normenkontrollen von Bundesverfassungsgericht und Corte Costituzionale. 2003.

Band 19 Artur Müller-Wewel: Souveränitätskonzepte im geltenden Völkerrecht. 2003.

Band 20 Helmut Wirner: Kommunale Wohnungsunternehmen als öffentliche Auftraggeber im Sinne der EG-Vergaberichtlinien. 2003.

Band 21 Christian Abt: Die Mitwirkung der deutschen Bundesländer bei völkervertraglichen Handlungen im Rahmen der Europäischen Union. 2003.

Band 22 Wolfram Wormuth: Die Bedeutung des Europarechts für die Entwicklung des Völkerrechts. 2004.

Band 23 Sonja Rademacher: Diskriminierungsverbot und „Gleichstellungsauftrag". Zur Auslegung des Art. 3 Abs. 2 Satz 2 GG. 2004.

Band 24 Thomas Lennarz: Die Rechtsprechung des Europäischen Gerichtshofs und des Gerichts erster Instanz zu prozessualen Fragen des Verfügungsgrundsatzes und der Fristen. 2004.

Band 25 Florian Niewöhner: Elektronische Benutzerführungssysteme und chancengerechter Zugang zum digitalen Fernsehen. Eine Untersuchung unter besonderer Berücksichtigung der Position des öffentlich-rechtlichen Rundfunks. 2004.

Band 26 Oliver Glück: § 24c KWG und das Recht auf informationelle Selbstbestimmung. Eine Untersuchung der Verfassungsmäßigkeit des automatisierten Abrufs von Kontoinformationen. 2005.

www.peterlang.de

Gilbert Gornig (Hrsg.)

Rechtliche Aspekte der Vermögensberatung

Frankfurt am Main, Berlin, Bern, Bruxelles, New York, Oxford, Wien, 2003.
XIV, 208 S., 1 Tab., 2 Graf.
Schriftenreihe der Forschungsstelle für Finanzdienstleistungsrecht der
Philipps-Universität Marburg. Herausgegeben von Gilbert Gornig. Bd. 1
ISBN 3-631-51013-6 · geb. € 39.–*

Dieser Band beinhaltet die schriftlichen Fassungen der Vorträge, die anläßlich der Sommerakademie der Forschungsstelle für Finanzdienstleistungsrecht der Philipps-Universität Marburg im Juli 2002 gehalten wurden. Das Finanzdienstleistungsrecht ist aufgrund seiner umfassenden wirtschafts- und gesellschaftswissenschaftlichen Bezüge ein äußerst komplexes Rechtsgebiet mit einer Vielzahl unterschiedlicher Schwerpunkte. Der Band stellt ausgewählte Themenbereiche und Probleme dieser Materie dar, die vor allem in der Rechtspraxis von steter Relevanz für den Finanzdienstleistungssektor sind.

Aus dem Inhalt: Pflichtmitgliedschaft in der Industrie- und Handelskammer · Grundstrukturen der staatlichen Wirtschafts- und Finanzaufsicht · Neue Entwicklungen im Berufsbild des Vermögensberaters · Fondsanlagen zur Altersvorsorge · Rechtsstellung des Vermögensberaters · Neue europarechtliche Regelungen

Frankfurt am Main · Berlin · Bern · Bruxelles · New York · Oxford · Wien
Auslieferung: Verlag Peter Lang AG
Moosstr. 1, CH-2542 Pieterlen
Telefax 00 41 (0) 32 / 376 17 27

*inklusive der in Deutschland gültigen Mehrwertsteuer
Preisänderungen vorbehalten
Homepage http://www.peterlang.de